重构中国上古史的考古大发现

郑州地区重大考古发现纪实

阎铁成 主编

中国·郑州考古（二十三）
CHINA ZHENGZHOU ARCHAEOLOGY (XXIII)

郑州市文物考古研究院 编

科学出版社
北京

内 容 简 介

近年来，郑州地区考古大发现接二连三，令人眩目，使人震撼。这些大发现颠覆和更新了人们对中华早期文明的认知，重构了中国上古史，有 17 项成果入选"中国 20 世纪 100 项考古大发现"、年度"全国十大考古新发现"。本书请参与这些大发现的考古工作者以文学的语言和讲故事的方式记述他们所经历的非凡过程，讲述围绕考古大发现所发生的精彩故事。透过这些文字，我们可以了解历史文化遗产保护中那些惊心动魄的瞬间和曲折传奇的经历，可以分享考古过程中那些让考古人喜怒哀乐的故事是如何妙趣横生，可以看到地层深处的历史文明如何在考古人的手下重放异彩，可以感受风餐露宿于酷暑严寒中的考古人怎样实践对事业的忠诚，可以重读郑州在中国历史发展进程中的地位和作用，可以领略郑州先人的奋斗与创造以及他们怎样演绎谱写了中华早期文明。本书融专业性和通俗性于一体，既可让考古工作者读到考古报告中读不到的广阔内容，又可让考古专业以外的大众读懂和了解考古事业。

本书适合文物、考古、历史、博物馆等领域的专业人员参考阅读，也可供广大文物考古爱好者阅读。

图书在版编目（CIP）数据

重构中国上古史的考古大发现：郑州地区重大考古发现纪实 / 阎铁成主编，郑州市文物考古研究院编．—北京：科学出版社，2016.4
（中国•郑州考古；23）
ISBN 978-7-03-048076-7

Ⅰ.①重… Ⅱ.①阎… ②郑… Ⅲ.①考古发现－郑州市－上古 Ⅳ.①K872.611

中国版本图书馆CIP数据核字（2016）第083737号

责任编辑：张亚娜　吴书雷
责任印制：肖　兴／书籍设计：北京美光设计制版有限公司

科学出版社 出版
北京东黄城根北街16号
邮政编码：100717
http://www.sciencep.com

北京利丰雅高长城印刷有限公司 印刷
科学出版社发行　各地新华书店经销
*

2016年5月第 一 版　　开本：787×1092　1/16
2016年5月第一次印刷　　印张：25.75
字数：604 000

定价：280.00元
（如有印装质量问题，我社负责调换）

《中国·郑州考古》编委会

主 任： 任 伟
副主任： 李 峰　王 杰　汪文道　任晓红
　　　　　闫凤岗　杨廷魁　胡 鹏　张湘洋
　　　　　黄 静　孙佩宇　李长娥
成 员： 顾万发　李建和　杜 新　刘彦锋
　　　　　姜 楠　张文霞　郝红星

一座令人震撼的历史文明宝库
——郑州地区重大考古发现评述（代序）

◆ 阎铁成

对于中华文明五千年发展史，现代人们能够通过历史典籍的文字记述清晰了解的不过二千七百年，因此，有了二十世纪初关于中华文明源起的争论。现代考古学的产生和发展，将这项争论推向新的起点，为重新认识中华文明史打开了一条全新的路径。

一定意义上讲，考古所发现的是那个时代的客观存在，更能接近历史的真实，因此，以考古资料研究还原尚无文字记载的中国上古文明史便成为主要方法和手段。果然，随着一处处考古大发现，中国上古时代文明的遗存不断被探得和认知，中国史前史的空白不断被填补。传统的夏商王朝的历史，因为夏商考古的大量重要发现而变得丰富多彩。过去依据大量历史文献建立的周秦汉唐历史，也因为百年来的考古大发现，而需要重新研究。大量的重要考古资料极大地丰富了历史的内容，改变了人们长期以来对许多重大历史问题的看法，过去所形成的中国古代历史的基本格局，因不断出现的考古大发现而一次又一次的被改变。随着中华文明史的重构，一幅五彩斑斓的中国古代社会的盛景向我们更加清晰地一步步走来。

在近一百年的中国现代考古史上，那些标志中华文明发展历史进程的考古大发现成为人们永志难忘的丰碑。它们不仅破译了历史的密码，填补和纠正了历史史册记述的缺憾，原真的还原了时代风貌，让我们对前人的创造耳目一新，同时，也记载了考古人孜孜以求的追求和艰辛。为了弘扬中华民族悠久的历史和灿烂的文化，增强民族自信心和自豪感，激发各族人民的爱国主义精神与文物保护意识，也为了记录考古人奋斗的成果，人们对这些考古大发现进行了梳理。二十世纪末，依据遗址的历史、艺术、科学价值和考古学科发展上具有新的内容信息和新的认识标准，人们评出了"中国20世纪100项考古大发现"。从二十世纪九十年代开始，人们每年又从当年数以万计的考古事项中评出十项作为当年的考古重要新发现。由于这些大发现和新发现揭示了人们从未了解和认知到的中国古代文明的客观存在和万千气象，展示了中国先人的卓越创造，因而，深深震撼了人心，引发社会各方面的极大关注，在国内外产生了巨大而深远的影响，使人们对中国悠久的历史和灿烂的文明更加崇仰。

在这些熠熠生辉的考古大发现和新发现中，近两千年在中国历史史册记载中并没有显赫名声的郑州，却占据了显赫的位置，她不仅有4项考古成果入选"中国20世纪100项考古大发现"，而且在截至目前已评出的240项年度"全国十大考古新发现"中以13项的总量占据全国各地区排行榜榜首。郑州地区的这些考古大发现，项项拓新，件件惊人，其时代之早、内容之卓、文化之灿烂，为人们了解、认识和重构中国上古史提供了新材料、新认识、新标准，成为认识中国距今一万年前到三千年前之间文明肇始、形成、发展的关键。郑州的这些考古大发现不仅在中国考古史上具有极其重要的地位，在重构中华文明史中其作用和地位也无可替代。

一，发现之众，入选之多，彰显了郑州在中华文明早期发展进程中的核心地位。现代考古进入郑州是最近六十多年的事，但就是这短短六十年，郑州地下掩埋的事关中华文明源起的历史遗存却接二连三、一层层、一处处被科学发现，数量之多，内涵之丰富，令人炫目，使人震撼。在郑州数以万计的考古发现中，"新郑裴李岗新石器时代遗址的发掘""登封王城岗龙山文化遗址的发掘""郑州商城遗址的勘探与发掘""新郑郑韩故城遗址的勘探与发掘"被评为"中国20世纪100项考古大发现"。"郑州西山仰韶文化城遗址""郑州石佛乡小双桥商代遗址""新郑郑韩故城郑国祭祀遗址""新密古城寨龙山时代古城""郑州大师姑夏代城址""荥阳关帝庙遗址""新郑唐户遗址""新郑胡庄墓地""荥阳娘娘寨遗址""新密李家沟旧石器—新石器过渡阶段遗址""新郑望京楼夏商时期城址""郑州老奶奶庙遗址""郑州东赵遗址"等先后在当年入选年度"全国十大考古新发现"名单，入选数量之多远在人们耳熟能详的历史文化丰厚的北京、西安、洛阳、开封、安阳、南京、杭州等城市之前，在全国各地区考古新发现入选名单排名中位列第一。除此之外，郑州的织机洞遗址、赵庄遗址、秦王寨遗址、大河村遗址、青台遗址、后庄王遗址、双槐树遗址、滩小关遗址、牛砦遗址、新砦遗址、稍柴遗址、花地嘴遗址、官庄遗址、祭伯城遗址、古荥冶铁遗址、黄冶窑遗址、通济渠遗址等考古成果也全国瞩目。郑州的考古大发现不仅数量多，而且每一次发现都能引起考古界的震动，几乎所有的发现现场都能见到学术界泰斗们闻讯而来亲临考察的身影。在一个7446平方公里的范围内，短短六十年，就有这么多考古大发现，并且，每次考古大发现都能引起社会各界的激动与关注，彰显了郑州地区历史文化遗存的丰厚和历史文明的悠久，彰显了郑州考古大发现意义与价值的巨大，彰显了郑州在中国现代考古史上的重要地位，彰显了郑州在中华文明发展史中的重要分量。也再一次印证了以郑州为中心的中原地区是中华民族和文明摇篮的历史定论难以撼动。

二，时代之早，面貌之新，拓展了人们认识和了解中华文明发展的新视野。郑州考古大发现的一个重要特点，就是所有的项目时代都在两千年前，早的可到五万年前，晚的也在二千三百年年前，而这一阶段至少有四万七千年是中国历史尚处于没有文字记述的时期，这就使得郑州的考古发现极为重要，也恰恰如此，郑州的考古发现几乎每次都令人耳目一新，每次都拓展了人们对中华文明的新认知。"郑州老奶奶庙遗址"首次在中华文明的核心地区发现五万年前至三万年前现代人生活的中心营地，建立起当地旧石器中晚期直至全新世文化的完整系列，这个系列及其所见石器技术、文化行为的演进发展过程，关系到东亚地区现代人及其文化起源的重大前沿性国际课题，证明了东亚现代人非洲起源说不可信。"新密李家沟旧石器 — 新石器过渡阶段遗址"首次发现了旧石器晚期至新石器时代早期多个地层的堆积，解决了华北地区这两个时代交替的缺陷问题，尤其是遗址内出现的大型石器和就地取材的大石块，以及陶器的出现，揭示了人们居住、取食、制作等生活行为的新变化。"新郑裴李岗新石器时代遗址"和"新郑唐户遗址"首次将人们当时认知的中国氏族社会的生活从六千年前拓展至八千年前，使人们第一次了解和看到了那个时代人们居住的村落、房屋、生产和生活方式。"郑州西山仰韶文化城遗址"首次发现了五千年前人们建造的城池，这是当时国内发现的时代最早、建筑技术最为先进的早期城址，在中国古代建筑发展史上，是一件具有里程碑意义的大事。西山古城的筑造显示了社会巨大的进步和人们非凡的创造力，开启了后代大规模城垣建筑规制的先河，其建筑方法、形制结构无疑对中国历代城址的构筑产生了深远的影响。西山城址的发现不仅仅对于探讨中国早期城市的起源，而且对于研究华夏早期文明的起源和形成及中原地区在其中所起的作用都具有非常重要的意义。"新密古城寨龙山时代古城"在城池的中部偏北位置，首次发现了大型成组的廊庑式建筑夯土基址遗存，这些建筑形成了由四合院、多进院落、回廊等多组建筑组成的大型建筑群。这一组建筑的发现，在我国古代宫殿建筑史乃至文明史的研究方面具有重要意义。这是我国现知最早的具有四合院特征的大型建筑群，而这种多重院落的规划布局，开启了后世宫殿多进院落前后连缀的先河，奠定了我国数千年帝王宫殿建筑的基本格局。其中一处室内没有隔墙的大型厅堂，长度超过 38 米，宽逾 13 米，形成了一个 400 多平方米的空间，更是我国古代建筑史上的一个创举。古城寨城池是中国四千年以前古城群中现今保存最为完好的城池，是中国此后延续数千年连绵不断城池建筑布局的"母体"，奠定了后世城市与宫殿布局、四合院建筑架构的基本格局，在我国筑城史上起着承上启下的作用。"登封王城岗龙山文化遗址"首次发掘到与史册所载的"禹都阳城"相呼应的夏代文化城址，开启了探索夏王朝文明的道路。"新密新砦龙山文化遗址"首次发掘到晚于"王城岗遗址"早于"二里头遗址"的夏代文化城址，填补了"王城岗遗址"与"二里头遗址"中间的缺环，使夏王朝的发展年轮第一次完整的衔接在一起。"郑州大师姑夏代城址"首次发现夏代二里头时期文化城址，为研究夏代方国与社会结构，探讨夏代晚期夏商文化关系、夏商交替年代提供了珍贵的资料。"新郑望京楼夏商城遗址"首次发现"二里岗文化城池"相套"二里头文化城池"的城套城遗存，对于探讨二里头文化晚期与二里岗文化早期两种文化更替、分界及早期中国城池建制、布局具有重要意义。"郑州东赵遗址"首次在同一地点发现了新砦时期城、二里头时期城、商代早期大型建筑夯土基址、西周时期城等遗存，构成自夏至西周清楚完整的年代序列，对于研究河南龙山文化向二里头文化的变迁、二里头文化与夏商文化及郑州商城关系、西周初年管国的探索等学术问题都具有重要意义。"郑州商城遗址的勘探与发掘"首次发现了保存完好的商代早期亳都商城遗址，不仅为殷商王朝晚期的历史文明找到了源头，也首次将有实物可证的中华文明史和中国都城史由二千七百年前拓展到三千六百年前。"郑州石佛乡小双桥商代遗址"首次发现处于郑州商城和安阳洹北商城之间的具有都邑规模和性质的城址，带来了夏商考古学上的一个新突破。"荥阳关帝庙遗址"首次发现经过规划的功能齐全的商代晚期大型聚落遗址，使人们首次了解和认识了商代都城之外乡村聚落中平民居住、手工业、祭祀、墓葬等生活、生产的状态。"荥阳娘娘寨遗址"首次发现两周时期城址，填补了两周文化的空白。上述的这些考古大发现提供了中国先人创造的灿烂物质文明、精神文明的新实物，形成了人们对中国上古时代文明的新认知和新概念，建立了中国上古史的新坐标，为重构中华早期文明史奠定了坚实的基础。

三，传承之有序，环环之相扣，展示了中华文明肇始、形成、发展的完整过程，以凿凿实物向世界宣示了中华文明之源远流长。郑州考古大发现不仅时代早，而且分布于中华早期文明阶段的各个历史时期，形成了完整的文明发展链条。"郑州老奶奶庙遗址"展示了五万年前至三万年前东亚现代人中心营地的生活场景。"新密李家沟旧石器—新石器过渡阶段遗址"展示了一万一千年前至九千年前人们迈向文明的伟大进程。"新郑裴李岗新石器时期遗址"和"新郑唐户遗址"展示了九千年前至六千年前人们肇始文明的艰辛努力。"郑州大河村遗址""荥阳青台遗址""郑州西山仰韶文化城址""新密古城寨龙山时代城址"等展示了六千年前至四千年前中国王朝诞生前夜凤凰涅槃的绚烂历程。"登封王城岗龙山文化遗址""新密新砦龙山文化遗址""荥阳东赵遗址""荥阳大师姑夏代城址"展示了四千年前至三千七百年前夏王朝诞生、发展、强盛、消亡的历史。"郑州商城遗址""郑州望京楼夏商城址""郑州小双桥商代遗址""荥阳关帝庙遗址"等展示了三千六百年前至三千二百年前商王朝登峰造极的青铜文明。"荥阳娘娘寨两周城址""新郑郑韩故城遗址""新郑郑韩故城郑国祭祀遗址""新郑胡庄墓地"等展示了三千年前至二千三百年前中国由王国时代迈向帝国时代风云际会的历史征程。这些考古大发现像灯塔，似路标，清晰标志了中华文明一路走来，怎样摆脱了混沌，怎样创造了生活，怎样铸造了城池，怎样缔造了国家，怎样走向了文明。以无可辩驳的客观存在回答了世界上一些人对中华文明五千年来从未中断的灿烂历史的怀疑。在中国九百六十万平方公里的大地上，文明如此集中展现，脉络如此清晰明了，遗址如此层层相叠，年轮如此环环相扣，内容如此辉煌灿烂，郑州是极其罕见的地区之一。

四，类型之众多，内涵之丰富，再现了中国早期社会的恢弘盛景。郑州的考古大发现不局限于某个方面，而是全方位的，既有村落，也有城池，还有王都；既有民居，也有宫殿，还有王陵；既有祭祀遗址，也有作坊遗址，还有市政设施。在居住方面，"荥阳织机洞遗址"十万年前人们在山区居住的洞穴、"新郑唐户遗址"八千年前人们居住的半地穴式住房、"郑州大河村遗址"六千年前人们建造的"木骨泥塑"联排房屋、"新密古城寨龙山时代城址"四千三百年前人们构筑的廊庑式四合院遗存、"郑州商城遗址"三千六百年前王公贵族建造的宫殿遗存等，展示了中国早期社会人们居所发展、演变、形成的完整历史过程。在城池方面，"新郑唐户遗址"八千年前人们在聚落周围建造的防御性环壕、"郑州西山仰韶文化城址"五千三百年前人们筑造的也是目前发现的黄河文明中时代最早的城池和城壕，以及"新密古城寨龙山时代城址""登封王城岗夏代文化城址""新密新砦夏代文化城址""荥阳大师姑夏代文化城址""新郑望京楼夏商文化城址""郑州东赵夏、商、周文化城址""郑州商代城址""郑州小双桥商代城址""荥阳娘娘寨两周城址""新郑郑韩故城城址"等展示了自八千年前至二千三百年前中国城市肇造、发展、成熟的营造史诗。在制造业方面,"荥阳织机洞遗址""郑州老奶奶庙遗址"出土的丰富多彩的打制石器,"新密李家沟遗址""新郑裴李岗遗址"出土的人们最新创造的磨制石器和陶器,"郑州大河村遗址""郑州后庄王遗址"出土的人们制作的精美绝伦、五彩斑斓的天工陶艺,"郑州商城遗址"出土的目前中国发现的时代最早并标志人们完成了从制陶到制瓷的历史性飞跃的原始瓷器,"郑州牛砦遗址"出土的目前中国发现的时代最早的青铜冶炼坩埚,"郑州商城遗址"发现的规模宏大的青铜冶铸遗址以及出土的青铜器所展示的极其复杂、精美的铸造工艺,"新郑郑韩故城"出土的标志青铜文明绝唱的青铜礼器,"新郑裴李岗遗址"出土的中国目前发现的时代最早的陶制纺轮,"荥阳青台遗址"出土的中国目前发现的时代最早的丝织物遗存,等等,展示了中国先人的天才创造。在农业方面,"郑州老奶奶庙遗址"发现了稗的存在,"郑州大河村遗址"发现了高粱、莲子等农作物种子,"新郑裴李岗遗址"出土的磨制石铲、石斧、石锛、齿式石镰,特别是磨制的石磨盘、石磨棒等,向我们展示了中国农耕文明的伟大进程。在生活方面,"新郑赵庄旧石器遗址"发现的石块上摆放的大象头颅展示了五万年前至三万年前人们的精神意象。"新郑裴李岗遗址"出土的骨簪、绿松石珠、陶塑羊首和猪首,展示了八千年前人们对美好生活的追求。"郑州大河村遗址"出土的专门用来盛放头饰用品的插簪器展示了六千年前人们衣饰装扮的缤纷和讲究。而这一时期郑州各个遗址出土陶器上面人们绘制的纹饰多达四、五十种,展示了六千年前至四千年前人们绚丽神奇的审美情趣。"郑州商城遗址"出土的蚌壳项链、绿松石和玉石佩以及精美大气的青铜器纹饰,展示了距今三千六百年前后人们对美好生活的向往和创造已经无处不在。郑州的这些考古大发现,展示了中国远古社会人们在各个方面的伟大创造,谱写了中国上古时代可歌可泣的雄浑豪迈的创业史诗。透过这些创造我们可以管窥中国上古时代丰富多彩的社会生活,感受中国上古时代日新月异的恢弘社会盛景。

五,文物之精粹,规格之崇高,标志了中国上古社会无与伦比的文明成就。郑州考古大发现无论其遗址还是其文物,大都是当时中国社会发展的最新最高成就。郑州考古大发现中的城池不仅时代早,而且非常集中,很多是构筑等级最高的王都。"郑州西山仰韶文化城址"被专家们誉为黄帝之城,"登封王城岗龙山文化城址"被学者们认定为夏代建国立都之阳城。"郑州商城遗址"被国家夏商周断代工程确定为商代第一个都城亳都,"新郑郑韩故城遗址"是春秋战国时期诸侯王之国郑国和韩国的都城。这些城池都为当年勇夺天下的王者所建,采用了当时最先进的规划理念和筑建技术,规模、规制和等级也是最高的,"郑州商城遗址"今天仍然是人们已知的那个时代世界上规模最庞大的城市遗址,"郑韩故城遗址"的雄伟城池今日仍然气势磅礴地屹立在地面之上,成为那个时代城市建设与发展无与伦比的纪念碑。郑州考古大发现中的文物不仅是稀世珍宝,而且承载着重大的历史意义和信息。"郑州大河村遗址"出土的彩陶双联壶构思精巧，寓意永结同心，反映了部族间联手发展融合的重大主题。"郑州商城遗址"出土的成组的青铜大鼎，是中国目前发现的三千五百年前规格最大、分量最重、数量最多的青铜重器，展示了商王朝祭祀活动的庄严神圣。其中杜岭一号青铜方鼎被陈放于国家历史博物馆中国历史陈列中的显要位置，成为那个时代至高无上王权的象征。"郑韩故城"出土的春秋时期规模盛大的青铜礼器群组，反映了诸侯国的强盛和诸侯王称霸的野心，其中多套成组的九鼎八簋以及编钟等，正是史书所记载的那个时代礼崩乐坏的真实写照。郑州考古大发现中的许多文物标志了那个时代一波又一波的发明和创新，记述了人们如何迈向文明的历程。"新密李家沟遗址"发现的陶器残片记载了人们征服自然、利用自然创制陶器的第一次伟大创造，"郑州青台遗址"发现的丝罗残片成为五千多年前中国人发明丝绸的铁证，"郑州牛砦遗址"发现的青铜器冶炼坩埚残片反映了至少在四千五百年前中国人就熟稔了青铜冶炼之术，而"郑州商城遗址"出土的原始青瓷尊则将中国制瓷的历史推向了三千六百年前，让世界对中国发出了"china"的呼声。郑州的这些考古大发现，考古大发现中的这些郑州文物展现了中国城市的源起、国家的源起、文明的源起，向人们宣示，中华民族和中华文明在这里奠基、成长、强盛并屹立于世界。

　　回望评述郑州的这些考古大发现，使人兴奋，令人骄傲，让人感慨，生活在这块土地上的我们的先祖曾创造了无与伦比的辉煌，生活在这块土地上的今天的考古人又把这些历经沧海桑田被掩埋的辉煌通过自己的艰辛努力展现出来。他们都是历史的创造者，我们应当记住，我们应当感怀。

　　梳理盘点郑州的这些考古大发现，让人们看到了一个不一样的历史郑州，也让人们对这片沃土更充满期待，它的地下还埋藏着多少我们想象不到的历史宝藏？多少中华文明的密码还在她的地层深处等着我们破解？"新密李家沟遗址"发现的陶片和磨制石器已经非常成熟，比它更早的创造肯定还有。"郑州西山仰韶文化城址"构筑技术已经炉火纯青，比它更早的城池肯定也在。这里是夏代和商代的王都，国王们的陵墓尚未"显山露水"，他们创造的历史辉煌许多还在地下掩埋……，郑州必定还会有惊天发现，让我们静静的期待。

郑州市重大考古发现一览表

郑州市入选"中国20世纪100项考古大发现"名单（4项）

名称	时代	地点	类型
新郑裴李岗新石器时代遗址的发掘	新石器时代	新郑市新村镇裴李岗村西侧岗地上	遗址
登封王城岗龙山文化遗址的发掘	新石器时代	登封市告成镇八方村五渡河西岸	城址
郑州商城遗址的勘探与发掘	商	郑州市中心城区，东到凤凰台，西到西沙口，北至花园路，南到二里岗	城址
新郑郑韩故城遗址的勘探与发掘	东周	新郑市市区周围	城址

郑州市入选年度"全国十大考古新发现"名单（13项）

名称	时代	地点	类型	入选时间
郑州西山仰韶文化城遗址	新石器时代	郑州市惠济区古荥镇孙庄村西山自然村西部，枯河北岸台地上	城址	1995
郑州石佛乡小双桥商代遗址	商	郑州市中原区石佛镇小双桥村南部	城址	1995
新郑郑韩故城郑国祭祀遗迹	东周	新郑市新华路街道办事处中华路和新华路交叉口东南	祭祀遗址	1997
新密古城寨龙山时代古城	新石器时代	新密市曲梁乡大樊庄村古城寨	城址	2000
郑州大师姑夏代城址	夏	荥阳市广武镇大师姑村和杨寨村南地	城址	2003
荥阳关帝庙遗址	商	荥阳市豫龙镇关帝庙行政村南300米	古遗址	2007
新郑唐户遗址	旧石器时代、新石器时代	新郑市观音寺镇唐户村南部和西部	古遗址	2007
新郑胡庄墓地	东周	新郑市城关乡胡庄村西北岗地上	王陵	2008
荥阳娘娘寨遗址	西周	荥阳市豫龙镇寨杨村西北	城址	2008
新密李家沟旧石器—新石器过渡阶段遗址	旧石器时代向新石器时代过渡	新密市岳村镇李家沟村	古遗址	2009
新郑望京楼夏商时期城址	夏商	新郑市新村镇望京楼水库东、孟家沟及杜村西	城址	2010
郑州老奶奶庙遗址	旧石器	郑州二七区侯寨	古遗址	2011
郑州东赵遗址	夏商周	郑州市中原区赵村	城址	2014

212 ◆ 城之始
——郑州西山仰韶文化城池遗址考古发掘纪实 / 张玉石

231 ◆ 一座奠定中国宫殿格局的城池
——新密古城寨龙山文化城池遗址考古发掘纪实 / 蔡全法

251 ◆ 沧海遗珠
——郑州东赵夏商周城池遗址考古发掘纪实 / 郝红星 张家强

269 ◆ 陨落的夏卫城
——荥阳大师姑夏代城池遗址考古发掘纪实 / 郝红星 丁兰坡

285 ◆ 夏商城套城传奇
——新郑望京楼夏商城池遗址考古发掘纪实 / 吴倩

306 ◆ 神秘商王都的猜想
——郑州小双桥商代城池遗址考古发掘纪实 / 宋国定

321 ◆ 商代王都郊墅的漫步
——荥阳关帝庙商代遗址考古发掘纪实 / 李素婷

335 ◆ 诸侯争霸的预演
——荥阳娘娘寨两周城池遗址考古发掘纪实 / 张家强

353 ◆ 再现钟鸣鼎食的庄严与繁华
——新郑郑韩故城郑国祭祀遗址发掘纪实 / 蔡全法

376 ◆ 封土下的诸侯 王陵中的非主流
——新郑胡庄战国韩王陵考古发掘纪实 / 马俊才

395 ◆ 后记 / 阎铁成

目录

i ◆ 一座令人震撼的历史文明宝库
——郑州地区重大考古发现评述（代序）／阎铁成

001 ◆ "中国 20 世纪 100 项考古大发现"郑州市入选项目

003 ◆ "通灵板"传奇
——新郑裴李岗文化遗址考古发掘纪实／寇玉海　周　蜜

028 ◆ 王城岗上的夏王朝曙光
——登封王城岗夏代"禹都阳城"遗址考古发掘纪实／方燕明

054 ◆ 叩醒商城
——郑州商代亳都都城遗址考古发掘纪实／苏　湲

107 ◆ 众神的祭坛
——新郑郑韩诸侯国都城遗址考古发掘纪实／苏　湲

165 ◆ "全国十大考古新发现"郑州市入选项目

167 ◆ 穿越四万年
——郑州老奶奶庙旧石器文化遗址考古发掘纪实／王幼平

179 ◆ 时间裂缝处吹来的风
——新密李家沟新旧石器文化遗址考古发掘纪实／王幼平

193 ◆ 延续九千年的村落
——新郑唐户裴李岗文化遗址考古发掘纪实／信应君

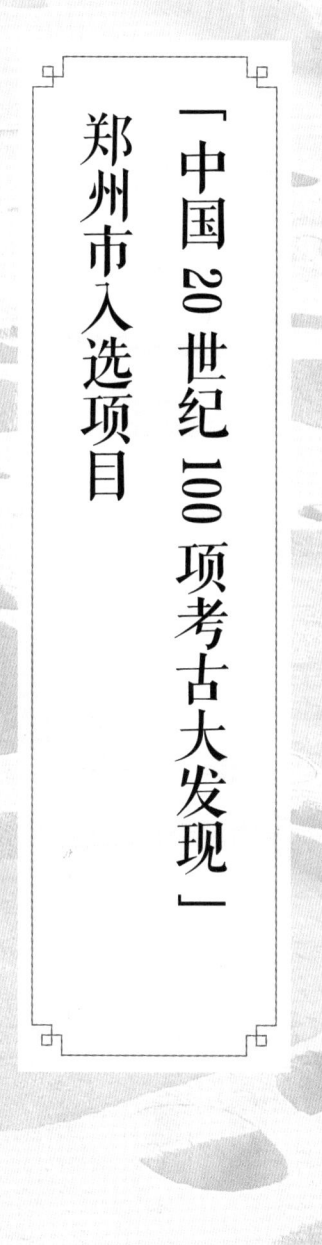

"中国20世纪100项考古大发现"郑州市入选项目

郑州地区重大考古发现发掘纪实之

裴李岗遗址

时　代：新石器时代早期
地　点：郑州新郑市新村镇裴李岗村
发掘时间：1977年
荣　誉：中国20世纪100项考古大发现

「通灵板」传奇
——新郑裴李岗文化遗址考古发掘纪实

◆ 寇玉海 周蜜

裴李岗遗址位置图

双洎河沿岸的一座小村庄,每隔几年就会出现一种形状奇特的石器制品,它是上天给人类的启示吗?谁把它制造出来又把它留在这里?它的出现,会给现实中的人们带来怎样的影响?当迷信遇上科学,它的秘密还会继续保守下去吗?

石磨盘身世离奇,它的每一次出现,都与中国的若干大事件相联系,难道它真的是上天降下来的启示?到底用怎样的方法人们才能解读这些无字天书上的内容呢?

偶然发现的一座明墓,为什么会险些引起全村范围的大械斗?在亲情与公有财产面前,人们将如何选择?

1977年春,历时十年的"文革"刚刚结束,新的历史时期和春天一同来到中国大地,今天要说的就是中国文化这棵大树上的一条虬枝,它挨过了严冬的风霜,在春风的呵护下枯木逢春,再次枝繁叶茂,为民族的复兴之路平添了几许科学的严谨与文化的深邃,它的名字叫裴李岗文化。裴李岗文化的发现与一种被称为石磨盘的神秘石器有着密不可分的关系,我们的故事不如就从石磨盘开始讲起。

奇石疑云

新郑是黄帝故里、郑韩旧都,《诗经·国风》篇中专有一篇《郑风》,收录的就是春秋战国时期新郑地区的民间歌谣。新郑县城被两条河围绕,基本沿

石磨盘、石磨棒

用春秋时郑韩故城的形制。古城墙边缓缓流淌的黄水河与双洎河，就是《诗经·国风》中"方涣涣兮"的"溱与洧"。云湾大队的裴李岗村，就在曾经带给"士与女"愉快记忆的双洎河岸边。

新郑的特产是大红枣，裴李岗的特产是奇怪的石器。20世纪50年代初，国内各级文物部门陆续成立，百废待兴的中原大地上，为了祖国的文物事业在乡间奔走的文物工作者们就在双洎河岸边发现了各种各样奇特的石器，其中一种椭圆形的扁石片，一尺来长，半尺多宽，一面光滑、一面有四个矮胖的足，当地一些人把它叫作"通灵板"，也有人叫它石磨盘。据说常常与之一起出现的器皿还包括石磨棒、石铲、石斧和碎陶片。对考古学家来说，神出鬼没的奇怪石器已经不能简单地用神秘来形容了，应该用神龙见首不见尾和行踪诡谲形容才对。为了解开奇怪石器的秘密，他们用了将近三十年的时间。

看罢了《盗墓笔记》之后的人们所想象文物发掘的过程惊险刺激，充满了传奇的色彩，但真正的文物工作者的生活，却是风餐露宿枯燥单调的。一提到文物，人们想到的往往是锦绣辉煌的缂丝龙袍、金玉簇拥的佛骨舍利、温润剔透的宝石饰品，或是一幅舒朗轻逸的画作。对文物的伯乐们来说，文物的价值并不在于它有多华丽，能发出多么耀眼的光芒，而在于它能否一针见血、以小见大地复原出它所在时代的社会风貌。所以在文物工作者看来，虽然这些石制器物并不起眼，通体既无铭文也无雕琢，但它所折射出的历史影像，是多少闪着光的贵金属都不能比拟的。

石器到底告诉了我们什么呢？限于资料的有限，考古学家们也不敢妄下断言。但越神秘的东西越容易勾起人们的好奇，考古学家们迫切地想要知道石磨盘的来历。

与考古学家的好奇相对应的是，绝大多数的村民们的熟视无睹。他们并不思考这些文物的价值，也不觉得这种又扁又光的东西有什么稀奇的，至少人们更看重它们在当下村民生活中的现实价值。于是有的器物被垒进了院墙、猪圈，有的则躺在井边河岸，做起了主妇们的搓衣板，在七姑八婆的家常话的伴随下，日渐纤薄。文物专家们也因为这种器物没有明确的地层关系无法判定年代，只好任这些石磨盘继续待在村民家中。

凡是搞文化工作的，在基层走动时，都有爱和群众聊天的习惯。一来拉近关系，原本还是陌生的人，转眼就或蹲或坐在田埂上房檐下，和老乡们亲切交谈，熟得就像多年未见的老朋友；二来可以向当地人打听一下本地的历史传说和文物遗迹，既了解了民风民俗，又为今后工作的开展找到了线索。

在对裴李岗周围的村庄进行走访时，文物工作者偶尔就会抛出这个问题听听村民的意见："您觉得这件石器会是干吗的？"结果村民们天马行空的想象力让专家们眼界大开。

老人们常说，在古代国家兴盛君主英明的时候，上天为了嘉许人类的成绩，会降下祥瑞的东西，可以是动物，比如麒麟、凤凰，也可以是某种植物，比如一株双穗的稻子，也可以是某种符号，如河图洛书，总之代表了某种启示。同样，如果是乱世即将来临，上天也会有所预示：一出生就说出了奇怪预言的婴儿、长了两颗头的狗、纹理越看越像是什么字的石头，或者是某种自然灾害。石磨盘是这样的一种东西吗？

有人认为，石磨盘是记录神谕的器物，石磨盘扁平光滑，是神婆神汉们为人治病算卦问事时用的乩板。一个邻县的神婆甚至宣称，在石磨盘上撒上香灰，略作祝祷，扶乩请仙时，不但法力高强的纯阳祖师吕洞宾很快就会降临，连一些平常不会请到的留侯张良、诸葛孔明这样的仙人也会出现，可见石磨盘上的仙气很重。还说自己自从用了石磨盘作通灵板与仙人沟通后，感觉灵力大增，十里八村的老奶奶们也更爱来她家求神算卦了。

这种观点说得神乎其神，可大部分的村民并不认同，考古学家又向其他村民询问了他们的看法。

石磨盘有时会和石磨棒一同被发现，于是人们猜测这是用来做面条的案板和擀面杖，面条是中原老百姓家的家常饭，老祖先们以前也一定很爱吃，案板和擀面杖家家都有，所以裴李岗这么大的一

裴李岗村

块地方就出土了这么多组。也有人说，这是古人洗衣服用的便携式捶衣板，既可以在家里的井边用，也可以带到河边去。要是遇到哪年雨水特别多或者特别少，固定在河岸的捶衣板和水面的距离就不能像平常那么合适了，而这种便携式的洗衣板用起来就方便了。这两种说法并没有多大的说服力，因为不论案板还是捶衣板，都不可能只在裴李岗一个村大量出现，而在其他地区从未发现过类似器物。

最有创意的说法是说石磨盘是西陵氏娘娘给大禹王作草鞋用的鞋模子，因为大禹王治水的时候要变成熊，这样力气才更大，在石磨盘上做的草鞋就是预备他变成熊之后再穿的。起初考古学家们还很担心一旦村民们倾向于石磨盘是神谕的话，工作的开展将会极其困难，现实却是人们虽然对它的用途有种种荒诞的猜测，但至少更多的人认为它是没有神性的古代遗物，这让考古学家们稍微放了点心。

在村民们对石磨盘的作用充满猜测的同时，考古学家们也对石磨盘的时代产生了争执。河南地区仰韶文化遗存丰富，通过与仰韶时代的比对，大家相同的观点是，石磨盘绝对不是仰韶文化时代的遗物。分歧在于，有人觉得石磨盘应该是龙山文化时期的遗物，更有人大胆推测它们是汉魏时期才出现的。由于考古学家们一直没有见证过石磨盘出土的时刻，既不了解现场的情况和地层关系，也没有与其共存的器物用以参考，所以它的功用和时代都成了不解之谜。

观念的陈旧也影响了调查工作的开展。20世纪50年代初的新中国，各行各业都急待重建，考虑到当时的国际形势和国内的经济现实，国家优先发展了农业和重工业，根本没有更多的精力顾及文化领域。那个年代忽视了对国民民族文化遗产方面的教育，导致人们的文物意识并不强烈，至于对中华文化的自豪感更是无从谈起。不少人对文物遗迹和器物都很不以为然，认为这都是四旧，是妨碍社会主义影响国民思想健康发展的坏东西，应该统统砸烂扔掉。与之相对应的是那个时代的文物考古工作者的身份也相当尴尬，思想保守的人认为他们挖人祖坟，败损阴德，一旦遇见就会躲得远远的；观点比较新的人又觉得他们死抱老祖宗留下的破铜烂铁不放，是经济建设和社会进步的障碍。在这样的社会大背景下，石磨盘显然无法逃脱捶衣板和通灵板的命运。

寻源追踪

1960年，新郑县文化馆调来了一个叫薛文灿的年轻人。在进行业务和资料交接时，他看到了文化馆里收藏的几组石磨盘和石磨棒。这种形状奇特、用途不明的器物立刻引起了薛文灿的好奇。

自20世纪60年代起，中国各地，无论城乡，人们只做两件事，就是农业学大寨、工业学大庆。1964年，全国响应毛主席的号召，掀起了农业学大寨的高潮，位于中原大地、嵩山山麓的新郑县内也在积极平整田地，蓄水抗旱，提高粮食产量，改善人民生活水平。

一块块的高地被人工挖低，土中秘藏的物品也终于能在数千年后重新沐浴阳光。仅仅在1965年一年，裴李岗周围就出土了十多套石磨盘和石磨棒的组合。这时又有声音说了，平整土地是举国参与的大事，为什么在新郑，特别是裴李岗附近就出现了这种奇怪的石器呢？这是不是美蒋反动派为了搅乱我们的举国运动进行的破坏呢？甚至有人在看了谍战剧以后受到启发，认为石磨盘可能是一个经过伪装的反动电台，是国民党溃退台湾前留下的。

质疑声中，文物工作者们顶住了压力，对石磨盘的接收和入库仍在平静地进行着，人们距离石磨盘的真相又进了一步。

1972年2月29日，石磨盘登上了《河南日报》第四版，与六七十年代被发现的其他文物一起，向全省乃至全国人民展示这一时期河南文物战线上的工作成绩。这次的登报不但是它的初次亮相，也引发了更多人的关注。出现在报纸上的石磨盘是1965年在新郑西河李村出土的，石磨盘的图片下附有文字介绍，介绍中把石磨盘认定为原始社会晚期的遗物，具体用途为碾压谷物的生产工具。

石磨盘在媒体上初一见世之后，对它好奇的人便迅速从新郑一地扩展到了全省甚至全国。第二年，也就是1973年，国家文物局举办了一期新发现文物的海外巡展，所选取的多为"文革"期间全国各地生产建设中发掘出土的各类文物精品。新郑县文管会交送的展品就是一套石磨盘和石磨棒的组合，确定展品名录之前每一件送展的文物都要经过严格的学术价值和艺术价值的综合评估，结果北京的专家们也提出了石磨盘与仰韶和龙山时代的器物不相似的问题。出土地点和时代不明晰的缺陷严重影响了石磨盘的学术可信度，将不适合承担海外巡展的任务，国家文物局于是责成河南省文化局与开封地区文化局、新郑县文化馆对石磨盘的年代和文化类型进行再调查。

由省、地区、县三级文物部门组成的调查小组第一时间来到裴李岗周边，爬高岗、下断崖，在双洎河北岸的边边沿沿奋力找寻与石磨盘有关的蛛丝马迹，但经过几天的踏查走访，调查小组什么都没找到，只能无功而返。由于不能证明石磨盘的出土地点和时代，这套展品遗憾地被退回新郑文化馆，失去了出国展览的机会。

这时，乡间又有了传言：石磨盘显然是有灵性的神物，你看，想找它的时候累死也找不着，等它自己想出现的时候，才会被人们发现。

原本为国争光的文物竟然因自己的工作不到位被退还，这一事件成了河南文物界的耻辱，新郑文化馆的员工也暗暗下了决心，一定要把石磨盘的时代和文化类型调查清楚，不但让它们能有在全国乃至全世界展览的机会，还要让人们对它的前世今生有一个详尽的了解才行。这一个雄心壮志的建立，基于他们对文物工作的热爱，更是来源于他们对新郑地区文化资源的信心。既然新郑在历史时代可以有辉煌的过去，为什么就不能拥有灿烂繁荣的史前文明呢？特别是石磨盘出土的集中地点裴李岗。

裴李岗是一座地势较四周略高的土岗，高度大约是三四米左右，岗南是西河李村，岗上是裴李岗村，看上去和豫中的其他土岗一样普通，但岗上却总是出现别的地方从来没有发现过的奇怪器物。1975年秋，西河李生产队的社员曾在村北的岗上发现一处古墓葬，墓中除人骨外，还有石磨盘和石磨棒各一件作为随葬品。这一年的晚些时候，裴李岗生产队的一位社员在岗上发现了石磨盘两件。不久，西河李生产队又有一名社员在裴李岗发现石磨盘。石磨盘的每一次发现都会让薛文灿他们兴奋一阵，但兴奋之余，他们却并不满足。拿1975年的这三次发现来说，石磨盘所属的墓葬，墓中的其他随葬品都无从查考。每次薛文灿赶到现场时，墓葬都是破坏严重，既没有留下可供类型学研究的陶器，也没有留下可以分析时代的地层。一件件的石磨盘，就像双洎河上漂浮的落叶一样，无根无凭，不知来自哪里，也不知要去向何处。

在密切关注裴李岗村周围出土的石磨盘的同时，新郑境内的其他重要遗址也渐渐浮出水面，既丰富了本地区的文物资源，也使人们对石磨盘的认识逐渐清晰。1976年冬，在位于新郑县南部的观音寺公社唐户村平整土地时，村民发现了石器、陶器等文物。薛文灿第一时间将这一情况汇报给开封地区文管会的负责人崔耕。十年"文革"高度政治化的政策导致全国各领域的专业工作者都极度缺乏，为了确保唐户遗址发掘和研究的正常进行，为新郑乃至开封地区培养具备一定文物素质的技术人才，开封地区文管会在新郑县举办了一届亦工亦农的考古培训班。授课和实践的地点就设在唐户村，授课老师是郑州大学历史系的李友谋和陈旭，还有省文物研究所的赵世纲，此时他正被下放到密县劳动锻炼。薛文灿作为培训班的组织者之一，协助各位专家搞好行政方面的工作，同时也抱上本子认真地记录老师们说的每一句话。唐户遗址内涵丰富，不出意外地，这里也发现了石磨盘。

1976年是多事的一年，这一年的中国，三位伟人相继去世，举国沉浸在一片哀悼的气氛中，唐山大地震的惨痛回忆又让人不堪回首。新郑的冬季笼罩在黄河沿岸雾蒙蒙的水汽里，整日不放晴，人们的心情沉重——既是源于天气，也是由于一个时代结束，而新的时代尚未到来的无奈和不知所措。这时，唐户村发现石磨盘的消息迅速在县内传开了。有的人又开始胡思乱想了，为什么偏偏在这个时候出现了石磨盘，莫非它真的是上天的启示？还是敌特为了动摇人民的信心制造的恐慌呢？

冬天气候寒冷，是不适宜考古发掘的季节，加上平整土地过程中挖出的文物数量惊人，薛文灿等人首先进行了已出土器物的整理，并加紧授课为来年春天开始的考古发掘做准备。经过一个冬天的学习，学员们已经初步了解了考古发掘的基本规则，对即将到来的发掘实践跃跃欲试。

1977年3月，春暖花开，新郑的亦工亦农文物考古培训班在县文化馆继续开班，崔耕和薛文灿又开始了在培训班忙碌的工作。

一切又是那么井然有序，石磨盘的秘密要到什么时候才能解开呢？

祖坟风波

1977年的农历新年来得特别晚，3月11日这天才是正月二十二，石磨盘的寻找，在这一天迎来转机。

3月11日，薛文灿接到了新村公社打来的电话，说裴李岗村平整坡地的时候挖到了一座古墓，村里的裴姓和李姓因为古墓的归属有了分歧，争来争去互不让步，眼看就要大打出手，希望文物干部薛文灿能到场协助解决纠纷。薛文灿放下电话便匆忙出发。3月的新郑乡间，桃李绽放，草色嫩绿，薛文灿一心惦记着被发现的古墓，周围的景色他无心观赏。等来到裴李岗村东侧的古墓所在地时，墓边已经站满了人，裴李两姓手拿锹镐围成一圈，岗上的气氛剑拔弩张，一触即发。

薛文灿是县文化馆的干部，平时常在县内的村镇上走动，为大家解释文物政策，宣传相关的法律法规，是个全县妇孺皆知的熟面孔。因为平易近人、没有架子，人人见了都爱和他聊上几句，谁家要是遇上了邻里纠纷、家庭不和什么的，还经常找他来说和评理。老薛在岗头上刚一出现，围在古墓外围的村民就发现了他，七嘴八舌地和他打招呼。李家的人说："薛干部，您给说说，哪有这样不讲理的，李家的人要抢俺们的老祖坟哎！"裴家的人却说："老薛同志，您别听他们瞎说，我爷爷和叔公就埋在这附近，谁说这个岗上只能埋他们老李家的人。要我说，到底是谁家的祖坟还不一定呢"。

薛文灿投身文物事业多年，当然知道地下文物都是国家财产的这个道理，是古墓，就应该归国家所有。谁也不能忘了自己的老祖宗，他也知道中原乡间重孝敬祖的传统，所以他十分理解村民们为了争夺保护祖先的墓地，不惜发生冲突的这种心情。乡民热情纯朴，平时都是非常好相处的，但如果是关系到祖宗和家庭的问题，他们的禁忌就会相当多，也极难被说服，类似的纠纷解决起来都是困难重重。

怎么才能既让裴李两姓放弃纷争，又心平气和地同意国家对古墓进行发掘呢？有了，他想了想，抬头朝周围的群众大声说："争什么争！挖出了一座古墓，就忘了要响应毛主席他老人家的号召，平整土地为国家作贡献的事了吗？老人家刚刚去世，你们就不听他的话了吗？这样围在这里，也不干活，耽误了工期怎么办呐？"四周的乡民听老薛这么一说，争祖坟的兴奋立刻就没了一多半，有几个胆小的看起来都准备开溜了。

薛文灿一看自己的话有了效果，裴李两家人之间的气氛已经有所缓和，于是分开众人来到墓边，抓着大家被刚才的话震住了的机会观察一下这座古墓。被挖开的是一座砖券墓，墓顶已被揭开，从已破坏的墓顶向下望去，墓室里满是淤积的黄土。根据形制，薛文灿初步判断古墓为一座明代的砖砌墓。

薛文灿用手指着古墓，对周围的人说，"这是封建社会时期的墓，革命导师马克思的书里不是都说过了吗？封建社会只有地主和农民两个阶级，地主压迫农民，地主是盘踞在农民身上的寄生虫。地主穿金戴银，农民食不果腹。你们说，这么浪费的一座墓能是农民阶级的吗？农民住的都是土坯房，上哪儿弄这么多砖往墓里放啊？这样的墓也不知是多少劳苦大众的血汗。这明明就是一个地主阶级剥削农民的活证据嘛，你们这些人竟然还在为了它争来争去，刚才还差点因为这个动起手来是不是？还说是祖坟呢，你们这是要跟地主攀亲戚当黑五类子女是不是？"

薛文灿的一席话果然奏效，要知道当时历时十年的"文革"刚刚结束，国家和个人都还没有完全从以阶级斗争为纲的轨道上转到改革开放和经济建设上来。改革开放之前的中国，因为国外政治环境和国内政治经济状况等因素决定，在对个人做评价时，特别注重人的阶级属性和血统。由此，原本平等的人和人之间，被无形地隔成了不同的阶层，并且父辈的政治地位也会影响到子辈的人生。最为光荣的家庭讲究的是根红苗正。红色是热血的颜色、革命的颜色，这类家庭也可以被称为红色家庭。红色家庭可以是较早参加革命的干部家庭，也可以是三代贫农、纯粹的无产阶级家庭。贫农身份证明家庭中的成员从祖辈开始便饱受各种特权阶层的压迫和剥削，他们的革命愿望最为强烈，革命要求也最为彻底。红色家庭的后代被认为是对国家和人民有益的人。红色家庭中的成员在入团入党、升学、参军、就业、提干的时候，具有优势，前途光明，是人人都看好的绩优股。

在"文革"期间，与红色家庭对应的后进典型是黑色家庭。黑色家庭中的成员必然属于地主、富农、反革命分子、坏分子和右派分子五者之一，总之是千方百计阻挠革命向前推进的破坏者。以上五类人又被简称为"黑五类"，在工作和生活中处处受人歧视，在婚姻市场中也备受冷落，还要承担比红色家庭的子女更为繁重、低等的各种工作，以此作为改造自身血统的途径。

所以村民们听到薛文灿的嘴里出现什么阶级啊、地主啊之类的词，都不由自主地向后退缩，生怕自己的言语行为哪里不对，让人抓到了把柄，引来不必要的麻烦，害了自己也影响了子女的人生。

"我们的国家是社会主义国家，是没有压迫和剥削的国家。旧社会地主老财们骑在农民头上作威作福，那是因为他们个个家里都有大片大片的土地，还都是良田，穷人呢，家里的地又少，又不肥，忙活了一整年连老婆孩子都养不了，更别说还有些连地都没有，得给地主种地交粮的佃户了。咱们国家的主人是人民，你，我，咱们大伙儿都是当家做主的人，都是说了算的人，这个怎么才能看出来呢？就从这土地上看出来的。以前这土地啊，是地主老财的，现在的地都是国家的，人民是国家的主人，国家的地，不就都是咱们的了吗？"周围的村民听了薛文灿的话不住地点头，纷纷表示赞成。"薛干部说得对，咱们农民啊，总算当了一回家啦，没解放那会，我爹我娘种出来的粮食，都得让地主抢走一多半，剩下的根本就不够吃。当年我瘦得像条狼，吃饭也像狼，吃不饱啊。天天晚上睡觉梦见的都是窝头。"薛文灿对面的一个中年人说道。围观的人报以阵阵笑声。

薛文灿看大家都在仔细听他的话，并且还很认同，又从土地讲到了文物上来。"咱们国家的地是国家的，因为一旦地归了哪个人，其他的人不就种不成了吗？日久天长，又要出现阶级，出现压迫，出现地主老财。所以土地只有归国家，才能让大家都得到实惠。土地归了国家，从土里挖出来的文物呢？"薛文灿用手指了指眼前的那座差点引发一场械斗的明墓，"人是国家的人，地是国家的地，从土里挖出来的东西怎么能归给哪个人呢？所谓文物，包括地上和地下的，都是咱们的老祖先，古代的劳动人民千辛万苦做成的，劳动人民的财产应该由劳动人民共同保管，咱们国家是人民的国家，文物所以要由国家代管，这样它们才不会又被有钱人霸占了。"

薛文灿说服裴李两姓村民的方式在今天的人听来可能有些不可思议，他语言中提到的词语在现今的人听来一片茫然,完全不知道他在说什么,当然也不会知道他的话在当时的人听来,有多大的威慑力。人不能从他所属的时代中架空出来,薛文灿所说的话,不可避免地带有那个时代的印记。薛文灿在这样特殊的情况下,针对特殊人群,用了特定时期的特殊语言。但我们在关注他阐述观点的方法时,更应该了解他的目的,因为时至今日,他的后继者们仍在用不输于他的一份热忱继续着他的事业。

老薛讲了文物知识之后还不忘向大家宣传了新郑地区历年来的考古发掘情况,他还讲到了最近新发现的唐户遗址,最后再三提醒村民们,以后发现了文物,一定要严肃对待,像保护其他类别的国家财产一样尽力,千万不能破坏,还要第一时间向他报告。四周的人听得连连点头,都把他的话记在心里,其中有个二十岁的年轻人叫李铁旦,生性热情开朗,也最崇拜像薛文灿这样有文化的干部。薛文灿从上到岗上之后的话他全都听得清清楚楚,他为自己刚才冲动的参与了两姓之间的争执而懊悔不已:"还好薛干部来得及时,不然岗上险些成了械斗场。什么年代了,还抱着祖宗和祖坟不开窍,连一块坟地都要争,这不是资产阶级私有化的作风么?像我这样的政治觉悟,怎么能担当社会主义接班人的角色?再不努力端正态度,不就要成为后进典型了吗?"

李铁旦激情澎湃的心理活动只在他的内心中无声地进行,薛文灿当然无从知道当时在场的人中有多少人的内心也像李铁旦这样豪情激荡了片刻,他当然也不会想到,他因为解决裴李两姓冲突即兴说出的几番话,不久之后就会改写中国的文明史。

3月12日,薛文灿又来到裴李岗岗上,调查清理明代墓,周围的社员像往常一样劳作,好像什么都没发生过。把墓室中泥土清空之后,薛文灿发觉,昨天自己跟村民们说这是地主的坟,还真是有些污蔑了这座墓的主人,墓中的人骨残乱、随葬品少得可怜,根本没有什么首饰或者瓷器,只出土了几枚明代钱币,上面有隆庆的年号。

第二天,薛文灿再赴裴李岗清理明墓,这次他还带了一个助手马金生,经过一整天的工作,古墓被清理完毕。回县城途中的薛文灿完全感知不到裴李岗上正在酝酿一件石破天惊的大事,困扰了他和同行们十多年的石磨盘遗案,马上就要水落石出了。

铁旦献宝

1977年4月2日,是农历的二月十四,李铁旦奶奶的黄历上说这一天宜嫁娶、祭祀;忌安葬、入殓。每到不宜动土的日子——比如发现明墓的3月11日那天,铁旦的奶奶总会在家里忧心忡忡,她说不宜动土的时候在地里翻来翻去,惹得土地爷不高兴了怎么办呐?李铁旦只要一见奶奶这样,就又好气又好笑,从小就在奶奶的呵护下长大,他当然知道奶奶是在为他担心,可这担心的理由,不是封建残余的迷信思想吗?国际歌里不是唱了吗,从来就没有什么救世主,也不靠神仙皇帝。没错,今天的李铁旦就是哼着国际歌上工的。

再过几天就是清明了,气温却突然地降了下来,裴李岗上村民仍和往常一样地在平整土地。中原人凡事以孝为先,

李铁蛋发现的墓葬与石磨盘

李铁旦此时虽然也在手拿锄头平整土地，但满脑子想的都是再过几天清明祭祖的事，奶奶头好几天就开始叨念，计划给去世的爷爷烧这烧那。如果他没有听到3月11日那天薛文灿在裴李岗上说的话，那么这天注定是他度过的和即将度过的许多个平常的日子一样平常的一天，而事实却是与之相反——李铁旦先是挖到了一具骸骨，这显然是一座普通的坟墓，没有棺木，没有墓志，墓穴中一个不知道哪朝哪代死去的人静静地躺着，李铁旦见怪不怪，平整土地时挖到坟墓是常有的事，他只是嘟囔了一句，人死了都要变成一把骨头，可见牛鬼蛇神什么的封建迷信果然是假的。

李铁旦的锄头改变方向，开始刨人骨右侧大约是人腰腿位置的黄土。李铁旦虽然只有二十岁，但从给爹妈打下手干农活开始，在田里忙活了起码十年，他即使闭着眼睛，耳朵也会告诉他工作进展的如何。嘭、嘭，这是锄头和黄土接触时发出的声音，锄地的声音都是这样沉闷单调的。铛，一声略显高亢的声音突然出现，李铁旦的耳朵听到这一声的同时，酥麻的感觉也从手上传来，这是锄头砸到了一块石头。石头是平整土地时经常遇到的东西，李铁旦把露在外面的石头尖旁边的土向外翻，等石头的大部分体积都露出来后，就可以把它搬到专放杂物的篮子里抬到岗下了。

可是，他又翻了几锄头的土，发现这块石头应该是一块石板，两面平整、竖插在土中。只是这一面怎么还有两个像桌子脚一样的矮腿呀？李铁旦扔了锄头，抓住石板猛一用力，石板从土中被拔了出来。李铁旦再看，两只矮腿的旁边竟然还对称的另外两只矮腿。"咦？一面平整、一面有矮腿，这不就是薛干部提过的石磨盘吗？薛干部半个多月前还说过，谁发现了石磨盘，要立刻拿给他呢。"李铁旦又把土翻了翻，一个石磨棒也在土里出现了。"这个也要带给薛干部。"李铁旦找来一条旧麻袋，装上了石磨盘和石磨棒。他站在原地歪着头想了想，又把挖出的人骨小心地拾了起来，一同装进袋子。收拾妥当的李铁旦跟生产队长请了假，肩扛装有石磨盘和石磨棒的麻袋，踏上了去县城的路。

这天是个星期六，当时中国还没有实行一周双休的制度，所以这一天薛文灿仍待在办公室里。自从唐户遗址的文物短训班开班以来，薛文灿既要协助崔耕管理唐户村的学习班，还要完成县文化馆的工作，不免要两头兼顾，来回奔波。这个周六，他恰好在县文化馆。

"薛干部，"李铁旦一进屋就兴奋地开了口，"上个月你说过了，以后要是再发现了石磨盘石磨棒，一定要给你带来。你看，今天一早我整地的时候就发现了一套，您看看吧。"说着低头就解麻袋上的绳子。薛文灿听说是行踪诡秘的石磨盘再现江湖，不敢怠慢，放下手中的工作，急急走到李铁旦身边，两眼紧盯着李铁旦的麻袋。裴李岗村到县城一共十五里路，清明前的天气仍有些冷，可李铁旦的头上却布满了汗珠。

"薛干部，你看。"李铁旦弯腰抱起石磨盘，"这就是我今天在岗上发现的。""好，好！"薛文灿也有些激动。不会错的，李铁旦带来的石磨盘重几十斤，两头为圆形，体薄，一面平整，一面四边各有一个矮足。在新郑文化馆的库房里，这样的器物已经堆了二十多件了。

他的手指在石磨盘上略作停留后，抬头问李铁旦，"在哪儿发现的？""俺们村现在开始平村西头的地了，就在那儿发现的。""还有什么？"薛文灿瞄了一眼地上的麻袋，里面好像还有东西，石磨棒？由于石磨棒和石磨盘总是同时出现，所以虽然人们仍不能确定石磨盘的时代，但已基本接受了石磨盘与石磨棒是一对器物组合的观点，于是看见了石磨盘后，薛文灿直觉地想到石磨棒可能也一同现身了。

"是，还有一具人骨，我挑了几根主要的骨头，也带来了。"李铁旦说着，就要从麻袋里拿东西给薛文灿看，谁知却被薛文灿一把拦住了，"是从一个古墓里挖出来的？""是啊。""里面还有什么？""墓里没什么好东西，只有几个破陶罐子。""你往下挖了多深挖到的墓？""唔，"李铁旦想了想，"半米多深吧。"

麻袋里的东西被薛文灿看过后，他抬头对李铁旦说："你提供的线索非常重要，带来的石磨盘非常有价值，我这就把情况报告给上级，"薛文灿说着又握住了李铁旦的手，"小李同志，谢谢你把这么重要的文物带过来，等请示了领导之后，我马上安排去现场的勘察工

1977年发掘出土器物

1977年发掘出土绿松石饰物

聚焦裴李岗

李铁旦将石磨盘送去县文化馆之后，4月3日一大早，在薛文灿的带领下，崔耕、李友谋、赵世纲四人来到裴李岗村西地。

几个人再次走近迷雾重重的裴李岗，与早已等在那里的李铁旦汇合，开始寻找昨天发现的墓葬。根据李铁旦对现场的描述，毫无疑问，这一次的成功概率非常大。但失望次数太多的众人始终不敢放松紧张的情绪，四个人上裴李岗的速度也因为心事重重而有些缓慢。

岗上的土地经过昨天的一阵翻动，有些让人认不出来。社员们干着自己分内的活，不时抬起好奇的眼睛看着突然出现的四个"外"人。

五个人在岗上仔细寻找，终于发现了前一天被挖开的那座墓葬，按照崔耕的意见，他们准备清理这座墓葬。虽然墓穴中又落入了少量的黄土，但并不影响考古发掘，墓坑清理工作由赵世纲完成。随后，李铁旦扛进文化馆大院的那件石磨盘被递进了墓中。大家不费力地找到了骸骨左侧腰腹位置上的一个凹痕，小心翼翼地将石磨盘放置在凹槽中。石磨盘与凹槽严丝合缝！中国考古学史上的重要时刻于是定格，四位文物工作者这才不约而同地舒了一口气。

墓葬清理完毕后，四个人要求村干部立即停止裴李岗西地的土地平整工作，下午李友谋和赵世纲返回唐户村，崔耕和薛文灿回县文化馆研究下一步计划。

4月4日，崔耕请示河南省文化局，请求在裴李岗进行试掘，得到省文化局的同意后，裴李岗遗址发掘的准备工作便紧锣密鼓地开始了。

作，希望这一次的现场保存情况能够帮助我们查清石磨盘的时代。"

李铁旦和薛文灿约好了第二天见面的时间之后，出了文化馆的大门回家去了。"回去之后请你告诉其他社员，对出土石磨盘的墓葬现场不要破坏。"临走时薛文灿又嘱咐了一句。

回去的路上，李铁旦想着，薛干部和别的那些文物部门的干部一样，虽然是好人，还是他们这些农民比不了的文化人，但却又是个奇怪的人。他们为什么对光秃秃又笨又沉的石磨盘情有独钟呢？

送走了李铁旦之后，薛文灿激动地拨通了开封地区文物部门负责人崔耕的电话。在电话里，薛文灿汇报了李铁旦带来的器物和人骨，描述了李铁旦发现石磨盘的详细位置，重点提到了墓葬中仍有其他随葬品及墓葬开口距地面深度超过半米这两项情况。电话另一头的崔耕同样意识到了线索的重要价值，决定第二天便来新郑察看现场，并要薛文灿约上李友谋、赵世纲第二天同上裴李岗寻找李铁旦发现的墓葬。

4月5日，唐户遗址的短训班成员马金生背着简单的行李进了裴李岗村。他的任务是，为了保证现场不被再次破坏，考古发掘开始之前，他要守在岗上寸步不离。马金生安顿好住处后急忙上了裴李岗村西的台地，坚守他的阵地去了。与此同时，薛文灿正在生产队队部同村干部们协调试掘的面积、给队里的赔偿和即将到来的试掘队员们的住宿问题。

三天后的4月8日，赵世纲和唐户短训班上的两个队员来到裴李岗，裴李岗遗址的第一次发掘正式开始，发掘共计十二天。这次试掘面积共118平方米，清理了八座墓，全为成年人墓，另有五座灰坑。共发现石器25件、陶器21件、骨器1件、兽骨2件、绿松石2枚。

4月20日，裴李岗遗址第一次发掘结束，开封地区文管会和新郑县文管会联合举办的考古短训班移师新郑县文化馆内，两线作战的短训班学员们又合在一处，同时修复唐户遗址和裴李岗遗址的器物，绘图照相。唐户遗址发掘和裴李岗遗址试掘的两份报告也在紧张地撰写中。《河南省新郑县唐户两周墓试掘简报》由李友谋执笔，《河南新郑裴李岗新石器时代遗址》由赵世纲执笔。暮春时节的新郑已经有些烦热，但却比不了文化馆内短训班成员们高涨的工作热情。

5月上旬，由开封地区文管会和新郑县文管会共同署名的《河南新郑裴李岗新石器时代遗址》的试掘报告出炉。6月11日，唐户遗址的资料整理和报告编写结束。发现裴李岗遗址的三驾马车崔耕、薛文灿和李友谋，带着部分文物标本，向河南省文化厅文物处的傅月华处长做了关于近期发掘的两个遗址情况的报告，在裴李岗遗址的发掘报告中基于裴李岗遗址出土物的类型特点，建议将遗址所表现的文化类型命名为裴李岗文化的提议深受傅月华处长的重视。为了能得到更加权威的意见，傅处长提议三个人立刻前往首都北京，向国家文物局作情况汇报，并希望能约见社科院几位新石器方面的专家，让裴李岗的文物也挂挂"专家号"。

1978年发掘现场

考古学家安志敏（左一）在现场指导

三个人到达北京后，既没去看北京八景，也没来得及在天安门广场前照张相，6月16日上午，首先奔赴国家文物局。时任国家文物局文物处处长的陈滋德听取汇报后，即刻批示社会科学院考古所对裴李岗遗址的时代和文化类型进行评估。

6月16日下午，薛文灿拜访了《文物》杂志的总编辑杨谨同志，本来送去的是唐户遗址两周墓地的简报，但杨总编看见了裴李岗的资料后更加感兴趣，主动要求将裴李岗的报告也留下与唐户遗址的报告一同发表。这一提议着实让薛文灿很兴奋，但又有些为难。当时的科技还很落后，新郑又只还是个小县城，唐户和裴李岗的两份报告成稿后，都是由学习班中一个叫马沛林的学员手写刻在蜡版上，又一张一张用油墨印出来的。油墨的印刷品纸张脆，非常容易损坏，油墨黏稠挥发慢，看完一本油墨印制的书，手指头都是黑色的。因为没有料到裴李岗遗址会引发这样高的关注，崔耕他们在简报成稿之后，并没有加印。薛文灿向她解释这次来北京带的报告数量有限，这份报告是陈滋德处长批示要带给社科院考古所的，杨谨总编只好遗憾地将裴李岗的简报交回薛文灿手里。

6月17日，一行三人来到中国社会科学院考古研究所，负责新石器时代考古的安志敏先生在听取了三个人的汇报，又仔细观看了带来的文物样本之后，马上联系了考古所所长夏鼐先生。夏鼐所长听到消息立刻赶来，见到了简报后大呼："新苗头！很值得重视！"听说带来的木炭和人骨样本已经送检后，还叮嘱实验室的检测人员要在最短的时间内将检测结果通知他。几天后，三个人又拜访了类型学专家苏秉琦先生。苏先生认为他们带来的裴李岗陶片标本时间应早于7000年，这是一个让崔耕一行和苏先生都倍感振奋的时间，因为这样一来，

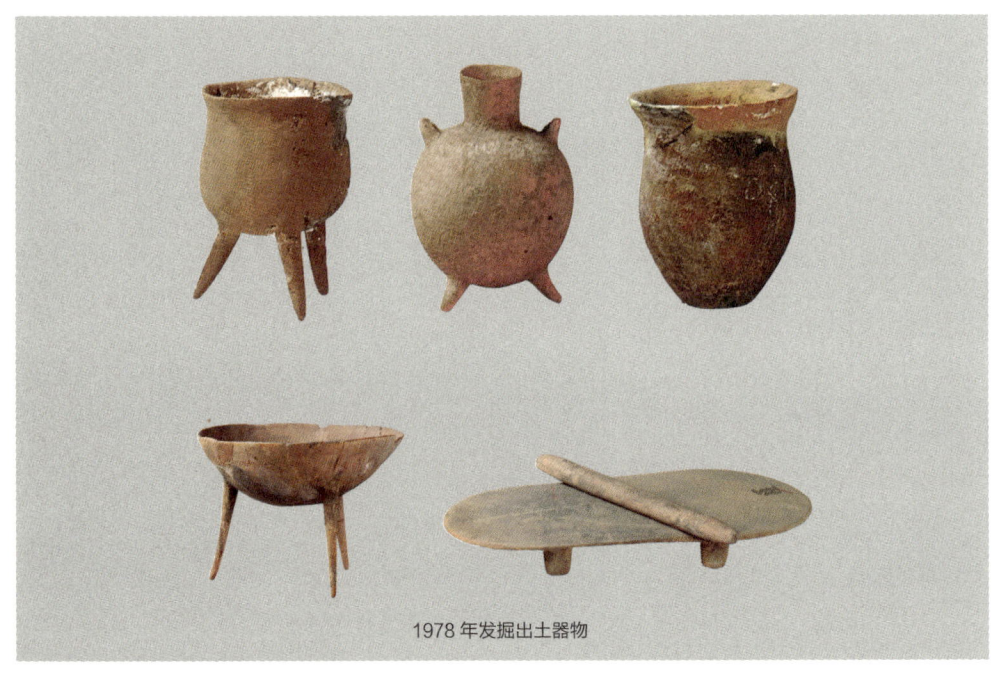

1978年发掘出土器物

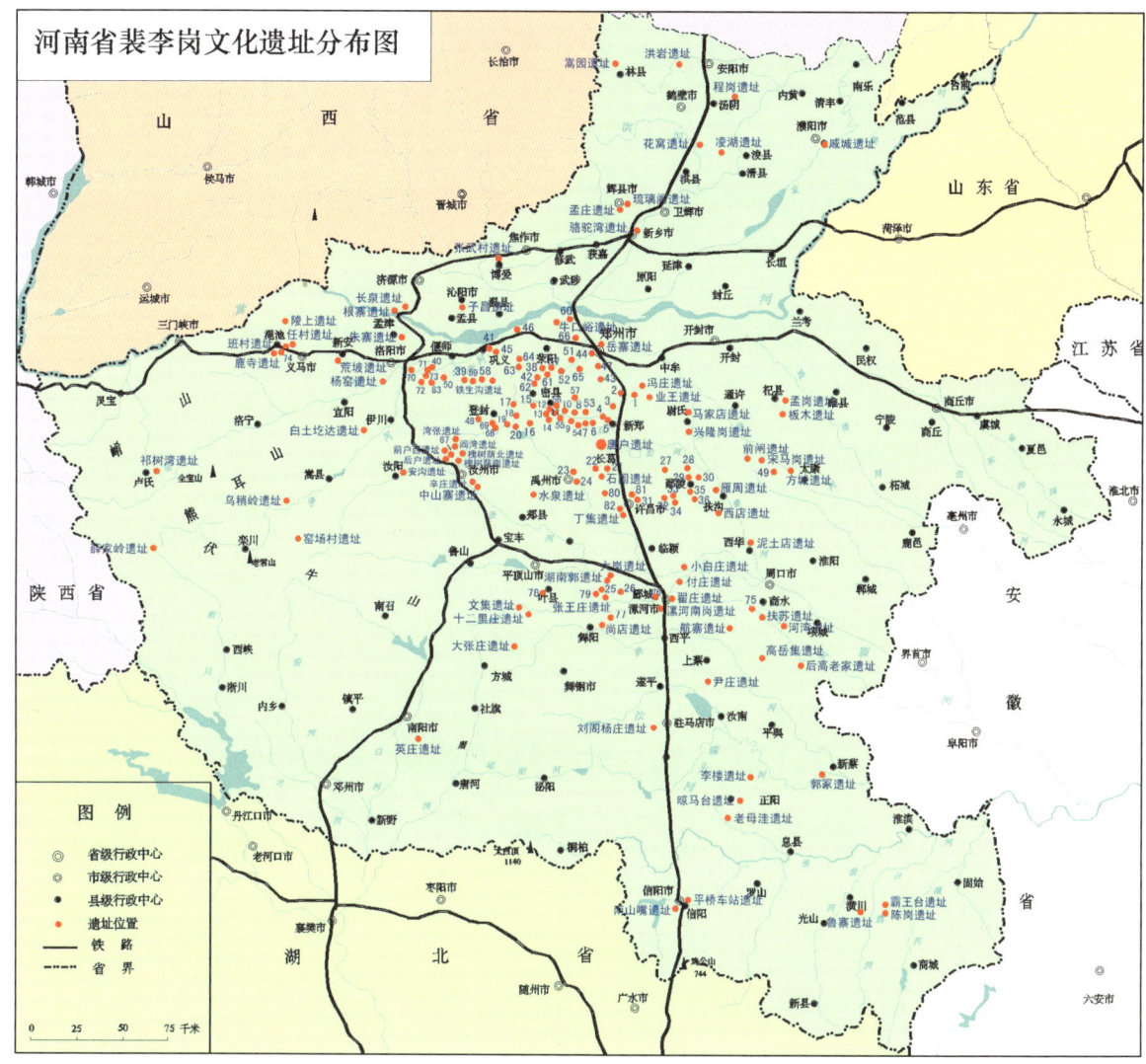

河南省裴李岗文化遗产分布图

裴李岗遗址的时代确切无疑地要早于仰韶文化的时代，成为我国已知最早的新石器时代文化类型。三个人临走时，苏秉琦先生又写了一封信让崔耕转交给傅月华处长。信上讲了裴李岗遗址的重要性，希望河南省文化厅文物处协助做好保护和研究工作。

回到河南后，三驾马车又马不停蹄地来到省文化厅文物处，向傅月华处长做了汇报。傅处长得悉石磨盘之谜终于解开了，也非常欢欣鼓舞，在读了苏秉琦先生的信后，指示崔耕回去之后立即着手准备裴李岗遗址的二次发掘，仍采取开封与新郑两级单位联办短训班的方式。

1978年4月下旬，裴李岗遗址的第二次发掘开始了，这次的发掘又加入了郑州大学历史系考古专业的师生们。发掘进行中，裴李岗第一次发掘的简报登在了1978年《考古》杂志的第2期，大家备受鼓舞。第二次发掘时也出土了绿松石一件，还有陶猪头两件、陶羊头一件。同时出土猪、羊等动物的头骨、牙齿若干。

裴李岗遗址的第二次发掘之后，开封地区文管会组成了调查组，在全区范围内调查了中牟、新郑、密县、登封、巩县等五个县的裴李岗文化遗址分布情况，共发现12处。这些遗址中，有的是单纯的裴李岗文化，有的则与仰韶、龙山文化共存，贯穿了数千年的历史。由此可知，在裴李岗人生活在双洎河北岸的同一时间里，黄河两岸人烟蕃盛、村落遍布，家家喧闹，户户炊烟，仰韶文化西来说的谣言不攻自破，黄河文明的地位再次得到巩固。

1979年春，裴李岗遗址迎来了第三次发掘，此次发掘由中国社会科学院考古研究所河南一队接手。鉴于裴李岗遗址在省内、全国乃至国际学术界的重要地位，本次发掘部分墓地时，还邀请了河南电视台进行现场录像。

石磨盘的秘密被解开后，一拨又一拨的考古工作者进驻裴李岗，一批又一批的各级领导前来视察，打破了裴李岗

1979年发掘现场

· 018 ·

1979年出土器物

裴文中先生现场指导，右图中左起第三人为薛文灿

村的宁静。放置在各家各户的石磨盘再也不能享受田园牧歌式的乡村生活，它们被集合到一起，和原先就待在新郑县文化馆的石磨盘一道，被送往国家、省、市和多个学术、科研机构的博物馆中，接受众人的关注。留在新郑文化馆中几组石磨盘也没闲着，几乎每隔几年就有出国展览的任务。

文明之光

在对石磨盘与裴李岗文化的故事逐层推进、抽丝剥茧的中途，让我们把叙述略作停止，来说一说中华文明。

每个中国公民上学时老师都会讲到中国是历史悠久的文明古国，人们也总会对此无比自豪。但是，悠久到底是多久呢？在中国历史上，新中国之前是民国，民国之前是明清，明清之前有宋元，宋元之前是周秦汉唐，周秦汉唐之前又有在甲骨上刻字的商和最早的王朝夏。夏的建立时间距今超过了四千年，那么在夏和商之前的中国是什么样子的呢？20世纪20年代，考古学家梁思永在山东主持发掘了一座龙山文化遗址，河南境内的龙山文化时间为前2500~前2000，是距今五千年以上的文化。我们常说中华文明有五千年的历史，中华文明起源于华夏族的轩辕黄帝。传说中黄帝所处的时代，在时间上相当于考古学中的龙山文化早期。

比龙山更早的时候呢？1921年，瑞典的地质学家安特生在河南渑池的仰韶村发现了仰韶文化的遗存。仰韶文化在距今约七千年时开始，是处于龙山文化之前的时代。仰韶时代的中国人对美的鉴赏力异常敏锐，他们也是擅长创造的艺术工匠。仰韶时代的彩陶非常发达，仰韶文化也可以称彩陶文化。在我们赞叹仰韶工匠们制陶技术高超的同时，问题紧接着也出现了。安特生在研究了从黄河上游直到中下游的彩陶之后，得出的结论是，由于黄河源头地区，也就是位于丝绸之路这条欧亚交流通道附近的彩陶比东部的精美繁荣，并且是在没有任何继承的条件下突然产生的，所以证明中国的彩陶文化并非自生，而是从西方传入的。

仰韶文化是20世纪70年代末之前已知的我国最早的新石器时代文化，它

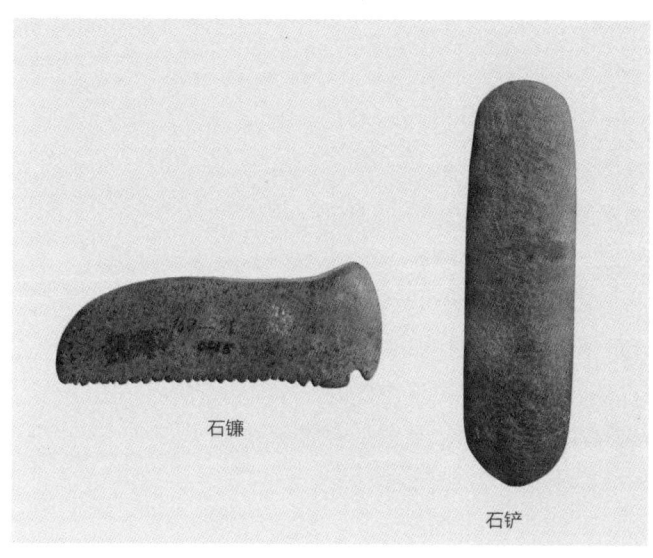

石镰　石铲

裴李岗遗址出土石器

早于龙山时代，并且与龙山文化有着密切的演变关系。质疑仰韶文化的自生性，也就是怀疑中国五千年文化的自生性。换句话说，让中国人引以为豪的中华文明可能就是仰韶时代从西方传入的。

这种西方优越论的观点深深地挫伤了中国人的民族自尊心。在裴李岗遗址发现之前，我国的考古学家已经指出安特生对黄河流域各地区仰韶文明排列次序的错误，甘青地区的彩陶文化的时代并没有安特生说得那样早，甘青地区繁荣的彩陶文化是从中原传入的。虽然这已经可以反驳仰韶文明西来说，但扬汤止沸莫如釜底抽薪，考古学家们也企盼能有一个有力的证明，让中华文明的自生性不可撼动。

在对裴李岗遗址出土木炭进行 ^{14}C 年代测定表明，裴李岗遗址的年代上限可以达到前 5935±480 年之间，即使是保守的估计也在前 5025±100 年之间。裴李岗文化距今 7000~9000 年，是早于仰韶文化并且与仰韶文化有着渊源关系的一种文化类型。它的出现极大地丰富了人们对中国境内新石器时代中期人类生存情况和社会发展阶段的认识，是中华文明自生的一个有力证据。

"人猿相揖别，只几个石头磨过，小儿时节。"距今 9000 年左右的裴李岗遗址周围，人们过着怎样的生活呢？与同时期的文明相比较，裴李岗人所创造的文明又有那些开创之处呢？

裴李岗文明开创之一：原始农业的起源。指引考古工作者们发现裴李岗遗址的神秘的石磨盘、石磨棒与石铲、石镰一道，构成了裴李岗文化的特色工具组合。这一系列富有特点的工具的出土，轻而易举地将我国的农业史提前至 9000 年前。裴李岗文化时期，人们的主要食物来源是原始农业。原始农业是文明起源的重要标志，原始农业的产生带动了裴李岗人生活方式和思维方式的飞跃，也是裴李岗文明出现的根本原因。

农业的产生是一个漫长复杂的过程，其间既需要地理条件的适宜，也需要原始人类对周围的气候和作物的习性有长时间的观察。

裴李岗文化地处嵩山东麓，黄河冲积扇范围内，属于森林边缘地区，地势平缓，土壤肥沃，土地干湿程度适中，气候适宜，四季分明，存在农业起源的条件。

裴李岗文化之前的时代，人们的食物主要来自于原始的渔猎和采集，这两种食物获取方式受季节影响很大。渔猎和采集是对自然单纯的索取，会造成某一地区的动植物数量一定时期内的减少，引发食物不足，这时人们被迫要迁往其他地方居住。渐渐地人们发现，当时还是野生的粟和水稻中的碳水化合物、维生素和膳食纤维含量更高，更益于人体对营养的吸收，并且易于保存。更重要的是，有规律的粮食种植并不会破坏过多的自然环境。于是人类开始有意识地播种和收获，农业就这样出现了。

所有裴李岗人的身份都是农民，虽然现在这并不是一个让人兴奋的职业，但在七八千年之前的双洎河畔，农业使裴李岗人粮食充裕，生活富足。

裴李岗人日常的工作是农业生产。经考古发掘证实，这一时期出现了种类繁多的农业生产工具，每一种都非常有针对性地作用于农业生产的一个阶段。裴李岗人用石斧砍伐草木；将荒地清理好后，用两端都有刃的石铲使土壤松软，并在土中播种；粮食成熟后使用刃部有锯齿的石镰收割；收获后的粮食在石磨盘上进行加工，使谷穗与谷粒分开。

狩猎和采集是裴李岗人农业生产的辅助，一般会在农闲时进行。畜牧业在此时也出现了，驯化的畜类以猪羊为最多，不过这都不是他们主要的食物来源。

大红枣是新郑人引以为豪的特产，新郑是国家林业局命名的中国红枣之乡，新郑大枣是国家地理标志保护产品。春秋时期的郑韩故城内外便已"桃枣荫于街"。新郑周围出土了大量的汉代铜镜，上面描绘了仙人们的形象和生活方式。铜镜边沿的铭文刻有"上有仙人不知老，渴饮醴泉饥食枣"的字样，可见当时人们便把枣作为一种具有延年益寿作用的养生水果。《本草纲目》中说"枣味甘，性温，能补中益气，养血生津"。大枣药用价值很高。在新郑最早吃枣的人是居住在裴李岗遗址的先民们，这里出土了大量碳化枣核。大枣促进了裴李岗人身体素质的提高，是他们创造辉煌的史前文明的又一物质保障。

裴李岗文明开创之二：定居时代的到来。农业要求生产者们的居住地与农田接近，并至少在一季农作物成熟之前，相对固定地居住在农田的附近。为了适应农业生产的新需要，裴李岗人开启了中华文明的定居时代。

考古发掘过程中专家们发现，这里文化层的堆积有的地方厚达1米以上，是人类长期在此区域活动的最好证明。定居生活减少了频繁迁徙造成的人力和资源的浪费，也表明人们对居住地点的选择更加合理，更加趋向于从长远角度考虑。同时，考古发掘还告诉了现代人裴李岗人当时的居住状况。

裴李岗文化居住区内的主要建筑是房屋、贮藏坑和陶窑。

裴李岗人住在半地穴的房屋里，房顶用柱子支撑，地面铺有可以防潮的泥灰地面。房屋多为圆形，门朝南，光线充足，门内还有阶梯式的门道。冬天时室内的温度也不会太低。修造房屋时，裴李岗人会先将草秸搅拌进筑墙用的土中，混合了植物秸秆的土质韧性增强。四壁和地面全部用火烤过，烤后的土称红烧土。红烧土地面干燥坚硬，更适宜居住。

为了盛放食物便于饮食，裴李岗人还在房子周围挖了不少窖穴，里面贮藏

裴李岗遗址出土酸枣核

唐户裴李岗文化房基遗址

裴李岗遗址发掘的墓葬区局部

的都是每年秋季收获的农作物。

裴李岗文明开创之三：血缘关系与社会分工。裴李岗人在双洎河沿岸的高地上过着群居和定居的生活，群居减少了单个个体面对自然时的风险，人与人之间频繁的交流也使对血缘关系的认知成为可能。

裴李岗人除了群体观念之外，对家族的认识也更加深入。群体生活的居住方式促进了人与人之间认识的加深，这一期间人们能够分辨出他人与自身血缘亲疏的不同。

裴李岗文化绝大多数房屋的面积都在10平方米以下，这种规模的房屋只能满足3～5人的日常居住。根据发掘出土的房屋面积、布局和结构推断，最小单位的个体家庭已经出现。

墓地是裴李岗人埋葬死去的亲人的地方。在埋葬亲人时，裴李岗人采用了家族墓地的形式。公共墓地中的墓穴集中排列，墓坑的方向、葬式和随葬品的组合都较为固定。与后世不同的是，这时的人们没有使用盛放包裹尸体的棺木和纺织品，墓的主人多是以仰身直肢的姿势躺在墓中，头向南，随葬品在墓中有基本固定的摆放位置，比如陶器多放在头部两侧。多件的随葬品摆在一起时，也有一定的次序。不同的墓，大小和随葬品的多少都有很大差别。

经过数次发掘和后期的研究工作，人们发现裴李岗墓葬中的一个有趣的现象。裴李岗文化最具特色的两组石器分别是石磨盘、石磨棒和石铲、石镰，在所有与裴李岗遗址同一类型的单人墓葬中，以上两组器物从不同时出现，表明随着生产力的进一步发展，同一人群中出现了劳动分工。

群体生活使共同的劳动成为可能，群体内明确的生产分工极大地节省了人力，方便人们根据自身特点选择工作内容，又加强了个体间的生产协作，使裴李岗人的工作效率大大提高，同时群体中简单的成员关系也日益趋向复杂。

裴李岗文明开创之四：新石器时代的高科技。原始农业的产生、群居和亲缘概念的出现，促进了人类对客观世界的了解，并通过各种类型的实践活动，将对客观世界的认识从具体而至抽象。科学在裴李岗人生活质量的提高中，也扮演了不可忽视的作用。裴李岗时代的高科技体现在农业工具、制陶和纺织技术等方面。

先进生产工具和生活工具的出现得益于人们对科技知识的掌握。石制生产工具的革新也使农业生产成为可能。

裴李岗人是新石器时代中期的人类，所谓新石器，是制作精致、磨制成的石器，与之对应的旧石器是制作手法粗糙、通过打制得到的石器。使用了磨制石器的裴李岗人工作效率更高。

经考古发掘证实，裴李岗文化拥有比较进步的生产工具和比较齐全的工具组合。

前面曾经提到过，马列经典著作中认为生产力和生产工具之间有着密切的联系，那么，使用了磨制石器的新石器时代，或者说使用了磨制石器的裴李岗人，他们的生活较之他们的祖先，发生了哪些变化呢？凡是农业经济发达的新石器文化，都有发达的磨制石器技术，原始采集经济阶段也会需要使用工具切割植物枝干，但采集经济可以面对的对象种类多样，采集不同种类植物所需要的工具特点不同，不会引发工具某一特定功能的延伸。

裴李岗遗址中出土的斧和铲打制后经过砥磨，制出了锋利的刃部，适宜于劈砍树木和翻整土地。石磨盘和石磨棒是琢磨成的，边沿平缓，中间位置都因为长期使用而略有内凹。除石磨盘外，裴李岗的工匠们最拿手的作品是有锯齿刃的石镰。石镰为磨制，把手下都有一个用以安装木柄的小缺口，收割时捆绑在木柄上使用，大大节省人的体力。另外，石镰上的锯齿增加了石镰与植株接触时的摩擦力，现在仍在使用中的锯，根据的也是这个原理。而现在农业收获时用到的收割机，它的工作原理还是与裴李岗的锯齿镰相同，只不过是将人力升级为机械动力而已。

旧石器时代的人类，以渔猎和采集

裴李岗遗址出土陶器

为生，获得的鱼类和肉类，在火上烧烤后便可食用，采集得到的果实可以直接食用，不需要对食物进行蒸煮，所以这个时期的人对陶器的需求并不强烈。农业出现之后为了烹煮谷物，人们发明了陶器。

裴李岗人使用陶器，并在接近水源的地方建有烧制陶器的作坊。这时还没有发明快轮制陶的方法，陶器的形状全部都要陶工用手捏出来，器物的耳、腿还要分别做好后粘到主体身上。由于烧制温度的限制，裴李岗的陶器多是红色或红褐色的，胎质疏松，吸水性强，非常容易破碎。

裴李岗遗址内出土的陶鼎是目前国内发现的时代最早的陶鼎

裴李岗遗址发掘出的陶器中，盛装液体的壶全部为泥制，鼎、罐、三足器等炊煮用具多为夹砂。当时的陶器分为淘洗过的泥制陶和夹砂陶两种，夹有砂粒的陶器多是炊器，它的原理和现在的砂锅一样，既经久耐用又保温隔热。

当时的人们崇尚简洁，他们制作的陶器大多通体素面，表现了当时人们更注重器物的实用性，只在陶器的口沿、上腹等处，会施以装饰性的指甲纹、篦点纹、弧线篦纹、划纹和乳钉纹。

科技知识来源于对客观世界规律的抽象总结，饮食质量的提高和群居生活交流增加，大大促进了先民智力的提高，使得科技发明成为可能。陶器的出现昭示着人们认识自然、改造自然的能力。在属性上截然不同的水和土，经过淘洗、捏形、烧制之后，变成了坚硬隔水的盛器，并且还可以根据工匠的意愿随意改变器形和大小。裴李岗遗址的出土器物多为圜底，还有一部分器皿在圜底之下加上了三个器足。我们知道在几何学的原理中，三个点就可以确定一个平面，裴李岗文明三足器的三个足，恰好形成了平面上的三个点，被安了三个器足的陶器就可以平稳地放置在地面上了。

裴李岗人对纺织技术颇有心得，发现的纺织类相关工具有纺轮——可以将麻、羊毛等纤维捻成长线，在加捻的过程中也可以增强麻线和毛线的韧性。骨锥用以刺穿皮革，再用骨针穿线将皮质连缀起来，一件简单实用的服装就做好了。

纺织的出现，表明了裴李岗人利用自然资源提高自身生存质量的水平。与便于栖息的房屋和盛装饮食的陶器不同，纺织品是直接覆盖在人体之上的手工制品，不但有着基本的御寒功效，也美化了人的形体。

裴李岗文明开创之五：裴李岗人的艺术人生。

饮食的充裕和对客观世界的深刻观察同时也促进了裴李岗人审美意识的提高。左右对称的陶器和器壁、底部的曲线构成，表现了当时人的艺术鉴赏力和品味。

农活不太忙的时候艺术天分比较高的人还会以他们捕获和饲养的动物为模

裴李岗遗址出土陶塑猪首、羊首

特,制作些陶土工艺品。裴李岗遗址出土的陶羊头和陶猪头形态古拙、手法简陋,但无一不是捕捉到了动物外形的特点,使瞬间定格为永恒。

人们对自己的头发也颇为关注,专门用兽骨制作了发簪,固定了头发不但方便劳作,多变的发型也展示了先民丰富的创造力,体现了人们对美的追求。遗憾的是裴李岗遗址中出土的古人都早已变成了白骨,现在的人们无从想象他们生前的发型。

俗话说爱美之心人皆有之,深受现代人青睐的珍贵矿石也是裴李岗人喜爱的装饰品。1977年第一次发掘时一座墓中出土了两枚绿松石,位置在墓主人颈下,是下葬时死者佩戴的装饰。1979年第三次发掘时又出土了三枚绿松石装饰品,可见当时的裴李岗人已经懂得用首饰来装扮自己了。今天的人们对贵重宝石的情感,应该也不过如此吧。

裴李岗遗址是一处位于河南新郑的古代遗址,根据考古学对遗址的命名规则,在裴李岗村西侧这座默默无闻的无名土台上发现的遗址被命名为裴李岗遗址。它拉近了人们与9000年前的古代人类的距离,是中华文明起源中的重要一环,并因此选入20世纪中国最重要的100个考古大发现名录。

国学大师王国维在《人间词话》中曾经写道,"古之成大事业大学问者,必先经过三种之境界:'昨夜西风凋碧树,独上高楼,望尽天涯路',此第一境也;'衣带渐宽终不悔,为伊消得人憔悴',此第二境也;'众里寻她千百度,蓦然回首,那人却在灯火阑珊处',此第三境也。"裴李岗文化的发现过程恰好印证了他在《人间词话》中提到的三个境界,相信当您听完了这个胶着了一次又一次的希望与失望,最终柳暗花明的故事后,也会不由得惊叹于文物工作者的坚忍不拔和百折不挠,同时对裴李岗的文化心生向往,已经在心里计划着有机会一定要去双洎河畔看一看谜一样的石磨盘——"通灵板",它通往人们9000年前那个谜一样的社会。

郑州地区重大考古发现发掘纪实之

王城岗遗址

时　代：龙山文化时期
地　点：登封市告成镇
发掘时间：1977年
荣　誉：中国20世纪100项考古大发现

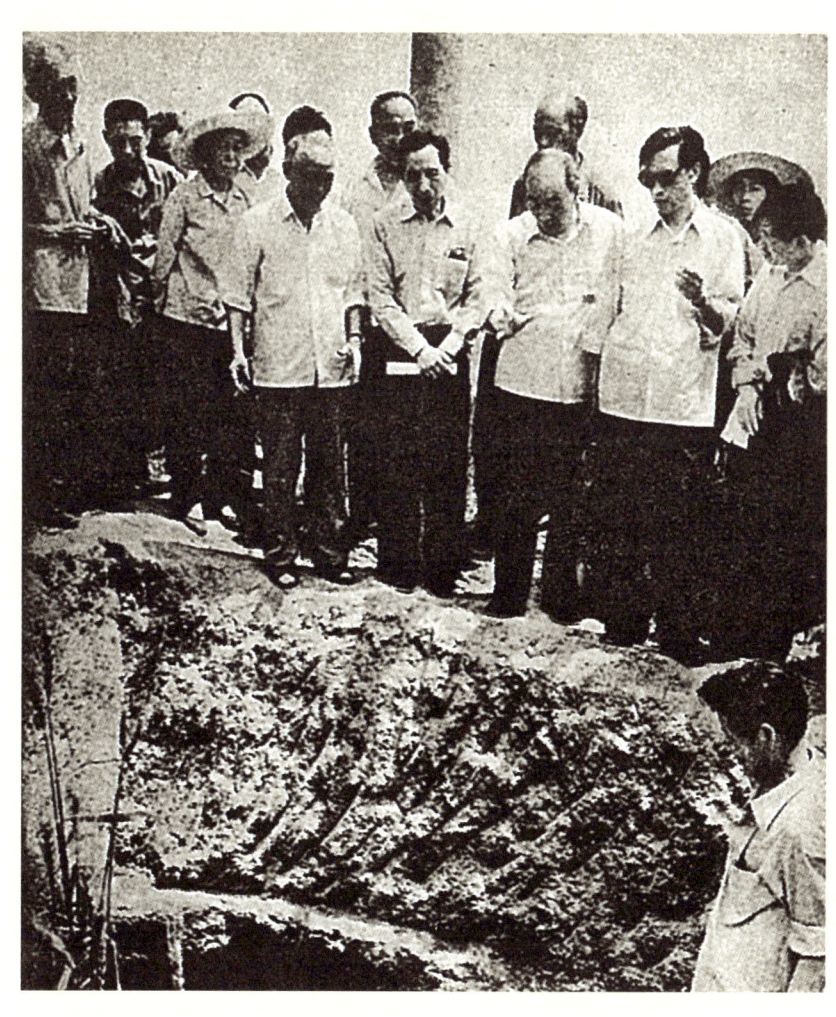

王城岗上的夏王朝曙光
——登封王城岗夏代"禹都阳城"遗址考古发掘纪实

◆ 方燕明

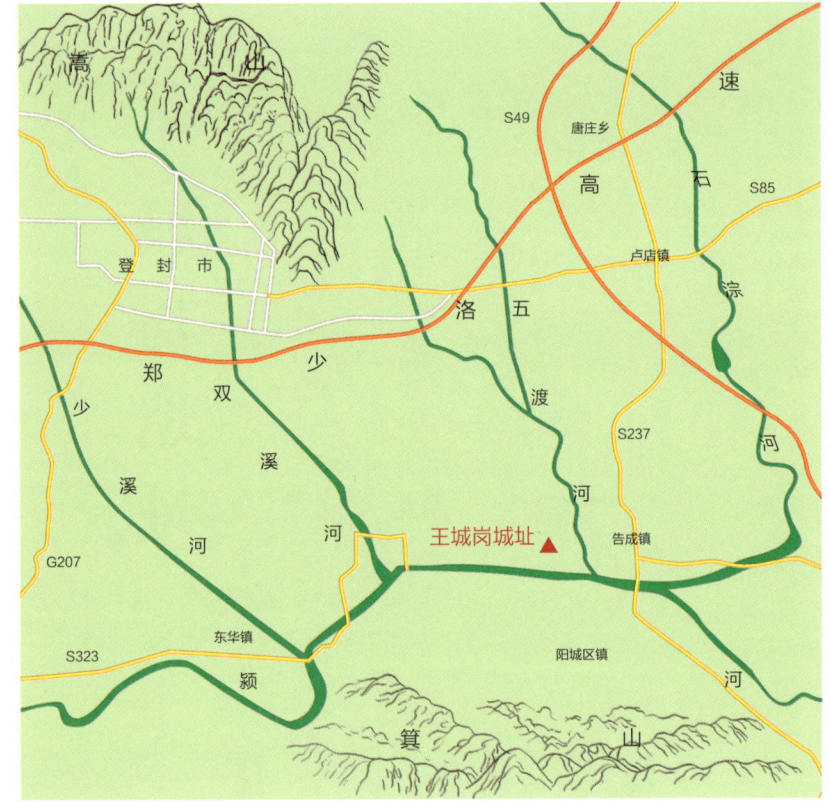

王城岗城址位置图

一座春秋时期阳城遗址的发现究竟能给人带来什么样的惊喜？
王城岗下掩埋的城池究竟是不是那座人们寻找了许久的创世王都？

中国历史上第一个朝代是夏代，夏代第一位君王是大禹，大禹治水的传说在我国家喻户晓。古史传说中，当时洪水滔天，百姓深受其害，鲧用堵的办法治水不力，被帝尧驱逐远行，随后让鲧的儿子大禹继续治水，为了治水，大禹居外十三年三过家门而不入。大禹采用疏导的办法治理洪水，广挖沟渠，变害为利，从此国家太平。大禹治水的传说在中国历史上是否确有其事？夏的开国之君是否为大禹？大禹的阳城在哪里？这些问题，一直是中国考古学和历史学界寻求解决的学术难题。

"禹都阳城"今安在

1951年，河南省文物保管委员会配合治淮工程，对郑州、登封、禹县等地进行文物调查，告成八方遗址即在此次调查中被发现。登封在历史传说中有许多关于夏禹的故事，告成即古阳城地，传说为禹建都的地方。八方遗址在颍河及其支流五渡河汇合处之西北，两河之间的三角地带，面积很大。这里的八方遗址即是我们现在所说的王城岗遗址。有趣的是有关古阳城地，传说中禹建都的地方等问题在当时已引起调查者的注意。

1959年4月，中国科学院考古研究

所徐旭生先生为探索"夏墟",开始对登封、禹县、巩县、偃师等地进行调查。关于告成八方遗址,徐旭生写道:告成镇周围有土寨,公路过东门外,出西门半里余到五渡河,过河约半公里就到八方村。地势北高南下。遗址在五渡河西,八方村东,颍水北岸上,南沿被颍水侵蚀。告成镇内也见古陶片。……遗址大部分在告成到八方的公路北面,小部分在南面。根据地面调查及钻探的材料,我们初步认为东部似以龙山为主,兼有早殷遗物,西部似以仰韶为主;但东西均兼有仰韶、龙山的陶片。采集的石器有石刀、石斧、石锛。陶器有龙山鼎足、罐口沿及底、杯、豆、碗、盆,纹饰有方格纹、篮纹、绳纹、附加堆纹。仰韶有钵、罐、鼎足,纹饰有彩陶、划纹、方格纹。早殷有罐及鬲。

徐旭生是如此确定"夏墟"调查重点的:在先秦书中关于夏代并包含有地名的史料大约有八十条左右,除去重复,剩下的约在七十条以内。……徐旭生从剩下来不多条的史料比较探索的结果,觉得有两个区域应特别注意:第一是河南中部的洛阳平原及其附近,尤其是颍水河谷的上游登封、禹县地带;第二是山西西南部汾水下游(大约自霍山以南)一带。有关第一区域,徐旭生认为:《汉书·地理志·颍川·阳翟县》下注引《世本》、《纪年》都说禹居阳城,《孟子·万章》上篇也有"禹避舜之子于阳城"的说法,是禹居阳城古异说。阳城所在据现在所找到的共有四说:说它在河南的有两说,在山西的有两说。在河南的两说,第一是《史记·夏本纪·集解》引刘熙说:"今颍川阳城是也。"《水经注·颍水》下,《经》说:"颍水出阳城县少室山",《注》说:"颍水东合五渡水,经阳城县故城南,昔禹避商均,伯益避启并于此。亦周公以土圭测日景处。县南对箕山。"今登封县东南三十里的告成镇,出镇西门半里余即五渡河;出南门约一里即从西向东流的颍水。五渡河入颍水处即在镇的西南。南望箕山,也只有十几里。镇北门外面百余步就到周公测景台。汉朝的阳城县经历魏、晋、南北朝、隋,名无大异。直到唐万岁登封元年才因为"将有事嵩山,改为告成县"。现在本地人们叫它作告县。……今告成镇地不仅汉名阳城,《史记·郑世家·韩世家》与《六国表》都记韩文侯二年

王城岗遗址今日地貌

王城岗古城遗址周边环境

（公元前385年）"韩伐郑，取阳城"。所以在战国初年此地就叫做阳城，……今告成镇的古阳城是一种最普通的说法，也是较正确的说法。

有关阳城的地望与夏禹的关系，徐旭生在《1959年夏豫西调查"夏墟"的初步报告》中指出：《国语·周语》下谷洛斗条下说禹的父亲叫做"崇伯鲧"，崇地何在，韦昭本无注（《周语》上神降于莘条有"昔夏之兴也，融降于崇山"的文字。韦昭注："崇，崇高山也。夏居阳城，崇高所近。"《御览》三十九《嵩山》下引韦昭注说："崇，嵩字古通用。夏都阳城，嵩山在焉"）。……崇山即今嵩山，崇伯鲧的氏族所在地在今嵩山脚下当无疑问。为此，徐旭生在调查之初就决定把这一带作为调查中心点之一，告成八方遗址的调查由此而来。同时，徐旭生认为：此次调查夏墟，所做工作实仅极小一部分，当然谈不到作什么结论。但告成、八方、石羊关、谷水河三遗址都有仰韶和龙山的陶片，阎砦遗址也有龙山的陶片。我们觉得这种相类似的性质应引起注意。

可以看出徐旭生考古调查"夏墟"的重点是从文献所保留的资料中找出来的。徐旭生对"夏墟"的研究开始于对史料的辨析，实践于田野考古调查。由此，徐旭生开辟出一条由考古学研究夏代历史的新路。

王城岗——打开"禹都阳城"的金钥匙

王城岗遗址位于嵩山东南麓的登封市告成镇西部。这里是颍河流经的登封中部的低平谷地，海拔270米左右。遗址在颍河与五渡河交汇的台地上。颍河发源于嵩山的太室山南麓，由西向东流，是淮河的主要支流之一。五渡河发源于太室山东侧，由北向南流，是颍河的支流之一。王城岗遗址的东部为五渡河，其南部为颍河，向南眺望箕山和大、小熊山，西靠八方村，西望中岳嵩山之少室山，北依嵩山之太室山前的王岭尖，地理位置十分重要。

1975年，为了探索夏文化，河南省博物馆文物工作队（河南省文物考古研究所前身）组成由安金槐先生挂帅的探索夏文化工作组，以告成镇西八方村东地一带为重点，开始考古调查、钻探与发掘工作。还在郑州商城发掘取得收获的时候，安金槐就想着要探索"夏文化"。什么是"夏文化"？"夏文化"在哪里？

这一直是学术界十分关心的问题。安金槐凭着不多的文献资料和考古学家零星的发现，以极大的勇气和深邃的眼力，把探索夏文化的重点放到登封。这年春天，安金槐率考古队在告成八方村一带开始了发掘。工作开展之初并不顺利，在八方村只发现商代的遗存，比它早的东西没有。一时间受到一些非议和责难，可是安金槐天生就不信邪，认准的事，越是困难越要上。上级领导和同志也在他困难时给予了有力的支持，这更坚定他在登封工作下去的决心和信心。

1977年，河南省博物馆文物工作队与中国历史博物馆考古部对登封告成遗址进行了重点调查和发掘。以往在告成西区（即五渡河以西和八方村之间）曾进行过初步调查和考古钻探，发现在这数十万平方米的遗址范围内，除包含有原始社会末期仰韶文化遗址和商代前期的二里岗期文化遗址外，也包含有相当丰富的河南龙山文化晚期和二里头文化类型的遗存。这次工作主要分三部分进行。在告成西区夏商遗址的发掘收获有三项：一是在告成西区的偏东部，即五渡河西岸群众相传为"王城岗"的地方，发掘出一段南北长20余米的夯土墙，夯土墙下挖有口宽底窄剖面呈梯形的基础槽。基槽保存较好，残口宽4.4米，底宽2.54米，深约2.3米。夯土从基槽底部分层向上夯筑，当夯土筑至和基槽口相平时，夯土层则向两侧加宽。每层夯土层厚10～15厘米。这段夯土墙的时代不会晚于"河南龙山文化"晚期。二是在告成西区的中部，发掘出一处大型建筑基址的东北角，就发掘处看有几座商代二里岗期的墓葬和灰坑打破了建筑基址，并且在鹅卵石层内也发现夹杂有二里头文化的陶片和龙山文化晚期的陶片。依此看这座大型建筑基址的年代不会晚于商代二里岗期，应是属于二里头文化类型或者更早一些的建筑遗存（在2002年的考古工作中，我们竟然发现当年发掘的这座建筑离王城岗龙山文化大城的北城墙不远，大约只有1米如探方隔梁宽的距离，当时的考古人遗憾地与王城岗龙山文化大城的发现擦肩而过）。三是发现了商代二里岗遗存、二里头遗存、河南龙山文化晚期遗存的地层叠压关系。并认为在此发现的河南龙山文化晚期的夯土墙，对于在这个地区探索夏文化提

阳城城墙

供了重要线索。在告成镇周围夏商遗址的调查，发掘者利用当年夏季麦收期间，对告成镇周围的颍河和五渡河沿岸进行一次调查，在毕家村、程窑、油坊头、西范店、袁桥、康村、宋家沟等地发现夏商遗址20余处，在这些遗址中还是以告成遗址规模大，从而增强了在告成遗址探索夏文化的信心。1977年春，在发掘告成西区遗址的同时，根据当地群众介绍，在告成镇东北的漫平高地上，调查发现了春秋、战国时期古阳城城垣遗址。初步调查得知：城垣南北长约2000米，东西宽约700米，高约8米，呈南北纵长方形。在城垣内发现一处砖铺地面和地下铺设有陶水管的战国大型建筑基址。在阳城南城墙处还发现一处战国铸铁遗址。根据文献记载，春秋、战国时期的郑国和韩国古阳城遗址就在现今的告成镇东北地带，这座春秋、战国阳城城垣遗址的发现和文献记载中古阳城的地理位置完全相符，它对于在这里探索"夏都阳城"，提供了重要旁证。

1977年下半年，考古工作者为了进一步了解已发现的王城岗一段夯土墙南北延伸情况，采用探沟法追踪夯土墙，证明这是一条南北长94.8米的夯土墙，在其南端发现夯土墙向东拐去，亦采用探沟法追寻东西向夯土墙长约97.6米，并发现夯土墙有向北拐去的迹象，遂认为很可能是一座小城堡的遗存。从夯土墙的叠压关系推测小城堡的时代有可能是属河南龙山文化中晚期的。并认为河南龙山文化中晚期，根据地层叠压关系和^{14}C测定的年代，它与我国历史上夏代早期是比较接近的。王城岗小城堡的发现对于在登封告成一带探索夏代文化提供了重要线索。在这次考古工作中，在春秋、

阳城战国早期"阳城仓器"、"公"陶文

战国阳城遗址发掘中，发现战国陶量上有"虞"戳记，采集的战国陶豆柄、豆盘内印有"阳城仓器"的戳记。在附近出土的西汉筒瓦面上也印有"阳城"戳记。这些发现证明春秋、战国的阳城就在登封告成，汉代的阳城也在这里。

1978年上半年，考古工作者对王城岗小城堡的东墙和北墙开始发掘。通过北城墙西段发掘，表明北城墙基槽曾被山洪冲毁的相当严重（所谓山洪冲沟遗迹，一直到20多年以后的2004年的考古工作中才搞清楚是王城岗大城的北城壕在这里打破了小城堡的北城墙的基槽），残留的底部，从基槽的南边计算保存的宽度为1.8～4米。西北城角向东延伸的北城墙基槽夯土长14米未到头。发掘者注意到小城堡东墙的方向为北偏东，西墙基槽的方向则为北偏西，而且东城墙的基槽底比西城墙基槽底深约2米，在东城墙的南端又发现一段和东城墙呈直角东拐的另一段南城墙基槽长约10米未到头。根据这些情况，发掘者初步认为东城墙基槽和东拐的一段南城墙基槽，是属于东城的一部分，而已经发现的小城堡西、南、北三面城墙当属西城，西城的东墙利用了东城的西墙，这里是两个东西并列的城堡。当年的发

王城岗遗址人祭奠基坑

掘还发现埋有七具人骨的夯土坑，疑为与奠基等祭祀活动有关，被称为奠基坑。

但是，王城岗古城是不是夏代城？是不是禹都或禹居的阳城？这些问题一直在安金槐的脑海中翻腾。据当地人说，王城岗的名称是一代代的人传下来的，此说应有来历。现在的考古发现，又与文献中所记禹的阳城在箕山之阴和嵩山之阳相合。再算算夏禹的纪年，大约在距今4200～4100年间，而王城岗古城的年代约为4100年。这些恐怕不是一般的巧合。一个大胆的假设在他的脑子里萌生了：这可能是禹的阳城。为了慎重起见，安金槐直到1983年才在《文物》上发表了初步研究成果。1992年，《登封王城岗与阳城》考古报告出版。该报告认为：王城岗龙山文化二期东西相连的两座城址的发现和城址内龙山文化二期许多重要遗迹与遗物的发现，对探索夏代文化是一个重大的突破。这两座龙山文化二期城址的位置，和文献记载的夏代阳城的地望十分吻合。初步认为王城岗的两座龙山文化城址有可能就是夏代城址，认为其很可能就是夏代的阳城遗址。尽管对王城岗古城的研究并没有结束，它究竟是不是禹都阳城，学术界还在讨论之中。但是，它发现的重要意义和价值却丝毫未被忽视，因为它毕竟是河南乃至国内发掘的第一座被认定的龙山文化古城。在它之后，龙山文化古城不断发现。

最近，曾经参加王城岗发掘的郑杰祥先生回忆起1977年发现夯土城墙时的情景，仍然记忆犹新："大约在1977年6月底的一天，我们在T16、T17两个探沟中，发现有一边是熟土、另一边是生土形成南北走向的遗迹，大家被这条遗迹深深吸引，但是弄不清楚它是一种什么现象。当时正值盛夏雨季，遇上大雨冲刷，整个遗迹就会面貌全非，毁坏殆尽了。为尽量避免这个损失，以搞清这条遗迹的性质，郑杰祥与董琦先生一起，继续发掘工作。7月上旬，虽然赤日炎炎，但却是大地充满生机的时节。两位先生在T16、T17以南，分别开了T22、T23

王城岗龙山文化城与东周时期阳城位置图

两个新的探沟，事属偶然，或又联系着必然，经过一个星期的努力，果然发现了一段呈南北走向的基槽，原来那条直线遗迹，正是这条基槽的西部边缘。以所发掘的T23为例，这段基槽大致呈倒梯形，口宽4.4米，底宽2.54米，深约2.3米，槽内填以红褐色黏土，层层夯打而成，为防止粘连，每层之间铺有细沙。夯层厚薄不一，夯窝大小不等，显示着一定程度的原始性。安金槐闻此大为振奋，他安排几个人到王城岗上搞钻探，没过几天就探出夯土。安金槐高兴得不得了，把考古队的同志都带到王城岗，从探沟的剖面呈现出夯土墙基的形状为倒梯形，顺着已见到的夯土向南追去，隔5米、隔10米开条探沟，在这些探沟中都发现有夯土，而且夯土向南延伸，实践证明应该是城墙夯土。随着工作的进展，东、南、西、北城墙都找到了。通过大规模的钻探和试掘，得知这些基槽连成一座大致方形的面积约1万平方米的城圈，从夯土城墙的地层叠压和包含物可以断定，其时代属河南龙山文化时期，T22、T23探沟内所揭露的基槽，乃是属于这座城墙西墙基槽的一段。虽然由于天长日久，城墙已经毁坏殆尽，但是从其规模和现象表明，毫无疑问它应是一座河南龙山文化时期的城墙基槽。这个发现立即轰动了当时的学术界，同年11月，国家文物局在发掘现场召开了我国第一个研讨夏文化的盛会，到会学者百家争鸣，畅所欲言，充分地阐述了自己对这处遗址的看法。在此发掘期间，郑杰祥还陪同贾峨和安金槐先生调查了阳城遗址。阳城一地，最早见于战国文献记载。我们调查所见城址尚存，规模宏伟，从春秋，经战国，到汉代，城墙层层夯土，

东周时期阳城输水管道

清晰可见。城址位于告成镇东北隅嵩山南麓，与文献所记古代阳城的位置恰相吻合。特别是当时在这里实习的辽宁大学的同学们，还在阳城旧址以内发现不少战国和汉代印有'阳城仓器'和'阳城'的陶器文字，进一步确凿地证明这里就是战国和汉代的阳城，也是我国迄今为止所发现的唯一一座战国和汉代的阳城城址。新发现的王城岗龙山文化城堡基址正位于古代阳城的西南隅，其相对年代与文献记载的夏禹时代也相符合，而'禹居阳城'的记载也最早见于战国文献，就是说不论夏人认为禹所都居的地方是否就在阳城，但是考古工作者即在这里发现了全国唯一的一座明确无误的春秋战国时期的阳城，且在其近郊发现了一座与禹所处时代略同的龙山文化城堡基址，更为重要的是近年来又在原小城基址之上，发现了一座面积30余万平方米的大型河南龙山文化晚期城址，足以证明古代文献记载是正确的，这里正是以禹为首的夏部族活动的中心地区。根据考古资料，结合文献记载，可知夏部族兴起于嵩山地区，建都于嵩山地区，从这个意义上说，嵩山地区是中原古代文明的摇篮，夏部族就是创建中原古代文明的主体。正是以夏部族为主的各部族，在这里团结合作，艰苦创业，推动着中原地区在广阔的华夏大地上，率先进入古代文明历史的新时期。"

著名考古学家夏鼐（左一）与安金槐（左四）在一起研讨王城岗出土文物

对王城岗遗址研究的首次热潮，是在1977年考古工作者发现王城岗龙山文化小城堡以后掀起的。1977年11月，国家文物局在河南登封县召开了一次"河南登封告成遗址发掘现场会"。这次会是围绕登封告成王城岗遗址的发掘，探讨夏代文化问题的。以安金槐先生为代表的王城岗遗址发掘者认为：这一城墙基槽遗迹的建筑年代，可能相当于夏王朝初期。由于东周阳城的发现，为证明其西不远的王城岗夯土城墙基槽是夏代城堡提供了重要的旁证和线索。夏鼐先生在"登封告成遗址发掘现场会"闭幕式上的讲话中谈了几个问题：（1）夯土城墙问题，王城岗遗址有夯层，有夯窝，这是工作中已经解决了的。（2）地层文化问题，基槽也即城墙的年代，可以定为龙山文化晚期。这在发掘工作中可以说是解决了。（3）夏文化问题，"夏文化"应该是指夏王朝时期夏民族的文化。"登封告成遗址发掘现场会"成为我国学术界第一次以夏文化研究为主题的学术盛会。

对王城岗遗址研究的又一次热潮，是在1983年5月郑州召开的中国考古学会第四次年会上，这次年会的中心议题是"商文化的研究与夏文化的探索"和"中国各地青铜文化"。由于王城岗城址发掘简报和发掘者对该城址初步研究成果于1983年发表，中国考古学会第四次年会也将夏文化探索作为讨论的议题之一，学术界反响热烈。安金槐在《近年来河南夏商文化考古的新收获——为中国考古学会第四次年会而作》中指出：根据发掘材料，我们初步认为王城岗城堡有可能是夏代的重要建筑遗存。有赞同发掘者对王城岗城址的"禹居阳城"或"禹都阳城"说，也有不同意这种观点的。

进入20世纪90年代，对王城岗遗址的研究进入一个新的阶段。由中国先秦史学会、洛阳市第二文物工作队共同发起，1994年10月，在洛阳市召开了"全国夏文化学术研讨会"，国内从事夏史和夏文化研究的专家学者到会就夏文化研究的一系列课题展开了热烈的讨论。这次会议是自1977年11月"登封告成遗址发掘现场会"之后，我国学术界又一次以夏文化研究为主题的学术盛会。提交大会的论文中不少是有关王城岗遗址材料的研究文章。

1996年启动的夏商周断代工程，是要将夏商周时期的年代学进一步科学化、量化，制定夏商周这一历史时期有科学依据的年代学年表，为深入研究我国古代文明的起源和发展打下良好的基础。1996年，笔者承担了夏商周断代工程"夏代年代学的研究——早期夏文化研究"专题，在王城岗龙山文化晚期城址内发掘采样，主要是将20世纪70年代末发掘的探方中原地保存的重要遗迹——龙山文化奠基坑揭开，采集里面的人骨样品用于测年，旨在建立该遗址系列的 ^{14}C 年代。在王城岗遗址上寻找近20年前发掘的探方并非易事，好在当年王城岗是主动发掘项目，曾用小平板仪测量有小范围的遗址平面图，并且在发掘时我曾负责过发放探方和遗迹编号的工作，后来我又参加了王城岗遗址资料的整理和考古报告的编写工作，对资料十分熟悉。在此次工作之前，我先是将当年王城岗遗址的发掘资料从所里资料室借出来，用了大量时间做案头工作，准备比较充分；幸运的还有当年用小平板仪测量所用的基点——一根立在王城岗遗址中部的电线杆竟然好多年没有移动，这才比较顺利地找到了那些准备揭开采样的奠基坑。为了保证采样标本的系统性，我们还花了很多时间，在告成工作站的仓库中把当年发掘的龙山文化遗迹单位的出土遗物全部翻了一遍，将其中可以做测年的骨头样品提取出来。回想当年整理王城岗考古报告时，对这些遗迹单位的陶片不知道翻检了多少遍，不仅熟悉，并且很有感情。在王城岗新采集的测年样品送北京测年期间，我曾与主持测年研究的中国社科院考古研究所的仇士华、蔡莲珍研究员，北京大学的陈铁梅、原思训、郭之虞教授等学者多次讨论王城岗样品的考古学年代问题，由此体会到不同学科的学者之间充分交流和深入讨论的重要性和必要性。2000年出版的《夏商周断代工程1996～2000年阶段成果报告（简本）》中关于夏代的始年为公元前2070年的提出，主要就是依靠我们新采集的王城岗遗址的测年样品所测的 ^{14}C 年代推定出来的。

从1977年发现并发掘王城岗龙山文化城址，到1983年发表考古简报、1992年出版考古报告，对王城岗城址性质的研究一直在进行之中，讨论十分热烈，但却没有定论。就大的方面讲，考古学文化如何与族属或历史朝代相对应，尚没有统一的标准，而河南的龙山文化

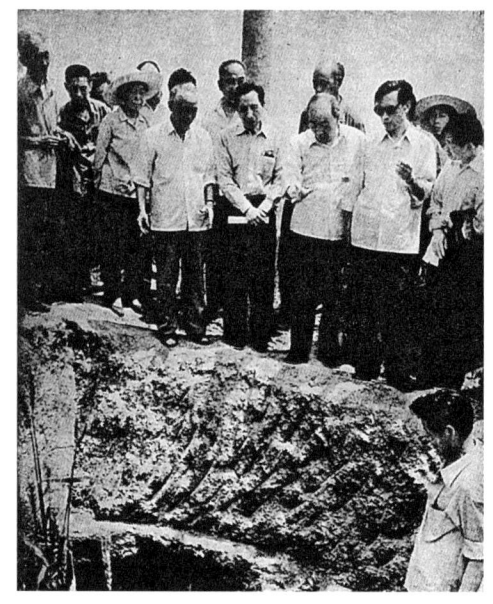

1977年"河南登封告成遗址发掘现场会"期间，夏鼐等与会专家考察王城岗遗址发掘现场

晚期是否为夏文化早期遗存，学术界意见也不一致；就具体材料而言，因为王城岗龙山文化城址面积过小，其是否为禹都阳城，学术界也有不少人持有异议。笔者作为王城岗龙山文化小城的发掘者和考古报告的编写者之一，也对当时所看到的王城岗的具体材料产生了一些疑问，譬如王城岗除了已发现的小城，还有更大的城吗？再譬如王城岗龙山文化分期所示，王城岗龙山文化第二期是小城的使用期，但属小城废弃以后的王城岗龙山文化第三、四期依然很丰富，如何解释？又譬如王城岗龙山文化遗址面积究竟有多大？在龙山文化时期的颍河上游，王城岗遗址的在中华文明形成与发展过程中的地位和作用怎样？等等问题都有待我们去探寻答案。随着考古学科的发展，有关嵩山地区颍河上游的社会复杂化和文明化进程和模式，及其动因等问题也是我们所关注和感兴趣的。为此期待着能有机会，使我们为解答上述种种问题而再次投入到考古一线工作中去，寻找新材料，做新的探索和研究。

2002年王城岗遗址发掘人员（图中前排左三为方燕明）

王城岗龙山文化晚期大城——"禹都阳城"

2002～2003年，"中华文明探源工程预研究——登封王城岗遗址周围龙山文化遗址的调查"专题组在王城岗开展新一轮的考古工作。我们的研究目标为：对王城岗龙山文化晚期城址周围的遗迹进行调查、钻探和发掘，探索这些遗存与王城岗龙山文化晚期城址的关系，进而探索王城岗遗址及其相关遗存的性质及其在华夏文明形成过程中的作用等问题。2002年10～12月，我和北京大学刘绪教授率考古队在王城岗进行考古发掘、调查工作。10月初，考古队到王城岗开展工作。王城岗遗址面积较大，文化遗存丰富。在20世纪70年代中后期和80年代初期曾进行过多次考古发掘，探方和遗迹的编号较简单。考虑到王城岗遗址长期研究和保护的需要，同时为了保证发掘工作的科学性和各项记录的准确性，我们对王城岗遗址及其周围环境进行了精确的测绘。测绘使用的底图是由国家测绘系统提供的1974年版1∶5万地形图。对竹园沟以南，八方村以东，五渡河以西，颍河以北的遗址核心区的各类地物，包括河流、沟坎、道路、房屋等，均使用电子全站仪进行了详细的测绘。测量精度可达厘米。八方村及其村南临河断崖的测绘使用的是由美国天宝（Trimble）公司生产的动态测量型GPS。我们以4600LS型GPS作为基准站，GeoXT型GPS作为移动站，进行野外实测。测量数据输入计算机进行载波相位后处理差分成图，测量精度20～30厘米。告成镇及其通往卢店、登封的公路的信息均由省测绘部门提供的1987年版的航片中矫正提取。2002年遗址南部颍河河道经过大规模修整，面貌改变较大，因此对颍河河道我们仍然保留了底图上20世纪70年代的信息。另外，等高线也直接提取自1∶5万地形图。依王城岗遗址的四至范围，用网格法将遗址分成400米×400米见方的6个发掘区覆盖整个遗址。发掘区呈南北向分两行排列，每行有3个区，西行由南到北每区的编号依次为W1区、W2区和W3区，东行由南到北每区的编号依次为W4区、W5区和W6区。同时根据我所20世纪70年代末在王城岗遗址所做考古工作的资料线索，在W2区开探方以了解二里头文化石建筑，在W5区开探方以了解二里头文化大灰沟的情况。

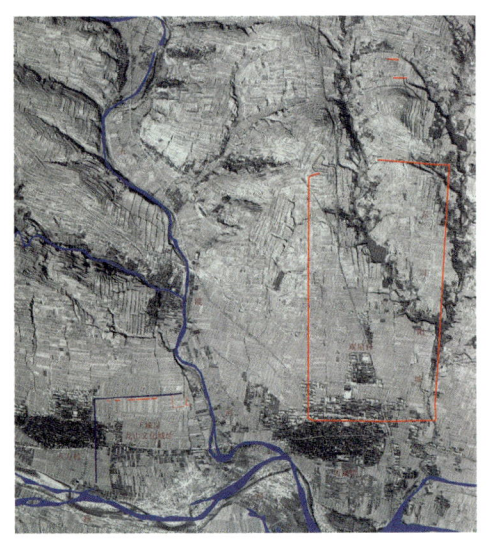

王城岗龙山文化城与东周时期阳城航拍片

10月下旬,在W2区的三个探方中发现夯土,并发现夯土遗迹的南边线十分清楚,但夯土性质和年代均不明。我与刘绪商量在这三个探方北边再开三个探方,以期对新发现的夯土有更多了解。最初我们将在三个探方中发现的夯土遗迹编号为房基F2,当时以为此遗迹可能是房基。不久,在一探方中发现有东周瓮棺墓打破房基F2,故知其年代不会晚于东周时期,但是否早到商代或二里头文化或龙山文化尚不清楚。在随后的发掘中我们在一探方中发现当地村民的一口废弃水井,在井壁上观察到房基F2夯土厚0.78米,夯土下面为生土。为了解房基F2夯土向东西延伸的情况,开始沿夯土东西走向进行钻探。通过钻探工作得知:房基F2夯土向东长约60米不到头,向西长约30米不到头,由此推测在上述六个探方中发现的夯土可能是一体的大建筑,但更大范围的夯土是否为一体尚不清楚。经过进一步钻探得知:房基F2夯土东西长超过100米,南北宽10余米,是房基还是其他建筑还是不明朗。只好在这六个探方中所暴露的房基F2夯土面上寻找是否有柱洞和墙基槽,以便探寻房基F2夯土的性质。

同年11月,我们开始在一探方中解剖房基F2夯土,以了解其结构和年代。经过几天对夯土的解剖,我们认识到在六个探方中发现的所谓房基F2夯土应为城墙夯土,故改编号为夯土墙Q1。这个重要的发现,让我们十分兴奋,同时又很纠结,因为还有很多线索需要追踪,许多问题需要解决。随着时间的推移,在一探方中解剖夯土墙Q1有了新发现,夯土中出土一片绳纹陶片,可是陶片太小,其年代看不太清楚,只能大体看出或是二里头文化或是龙山文化的。随后在该探方解剖的夯土中又发现一片素面陶片,也是小小的一片,对其年代的讨论同以前一样还是不能下定论,同时夯土中还出土一些骨头和石块。通过清理一探方中的陶窑Y1,发现这座陶窑打破夯土墙Q1,并知道这是一座东周时期的陶窑,由此表明夯土墙Q1的年代的确不会晚于东周。在另一探方中发现二里岗文化的路土L1叠压在夯土墙Q1之上,表明夯土墙Q1的年代不会晚于商代,但它的年代究竟能早到何时,我们并不知道。关于夯土墙Q1的年代之谜,古人还在与我们兜圈子,只好抓紧时间工作,寻找答案。

11月下旬,我们开始钻探,追踪夯土墙Q1向东西向延伸的遗迹。在向西钻探中,在已经发现的夯土墙西边,又断断续续发现几段夯土墙。11月底,继续向西钻探夯土墙Q1,发现其北部有壕沟遗迹。钻探表明在夯土墙Q1北部约7~8米处有一条与夯土墙平行的壕沟,壕沟宽8~10米,深6~7米,已发现长200多米,因此我们对钻探中发现的壕沟和夯土墙Q1同等重视起来。同时,在向东钻探中开始考虑了解夯土墙Q1与王城岗龙山文化小城堡的关系。

12月初,向东钻探在继续中,夯土墙Q1北侧的壕沟东行已追至五渡河边,获知壕沟长约500米。通过钻探得知夯土墙Q1北部的壕沟西行至八方村东边的提灌站以西,这时的壕沟总长达600多米。真可谓好事多磨,前一时期的钻探工作比较顺利,可是钻探向西行动中却遇到了前所未见的困难,当我们进入八方村西部钻探,这里到处都是建筑物和已被硬化的街道,只好见缝插针打探孔,钻探工作困难重重,几天下来一无收获。无奈只好移师到八方村南面的麦田中,做东西向钻探,拟找寻南行的夯土墙Q1和壕沟,但效果并不理想。经调查了解,当地村民告诉我们这里的地面已在20世纪60年代平整土地时被削去3～4米。闻听此言,我心里暗暗叫苦,不知夯土墙Q1南行的遗迹是否可以保存下来。几天的钻探由八方村南石水渠处向西钻探近200米,未发现任何有用的线索。由八方村南石水渠处向东钻探100多米,仍然找不到一点有价值的线索。由测量获知八方村南一带与W2区探方中发现夯土墙Q1处现在地表高差为7～8米,假如真有南行夯土墙Q1遗迹是否还会在此处保存下来,谁也说不准。钻探工作陷入僵局和困境中。为此,我与刘绪多次踏查八方村南一带,又围着八方村村走了好多圈,观察地形,以确定钻探工作的突破口。接连几天我们在八方村里村外寻找可以钻探的位置,急于了解夯土墙Q1遗迹是否南行或继续向西行。

同年12月上旬,钻探有了新发现,先是在八方村东第一条南北街上钻探,未发现夯土墙Q1和壕沟,又转到八方村东第一条东西街上钻探,竟然发现夯土墙Q1西壕沟南行至此的踪迹,又在其南边一条东西街钻探,也发现夯土墙Q1西壕沟,至此夯土墙Q1西壕沟向南行残长130多米。从西壕沟南行看,应与北壕向东通往五渡河一样,西壕向南通向颍河,西壕沟复原长500多米。夯土墙Q1北壕沟东西长630米,北城墙夯土断断续续长370米。王城岗的地势大体是西北部高、东南部低,从地势和钻探情况看,其他面的城墙和城壕可能已被破坏了。工作至此,可以认为我们在王城岗新发现的城址,其年代不晚于二里岗文化,但其上限为何时尚待研究,城址规模600米×500米,城址面积达30余万平方米。随后钻探工作转至新发现的大城内,在W2区所开探方处以南20多米处,

王城岗龙山文化大城北城壕、东周时期壕沟 全景(北－南)

王城岗龙山文化大城北城墙夯土层

发现一南北长 70 余米，东西宽约 40 米的石建筑遗迹，一般深 1.6～2.2 米见石头，若无石块时则 1.4 米见夯土，2.5 米见生土，但年代不详。从 11 月下旬开始到 12 月上旬结束的钻探工作，前后历时 20 多天。主要成果为：①找到一座面积 30 多万平方米的大城址，其北城壕长 630 米，北城墙夯土断断续续长 370 余米，西城壕残长 130 余米。②在大城内发现南北长 70 余米，东西宽 40 余米的夯土建筑。考古工作取得重要收获。

2002 年考古发掘期间，先后到王城岗工地参观、考察的有：北京大学考古文博学院李伯谦、葛英会、徐天进、张驰先生等，中国社会科学院考古研究所王巍、陈星灿、赵春青先生等，河南省文物考古研究所孙新民、曹桂岑、杨肇清、蔡全法、袁广阔、马俊才先生等，郑州大学考古系王蕴智、李锋先生等，澳大利亚拉楚布大学刘莉、魏鸣先生等。2002 年底，王城岗的田野考古工作告一段落。由于王城岗大城的年代一时未能确定，我和刘绪商量先不向外界发布正式材料，等待来年工作以后，有重要的进展和发现时再公布王城岗的新发现不迟。

2004～2005 年"中华文明探源工程——王城岗遗址的年代、布局及周围地区的聚落形态"专题组在王城岗遗址再次展开考古调查、钻探和发掘工作。我们的研究目标为：王城岗遗址在华夏文明的形成与发展研究中具有重要学术地位和价值。对王城岗遗址的年代、城址的规模和布局研究，及其在嵩山南麓颍河中上游聚落形态研究，将为中华文明探源研究提供重要资料。2004 年 9 月初，我和刘绪教授带领考古队到告成工作站，当年度的王城岗遗址的考古工作

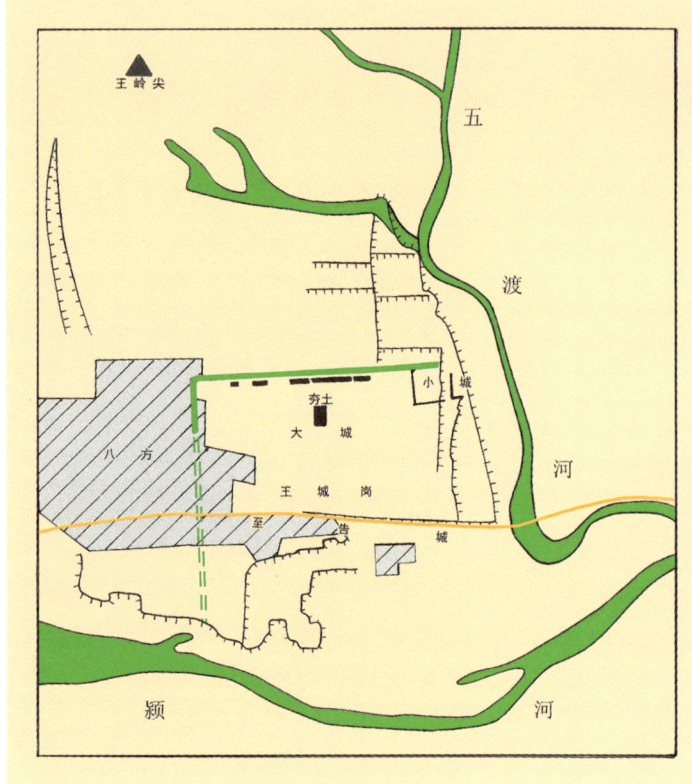

王城岗龙山文化大、小城平面图

全面开始，在 W2 区布探方拟解决大城墙与城壕的结构、关系、年代等问题。在 2002 年钻探时我们得知在距发现夯土墙 Q1 的探方以东三四十米远处的夯土墙下发现有灰层，所以这次发掘探方即开在此处，以其获得城墙和城壕重要的层位关系。在 W5 区布探方拟了解大城与小城的关系问题。发掘进行了 10 多天以后，在新发掘的探方中发现夯土墙 Q1，并发现龙山文化层叠压在夯土墙之上，在地层中出土很多龙山文化陶片。

10 月下旬，我在告成工作站上仔细查看了所开探方中叠压在夯土墙 Q1 上的地层所出土的陶片，得知大城的年代不早于王城岗龙山文化二期，也不晚于王城岗龙山文化四期，其使用期为王城岗龙山文化三期。同时还查看其他探方发掘的壕沟中的出土物，知其使用年代大体与夯土墙 Q1 同时。11 月初，我们

2004年王城岗遗址发掘人员合影

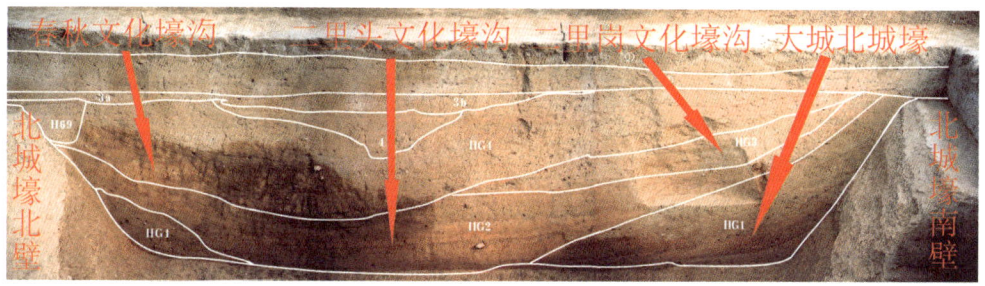

王城岗龙山文化城池北城壕剖面图

开始在一探方中解剖夯土墙Q1，发现夯窝的特点和王城岗龙山文化小城是一样的。至此，王城岗新发现的大城的年代问题总算解决了。这时在郑州闭幕的"郑州商城3600年学术研讨会暨2004年中国古都学会年会"传来鼓舞人心的消息：郑州成为第八大古都，包括郑州商城、西山古城、禹都阳城、郑韩故城等，这条新闻是中央人民广播电台在2004年11月5日18:30新闻联播中报道的。

2004年的考古工作一直持续到12月底才圆满结束。同时，我们于11月中旬开始在登封、禹州境内对龙山文化和二里头遗址进行调查，到12月中旬调查工作顺利结束。考古发掘期间，为进行多学科研究，北京大学城环系、中国社会科学院考古研究所、山东大学东方考古研究中心等单位的考古学家和自然科学家到王城岗遗址发掘现场进行考察和采样。不同学科的学者对我们共同感兴趣的问题进行热烈讨论，并深入交换意见。对王城岗遗址所做的多学科综合研究，成为我们考古工作的重点和亮点。开展的植物考古、动物考古、体质人类学研究、石器和陶器的工艺技术分析、实验考古、系列样品测年等研究取得了丰硕成果。为讨论王城岗遗址在文明形成过程中社会复杂化与人口、资源、环境间的密切关系等问题提供了难得的资料。

2004年发掘过程中，国家文物局专家组黄景略、徐光冀、李培松等先生到王城岗遗址发掘工地检查工作。北京大学考古文博学院邹衡、李伯谦教授和"郑州商城3600年学术研讨会暨2004年中国古都学会"代表数百人到王城岗发掘现场参观。中国社会科学院考古研究所王巍、冯浩璋先生，郑州大学考古系韩国河先生，河南省文物考古研究所杨育彬、孙新民、张志清、秦文生、蔡全法、魏兴涛先生和李素婷、辛革女士等，日

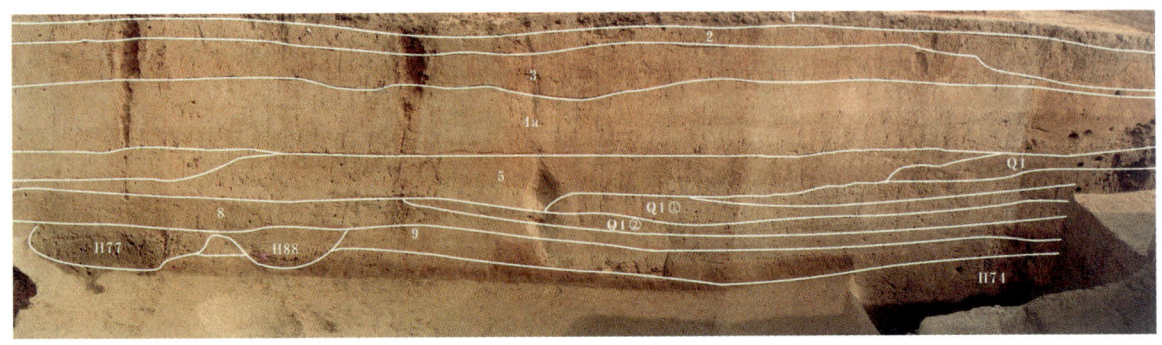

王城岗龙山文化大城北城墙地层剖面

本奈良文化财研究所町田章、巽淳、川越先生等来王城岗发掘现场参观考察。

2005年初，由我执笔在《中国文物报》2005年1月28日一版、七版和《2004年中国重要考古发现》（文物出版社，2005年出版）上发表了王城岗遗址2002年、2004年考古新发现的报道。2005年，新华社等多家新闻媒体对我们在王城岗的考古新发现做了大量报道。2006年，我执笔在《考古》2006年第9期和《文明》2006年第10期发表对王城岗遗址的初步研究成果，提出王城岗龙山文化小城可能为"夏鲧作城"，而王城岗龙山文化大城可能为"禹都阳城"。对此，学术界反响热烈。

王城岗——考古学界探索夏文化的缩影

自20世纪50年代初，王城岗遗址发现以来，以探索夏文化为目的，对王城岗遗址所进行的几次重要的考古调查、发掘与研究工作，成为我国考古学界探索夏文化的一个缩影。

根据文献记载，夏人活动的中心区域在以嵩山为中心的伊洛河和颍河上游一带以及山西南部。1959年，为寻找"夏墟"，著名考古学家徐旭生对河南省登封市告成镇与八方村之间的遗址进行了考古调查，当时称之为"八方遗址"。

随后，为探索夏文化，河南省文物考古工作者持续数十年对该遗址进行考古调查、发掘工作。1977年，这里发现一座小型城址、奠基坑、青铜器残片和文字等，这是新中国成立以来我国首次发现的河南龙山文化晚期城址，开始引起学术界的关注和重视。当年在河南登封召开的学术会议，是一次研究夏文化的盛会，在中国社会科学院考古研究所夏鼐先生的主持下，邹衡、安金槐等一批国内著名专家学者对王城岗城址的性质问题进行了热烈讨论，夏鼐先生在会议总结时指出，王城岗城堡是属于河南龙山文化晚期的明确无误，至于城堡是否为夏都遗迹则是另一个问题，因为河南龙山文化晚期是否为夏文化意见并不一致。夏鼐所长认为夏文化的含义"应该是指夏王朝时期夏民族的文化"，这是一个确切的、科学的概念，对后来的探索夏文化具有重要的指导意义。

1996年，"夏商周断代工程——早期夏文化研究"专题组在王城岗龙山文化晚期城址内发掘采样，已测出的^{14}C数据和研究成果表明，小城（王城岗二期）的年代已接近或进入夏纪年的范围之中。王城岗三期、四期、五期的年代值均已进入夏的纪年范围以内。来自王城岗的测年样品还推定了夏代始年在公元前2070年，王城岗对于研究夏文化的学术价值得到进一步肯定。

2002年开始的"中华文明探源工程预研究——登封王城岗遗址周围龙山文化遗址的调查"和2004年开始的"中华文明探源工程——王城岗遗址的年代、布局及周围地区的聚落形态"研究，使我们对王城岗遗址的研究取得了新的重要的进展。新发现一座面积30余万平方米大型城址，这是迄今河南境内发现的最大面积的河南龙山文化城址，同时发现祭祀坑、玉石琮和白陶器等重要遗存。

2005~2006年，我主持了王城岗考古发掘资料的整理和《登封王城岗考古发现与研究（2002~2005）》考古报告的编写工作。笔者就王城岗遗址的新发现与夏文化研究，讨论了王城岗遗址的年代和性质、王城岗遗址对夏文化研究的价值、王城岗遗址毁于洪水说与夏文化起始年等问题。为了王城岗考古报告能早日问世，为了我的夏文化考古梦，经常是夜以继日的工作，多少个不眠之夜，多少次在工作中迎来黎明，投入了无限的热情和执著。2007年9月，仅仅用了不到3年的报告整理和编写时间，这部凝聚着许多考古同仁的心血智慧和辛勤劳动的160多万字的王城岗考古发现与研究报告顺利出版。

2007年，著名考古学家李伯谦先生对我们这些年来的考古研究成果做了如此评价：

"大家知道，已故著名考古学家安金槐先生于1975~1981主持的王城岗遗址的发掘，发现了两座东西并列总面积约一万平方米的河南龙山文化晚期城堡，并在其东北方向不远处发现了出有'阳城仓器'陶文的陶器等遗物的东周阳城城址。王城岗古城是自1931年梁思永先生在安阳后岗发现河南龙山文化城墙遗迹近半个世纪之后新发现的河南龙山文化晚期城址，意义重大，一经披露，立即在学术界引起轰动。国家文物局为此专门召开了名为'河南登封告成遗址发掘现场会'的讨论会，以夏文化为主题，围绕着王城岗古城的年代、性质以及是否即文献记载的'禹居阳城'、'禹都阳城'之阳城展开了热烈的讨论。以安金槐先生为首的一派主张王城岗古城很

青铜器残片

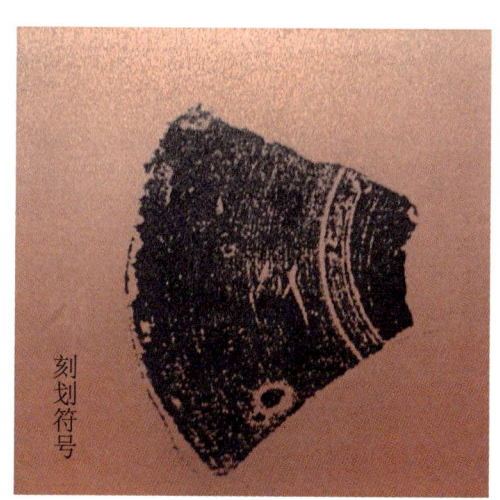

刻划符号

王城岗遗址出土的青铜残片、陶文

可能是夏初禹都之阳城,另外不少人则以城堡面积太小为由对'禹都阳城'说提出质疑。时任中国科学院考古研究所(后来属中国社会科学院)所长的著名考古学家夏鼐先生出席了这次会议,他在会议闭幕讲话中对王城岗龙山文化城址的性质未作明确的表态,但对东周阳城则认为'没有问题',而且认为'它的发现为寻找禹都提供旁证和线索'。夏先生的说法为与会学者广泛接受,河南龙山文化和二里头文化遂成为从考古学上探索夏文化的主要对象。

1996年启动的国家'九五'科技攻关重大项目'夏商周断代工程'提出了以人文社会科学与自然科学相结合,兼用考古学和现代科技手段,进行多学科交叉研究的研究路线。其中夏代年代部分,除了梳理文献中关于夏年的记载,便是对作为探索夏文化主要对象的河南龙山文化晚期以及二里头文化进行^{14}C测年。由于以往的发掘对采集含炭样品注意不够或采集的多非系列含炭样品,于是对包括王城岗遗址在内重新进行发掘,采集系列含炭样品便成为夏代年代学研究课题中早期夏文化研究专题的主要任务之一。方燕明先生是当时早期夏文化研究专题的负责人,共采集各期可用来测年的含炭样品数十个,经过对其中11个样品测试并经树轮校正,将过去安金槐先生所分五期合并为三段,王城岗一段(一、二期)的^{14}C年代落在公元前2190~前2103年之间,取其中值约为公元前2150年;王城岗二段(三期)的^{14}C年代落在公元前2132~前2030年之间,取其中值约为公元前2080年;王城岗三段(四、五期)的^{14}C年代落在公元前2041~前1965年之间,取其中值约为公元前2003年。根据地层关系,王城岗小城的始建年代在王城岗遗址原来分期的二期即重新分期的王城岗一段偏晚阶段,至王城岗二段(原三期)已经衰落。王城岗小城这一测定结果,与文献推定的夏代始年约为公元前2070年的结论相比,明显偏早。而其规模只有约一万多平方米的面积,与发现的龙山时代的其他城址比较,均较小,极不相称。因此,在《夏商周断代工程1996~2000年阶段成果报告》中我们只是作了'河南登封王城岗古城、禹州瓦店都是规模较大的河南龙山文化晚期遗址,发现有大型房墓、奠基坑及精美的玉器和陶器,它们的发现为探讨早期夏文化提供了线索'

王城岗遗址考古发掘中的机器浮选

王城岗遗址考古发掘中的动物考古

的表述，未涉及其是否'禹都阳城'的问题。

夏商周断代工程是中华文明起源、形成及其发展研究的第一步。1999年下半年，当夏商周断代工程进入尾声的时候，我们已经开始了包括征求建议、编写可行性论证报告在内的中华文明探源工程的各项准备工作。2000年9月，当夏商周断代工程取得阶段性成果，经验收宣布结项之后，'中华文明探源工程预研究'、'中华文明探源工程（一）'便一环紧扣一环分别于2001年、2004年适时启动了。从2001年到2005年在'中华文明探源工程预研究'和'中华文明探源工程（一）'实施阶段，王城岗遗址新的调查、发掘和研究均以不同的侧重点作为子课题列于其中。之所以作出这样的安排，一是希望进一步补充和细化夏商周断代工程时建立起来的 ^{14}C 年代标尺，使之更为完善和准确，二是试图从考古角度对其布局和内涵作出定性和定量的考察，探讨其在当时社会结构体系中所处的聚落等级及地位。而按照我内心的想法，还包括通过连续不断的工作，看能否从考古与文献的结合上对王城岗龙山文化晚期城址的性质，亦即是否'禹都阳城'的问题作出科学准确的判断。

十分可喜的是，由北京大学考古文博学院和河南省文物考古研究所联合组成的以刘绪、方燕明两位先生为首的课题组，没有辜负大家的期望，在从2001年到2005年实际上只有短短四年的时间内，共发掘1024平方米，重点调查、测绘了颍河上游登封、禹州境内的30余处遗址，并在分别完成'中华文明探源工程预研究'和'中华文明探源工程（一）'中所承担的子课题结题报告的基础上，编写出了这部融调查、发掘和研究为一体的考古报告，公布了许多新的发现和新的研究成果，大大加深了对登封王城岗河南龙山文化晚期城址的认识，将夏文化研究推进到了一个新阶段。这些新的重要发现和研究成果主要有：

通过对王城岗龙山文化遗址的重新调查，将遗址的面积由过去所知的40万平方米扩大为50万平方米；

通过地层叠压关系和出土陶器的类型学排比，将过去王城岗龙山文化所分五期合并为前后期三段，使其发展演变的阶段性更加明晰；

发现了王城岗龙山文化晚期大城城墙和城壕，复原面积达34.8万平方米，是已知河南境内发现的龙山文化城址中最大的一座；

发现了王城岗河南龙山文化晚期大城城壕打破西小城城墙的地层关系，证明大城和小城并非同时，小城始建于一段偏晚（原分期的二期），二段已废弃。大城始建于二段（原分期的三期），延续使用至三段偏早（即原分期的四期），三段偏晚（原分期的五期）也已衰落下去；

新采集含炭样品55个，经加速器质谱仪（AMS）测定和高精度 ^{14}C 树轮校正曲线校正，并用贝叶斯统计数据拟合软件OXCal3.10拟合，建立了更加完善、细化的王城岗龙山文化 ^{14}C 年代标尺；重新推定了王城岗龙山文化小城的年代，上限不早于公元前2200～前2130年，下限不晚于公元前2100～前2055年，其中值约为公元前2122年，大城城墙的年代，上限不晚于公元前2100～前2055或公元前2110～前2045年，下限不晚于公元前2070～前2030年或公元前

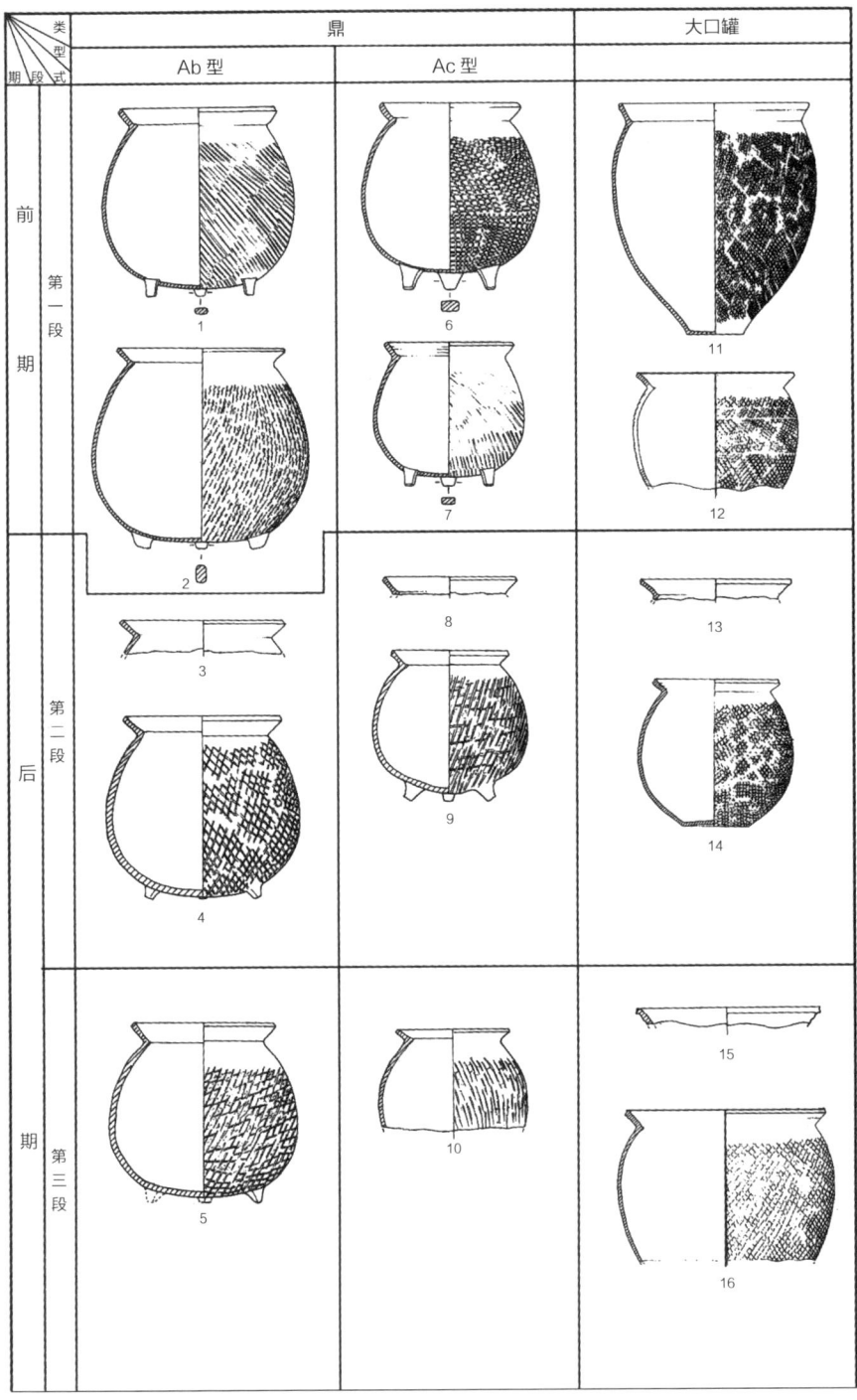

1. Ab型Ⅰ式（W5T0672H76：50） 2. Ab型Ⅱ式（W5T0672H76：52）
3、4、5. Ab型Ⅲ式（W5T0669Q1②：3、WT96H210：27、WT140H362：3） 6. Ac型Ⅰ式（W5T0672H76：46）
7. Ac型Ⅱ式（W5T0672H76：45） 8、9、10. Ac型Ⅲ式（W5T0670Q1：15、WT155H413：16、WT194H486：6）
11. Ⅰ式（W5T0672H76：111） 12、13、14. Ⅱ式（WT224H592：2、W5T0672HG1⑧：19、WT96H210：23）
15、16. Ⅲ式（W5T0671⑤：26、WT242H536：19）

王城岗龙山文化典型鼎、大口罐分期图

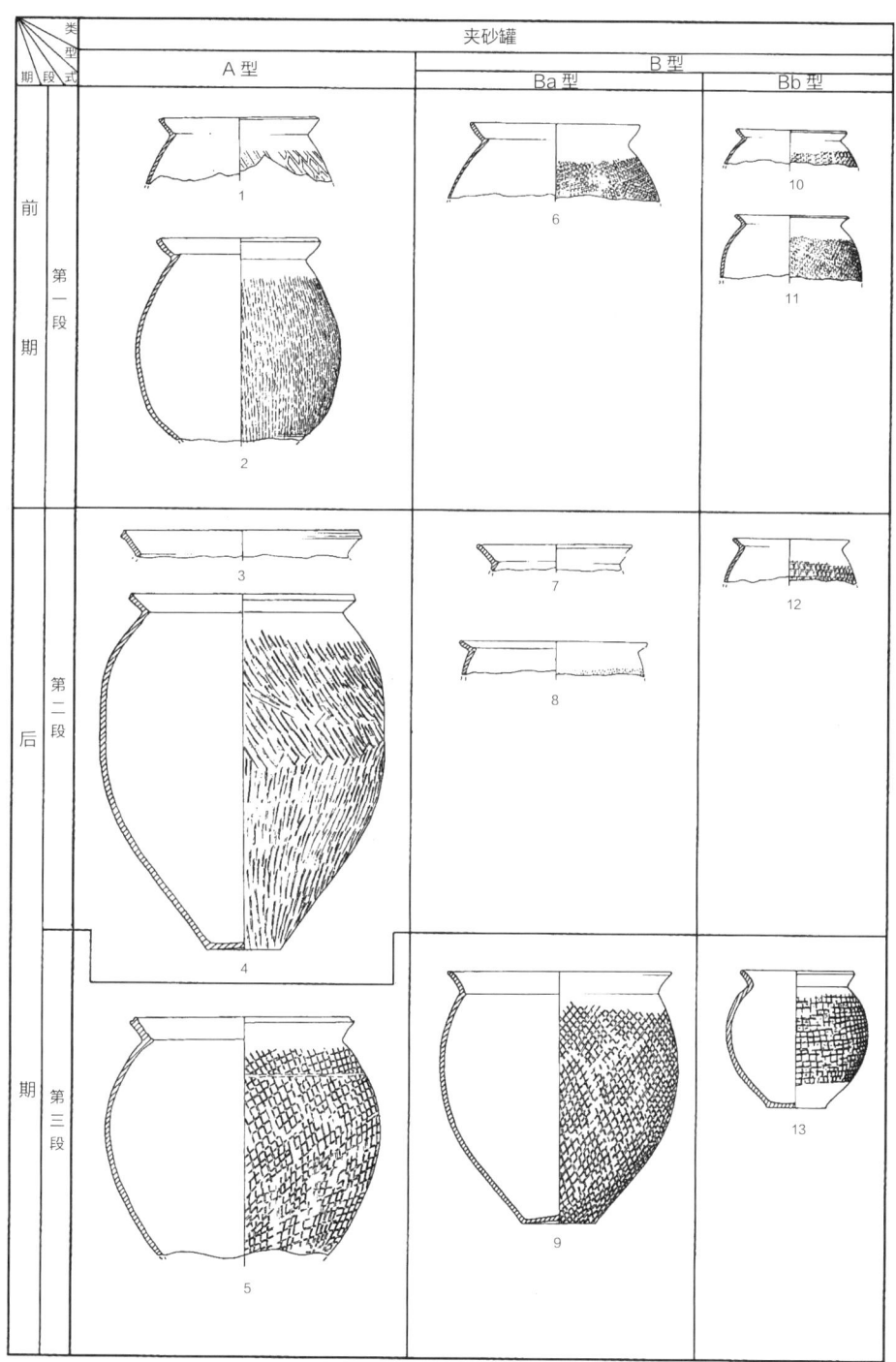

1、2. A型Ⅰ式（W5T0672H76：76、WT154H403：5） 3、4. A型Ⅱ式（W5T0671⑧：25、WT95H206：17）
5. A型Ⅲ式（WT242H536：7） 6. Ba型Ⅰ式（W5T0670H74：5） 7. Ba型Ⅱ式（W5T0671Q1②：24）
8. Ba型Ⅲ式（W5T6572HG1③：1） 9. Ba型Ⅳ式（WT118H286：2） 10. Bb型Ⅰ式（W5T0671H77：7）
11、12. Bb型Ⅱ式（W5T0670H72：23、W5T0672⑧：7） 13. Bb型Ⅲ式（WT140H362：27）

王城岗龙山文化夹砂罐分期图

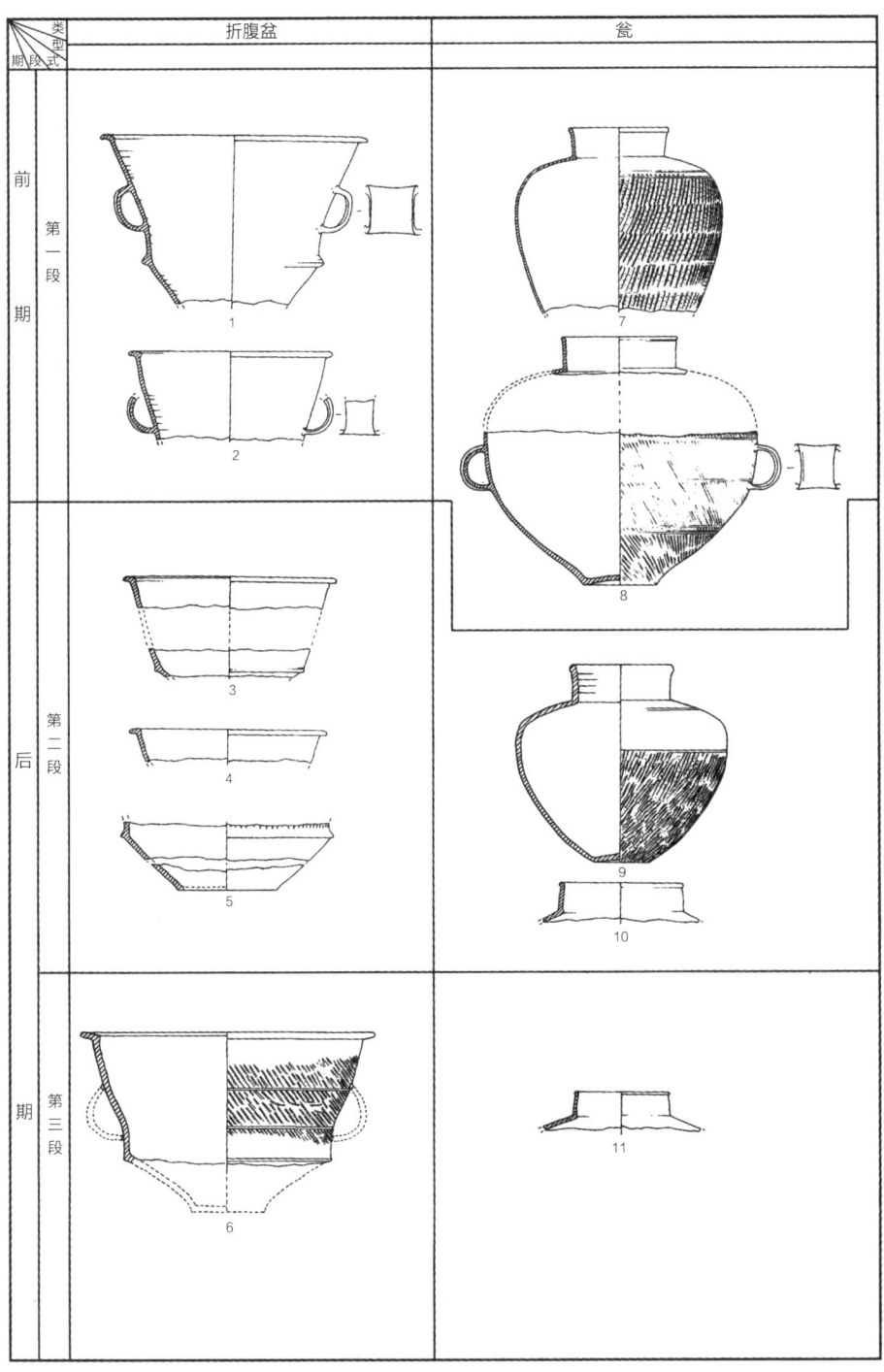

1. Ⅰ式(W5T0672H76：115)　2、3.Ⅱ式(W5T0670H74：13、W5T0671Q1①：64)
4、5.Ⅲ式(W5T0669⑧：20、W5T0671⑧：65)　6.Ⅳ式(WT140H362：1)　7.Ⅰ式(W5T0672H76：109)
8、9.Ⅱ式(WT96H210：21、W5T0671H80：2)　10、11.Ⅲ式(W5T0672⑧：31、W5T0670⑤：48)

王城岗龙山文化折腹盆、瓮分期图

王城岗遗址考古发掘中的人类体质学研究

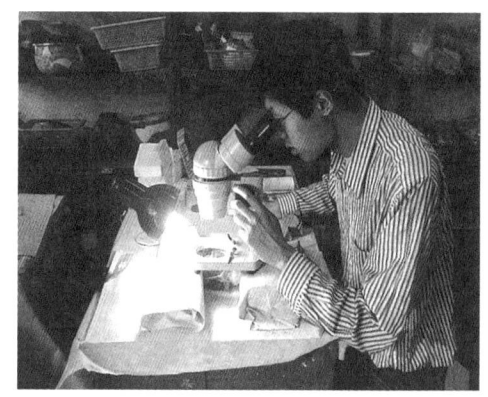
王城岗遗址考古发掘中的陶器材质分析

2100～前2020年，其中值约为公元前2055年，与距文献推定的夏之始年基本相符；

王城岗龙山文化城址所在地地势西高东低，经全站仪实测大城北城壕西部所开探方距偏东部所开探方为190米，二者高差（以探方西南角坐标点为准）4.346米，而城壕底部高差不足0.4米，证明当时城墙和城壕的建造是经过事先设计和测量计算的；

经模拟试验，建造大城城墙和城壕，从挖沟到堆土施夯，假定每天出动1000名青壮年劳力，约需要一年零二个月的时间，根据现代农村经验，按照一个村落能够常年提供50～100个青壮年劳力计算，要一年内完成这个工程，需要动员10～20个村落的劳力。这与调查的颍河上游登封地区龙山文化晚期聚落遗址的数量基本符合，由此推出王城岗大城的兴建可能是动员了以王城岗遗址为中心的整个聚落群的力量来共同完成的。根据调查，王城岗龙山文化晚期遗址是颍河上游周围数十千米范围内规模最大、等级最高的聚落遗址，王城岗龙山文化晚期大城是当时该地区涌现出来的可以看做是雏形国家的政治实体的中心所在；

根据地望、年代、等级、与二里头文化关系以及'禹都阳城'等有关文献记载的综合研究，王城岗龙山文化晚期大城应即'禹都阳城'之阳城，东周阳城当以'禹都阳城'即在附近而得名，而早于大城的王城岗龙山文化晚期小城则可能是传为禹父的鲧所建造，从而为夏文化找到了一个起始点；

通过王城岗龙山文化晚期遗址动物遗骸的研究，证明当时已经驯养了猪、狗、黄牛、绵羊等动物，获取肉食资源的方式已经进入了开发型阶段；

通过对王城岗龙山文化晚期遗址出土植物遗存的研究，证明当时种植的农作物中，除了传统的粟类作物，还有一定数量的稻谷和大豆，表明河南龙山文化晚期的居民已由种植粟类作物的单一种植制度逐步转向了包括稻谷和大豆在内的多品种农作物种植制度，人类的食谱已趋多样……。

类似的成果还可以举出一些。这些成果的取得，一是因为研究目的明确，目标清楚，态度认真，田野工作做得细致；二是从调查、发掘到室内整理研究，贯彻了人文社会科学和自然科学相结合多学科联合攻关的技术路线，从而获得了更多的古代信息。可以认为《登封王城岗考古发现和研究（2002~2005）》一书的出版，不仅标志着课题组圆满地完成了从"夏商周断代工程"到"中华文明探源工程"等国家重大科研项目对其提出的任务，达到了预期目的，而且也为今后如何更好地开展考古工作，如何编写考古报告提供了一个可供讨论的参考。

作为王城岗遗址重新发掘的提议者、支持者，看到取得的这些成绩，心里感到无比欣慰和骄傲，在此谨向课题组和参加该项工作的全体同志致以衷心的感谢！我知道课题组的成员大都是年青朋友，朝气蓬勃，意气风发，富有创新精神，也希望大家能够认真总结经验，发扬成绩，克服不足，在新的研究工作中取得更加突出的成绩。"

考古学家陈星灿先生近年撰文指出：

"一本考古报告怎样写，写什么，从来就不是一件容易的事情。但是，全面、准确地公布考古发掘的收获，应该是考古报告的最高目标。由北京大学考古文博学院和河南省文物考古研究所编著的《登封王城岗考古发现与研究（2000~2005）》（大象出版社，2007年）一书，煌煌两巨册，文字部分长达1066页，图版248面，堪称近年来完整、全面、准确公布考古材料的典范。主要内容为2002~2005年度王城岗遗址发掘以及颍河中上游河南登封、禹州地区区域考古调查成果的全面报道。在此期间，王城岗遗址的发掘曾先后被列入国家科技攻关计划'中华文明探源工程预研究'和国家'十五'重点科技攻关计划'中华文明探源工程（一）'两个课题之中。因此考古发掘和区域调查的目的十分明确，即通过解剖王城岗遗址及对颍河中上游地区的区域系统调查，深入认识王城岗遗址的年代、布局及其在周围地区聚落形态中的地位和作用，进而为把握公元前2000年

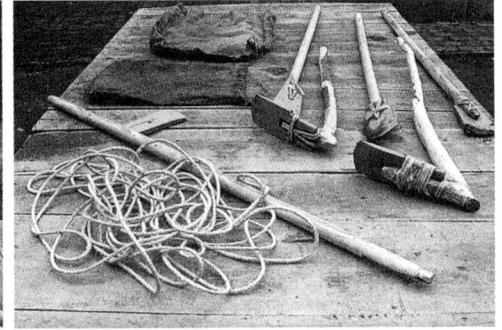

王城岗遗址考古发掘时的实验考古

前后嵩山南北地区中国文明腹地的社会复杂化进程提供翔实、准确的第一手资料。通过短短几年的努力，这项工作取得了哪些收获呢？著名考古学家李伯谦先生在为该书所写的序言中曾有准确而审慎的概括。除此之外，我再把该报告某些重要的认识补充如下：（1）王城岗龙山文化晚期城址被水冲毁应该是春秋晚期以后才发生的事情。东周阳城由王城岗东迁至告成一带，也许正是迫于水患对东周阳城的威胁。（2）龙山文化晚期阶段，颍河中上游形成了登封境内以王城岗遗址为中心、禹州境内以瓦店遗址为中心的两大聚落群。聚落等级分化表明该时期颍河中上游地区的社会复杂化程度在两个聚落群内部得到空前发展；且两大聚落群有各自不同的文化背景和聚落发展模式。（3）王城岗遗址浮选发现二里头时期的小麦；枣王遗址龙山文化土样中发现麦类植硅体，表明该地区至少从二里头时期甚至龙山文化时期就已经开始种植小麦了；而王城岗遗址二里岗文化时期小麦籽粒的大量发现，表明早在公元前1500年前后的商代早期，小麦的价值已为中原地区的先民所认知。由于小麦的加入，多品种农作物种植制度得到完善。（4）植硅体分析表明，仰韶至二里头时代，颍河中上游地区的农业经济具有稻粟混作的特点，稻作农业比较普遍；浮选结果表明春秋时代王城岗遗址的稻谷相对数值下降，表明随着气候趋向干凉，稻谷在中原地区的种植规模开始萎缩。（5）通过对区域调查诸遗址浮选土样的深入分析，发现仰韶文化阶段的农作物遗存以脱壳阶段的废弃物为主，龙山文化时期以扬场阶段的废弃物为主，表明龙山文化时期发生了农业生产组织方式的变化，即'从大家庭的社会结构向更小规模的核心家庭的社会结构的转变'。（6）通过对禹州瓦店遗址动物遗存的分析，表明龙山时期野生动物比例呈逐步下降趋势，家畜成为先民获得肉食资源的主要方式。（7）通过考古实验，尝试复原了王城岗遗址龙山文化石铲、石刀和石斧的制作和使用流程。（8）通过对王城岗出土白陶的主量和微量元素分析，表明白陶的烧造可能并非由某一单一中心向外输出，在龙山晚期至二里头文化时期，颍河中上游地区可能就有王城岗、游方头和石道等多处聚落分别制作和使用白陶；黑灰陶的生产也存在类似情况。（9）通过对王城岗出土木炭碎块的分析，表明龙山文化时期遗址周围分布着大量阔叶树栎林、其他阔叶树种和刚竹属，因此王城岗地区具有亚热带气候特点，龙山文化亚热带北界比现在偏北。其后的二里头文化时期和春秋时期均不如龙山时期温暖湿润，但龙山时期以来的居民均喜欢以栎木作为薪材。凡此等等，虽然其中的不少结论尚有待进一步证实，但无不说明报告涵盖了该研究课题方方面面的内容。举凡各时期考古遗迹、遗物的描述和分析，王城岗及其周围地区的考古调查、发掘和研究的历史，遗址的分期研究，植物遗存、动物遗存的观察、测量和分析，植物硅酸体分析，孢粉分析，木炭碎块分析，人类遗骸的观察和分析，石器的显微观察和分析，陶器的激光剥蚀进样电感耦合等离子体发射光谱研究，石器工具的制作和使用实验研究，龙山文化大城用工量的模拟实验研究，^{14}C年代研究等等，使这本考古报告跟传统考古报告有很多不同，极大地丰富了我们对于王城岗以及王城岗周围地区文明化进程的认识，为整体把握中原地区中国文明起源的脉搏，也提供了前所未有的丰富材料。实际上，这本报告迄今为止也是'中华文明探源工程'启动以来，完成最早，也最为丰硕的研究成果。发掘王城岗的另外一个重要任务是探求早期夏文化甚至夏都的历史真相。王城岗小城是否为鲧所建造，大城是否禹都'阳城'，就我看来，目前的研究还是无法回答的，但这并不减弱这本报告的科学价值。从考古学入手，揭示公元前2000年前后王城岗及其周围地区的经济、社会和文化发展水平，才是研究的关键所在。"

2008年7月，由北京大学震旦古代文明研究中心、河南省文物考古研究所和郑州市文物考古研究院共同主办的夏文化研究的又一次盛会"早期夏文化学术研讨会"在河南郑州黄河迎宾馆隆重召开。来自国内外的研究夏文化的专家学者90多人参加了会议。专门以早期夏文化为题召开"早期夏文化学术研讨会"在学术界还是第一次，这在夏文化研究中有着里程碑的意义。这次早期夏文化学术研讨会，迎来了学术界研究夏文化的老中青三代专家学者，大家齐聚一堂盛况空前，无论是大会发言还是小组讨论，学术气氛相当活跃，各位代表各抒己见畅所欲言，可谓精彩纷呈、高见叠出。经过三天丰富的学术活动，"早期夏文化学术研讨会"取得了丰硕的学术成果，获得圆满成功。夏代在中国历史上曾经存在过是可以肯定的，但是从考古学的角度，何种考古学文化对应夏代遗存，时至今日仍为学术研究热点之一。由考古学研究夏文化肇始于20世纪20年代中国考古学诞生以后。上世纪20年代，李济先生在晋西南的考古调查与西阴村的发掘就带有探索夏文化的目的；30年代，徐中舒先生提出仰韶文化为夏文化说；40年代，范文澜先生提出龙山文化为夏文化说；50年代，鉴于龙山文化分布范围广且地方特征明显，有学者将龙山文化划分为典型龙山文化、河南龙山文化、陕西龙山文化；在河南三门峡水库的考古工作中，考古学者又将河南龙山文化分为早、晚两个阶段，早段称庙底沟二期文化，晚段称河南龙山文化，并认识到豫西的龙山文化可能与夏文化有关；也有学者根据新的考古资料指出郑州地区的"洛达庙期"和"南关外期"遗存最有可能是夏代的文化；50年代末，徐旭生先生在豫西的"夏墟"调查；60年代考古学者在河南偃师二里头遗址大规模的考古工作，二里头文化的提出；70年代中期以降，在豫西开展的以探讨夏文化为目标的一系列考古工作，如登封王城岗遗址的发现和发掘，使夏文化研究有了长足的进展。考古学研究夏文化，逐渐拨开了夏代历史的迷雾，使夏文化研究走上了一条新路。自1996年至今，由于"夏商周断代工程"和"中华文明探源工程"的推动，夏文化探索再度成为学术热点。多学科、多层面的综合研究，使夏文化探索工作在不少重要课题上有重大进展，经过长时间的努力，夏文化探索已取得了巨大成绩。不过在夏文化研究中，在一些学术问题上的看法还有分歧。其中最大的问题还是考古资料不够，学术界期待着新的重要的考古发现解决夏文化研究中存在的问题。早期夏文化学术研讨会的召开，为考古学家提供一个互相交流、合作的良好机会，必将推动中国考古学特别是夏文化考古学研究的深入发展。

郑州商代遗址

郑州地区重大考古发现发掘纪实之

时　　代：商代
地　　点：郑州城区
发掘时间：1951年
荣　　誉：中国20世纪100项考古大发现

叩醒商城

郑州商代亳都都城遗址考古发掘纪实

◆ 苏湲

郑州商城位置图

一位小学老师脚下踢出的陶片,揭开一段什么时代的历史?
一座古城的赫然面世,怎样重铸灿烂的中华文明?

惊人大发现

1950年秋天,刚刚从连年的炮火和硝烟中解放出来的郑州人民,在祖国的召唤下,重整旗鼓,开始在残破的废墟之上建设自己的家园。新建中的郑州市到处是建筑工地,一派欣欣向荣的景象。郑州市南学街小学教师韩维周,因为喜爱古迹,就经常到郑州城外施工现场去调查,他沿着坑坑洼洼、高低不平的建筑工地边缘,边走边不停地弯腰捡起一些从地下挖出的破碎物品认真地研究着,他期望着能有一次意外的发现,找到一些地下出土的古物。也正是由于他的那种痴心梦想,为以后郑州商城的发现提供了契机。

一个周日的上午,韩维周又来到郑州城南二里岗一带察看,他已经记不清这是第几趟来了。而这一次他果然有了意外的发现,并且是一次震惊世界的重大发现,这个结局是他当初万万没有想到的。那天他在公路旁转悠的时候,忽然发现正在修路的民工不断地挖出一些破碎的陶片,抛掷在路基下。这一现象引起他的注意,而恰巧这时,有一片绳纹陶片滚落在他的脚下,他捡起这残破的陶片仔细揣摩,心中渐渐感到有种说不出的兴奋。他随手又捡起一些来,翻来覆去地对比着，越看越觉着这些陶片非同小可，似乎隐藏着不可宣泄的机密，向他传递出耐人寻味的信息。这些普普通通的破陶片，在阳光下跳跃着斑驳的光影，处处散发着远古的诱惑，向他证明着自己古老的身世。他急忙俯身将这些在他看来无比珍贵的陶片一一捡起……

韩维周（1908～1961.1），河南巩县人。20世纪20年代初，韩维周就读于开封河南国学专修馆。毕业后，他以其扎实的国语基础，被河南古迹研究会录用，从事考古工作。河南古迹研究会于1932年2月成立，机构设在当时的河南省会开封。这是一个由中央研究院与河南地方有关单位共同组建的文物部门，主要负责河南地区的考古工作。古迹研究会委员长由河南省通志馆馆长张嘉谋担任，李济为工作主任，主持日常工作的是郭宝钧。主要成员有董作宾、关百益、刘耀、石璋如、赵青芳等，这些都是我国老一代的考古学家。韩维周在古迹研究会工作期间，曾多次参加过安阳殷墟的发掘，另外他还参加过豫北浚县大赉店、浚县辛村卫国墓地的发掘。韩维周生活的年代正是我国进入科学考古工作的伊始阶段，他酷爱文物事业，并且经常和一些著名的考古学家一起工作，实际上他是我国考古先驱中的一员宿将。1938年，日军攻陷开封，古迹研究会自动解散，韩维周回到老家任乡村小学教员，以后在巩县教育局供职。

新中国成立初期，韩维周来到郑州，在南学街小学任语文教师。初到郑州，他便敏感地察觉到周围处处散发着的原始气息，这是他梦寐以求的东西，因而使他终日神不守舍。意外地获得这些陶片，真是让他喜出望外，越发来了精神。这时已近傍晚，修路的工人陆陆续续收工回家，但是韩维周仍然没有离去的意思，他走火入魔似地沿着路基边捡边看，把一些不同纹饰的陶片，拿在手中反复对比着，检视着……过往行人用狐疑的目光上下打量他，还以为他脑子可能有问题。一直到周围一片漆黑，什么也看不见了，韩维周这才带着那些捡来的宝贝回到家中。晚饭后，他把陶片堆放在桌子上，翻出可供参照的书籍，借着昏暗的灯光仔细研究，时间一点点过去，他全然不知，已经到了忘我的境界。最后他凭借自己多年的经验和书籍中的描述，初步认定这些陶片是商代遗物。

第二天，他专程来到二里岗一带进行考察，这是一处南北约有1华里，东西约有3华里的土岗，中间高，南北两侧逐渐趋缓，由于二里岗和南关外的丘

韩维周先生

陵之间有一条河沟相隔，故而习惯上人们将河沟以东称二里岗，河沟以西称南关外。土岗面积虽然不大，但是起伏却相当显著，陇海铁路由中央东西穿行而过，来往火车的轰鸣声打破了郊外的沉寂。熊耳河缓缓流经这里，沿郑州旧城的南侧由西向东奔腾而去。平时这里荒无人烟，一派苍凉，很少有人来光顾这里。韩维周手拿着小铲，边走边挖，不停地刮刮铲铲，在断崖沟坎处认真地察看着，他发现残留在土层中破碎的，像拇指大小的陶片比比皆是。这究竟是什么时代的遗物？是商代的吗？他感到极为困惑，因此也迫切希望解开其中的秘密。

这时下起了小雨，秋风瑟瑟，夹杂着霏霏的细雨，使他感到阵阵寒冷。他来到岗地一处低洼地，躲避风雨。而连绵不断的秋雨却越下越大，没有一丝一毫要停的迹象。他已被淋得浑身湿透，发际间的雨水顺着他的额头向下流，模糊了他的视线。正当他焦急无奈，准备回家的时候，却发现被雨水冲刷后，在他周围的土地上，到处都闪动着色彩斑斓的陶片，有红、黑、灰、白各种颜色。他立刻兴奋起来，忘记了眼前的处境，蹲下身去细心地查看。他一边擦拭着脸上的雨水，一边把不同色彩的陶片从土层中剥离出来，用雨水洗净后，仔细地比较着它们之间的纹饰和质地。这时不远的地方，在雨水的冲刷下，渐渐露出一片闪光的亮点，他用手铲轻轻剥去周围的泥土，原来是一件磨制精美的石铲。

这以后，韩维周经常到二里岗和南关外进行调查，并且收集到丰富的陶片和磨光的石器、骨器及卜骨等。他把这些没人要的垃圾拿回家中摆放在桌子上、柜子里和床底下，时不时还要拿出来欣赏和把玩，自言自语地说："说不定会产生第二个殷墟呢。"他周围的人都不理解他的用心，时常用怀疑和漠视的目光看他，以为他患了精神病。

1950年冬天，河南省人民政府成立文物管理委员会，韩维周怀着一种兴奋和急迫的心情，向设立在开封的河南省文物管理委员会写了一份书面报告，汇报了他的发现。省文管会接到韩维周的报告，即刻派出文物干部赵全嘏、安金槐和裴明相三人到郑州进行实地调查。三人找到韩维周的家，惊奇地看到满屋摆放着各种陶片、石器等物，琳琅满目，竟像一个远古文化博物馆，而除了这些，家徒四壁一无所有。韩维周是一个不善言辞的人，而且平时谨小慎微，处处提防，但是当看到省文管会的干部们为了自己的发现专程而来时，表现出格外的兴奋，他滔滔不绝地向他们介绍了这些器物的来历和价值以及自己的种种猜想。他的高度责任感和渊博的知识，使得一行三人非常感动。

正是冬去春来，寒风料峭之际，荒凉的郊外，处处覆盖着残雪，融化的雪水像小溪一样汩汩流动，然后还原为大地的经脉，消失得无踪无影。在韩维周带领下，安金槐一行来到郑州二里岗和南关外进行调查，尽管荒草萋萋，冰雪覆盖，但是他们没有退缩，立即展开了调查工作。他们连续工作了3周，每天几乎天一亮就来到工地，一直到太阳收走最后一抹光亮才离去。他们拿着小铲，沿途翻翻刨刨，敲敲打打，找遍了那里的每一寸土地，哪怕是一点点的蛛丝马迹也不肯放过。那是一个热奔奔放的年代，人们的工作一向不是用时间和金钱来衡量，而是以祖国的需要为标准的。

经过艰苦的工作,他们果然发现了大量的商代遗物和遗迹,从而证实了韩维周发现的确实是一处范围广阔的商代遗址。

这一发现意义非同小可,像春天里的一声惊雷,叩醒了绵绵长夜里郑州商城沉重的大门。这个结果是韩维周预先没有想到的,而使他更没有想到的是,他后半生的命运走向,生生死死竟然和这些破铜烂瓦紧紧纠缠在了一起。

神话的背后

商朝是继夏朝之后,中国的第二个君权制的国家,距今已有3600年的历史。有关商的起源,《史记·殷本纪》开篇就讲述了这样一个神话故事:契的母亲简狄,是有娀族的女儿,为商族首领帝喾的次妃。一天她和两个女子正在易水河中沐浴,忽然看见一只玄鸟在她头上盘旋,然后落在岸边的垂柳下,生下一只蛋。简狄吞食了玄鸟蛋,因此怀孕生下契。契长大后无比强壮英俊,而且智慧过人。帝喾死后,他继位部族首领,并且威望日高,深得拥戴。

契就是商的始祖,《商颂·玄鸟》曰:"天命玄鸟,降而生商。"这些传说故事听起来似乎有些荒谬,其实它们就是历史,如果我们把这些传说还原为历史,并沿着历史的长河溯源而上的话,我们便可以重新踏入那个鲜为人知的蛮荒时代,去解析那个懵懂不开的世界,去窥探那里的秘密。

商族与夏族有着同样悠久的历史,契和禹是同时代的人,但是当夏族建立起第一个君权制国家时,商族还处于氏族公社阶段,只是夏王朝的一个附庸。当时的社会还处于原始状态,人们的生存受到洪水和野兽的严重威胁,帝舜就派契帮助大禹治水,来维持人类的生存。后来契在治洪中立下功勋,帝舜就把一

郑州商城东城墙,墙外东南方便是二里岗

个叫殷的地方赏给他作封地，赐姓子氏。

这是一个非常美好而感人的故事，但是商的成长经历，却是充满着血雨腥风和艰难险恶的历程，不过他们在斗争中不断地强壮和丰满，最终走上了与夏王朝分庭抗礼的道路。司马迁的《史记》中记载，从契到商汤灭夏，商朝建立之前共经历十四代，十四位王，政治活动中心先后迁徙过八次。当时司马迁排列商王世系究竟依据什么，目前尚为谜团，但是后来十四位王的名字在殷墟甲骨文中都得到了印证。

颠沛流离的商族，最初的领土只有方圆70华里，但是商汤以其杰出的政治才能，从征服临国葛开始，《孟子·滕文公》说："（商汤）十一征而无敌于天下"，因此商版图迅速扩展，商汤最后把胜利的宝剑挥向夏桀。商汤伐夏是一场正义的战争，得到四方诸侯和人民的拥护，而在夏桀残暴统治下的人民，盼望商汤的军队，有如大旱之望云雨。因此商汤的军队所向披靡，在鸣条一举击败夏王朝。商汤的军队大获全胜，回师亳邑，建立起一个空前强大的商王朝。商汤建国后，把夏朝传国的九鼎迁运到亳都，象征着政权由夏转移到商。

对于商汤的一统天下，史书一向把胜利归功于他的仁慈宽大和贤能。传说有一次天下遭受大旱，整整七年滴雨未见，河水枯竭，草木焦死，庄稼连年不获。绝望的人民使用各种办法进行祈祷，但是仍然不见滴雨。在万般无奈之中，商汤亲自跑到城外干枯的桑林之中，献上自己为祭品，向上天祈求降雨。他说："余一人有罪，无及万夫；万夫有罪，在予一人。无以一人之不敏，使鬼神伤民之命。"就在祈雨的祭火点燃之时，汤的宽厚和真诚终于感动天地。只见乌云密布，雷声轰鸣，顷刻之间大雨滂沱。雨水滚滚而下，扑灭了祭祀点燃的火焰，汤才得以生还。在雨雾浩渺中，干裂的土地瞬间绿草如茵，禾苗破土而出，百鸟在林间欢唱，河水涨满堤岸。欢快的人们仰天长啸，载歌载舞，为他们的英明君主歌功颂德。这个故事见于《吕氏春秋·顺民》，另外《尚书大传》、《淮南子》中也有记载，虽然记载比较晚，但毫无疑问，它必定来自遥远的殷商时代。

商朝自商汤灭夏到帝辛（纣王）亡国，生存600年左右，是我国历史上一个强大的奴隶制国家，共经历了十七世三十一王。这些王的名字《史记·殷本纪》中均有记载，而且大部分在甲骨文中也得到印证。商朝的历史可以盘庚迁殷为界，分为前后两个时期。商朝前期，从商汤建国到盘庚迁殷共历九世十九王。这一时期又可划分为两个阶段。

第一阶段：从商汤至太戊，五世十王，这是商王朝建立并逐步巩固的阶段，中间虽然也有过波动，但总体上，政局是稳固的，是其国力蒸蒸日上的时期。这一时期，商都一直定都于亳，历时100多年。

第二阶段：从仲丁到盘庚，经历五世九王。这一时期商王朝处于中衰阶段。出现了"比九世乱"，统治集团内部发生了长期的王位纷争，诸弟子争相代立，使商朝的统治受到严重威胁。这种连绵不断的政治动乱，迅速削弱了商朝的统治，因而"诸侯莫朝"，商王朝失去了对诸侯国的控制，以至酿成"荡析离居、罔有定极"的不安定局面。这一时期，仲丁至盘庚五代之中，都城迁徙了五次。

东汉张衡在《西京赋》中说："殷人屡迁，前八后五。"所谓"前八"是指商汤建国以前商族的八次迁徙，"后五"是指商汤建立商朝以后的五次迁都。

商建国以前的八次迁徙，是属于氏族部落的游动迁徙，与商王朝建国后的五次迁都具有完全不同的性质。仲丁是太戊的儿子，他登基的时候，商王朝内部正酝酿着一场争夺王位的斗争。仲丁为了避免王室贵族的阴谋篡权，把王都由亳迁往隞（嚣）。

仲丁建都隞，虽然避开了一场政权内部的相互倾轧，但是东方的夷人却乘虚而入，向商王朝发动大规模的入侵。仲丁一边营建新都，一边调集军队迎战入侵之敌。经过勇猛反击，夷人受到重创，退回东方，使隞都得到暂时的缓解。但是自此以后，夷人不断地进行骚扰，成为商王朝的隐患。仲丁死后，王权落入他兄弟河亶甲的手中。为了解除忧患，河亶甲把王都由隞迁到了相。商王朝迁都相以后，又招来北方少数民族的不断侵扰。河亶甲亲率军队，对周边的少数民族进行了大规模的反击，也取得一定的胜利，但是国都的安全始终受到威胁。

河亶甲死后，他的儿子祖乙继位。为了巩固政权，祖乙把都城再次迁徙到邢地，当后方暂时稳固后，祖乙开始向周边的入侵之敌发起猛烈的还击。经过数十年的战争，祖乙终于平定了少数民族的叛乱，使商王朝重新振作起来。历史上称这一时期为"祖乙中兴"。祖乙死后，王位传到他的孙子南庚手里，南庚又把王都由邢迁到奄，这一时期，商王朝内部矛盾和斗争又空前尖锐和复杂起来，迁都可以使激化的矛盾暂时得到缓解。南庚死后，王位传给他的侄子盘庚。

盘庚是商代的第十九位王，为了国家的长治久安，他把国都迁到殷，这就是历史上著名的"盘庚迁殷"。这件事在商代历史上是一次重大的转折，从此进入商朝后期。自此以后，商朝定都于殷，历时273年，结束了仲丁至盘庚以来商朝长期动荡不安的局面。

商王朝建立后的五次迁都，集中于仲丁至盘庚的五代，约100多年的时间，几乎每隔二三十年便迁都一次。这些地方一向被认为位于河南东部、北部，山东西部，安徽北部这一区域。但是在漫长的岁月更替中，这些被淹没的废都已变得模糊不清，而且又缺乏文字的佐证，因此为商都城的考证，蒙上一层朦胧的面纱。而多年来，由于广大考古工作者艰苦卓绝的努力，商所废弃的众多城址已逐渐揭晓，人们对于商朝的认识也逐步清晰。

发掘伊始

安金槐三人带着在郑州获得的各种陶、石器回到开封。为了慎重起见，他们将调查结果分别上报中央文化部社会文化事业管理局及中国科学院考古研究所，并要求派专业人员前来复查。1951年春天，中科院考古研究所河南调查发掘团，来到郑州对该遗址进行了调查，根据他们采集到的标本，进一步推断，这是一处重要的商代遗址，时代要比安阳殷墟更早。这一重大发现，立刻引起国内考古界的重视和一片哗然。

不久，为了配合郑州市区363电厂的兴建工程，河南省文物管理委员会派安金槐到电厂工地进行调查，在调查中他发现郑州地下到处都埋藏着丰富的文

郑州商代遗址出土的虎噬人图案陶簋残片

物，包括各个不同的时代。鉴于此种情况，为了配合郑州市的考古调查与发掘工作，同年5月，河南省成立了郑州市文物管理委员会，负责市区的文物保护管理工作。以此为契机，韩维周再次步入考古界，因为当时懂得文物的人实在有限，而他又有着丰富的田野考古发掘经验。

新中国成立初期，中国还没有正式的考古机构，北京大学也还没有开设考古课。随着中央研究院迁往台湾，留在大陆的专业考古人员总共不超过10人。而刚刚成立的新中国，正突飞猛进地搞建设，因此考古工作迫在眉睫。为此，1952年夏天，中央文化部社会文化事业管理局、中国科学院考古研究所和北京大学联合举办了全国第一届考古人员训练班，训练班设在北京沙滩红楼。接到通知，全国各地纷纷争相送人到北京培训。河南参加这次培训的有安金槐、裴明相和蒋若是。这期训练班被新中国考古界戏称为"黄埔一期"。经过3个多月的考古知识培训后，全体师生于10月21日至25日分批到郑州、洛阳两地进行实习。实习队由考古学家郭宝钧先生亲自领导，他在20世纪二三十年代曾多次领导安阳殷墟的考古发掘，是一位国际著名的学者。郑州实习分队，以二里岗遗址为重点进行了试探性的发掘，发掘辅导工作由安志敏、白万玉、钟少林、王仲殊、陈公柔等人担任，北京大学宿白任教务，他们都是全国著名的考古学家，在中国考古事业的发展进程中有过不同凡响的经历。这次先后在二里岗参加实习的学员有六十多人，他们是来自全国各地的文物干部。

1952年春季，郑州市为了扩展市区，在东关外修筑了一条南北公路，穿越陇海铁路，然后又在偏南的地方向东修筑了一条公路，通往二里岗车站。这两条公路都穿越二里岗遗址，因此在修路的时候，挖出了大量的遗物，而且在路沟的两侧，暴露出明显的灰土层。这些正是考古工作者寻找的目标，因此考古队员们在两条公路会合处，选择文化层堆积较厚的地点，开挖了4条探沟，从而得知这个地点是郑州商代遗址的东南边缘，再向东南，遗址的分布就逐渐稀少了。

通过发掘，他们发现这里的地层包含着不同时代的文化遗存，即商代文化与龙山文化的交叠层，同时在各个探沟中布满后期扰乱坑，而且密集的田鼠洞把地层搅得乱糟糟的，令人眼花缭乱。这次因为实习时间有限，没有作更深入的发掘，但是对地下文化层的堆积情况却有了明确的认识。他们这次共获得遗物45箱，大多是残破的陶片，磨光的石器、骨器等。但是自此以后，郑州商代遗址考古发掘缓缓拉开了序幕，而且至今仍在大规模地进行着。

1953年春,河南省人民政府成立郑州市文物工作组,主要目的是为了配合郑州市城市基本建设,作好考古发掘工作。郑州市文物工作组由安金槐任组长,成员有王润杰、赵鞠卿、盘庆山和王怀堂等人。安金槐是全国第一届考古人员训练班的学员,参加过郑州二里岗遗址的首次发掘工作,对遗址的文化内涵已有了初步的了解。自郑州市文物工作组成立后,在中国科学院考古所的积极配合下,在郑州二里岗一带开始了系统的、较大规模的联合考古发掘工作,出土了大量的陶器、石器和铜器等遗物。单从陶器看,郑州二里岗商代陶器要稍早于河南安阳殷墟商代晚期的陶器。为了便于和安阳殷墟商代晚期遗址有所区分,考古工作人员当时便将郑州商代遗址命名为"郑州商代二里岗期",并依据上下地层叠压关系和上下层内包含的主要陶器特征的明显变化,在时代上将其划分为上下两大层,"商代二里岗期下层"和"商代二里岗期上层"两期。从而使郑州商代二里岗期遗址成为衡量商代前期文化的一把标尺,并为全国商代考古所应用。

和安阳殷墟文化比较,二里岗遗址中的印纹陶、平底爵、高足鬲和鼎都不见于殷墟,与郑州人民公园上层文化也有区别。人民公园上层文化属于郑州商文化晚期,接近殷墟文化。二里岗所发现的卜骨有钻无凿,整治技术比较简单,和殷墟所出土的有钻有凿的卜骨相比时代显然要早。在郑州商代遗址中,青铜钻与卜骨同时出土后,解决了卜骨钻凿所用工具的问题。这些说明郑州商文化不仅与安阳殷墟文化有内在的联系,而

郑州商代遗址出土的夔龙纹灰陶杯

且要早于殷墟文化。既然殷墟文化相当于郑州商文化的晚期,那么殷墟文化就找到了直接的源头。中国早期的考古学家们,如李济、董作宾、梁思永等人,在寻找殷墟文化来源问题上曾经狠下了一番功夫,查阅了大量的文献资料,最后得出的结论是:龙山文化虽然与殷墟文化有联系,但两者之间尚有缺环。二里岗遗址的发现,填补了龙山文化与殷墟文化之间的缺环。

1953年5月,文化部社会文化事业管理局副局长王冶秋带领博物馆处处长裴文中、中国科学院考古研究所副所长夏鼐等人亲临郑州视察考古发掘工作。他们发现郑州文管会的工作存在很多问题,首先是工作环境太简陋,缺乏保管设施,发掘出的文物都堆放在席棚搭制的简易房中,对文物的安全和研究都极为不利。于是王冶秋随即决定由文化部社会文化事业管理局拨款,在郑州南关外购置地皮修建起一所文物仓库。这是

二里岗遗址出土肋骨刻辞描图

王冶秋在郑州商代遗址考古工地

郑州市文管会初建时的情况，并为以后郑州市文物工作的发展奠定了基础。

另外他们在实际考察中，还发现郑州市文物部门缺乏科学发掘的经验，而且专业人员也极有限。为了避免由于经验不足而带来的损失，经文化部社会文化事业管理局和河南省文化局研究决定，由裴文中亲自负责指导郑州市文物发掘工作。裴文中是北京猿人头盖骨的发现者之一。1953年至1954年两年间，裴文中曾经多次来郑州指导发掘工作，他每次来到发掘工地，都要手拿小铲蹲在探沟中，一边刮探，一边向大家耐心地讲解着一些特殊的迹象和判断这些迹象的原则及经验。作为一个国际著名学者，裴文中先生非常平易近人，两年中，他帮助郑州市文物部门解决了许多发掘中的难题。来自多方的关怀和帮助，使郑州市的文物事业在这一时期得到迅猛的发展，也为郑州商城的发掘开辟了新局面。

亲历湮没之城

郑州市在1949年以前，原是郑县旧城所在地，城市规模很小。1951年后，随着河南省会由开封迁往郑州，加之京广和陇海两大铁路干线在这里交会，所以郑州市的城市建设突飞猛进、日新月异。随着城市基本建设的日益扩大，郑州地下文物也源源不断地暴露出来，因此考古调查与发掘任务也日见繁忙，成为城建工作中首当解决的一件头等大事。1953年秋，郑州市文管会为配合郑州二里岗的兴建工程，发掘出一部分商代遗址，钻探出古代墓葬445座，后经发掘得知其中绝大部分为战国墓，其余为汉、唐、宋历代墓葬。此后安金槐将这批遗址和战国墓葬进行了整理，并编写出《郑州二里岗》一书，由科学出版社出版。

安金槐（1921.9～2001.7），河南登封人。1948年，安金槐从河南大学历史系毕业后，在中学任教。1950年2月参加河南大学师资训练班学习,同年9月结业后,调至河南省人民政府文物管理委员会,从事文物考古工作。

1954年春,随着郑州市基本建设工程的全面开展,不断有更多新的古文化遗址与墓葬暴露出来。据初步统计,郑州市新发现的古文化遗址与墓葬群就有20余处,其中绝大多数都需要及时进行发掘。3月,安金槐带领郑州市文管会的成员在二里岗一带开展了大规模的考古发掘工作。经过钻探他们发现地下存在着密集的商代墓葬群和大量的灰坑,这些显然是人类居住后遗留下来的痕迹。于是安金槐把考古队一分为二,一部分负责清理墓葬,一部分负责清理灰坑,以便弄清它们的性质和地层关系。

他们这次一共清理出上百座商代墓,但绝大多数是小型土坑墓,极个别为中型墓。在一些较大的墓内随葬器物较多,有铜器、玉器、陶器、原始瓷器、石器和象牙器等。他们还发现一座窖穴中埋有3个人,他们的双手被反绑在一起,而且肢体残缺不全。另外,还发现一些无首人骨架和猪骨架或者狗骨架掷埋在一起,这种情况说明那些人都是非正常死亡的,有可能是被活埋,也有可能与祭祀有关。

这一带发现的灰坑都是又大又深,而且分布十分稠密,约在600平方米的范围内就发现了10多个,想必当初一定有特殊的用途。但是,春季地下水位特别地高,从地面向下挖不到2米就开始出水,给发掘带来极大的困难。再加上春雨霏霏,连绵不断,使人感觉整个世界都是潮湿和泥泞的。但是无论如何也要把工作进行到底,考古工作本身就存在着极大的危险性和冒险性,而且困难面前是容不得犹豫和退缩的。

"必须想尽一切办法将这些墓葬和灰坑清理出来。"安金槐告诫大家说。然后他找到城建部门,借来两台老式的手摇式抽水机,架在灰坑边沿昼夜往外排水。抽水机是人工的,需要两个人不停地摇动把柄向外抽水,稍微一停水位就迅速上升,地下就像有泉眼似的,有的是抽不完的水。不得已他们只好放弃一部分,挑选其中几个比较特殊的灰坑继续向下挖。

发掘过程中,考古工作者在一些灰坑中,发现了许多填埋的人骨,也有人骨和猪骨架分层叠埋在窖穴中。成堆的尸骨当中,掺杂着儿童的骨架。它们重重叠叠,纵横抛掷在一起,有的没有人头,有的肢体残缺不全,有的脸朝下,也有的用手遮盖着脸,呈现出绝望的样子。这些可能是在窖穴和水井被废弃后,人们随便填入的,也可能是有意识的,现在已经很难解释清楚。但是这些人们的死因一时成了谜,究竟是屠杀,是自

裴文中在郑州商代遗址考古工地

杀，还是瘟疫？在那个蒙昧恐怖的时代，种种推测都是能够成立的。他们死后被当成垃圾与兽骨混埋在一起，可见他们当时的地位之低，生命之贱和猪狗并无二样。

一天，安金槐正在巡视各个发掘点，突然发现一个坑口约1.5米的灰坑边沿出现大块的裂痕，随时都有塌方的危险，而下面的发掘人员还一无所知。于是他急忙呼喊，让坑下的人员赶快上来。谁知话音刚落，坑口便塌陷一块，幸好不是大面积的塌方。安金槐便赶快上前把坑下的人拉上来，也就在他们刚刚上到地面的一刹那，"呼噜"一声，随着沉闷的声响，坑口塌陷，将5米多深的灰坑瞬间掩埋得严严实实。如果下面有人，后果不堪设想。大家都默默无言，沉闷的心情和周围灰暗阴郁的天色交融在一起，沉重地压在人们的心头。安金槐和大家一起认真地检查了每一个灰坑，他们发现在地下水浸泡后，多处灰坑的坑壁都出现了裂痕，还有大批的土块不断地崩塌下来，形势十分严峻。为了安全，考古队只得放弃他们的原计划，只留下编号H6灰坑继续下挖，以便弄清楚灰坑的深度和它的用途。

H6由王润杰负责，这个灰坑的坑口比一般稍大，约2米左右，呈圆角长方形，而且已经挖到5米还不见底，包含物异常丰富。王润杰在H6中已经工作了5天，由于地下水的原因，坑壁周围的泥土不断地向下滑落，进度十分缓慢。为了防止万一，安金槐盼咐采用大开口的办法向下挖。他们把水面以上的部位挖成阶梯形，然后一边抽水、一边挖，但是越挖水位越高，一直在水下工作的王润杰浑身都是泥水，寒风一过，使他感到阵阵寒冷。

由于在水中工作，而且一边挖，一边还得往坑壁四周加固木板，因此又挖了数天后，在近7米深的时候，王润杰才感到自己的脚触到了坚硬的地面。站在坑口指挥发掘的安金槐问："到底了吗？""应该是到底了。"王润杰不停地用脚试探着，然后肯定地告诉他。尽管两台抽水机昼夜向外排水，而水面仍然超过他的双膝，使他无法真正了解坑底的情况。"让我看看。"安金槐卷卷裤腿顺着绳梯下到坑中。坑下是浑浊的泥浆，他只能凭多年的经验去感受，果然是到底了。为了一个灰坑，让他们费尽周折，但还是没能完全了解灰坑底部的状况。安金槐不停地在水中捞起一些碎陶片，在泥水中洗了又洗，然后伸着脖子，踮着脚，借着投入坑口暗淡的光线看了又看，接着他用手铲在坑壁四周刮了又刮，直到找出原灰坑的边沿，才从坑下顺着绳梯爬出来。

首先可以肯定H6是一口商代废弃的水井，在坑壁的两侧还留着供人上下的脚窝。井内出土有大口尊、盆、环耳壶等陶片，还有多具无头儿童的遗骸叠压在一起。这些都充分显示出，它们是商代百姓和奴隶的遗物，混杂在垃圾中那些儿童的白骨，更说明了奴隶生命的低贱。

发掘结束时后，安金槐催促工人赶快拆除坑壁的撑板和脚手架，因为水一上来就无法再工作了。工人们七手八脚把加固在坑壁的木板一块块卸掉下来，而坑边最后几块还没来得及取，坑壁便随着一声闷响塌陷下去，抽水机也随之落进坑底。这时天已经黑尽，寒冷的空气随着落日降临到荒凉无尽的旷野上，大家面面相觑，只好打道回府，等到第二天再说。第二天一早，王润杰一行来到工地，令人惊讶的是，他们已经找不到 H6 的踪迹了，在昨天他们工作过的地方，已是一汪水潭，水面在寒风的吹动下荡起层层波纹。他们面面相觑，想不出对策，只好放弃打捞抽水机的计划。

新中国成立初期考古工作所面临的艰苦局面，简直令人无法想象。后来王冶秋了解到这些情况，便于 1954 年 5 月和裴文中再次来到郑州视察，协助地方政府解决现有的困难。一下火车，他们便召开了座谈会，和郑州市文物工作组的发掘人员一起进行了直接对话。经过详细的讨论和研究后，王冶秋对商代遗址的保护提出了几点建议：

（1）对于价值重大的商代遗址，可报请郑州市人民政府批准，规划出保护区进行长期保存，等待时机成熟时，再行发掘。这样既可保证发掘质量，也可以为郑州市保留一部分有价值的文物古迹。

（2）发掘经费和发掘工人的工资，应该由基建部门负责。此后他和裴文中与郑州市人民政府进行了协商，彻底解决了这方面的问题。

时隔不久，王冶秋又在郑州主持召开了"郑州文物考古工作研讨会"，与会者有夏鼐、裴文中北京文化事业管理局副局长张珩、南京博物院院长曾昭燏、南京博物院考古部主任尹焕章、河南省文化局局长陈建平、河南省文化局文物科长赵全嘏、郑州市文化局副局长许寄秋、郑州市文物工作组组长安金槐等人。会议决定，抽调华东文物工作队部分文物干部，到郑州支援配合考古发掘工作；另外将郑州市文物工作组扩建为河南省文物工作队第一队，由许寄秋暂时为队长，安金槐和尹焕章为副队长，主持郑州商代遗址的考古调查、保护与发掘工作。这一时期，文物部门的工作真是忙得不亦乐乎，安金槐带领着一班考古人员整天奔走在施工工地和考古现场，可以说哪里发现了文物，哪里就可以看到他们忙碌的身影。

1955 年春夏之交，为了配合黄河水利委员会的基建工程，河南省文物工作队在二里岗一带，又继续进行了大规模的考古发掘工作，相继发现了大面积堆积深厚的商代文化层和大量的灰坑与墓葬，并且出土了数量众多的陶器、石器、骨器和少量的铜箭头、卜骨等遗物。尔后考古队在城西发现了一排密集的窑址，共有 14 座。特别引人注意的是在这些陶窑中发现一种原始瓷器的碎片，经化验表明是用瓷土作坯烧成的，已具备了原始青瓷器的特征。以后发掘队在西城墙外，今铭功路一座商代贵族墓中出土一件原始青釉瓷尊，这件瓷尊造型古朴典雅，叩之即发出清脆的金石声，代表了原始瓷器的极高水平。这是我国瓷器的鼻祖，距今已有 3500 年的历史，在世界考古史上，也是首屈一指。

考古队还相继发现了商代铸铜、制陶和制作骨器的各种作坊。特别是在郑州南关外发现的一处铸造青铜器的作坊中，除保留着铸铜场地、炼铜炉残基、水井、窖穴等与铸铜有关的遗迹外，还出土了大量的炼铜坩埚、铸造青铜生产工具的铲、镬、刀，以及铸造青铜容器的陶范、铜炼渣、木炭屑、铜器残片等。不久，城建部门在修筑花园路时，在紫荆山北又发现一处冶铜作坊，遗址表明这里是制造青铜刀、镞等各种兵器的地

郑州商城遗址出土青釉瓷尊

方。接着在这个冶铜遗址北面，相距几百米的地方，又发现一处制骨作坊遗址，残剩的骨料中除了牛、鹿的肢骨外，还有部分人的肢骨，约占一半以上。后经著名考古学家裴文中鉴定，这些人肢骨也是制作骨器的原料。

为什么相距不远的地方，竟然有两处冶铜遗址，而且有明显的分工？为什么制骨作坊中，人骨料占一半以上？这块神秘的土地究竟是村落，是城市，还是都城？1955 年秋，为了尽快搞清郑州商代遗址的规模和性质，安金槐率领河南省文物工作队，对遗址进行了全面的普查和部分地区的考古发掘。断断续续他们发现郑州商代遗址的面积约有 25 平方公里，东起凤凰台，西至西沙口，北抵花园路，南到二里岗，几乎遍及整个郑州市区，并且发现商代二里岗期各种遗迹与遗物层层叠叠，在地下埋藏非常丰富。不久，考古队在原郑县旧城南关外发掘出一处墓葬群，墓室皆为竖穴土坑墓，长 2.7 ～ 2.9 米，宽 1 米左右，墓底皆有腰坑，坑内殉葬有兽骨。墓内大多有木棺的痕迹，有的墓底还铺有朱砂，随葬器物有铜罍、铜爵、铜鬲、铜鼎、铜斝、铜盘、象牙觚、玉璜、玛瑙环、玉柄型器、绿松石饰件以及陶器……其中一件铜罍的颈部有三个龟形图案，可能是族徽，唐兰曾考释为"黾"字，若这种考释无误的话，那么它将是我国目前发现最早的青铜铭文。

接着考古队在北关外挖出一座铜作坊遗址和一处制骨作坊遗址。此后考古队又在郑县旧城西城墙外发掘出一处规模庞大的制陶作坊遗址，和一处随葬有青铜器与玉器的墓葬群。另外，在旧城东墙外的杨庄和白家庄等地也分别发现与清理了一批商代二里岗时期的墓葬，并出土数量相当可观的陶器、石器、骨器和金器等。发掘证明，郑州商代遗址决非一般的村落遗址，至少应该是商代

坩埚　　　箭范　　　鬲范

郑州商城出土冶金遗物

二里岗期的一座城市遗址,并且还有可能是商代前期的一处都城遗址。

推启商城的大门

尽管这一时期,郑州商代遗址发现了密集的文化层,但是谁也未曾想到这里竟然是商朝的一代都城遗址。当然,人们对于它的认识是曲折和复杂的,经历了一个漫长的过程。

1955年秋,郑州市城建部门在城市建设施工中,要在白家庄西面的顺河路东头挖掘一条东西向的壕沟,铺设地下污水管道。在施工过程中,需要通过一道略呈东南至西北向的土岗,并且已经用推土机推去土岗的岗脊。正在施工的过程中,河南省文物工作队闻讯赶来,经过与城建部门的交涉,决定暂时停工,等待考古部门钻探后再行施工。因为在此以前,群众在该土岗周围挖沙和挖煤土时,暴露出一些商代的墓葬,经过考古工作者的发掘和清理,其中有3座墓葬中都随葬有青铜器和玉器。据考古队推测,该土岗上及其附近很可能还会有商代二里岗期的墓葬。

安金槐率领考古队,在这里进行了紧张的考古发掘,考古队的成员有韩维周、王润杰、张建中、刘东亚、东红等人。他们首先在土岗的南部开挖了两个探沟和一个探方。令考古队感到振奋的是,在所有的探沟和探方中都发现有商代二里岗期文化遗迹。他们一共发现了5座残房基、8个殉物坑和7座墓葬,在殉物坑中还发现两个殉葬的奴隶骨架。

一天,安金槐蹲在一座商代墓中小心翼翼地刮探着,他心中一直忐忑不安,

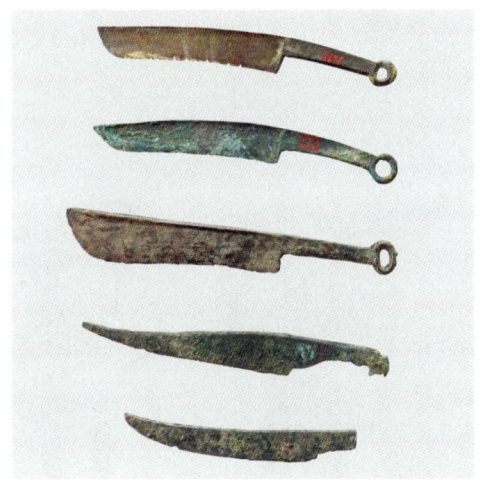

郑州商城遗址出土铜刀

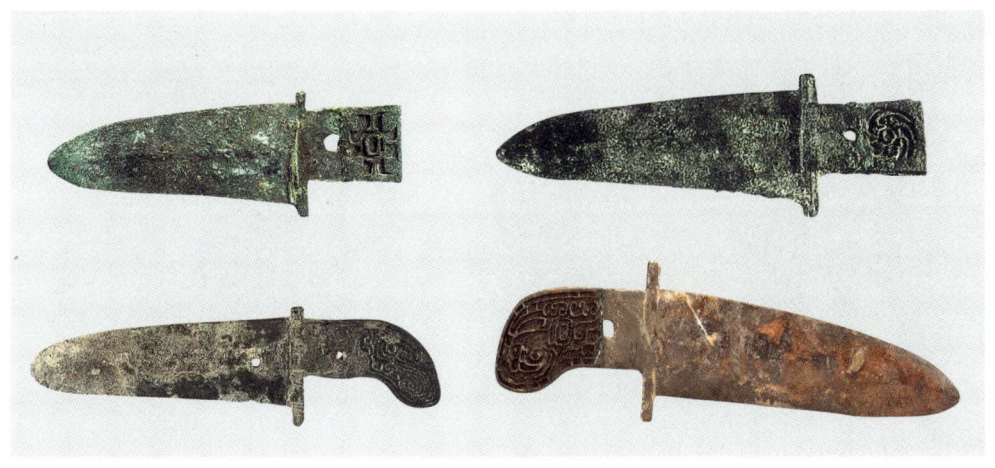

郑州商城遗址出土铜戈

郑州商城遗址出土玉器

郑州商城遗址出土铜爵

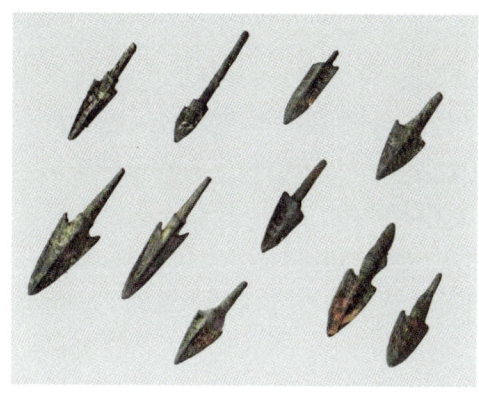

郑州商城遗址出土铜镞

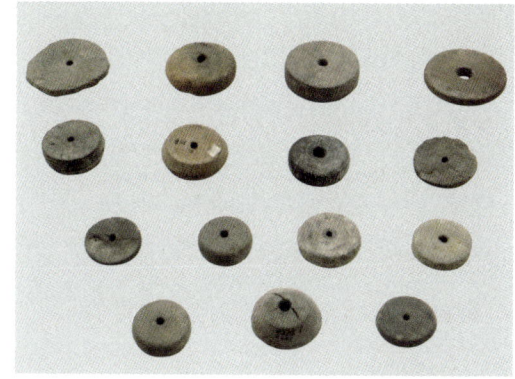

郑州商城遗址出土纺轮

郑州商城遗址出土骨镞

隐隐地感觉这墓有些异常，不同于以往他所发掘的那些商代墓葬。遗物逐渐出露，不过没有什么特殊的发现，器物都是些商代二里岗期墓中常见的铜器、玉器、陶器等物。然而出乎所料的是，当他清理完墓底，也没见到生土层，这一现象立刻又引起他的警觉。这时天近黄昏，朦胧的光线，模糊着人们的视野，远处低矮的树丛已经融合在暮色之中。然而安金槐还蹲在墓下坚持着，他已经在墓下持续工作了5个多小时，他非要弄明白，否则回到家中也寝食难安。他拿起铁锹向下试探，但是土质很硬，像是经过夯打一样。他用力挖出一块，果然结构和一般的土层不一样，他便拾起一团借着模糊的光线，在手中翻来覆去地仔细观察，还不断地用双手使劲挤压，用心去感受。那土块像石头一样坚硬，几乎没有泥土的质感，顶得他手生疼。

"这是夯土！"安金槐目光炯炯，兴奋地告诉身边的人说。是一个好兆头，说明这里一定还有其他的埋藏。

"不，应该是垫土！"有人提出同样肯定的反驳。于是围绕着这个问题展开了一场争论，大家各抒己见，议论纷纷，但是争执的双方谁也无法说服谁，只有等待进一步发掘才能证实各自的判断是否正确。这天夜里，安金槐躺在床上，翻来覆去睡不着，如果是夯土的话，会是什么用途呢？这一夜他久久考虑着这一问题。

在人类还没有发明烧制砖瓦之前，中国的建筑方式多采用夯筑，亦称"版筑"，如城墙、房屋、墓葬等大规模的建筑都离不开夯筑，所以当考古工作者见到夯土层的时候，马上就会意识到将要出现的不是夯土墙或夯土台基，就是墓葬。

第二天，安金槐一早来到发掘工地，挥动着小铲用力刮探，很快他就发现了夯窝，而且夯筑的痕迹非常清晰。"是夯土！"当自己的判断得到证实时，他更加兴奋了。这下面一定有东西，他跳出墓穴，挨个检查了其他的几座墓葬和殉物坑，它们同样叠压在夯土层上，并有明显的打破关系。为了进一步弄清夯土层的性质，安金槐对夯土进行了解剖性的开沟发掘，试图探明夯土的布局。

郑州商城城墙的夯窝印痕

三座商代墓打破城墙

夯土层的土质多用红褐色土和夹杂有少量碎陶片的灰花土夯筑而成，每层夯土面上都清晰地分布有密集的夯窝，而令人不解的是，他们始终都没有挖到夯土

的边缘。为了探明情况，安金槐又在东、西、南、北四面开出了探沟，并在南、北探沟中找到了夯土层的尽头，宽20多米，但东、西两面的夯土仍然不见边缘。这时，他们却在夯土层上发现了一座商代前期的小墓，墓中出土了许多商代二里岗期的陶器、骨器、石器等物。由此可知，夯土的时代不会晚于商代二里岗期。另从夯土层内夹杂的少量灰陶片和夯土层内的包含物看，夯土层的时代应当是商代二里岗期。

那么夯土层究竟是什么用途呢？这一奇怪的现象引起安金槐他们的高度重视。大家在一起反复推论和探讨，最后认为夯土层可能是商代二里岗期一座大墓中的填土。理由有以下几点：

第一，这片夯土层分布的范围较大，已探知其长度约为20米，就夯土层的南北长度看，与安阳殷墟商代晚期大墓的长度相似。

第二，安阳殷墟商代晚期大墓的埋葬地点，多是选择地势较高的岗地上，而白家庄西发现的这片商代夯土层，也是在一道土岗上。

第三，安阳殷墟商代晚期大墓内的填土多是经过分层夯打，而新发现的这片夯土也是采取同样的方法。

第四，土岗南侧已发现叠压在夯土层上面的墓葬和殉狗坑的时代和夯土层的时代相同，二者应该有着密切的关系。那些墓葬和殉葬坑可能就是"商代二里岗期大墓"的陪葬墓或殉葬坑。

有了这样的推断，那么就要弄清楚大墓的轮廓，从目前已掌握的情况看，这座大墓的形制至少和殷墟武官村大墓相当。武官村大墓是1950年中科院考古所在安阳殷墟发掘的一座王陵大墓，墓室与墓道总面积约 340 平方米。武官村大墓是新中国成立初期，考古工作者首次进行科学发掘的一座王陵大墓。安金槐带领考古队在这片夯土层上进行了深入的钻探，然而他们惊奇地发现，夯土层继续向西北和东南两个方向不断地延伸，一直挖了五六十米，已经远远超过武官村大墓的长度，但是还没有探到它的边沿。安金槐开始感到疑惑，心中像生了一团乱麻，解也解不开，理也理不出头绪。他不断地询问自己这究竟是什么。他很想有一个答案，但是隐藏地下的这条夯土墙，只是无声无息地向着无尽的远方延伸，什么也不告诉他。他们钻探的长度超过 80 米，而后又达到 100 米，但是还没有到头……依此看，他们当初把夯土层推断为商代大墓的结论是不能成立的。

如果不是大墓，那么夯土层究竟有什么用途呢？考古队面临一个错综复杂、无法解决的难题。只有继续钻探，别无选择。已经是秋天，阳光仍然灼热，考古队顶着强烈的太阳光，继续他们的钻探。大家一铲一铲地钻探，而每一个探孔带上来的都是夯土。事实证明夯土层的长度已经超过 200 米、300 米，但是它还在神秘地向前延伸。当初抱着巨大的信心，希望找到商代大墓的安金槐，不禁感到有些失望。

一定要揭开这一谜底，安金槐带着满腹的疑问，找来大量的参考资料和书籍进行对照和研究。他的整个脑海中都是挥之不去的夯土层，他白天在工地指挥钻探，回到家中便埋头浩瀚的书堆中，每天都到夜深人静时才入睡。又经过反复的研究和推论后，安金槐得出一个新的结论：可能是商代二里岗时期，为防洪水而修筑的夯土坝。理由是：

第一，这道夯土墙略呈西北至东南方向，就土岗周围的地势看，西南面的地势较高，而东北面的地势则较低洼，而且一路向北延伸 20 余公里，直到黄河南岸，并且这道筑有夯土层的土岗，正是位于高地与低洼地相衔接的高地边沿，所以有夯土层的土岗应与防水的土坝有关。

第二，根据有关古代文献记载与当地群众的传说，郑县旧城之东为古代的所谓"圃田"沼泽地区，土岗北面的黄河与金水河，泛滥时曾经淹没过郑县旧城的东城区。据此安金槐和他的考古队初步断定这道筑有夯土层的高土岗可能与防备东北部的洪水有关。

为了证实他们的推测，考古队在这道夯土坝上一字排开，继续探寻它的走向，而事实证明这种推断仍然是错误的。考古队在继续钻探时，发现这道夯土墙的东西两端，仍在地下向着未知的远方延伸，而更使他们吃惊的是当东端的夯土墙延伸到白家庄村边时又突然折向南拐，并且还不断地向前延伸，直到和郑县旧城的东城墙下面的商代夯土相接。当夯土墙延伸到郑县旧城东南角时，则又向西拐和郑县旧城南墙下面的商代夯土相重叠。这显然不是防范洪水的夯土坝，因为在文献记载中，没有发现黄河曾经改道靠近郑州，在几十里之外的黄河应该对这里构不成威胁，因此它定有更为重要的用途。

为了进一步弄清它的真面目，1956 年初，安金槐组织发掘力量，以白家庄附近的商代夯土为起点，沿着夯土墙的走向继续展开大规模的考古钻探。他们在城墙上选出重点，然后横断城墙开挖探沟、采取由上到下逐层揭露的方法，以了解城墙的建筑结构和地层叠压关系。南城墙东段是整座城墙保存最完好地方，高出地面约9米。考古队在制高点布下探沟，探沟宽约3米。挖开城墙最上面的扰土层，下面是宋代的文化堆积层，有活动痕迹，其中包含大量的唐代和宋代的瓷片、砖、瓦件等遗物。再下面是战国夯土层，它直接叠压在商代城墙外侧近底部的商代夯土层上面，包括有战国时期板瓦、筒瓦片和一些陶片。

商代城墙保存最好的地段，顶部宽12米，底宽近20米，高约9米。四周的城墙因为被历代所沿用，所以在20世纪50年代初，部分保存比较完好。发掘表明城墙分为"主城墙"和"护城坡"两部分。"主城墙"为城墙的中坚部分，是用版筑法分段分层夯筑而成。"护城坡"则是梯形的两腰，向两侧倾斜夯筑成的。城内侧的坡度较缓，而城外侧较陡峭，主要起到加固城墙的作用。

经过半个多月的发掘，探沟已经接近底部，深约9米多。这时已经进入冬季，北风呼叫，黄沙漫天，细细的沙砾打在脸上阵阵疼痛，使人不断地流泪。但是尽管条件恶劣，考古队始终坚守在工地上。一天早晨，大雪覆盖了整个世界，地面上的积雪有一尺多厚。发掘工作被迫停止。

天晴以后，考古队再度来到发掘工地，这时积雪还没有完全融化，探沟中积满了冰水和残雪，到处都是潮湿和沉重的。韩维周和王润杰、王明睿等人一起清理完积雪，便开始继续向下发掘。这时他们在城墙底部发掘出了城墙基槽和城墙外壁使用版筑以及斜夯的明显迹象。韩维周默默地坚守在探方底部，他发现商代墙基下面，压着一条小灰土沟。沟作南北向与城墙平行，宽1米左右，深约0.8米，沟内填满红褐色土和淤土。这一现象引起他的注意，便顺着这条灰沟向下清理。很快他发现这条灰沟西侧堆积浅灰土，包含二里岗期下层陶片，中间的沟内堆积较硬的深灰土，其中包含有洛达庙类型的盆、罐、大口尊等陶片，以及螺壳、木炭、草拌泥等。洛达庙遗址，是河南省中西部地区上承龙山文化晚期，下接商代二里岗文化下层的遗址。洛达庙遗址是1954年秋，郑州市文物普查时，在市区内的洛达庙村附近发现的。经过发掘而知，遗址面积约3万平方米，叠压在商代文化层的下面，时代比商代

郑州商城南城墙东壁剖面

郑州商城南城墙探沟东壁剖面

城墙早。

韩维周已经是近50岁的人了，长时间蹲在探沟中工作，使他深深地感到体力不支，而每当他想站起来换一下姿势的时候，就会眼冒金星，前仰后合地站不稳。大家都劝他休息一会，他却摆摆手，仍然埋头于他的工作中，达到忘我的境地。清理完洛达庙时期的灰沟，已经到了中午，而这时他发现灰沟的底部仍没见到生土层，这说明下面还叠压着更早时期的文化层。这一发现实在太重要了，这种复杂的地层关系为考古学研究提供珍贵的实物资料。他不顾疲劳继续向下挖，不久他发现洛达庙期的灰沟叠压着龙山文化层，并且有打破关系。

这时王润杰在夯土城墙内侧的探沟中，发现一座祭祀坑，里面堆满狗骨，显然是一座以狗为牺牲的祭祀坑。王润杰用手铲轻轻地向下清理着，随着手铲轻微的碰撞，他听到一声细微的声响。富有经验的他，准确地捕捉到这稍纵即逝的声息，于是放下手铲，用冻僵的双手在周围的泥土中翻刨，对于考古工作者来说，没有什么比新发现更为重要了。他终于找到了一团发光的金子，这时安金槐恰好来巡视，王润杰就招呼他过来看。安金槐也是第一次看到这样的东西，他仔细地看了又看，发现原来是揉作一团的极薄的金箔片，他慢慢将其展开，渐渐地一件夔龙纹金叶闪动着流火似的光芒，出现在他们眼前。经过鉴定，这是一件镶嵌在漆器上的装饰品。这件纯金饰物，做工精制，造型奇特，说明商代的工匠不但熟练掌握了高超的铸铜技术，而且还掌握了黄金冶炼技术，并且已经能够制作精美的艺术品。

近午时分，太阳破云而出，顿时阴

郑州商城遗址出土金箔饰纹

沉的天空阳光灿烂，万物复苏，使人们感觉身上暖洋洋的。发掘队在凄冷的寒冬中感受到丝丝暖意。在阳光的照射下，古城墙头正在融化的残雪混合着温热的阳光，迅速融化渗透到泥土中，使封冻的土层慢慢开始松动，睁开睡眼惺忪的眼睛。城墙下埋头工作的人们，正沉浸在收获的满足中，一点也没有意识到正在悄悄改变着的一切。韩维周还在聚精会神地刮探着，寻找着文化层之间的相互叠压关系。突然，太阳钻进乌云中，天空又变得寂静与昏暗，被雪水浸泡过的墙头湿漉漉的，显得更加沉重。一只苍鹰滑翔着落在夯土城墙上，神情十分桀骜，一双锐利冷酷的眼睛机敏地四处张望，然后它扇动着双翅，腾空而起，借着一股气流冲进云霄。而就在它腾起的一瞬间，夯土墙体似乎受到巨大的震动，缓缓地、无声地倒向探沟中。

在墙内清理殉葬坑和墓葬的王润杰、王明睿等人本能地跳向一边，而体力疲惫的韩维周却没能逃此劫难，他连来得及看一下都没有，便被坍塌的墙体无情地压在坑底。在场的人都吓得目瞪口呆不知如何是好，当他们从震惊中反应过来后，才纷纷冲向前去，七手八脚把他扒了出来。只见韩维周满脸苍白，口鼻流血，已经处于昏迷状态。韩维周虽然是脱离了生命危险，但是他自胸部以下受了重伤，从此落下残疾。而自这天起，韩维周再也没有回到过他将其视为生命一般的考古工地上来。

启封商王朝文明

探沟塌方以后，发掘工作暂停一段时间。1956年秋天，安金槐重新组织力量，继续进行钻探。他们在商代夯土墙西端的钻探中，发现商代夯土墙的西端穿过金水河继续向西延伸，然后穿越紫荆山一直向西，沿金水大道南侧折向正西方面，直到河南省军区南院。而后继续向西延伸到杜岭街后又折向南拐，越过金水河与郑州老城的西北城角相接，并叠压在郑州老城的西城墙下，继续向南延伸。这些复杂的现象使安金槐迷惑不解，于是更加艰苦的钻探开始了。在钻探工程紧张时期，安金槐每天一早揣上两个馒头就来到工地，一直到天擦黑才回到简陋的办公室，办公室的墙壁上挂着的工程平面示意图，他每天把工作进展情况详细地标明在图上。

经过突击性地钻探，果然发现郑州老城东城墙下，还叠压有残存高度与宽度不等的商代夯土墙。特别是商代夯土城墙沿着郑州老城东城墙下延伸到老城东南角时又折向西，并沿着郑州老城的南城墙继续向西发展。这会不会是商代二里岗时期的夯土城墙？这种念头在安金槐的脑海中闪过，在此以前他们没有敢这么想，因为比商代二里岗期更晚的安阳殷墟始终都没有发现城墙遗迹，这一时期，考古学界一般都认为商代没有城墙，商都邑的保护是靠周边的诸侯国来拱卫的，就像星星围绕着月亮一样，不需要大加防范。所以比殷墟更早的郑州商代遗址怎么会有城墙呢？

但是，多日来的连续钻探证明，考古工作者努力追寻的地下商代夯土墙有可能就是商代城墙的残迹，它不以人们的意志为转移，向着远方不断延伸……这种思想一旦形成，便整天像虫子一样在安金槐的心中啃噬，但是这一时期还没有任何考古发掘能够证明，商代都城有夯土城墙。怎样才能证明自己的发现是正确的呢？怎样才能说服别人呢？他翻阅了大量的历史文献，想用来佐证自己的观点，但是从史书上他没有找到任何的线索，有如大海捞针一般。他很疲惫，他需要有人指点迷津。他向北京一些著名的专家们请教，他们说这墙充其量也不过是一道拦水坝而已，不可能是城墙。反对者的态度很明朗，而且代表一定的权威性。面对全盘否定，安金槐也犹豫和彷徨了，陷入迷惑之中。不过来自权威的定论，并不能使他完全信服，现实摆在那里呢。他没有气馁，他要以事实证明自己的想法。他每天带着手铲第一个来到工地，蹲在探方中刮探和研究，常常忘记时间，忘记休息。

20世纪五六十年代，河南的考古事业虽然有了长足的发展，但是由于时代的局限性，还存在很多疑难问题。为了弄明白一些复杂的技术难题，安金槐常把挖出的陶片摆在地上，按时代早晚反复进行排序与试验，就像走火入魔一般。为了证实自己的看法，他把解剖过的城墙挖一半留一半，并请北京的专家们亲自来挖，他坚信考古一向是以事实来说话的。经过多方面的论证和再发掘，安金槐更加坚定自己的信念，他认为他挖的就是一座商代城墙，而且是不折不扣的商代城垣遗址。他的理由是：

第一，通过大规模的发掘，初步发现郑州商代遗址断断续续的分布面积约20平方公里，它与商代后期的都城遗址——安阳殷墟的分布面积差不了多少，因而郑州商城遗址绝不是一般的村落遗址。

第二，郑州商代遗址是一处比安阳殷墟时代稍早的商代前期的大型遗址。

第三，在郑州商代夯土墙周围，不但发掘出大量的窖穴、灰坑与墓葬，还发现了商代大型铸铜作坊遗址、制陶作坊遗址和制骨遗址等。这些都不是一般的村落遗址所应该拥有的，特别是两处铸铜作坊遗址，必然是商代统治者盘踞的地方才可能会有。

第四，在郑州商城内东北部，发现有殉人和奴隶主贵族的墓葬群，墓中随葬有大量的青铜器，另外还发现了一处殉葬百余只狗的祭祀场地。这一切也充分说明这里是统治集团的栖息地。

安金槐在自己的思想和观点逐渐成熟和完善的阶段，也是他工作强度最大，精神压力最大的一段时期。他每天照例从工地先回到办公室，把自己的工作进展在图纸上标明，现在钻探出的夯土墙，已经是三面环绕，东、西、北相连，只差南墙了。

而更令人振奋的是，当商代夯土墙沿着郑州老城向南延伸到西南角时，则又向东拐，并沿着郑州老城南城墙下面向东发展。至此，安金槐多日来心中的悬念才算有了明确的答案，无可争议，这是商代城墙遗址。他高兴极了，这是夏商周考古史上的一次重大发现。他在商代夯土墙钻探示意图纸上添上最后一面城墙的位置。这时夯土墙刚好围成一个纵长方形，东城墙和南城墙长约1700米，西城墙长约1870米，北城墙长约1690米，总周长约6960米，近7公里。四面城墙保存最高者达9米左右，最低者1～2米。此时，发掘者们终于恍然大悟，原来从1952年至1955年间在郑州商代遗址中，已发掘的青铜器作坊、制骨作坊、制陶作坊和四处墓群等重要遗迹正是分布在郑州商城外附近一带。

这是一次具有震撼力量的伟大发现，我们仿佛看到了3600年前奴隶和战俘修筑城墙时的悲惨情景。在城墙内外的土层和灰坑中掷埋着的累累白骨，是城墙的修筑者，也是历史的见证人。有关城墙当初的高度，现在已经无法推知，如果把城墙底部宽度按20米，顶部宽度按5米、高度按10米计算，周长6900多米的城墙，整个夯土量约有87万立方米，总挖土量约有174万立方米。商代前期虽然已经出现了比较进步的青铜工具，但是大量使用的仍然是木制工具。经初步计算，在当时的条件下，修筑这样一座城墙，如果动用1万名奴隶，至少也得8年的时间。而且商代前期人口稀少，征调这么多劳工也不是一件容易的事情。因此，有能力修筑这座巨大城垣的只有商代的最高统治者才能办得到。

1957年春天，安金槐到北京修改《郑州二里岗》发掘报告，借此机会他向王冶秋局长详细汇报了郑州商城发现、发掘与钻探的经过。听完汇报后王冶秋表示，郑州商城的发现非同一般，应该予以重视，但是仅靠地下钻探资料和对城墙二三条探沟的解剖就证明是商代城墙，

郑州商城内城东城墙

郑州商城内城西城墙

郑州商城内城南城墙

郑州商城内城北城墙

郑州商城内城东南城墙

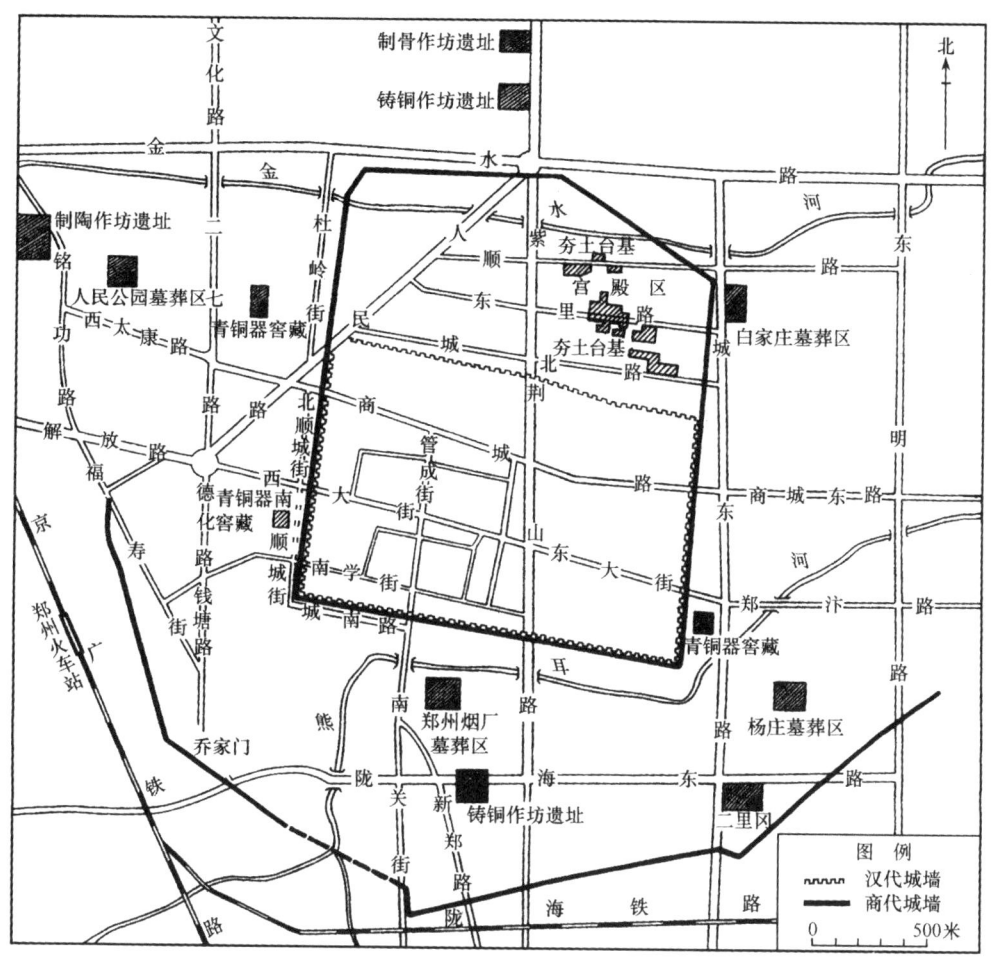

郑州商城平面图

根据是不够的。回去以后，还要继续作进一步深入细致的工作，并对四面城墙作重点发掘，把钻探与试掘的材料搞得更详细才行。安金槐回到郑州后，根据王冶秋的指示，对郑州商城又进行了一次大规模的钻探复查，并在商城的东、西城墙上各挖一条探沟进行试掘，结果发现大量的商代遗物。安金槐通过这次发掘，为确定郑州商城的性质找到了更有力的证据，于是更加信心十足。此后他开始着手准备编写《郑州商城发掘简报》。

这座规模巨大的郑州商城，经过5年呕心沥血的奋战，终于水落石出，安金槐激动的心情无以言表。郑州商城的发现在国内外学术界引起高度的重视，它是我国当时发现的最早的一座商代城垣遗址。长久以来，学界一向认为商城没有城墙，这是因为商代晚期的安阳殷墟在数十年的发掘中始终都没有发现城垣遗址，而如今比它更早的郑州商城怎么会有一座规模如此宏大的城垣遗址呢？仍然有很多人对它持怀疑态度，但安金槐却坚信自己的看法，他确实无法推翻眼前的事实。他认为安阳殷墟没有发现城墙，并不等于郑州商城也没有城墙，考古是用事实来说话的。在来自四面八方的强大的压力下，安金槐矢志不渝，始终坚信自己的观点是正确的。

"敖都"与"亳都"的争论

新中国成立后安金槐被分配到河南省文物管理委员会工作,从此开始了他的考古生涯。但是令他意想不到的是,河南地区的考古事业竟然是如此恢弘和繁盛,在短短的几年中,他已经在考古界崭露头角,而他和他的事业也蒸蒸日上,如日中天。

如此巨大的城址和随处可见的房基、灰坑、墓葬以及各种作坊遗址表明,这里绝非是一般的村落遗址,而是一个人口密集的大城邑。既然是商王的都邑,那么它是商代哪一个王所建立的都城呢?安金槐陷入深深的思考中。他翻阅了大量的历史文献,据文献记载来看,商王朝曾经有过五次迁都,共使用过六个都城,即"亳都"、"隞都"、"相都"、"邢都"、"奄都"、"殷都",而郑州商城应该属于哪一座城呢?

1959年7月4日,郭沫若先生专程到郑州视察,当他看完郑州商城考古工地后,感觉非常震撼,随即题诗:"郑州又是一殷墟,疑本仲丁之所都……"郭老当时确认郑州商城可能是仲丁所迁的隞都。

据有关文献记载和前人考证,商王朝自建立后,第一代王商汤把国都由南亳(多说在河南商丘)迁往西亳(今河南偃师),仲丁迁隞(在今河南省郑州市),河亶甲迁相(今河南省内黄县),祖乙迁(耿)邢(在今河南省武陟县、温县),南庚迁奄(多说在山东曲阜一带),盘庚迁殷(即安阳殷墟)。这表明商代在多次迁徙中,只有商前期的仲丁曾迁都于隞,即郑州境内。如古本《竹书纪年》载:"仲丁即位,元年自亳迁嚣。"《史记·殷本纪》载:"仲丁迁于隞。""隞"和"嚣"为同音字,实际上指的是一个地方。至于"隞"或"嚣"究竟在什么地方,《括地志》载:"荥泽故城,在郑州荥泽县西南十七里,殷时隞地也。"因而有人认为"隞都"应距古荥镇不远。郑州商城遗址在古荥镇东南约15公里,而在它周围又没有发现其他类似城市的大型商代遗址。再说郑州商城遗址的面积已经相当大,因此不可能在相距不过15公里的范围内再建立起一座商代都城遗址。特别是在商代前期生产工具还相当落后的情况下,相继修建两座大型城址是不可能的。

安金槐经过反复研究和考证后,认为《括地志》中"荥泽县西南"实为"东南"之误,其"殷(隞)时地"应指郑州商城。另外郑州商城出土的遗迹和遗物,上溯与偃师二里头商代早期文化相连,下推与安阳殷墟商代晚期文化相连,中间没有缺环。郑州商城就是商代"隞都"的思想逐渐成熟,于是安金槐便投入全部精力开始撰写《郑州商城遗址的发现与试掘报告》。由于当时发掘工地繁忙,安金槐想约请有关人员和他合作,共同整理简报稿,但是没有人同意与他合作。他知道没有人敢为他的观点承担责任,他有些冒天下之大不韪。因此,他只好一边负责工地发掘,一边整理和撰写发掘简报。按照当时河南省文物工作队的规定,凡是发表发掘报告者,署名应以单位为主,而个人只在文章的最后署上执笔人或撰稿人。但是由于当时考古学界对商城持怀疑态度的人很多,所以当安金槐将简报完成后,即将送交杂志社发表时,有人提醒他,最好不要用单位名义发表。他感到心中沉甸甸的,有种苦涩的味道，这说明他对郑州商城的定论不保险，怕遭到非议。但是对于自己的研究成果，他是经过深思熟虑的，是不可动摇的。他顶着来自外界的巨大压力，最后把原来所写的考古报告改写成《试论郑州商代城址——隞都》，然后署上他自己名字，邮寄到北京《文物》杂志社予以发表。

恰巧这时国家文物局局长王冶秋到郑州视察工作，听了安金槐关于商城的汇报后，郑重而严肃地问："你能拿得准吗？"尽管他的目光凝重，包含着疑问，但是也同样包含有期待和信任。"作为商城绝对没问题，我拿得准！"安金槐果断地回答，他坚信自己是科学的。王冶秋放心地点点头，表示了默认。王冶秋是中国文物考古界一位德高望重的老领导，非常受人尊重与敬佩，有了他的支持，安金槐的心中略微有些踏实。此后，在王冶秋的关照下，安金槐的《试论郑州商代城址——隞都》一文在《文物》1961年4、5期合刊上发表。

这篇文章一经发表，立刻引起学术界的轰动。一个全新的发现，必定会引起一场争论，由此而导致的争论和反击，一时间硝烟弥漫，让人招架不住。然而考古学是一门科学，是凭发掘出的遗物遗迹来说话的，不能主观臆断和凭空猜测。安阳殷墟不见城墙只能是考古发掘暂时的空白，不能由此断定郑州商城就不应该有城垣。经过激烈的论争后，这种观点最终被学术界所接受，而后这种观点被北京大学所采用，写进大学讲义中。

郑州商城的发掘仍在继续，有关的争论和认识还在不断升华，但是这场大辩论如火如荼，正待进一步展开时，突如其来的"文化大革命"爆发，争论双方一同被踏翻在地，谁也顾不上到底是有城还是无城，这座城到底是谁修筑得了，安金槐也被戴上反动学术权威的帽子关进牛棚，郑州商城的发掘也被迫告一段落。

在十年浩劫中，从事文博事业的干部，免受冲击的可以说是微乎其微，不是被下放劳动，就是被关进"牛棚"，文博考古事业濒临崩溃的边缘。为了拯救中国的历史文化遗产，恢复停滞已久的文博考古工作，1971年5月14日，周恩来接见了王冶秋，详细询问了文博界的状况和存在的问题。6月，国务院成立了图博口，任命王冶秋为副组长，重振文博事业。6月28日，周恩来再次接见王冶秋，对中国原始社会的年代跨度作了进一步的探讨。因为周恩来接见智利的一个代表团时，有人讲智利有着7000年的悠久历史和文化。所以，周恩来不相信中国的原始社会经历的年代会那样短暂。王冶秋回答说，这些问题今后还要靠考古工作者去解决。此后，在周恩来的直接关怀下，王冶秋在极其曲折复杂的形势下，把关押在"牛棚"中或软禁在"五七干校"中的文博干部大批抽调上来，把中国的文博考古工作一步步逐渐纳入正常渠道上来。

1972年，中国在与国外停止多年的文化交往后，周总理为了打破这种僵局，恢复了和一些国家的文化交往。不久，他指示要将出土文物送往国外进行巡回展出，作为与世界文化沟通的桥梁。一次王冶秋把安金槐请到北京去，详细询问了有关郑州商城的发掘情况，安金槐一一作了答复，最后王冶秋问："郑州商城的材料对外公布，不会有问题吧？"他深邃凝重的目光，使安金槐感到分量不轻。沉思片刻后，安金槐一字一句地说："没有问题，我有绝对把握。"安金槐的答复使王冶秋局长如释重负，悬着的心一下放了下来，他严肃的目光里终于绽出一丝笑意，说："关于郑州商城的确定，当前还有一些不同意见。有意见不怕，它会促使我们把工作做得更细致些，提供的证据更充分些。我认为郑州商城的问题已经到了必须解决的时候了，希望你们回去后再发掘看看，并在四面城墙上各发掘一两条能够证明城墙时代和具有说服力的探沟。然后再邀请一些考古专家到发掘现场进行论证，不能留下任何隐患。"临走时，王冶秋局长一再叮嘱他要稳妥，要有充分的把握。

安金槐回到郑州，便再度组织文物工作队的全部人力，准备展开一次大规模的郑州商城考古发掘。他要把工作做得更深入细致一些，更严谨一些。再说，因为"文革"，他本该做的许多工作都被耽搁了，这是一次难得的机会。秋天，安金槐带领考古队对郑州商城四面的城墙，进行了一次全面勘察和钻探。通过复查不仅发现了许多商代二里岗文化层直接叠压着商代夯土城墙的地层关系资料，而且在四面城墙上各发现二三个缺口，估计其中有些缺口可能是城门。此后发掘队又在东、南、西三面城墙上，分别选择地层叠压关系比较清晰的地段做了横截解剖，进行了四条探沟的发掘。通过这次发掘，不仅发现了一些确定城墙时代的重要地层叠压关系，而且还了解到郑州商代城墙修筑时所挖的基础槽和城墙的版筑方法。发掘期间，安金槐每天骑上自行车，带着小铲，挨着工地进行检查，一直跑完最后一处发掘工地，他才放心地回到办公室，把发现的情况一一记录下来，等待进一步的钻探与考证。

工地上不断传来振奋人心的消息，考古队在探方中发现有房基、窖穴、墓葬等丰富的文化遗迹，而作为工地领队的安金槐，更是激动无比，他终于可以放心地休憩一下了，他实在是太辛苦了。到这时，郑州商城遗址的真正价值才逐步被国内外考古界所公认，并成为中国考古史上的一次最伟大的发现。

一天，他在南城墙内侧的探方中清理时，发现一个灰坑与夯土墙相连接，有相互打破关系。究竟是谁打破谁，在外行看并不重要，然而在考古学上却是一个不容忽视的问题，因为这是断定年代的关键。安金槐手拿小铲蹲在探方中仔细地刮探着，辨认着，因为灰坑与夯土墙的接口处不大清晰。他全神贯注地拿着小铲刮一刮，看一看，时间仿佛凝结了，他听不到周围的任何响声，也看不到一米以外的地方。突然，被他刮过的灰坑中，似乎有一层浮动的绒毛，在他眼前飘忽不定。"喂！你们来看看，这土墙怎么长满了绒毛？"他招呼周围的同事，他感到非常纳闷。大家围过来一看，一切都照旧，哪里有什么绒毛，是安金槐的视神经出了问题，他工作太劳累了，他需要休息了。

同事们把他送进了医院，经过检查他被诊断为脑瘤，压迫视神经，致使视觉不清。厄运降临在他头上，他不得不再次离开考古工地。他感到痛心疾首，感到前所未有的沮丧，他如此热爱自己的事业，而命运却偏偏总是捉弄他，不让他在自己开垦的这片处女地上尽情地耕耘。他不甘心就这样带着满心的遗憾，糊糊涂涂地告别自己的工作岗位。近黄

郑州商城内城东城墙缺口

昏的时候，他让人拉来一辆架子车，把他送到工地。夕阳晚照，天边红彤彤的一片，肃穆而庄严。同事们搀扶着他下到探方中，他努力拿起手铲继续着早晨的刮探。渐渐地他看清了，是夯土墙打破了灰坑，说明灰坑的时代要比夯土城墙早。他深深地出了一口气，脸上浮起悲壮的笑容，但是谁也没有觉察到他眼睛里闪动着的泪光。一直到夜幕降临，他才带着一份快感和恋恋不舍的复杂心情离开了工地。也许这一走，就永远告别了他视若生命的考古事业。

当天夜里，他就被送往北京医治。临行时，送行的队伍包围了他的汽车，有领导，有同事和他的家人，大家不知道该怎样安慰他，只是默默地为他送行，心中都怀着巨大的悲痛。大家都感到非常惋惜，他正步履蹒跚在事业的中途，而他的执著把他的事业推向人生的顶级时，命运却受到残酷的挑战。住进北京医院，他的脑子仍然没有片刻的安静，他和前来探望他的一些专家学者们谈论的仍然是商城，商城的性质、年代等，好像他不是前来就医，而是来开商学研讨会。经过北京医院的确诊，安金槐患的不是脑瘤，而是由于积劳成疾引起的综合反应。安金槐拿到诊断书后，立即赶回郑州，他太热爱自己的事业了，一旦离开工地，他就感到像是没有了根基，失去了生命的力量。

此后，安金槐和他的同事们在进一步的钻探中，弄清了郑州商代夯土城垣的层层叠压关系。这座商城早期城垣被废弃后，曾沿用到商代后期。西周初年，周武王领兵伐纣，牧野一战，殷商覆灭，建立起周王朝。武王将他的弟弟叔鲜分封于此，建立管国。管城就是利用了郑州商城的旧城垣建造的。战国时，管城先属韩，后属魏，不过都是在商代夯土城垣的基础上进一步修筑和完善后，再度利用的。秦统一后，在这里设管县，一直延续到后周才开始称郑州。到了汉代，城址又重新得到修筑，但是将其缩小了约三分之一，仅利用了原来旧城垣偏南部的三分之二的面积，并且从中筑起汉代北城墙。嗣后隋、唐、宋、明、清各代都在汉代管城的基础上，继续利用和修筑，所以才使商代夯土城垣得以保存下来。

目前，郑州紫荆山公园中所谓的"紫荆山"，实际上就是郑州商城东北角的一段城墙。20世纪50年代中期，河南省政府为了保护这段城墙，将其扩建成一座公园，并在城墙上面种植了树木和草皮，以供游人观赏和凭吊。

掩埋地下的宏伟的宫殿

1972年冬，郑州商城的发掘工作正在进行时，王冶秋到长沙视察后，返回北京途中在郑州下车视察商城城墙的发掘现场，并认真听取了汇报。王冶秋对这次发掘表示十分满意，并提议邀请有关专家学者到郑州参观发掘现场和论证。1973年春，以河南省博物馆的名义在郑州召开了郑州商城论证会。北京等地的专家学者在参观现场时都深感惊奇不已，论证会上大多数人都一改往日的看法，并对郑州商城的确定表示肯定和赞同。会上一些专家提出，既然确定其为商代都城遗址，那么商城内还一定应该有商王朝统治者们居住的宫殿建筑基址。下一步就应该在城内寻找商代宫殿遗存，这是构成一座城郭的重要组成部分。

郑州商城内城南城墙顶部

根据与会专家学者的意见，从1973年秋天开始，为了寻找郑州商代宫殿遗迹，安金槐率领考古队在郑州商城内展开了全面的考古钻探与试掘。他们首先在城东部进行了密集钻探，不久他们在城东北部，东西长约1公里，南北宽约0.5公里的范围内，先后发现了埋在地下的许多面积大小不等的商代夯土建筑基址。其中有多处规模宏大，不同于一般的建筑房基，因而被确定为宫殿基址所在地。这年的夏季，考古队对这片宫殿基址进行了大面积的揭露。正值暑天，太阳在天空尽情地燃烧，释放着全部热能，把人们烧灼得难以忍受。时而遇暴雨雷击，狂风大作，使万物陷入惊恐万状之中。但是考古队并没有被困难吓倒，他们一直坚守在工地上。令人振奋的是，考古工地上不断出现重大考古新发现，使考古界对郑州商城的认识不断更新。

在大面积的发掘中，考古队在郑州东里路东段，揭露出一座大型房基建筑，编号为10号房基。该房基南北长34米，东西宽10米多。房基是用十多层夯筑过的硬土堆垫起来的，每层8至12厘米。室内的房基地坪，采用砂礓石粉铺垫而成，厚0.5厘米，质地坚硬，而且防潮。在房基地坪上仍然保留有大小不同、深浅不一的圆形柱础和柱子洞。不久考古队在10号房基的西侧，相继发现6座商代夯土基址，这些夯土基址和10号房基构成一组大型宫殿建筑群。虽然这处建筑基址已经被后期文化层破坏，无从考证它们的原有面貌，但是其规模和气派都充分说明它们是商代奴隶主贵族的栖息地。

一天，发掘队在宫殿区北部，两座大型建筑基址之间，发掘出一条宽阔的壕沟，沟底中央另有一条规整的小沟，考古工作者断定是一处排水设施。然而当他们清理沟内的填土时，却意外的在沟内灰土层中发现了近百个奴隶的头盖骨，而更加令人感到震撼的是，这些奴隶的头盖骨上都带有明显的锯痕，分明是锯开的。在这些头盖骨堆积层上部抛掷有一批牛头残块、猪下颌骨残块、羊

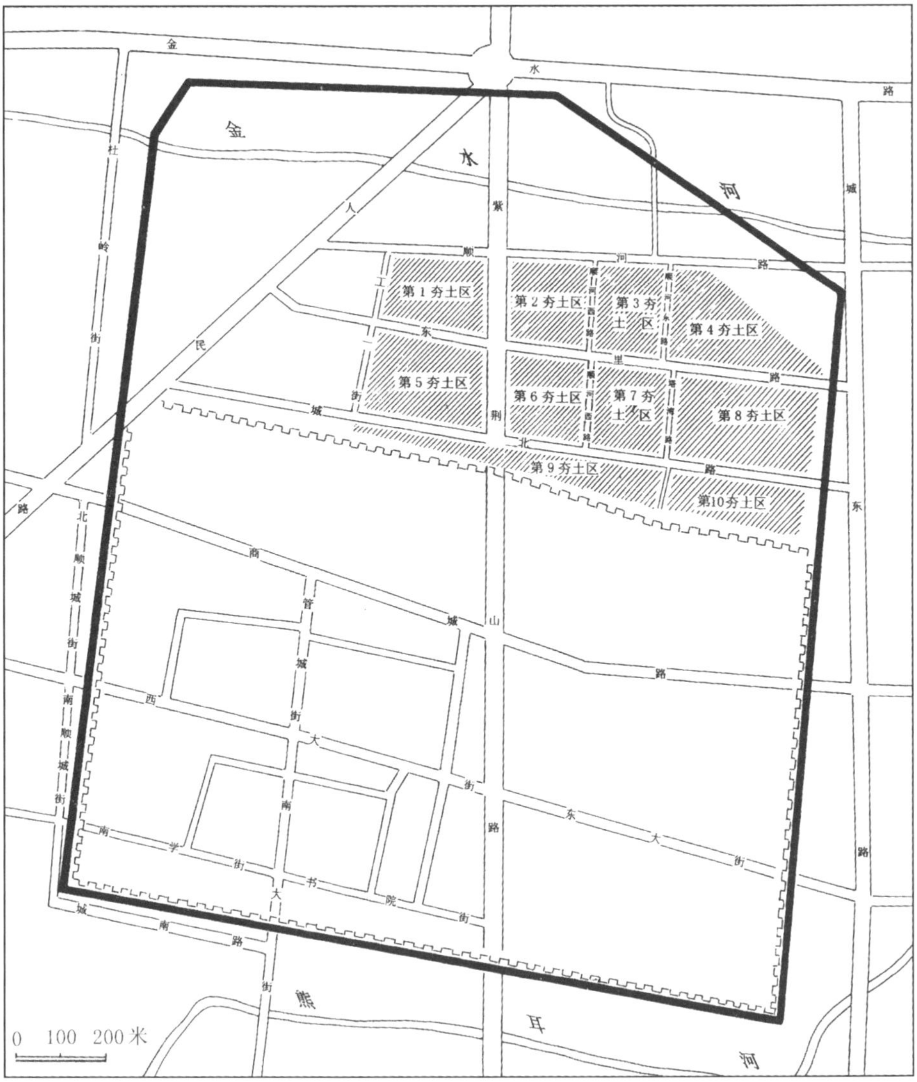

郑州商城宫殿区遗址分布图

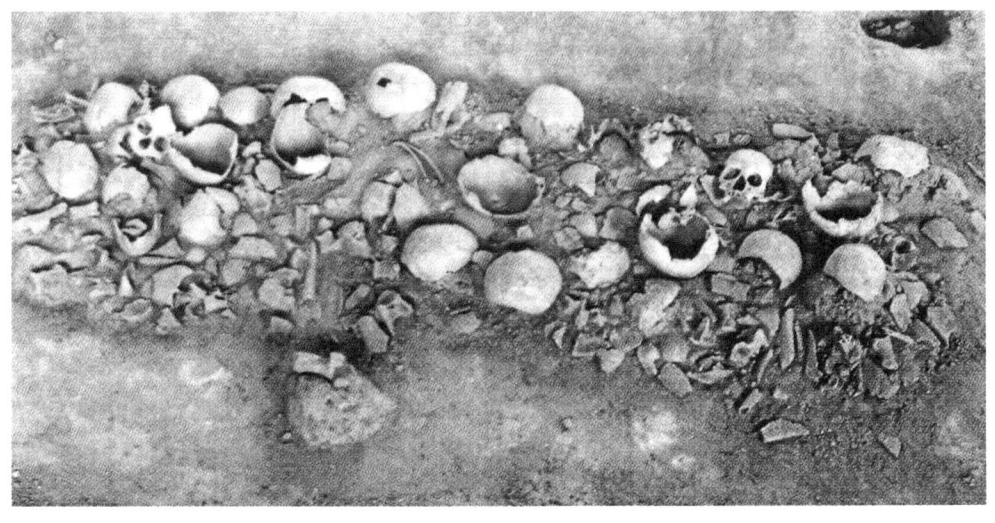

郑州商城宫殿区内发现的人头骨坑

郑州商城宫殿区建筑遗址

胫骨等，于是发掘者判定附近应该有制骨作坊，这些被遗弃的骨块可能是制作骨器的废料，因为在商代二里岗期制骨作坊基址内就发现了许多牛、猪、鹿的肢骨或下颌骨骨料，而且这些骨料中杂以一半的人骨。但是经过多方寻找，他们在其周围却没有发现作坊遗址，说明这种推测并不成立。

既然不是用于制作骨器，那么这些人头骨的用途究竟是什么呢？有专家认为，根据这些头盖骨随意丢弃的情况看，可能是被抛弃的废物，人头骨的下部很有可能被奴隶主贵族拿去制作饮酒的器皿。商代用敌人的头骨做饮器，原是一种报复的巫术，也是人头骨崇拜的一种间接反映。这些被杀害的大批奴隶可能是战俘，经专家鉴定，大部分为青壮年。他们以铁的事实向今天的人们讲述着往昔那些令人毛骨悚然的故事，也为今天的考古学家判断当时的社会性质提供了活生生的实物资料。

1977年，安金槐到登封主持王城岗遗址的发掘工作，郑州商城遗址的发掘由杨育彬主持，正式成立了郑州商城工作站，工作站的成员有冯天成、孙建国、杨东耀和郭培育等人。

杨育彬率领考古队首先在二里岗一带发掘了一批贵族墓葬，出土了大量的青铜器、玉器以及石器等器物。接着他们在郑州南部发现一处大型夯土台基，面积约250平方米，它的用途还待进一步考证，但是它是城南发掘出的唯一一座夯土基址。在进一步的发掘中，考古队发现东城墙修筑在较高的沙土岗上，这沙土岗实际上就是紫荆山的一部分。沙土岗向北延伸到现在的紫荆山公园一带，与北城墙下的紫荆山相连。也就是说，东城墙和北城墙实际上是借助了紫荆山沙土岗的天然地形而修筑的，这样不但可以节省夯筑城墙的劳动量，而且还可以增加城墙的自然威势。

1980年杨育彬率领考古队在商城东部的钻探中，发现一处较厚的战国文化层。经过发掘，出土了一批战国陶片，上面有烧制的文字痕迹。后经专家辨认，这些陶文是三种不同形制的"亳"字，因此他们推断这是一处战国"亳社"遗址。亳社是商人用于祭祀天地的场所，为的是祈求除祸免灾，以保证统治政权持久不衰。上古时期这种崇神的观念非一朝一夕形成的，要想彻底弄清它的形成过程，必须深入研究祖先的历法、宗教以及人类形成的过程。

1985年，郑州商城工作站在郑州东里路西段，发掘出一座夯土建筑基址，编号为第15号房基。房基地坪距今地面约3.70米深，东西残长约65米以上，因为东端叠压在马路下面，所以没有继续钻探。南北宽约 13.50 米。夯土的土质、夯层厚度与夯窝形制，都与郑州商城的夯土城墙相同，部分夯土台面上还残留有坚硬的"白灰面"和细泥面地坪，上面南北排列着两行规整的大型长方形柱础坑，坑与坑之间的距离都为 2 米。每个柱础坑中间都显示着直径约 40 厘米左右的圆木立柱腐朽痕迹，并在每根立柱底部都钻探出铺垫的柱础石。柱础石分红色砂岩和青灰色河卵石两种，长、宽 0.3～0.5 米。

发掘出的 37 个柱础槽中，有 15 个保存比较完整，仍可以看出最初的原貌。而其中一部分已遭到严重损坏，有的只剩下柱础槽的边缘。值得注意的是，在北面的一排柱础槽的外侧，还发现排列有序的木柱痕迹，直径 0.15～0.2 米，其下没有石柱础，应该是擎檐柱的痕迹。这是一座回廊式的建筑，可以复原成"四阿重屋"式的大型宫殿，大概这就是当时盛行的所谓"茅茨土阶"。

在 15 号房基的东部 10 米之外，距地表 3 米多深处，考古工作者另发现一大片夯土台基，东西长 26 米，南北宽 14 米。夯土层面上布满密集的夯窝印痕，由于破坏较甚，没有发现柱础槽和柱础石。在 15 号西部 10 米处，也有一大片夯土台基，呈正方形，每边长约 16 米。因为没有发掘，所以详情不明，但可以肯定东、西两处建筑基址与 15 号房基应为同一组宫殿建筑群。这片庞大的建筑工程，超出了以往历次所发掘的建筑基址的规模。在岁月的侵蚀下，尽管它们的整体面貌已经模糊，但是通过这些规模宏大的建筑基座，我们仍能看出当时宫殿的雄伟、森严和尊贵。

据考证，第 15 号房基，与《考工记》中所描写的那种"内有九室，九嫔居之，外有九室，九卿朝焉"的豪华建筑形式基本相似。这些建筑物和现代建

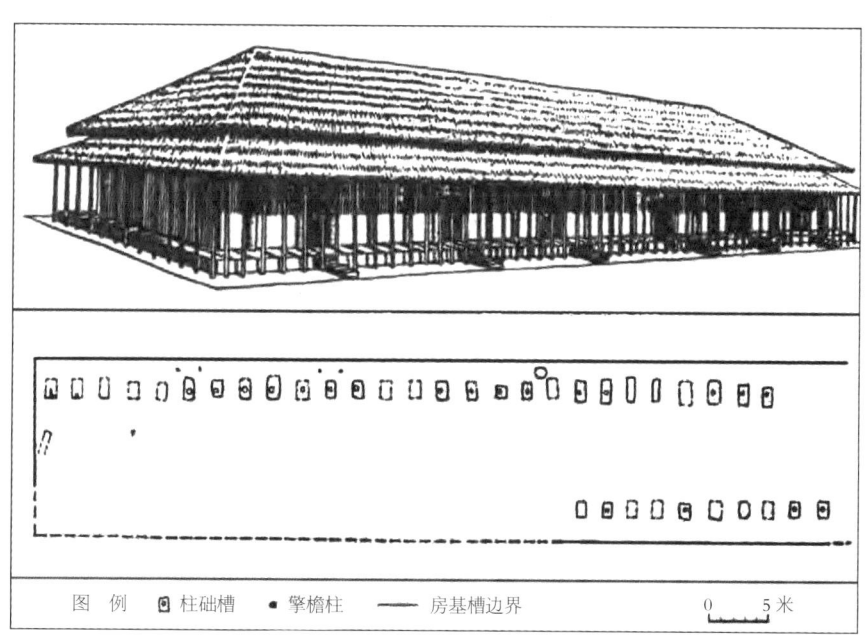

郑州商城宫殿基址建筑复原示意图

筑相比，无疑带有原始性，但是它毕竟产生在3600年前，它记载了以往人类的历史。面对于此，我们仍然会对人类的智慧和奋斗感叹不已。

接着商城考古工作站在郑州商城内相继发现宫殿基址20多处，使宫殿区的范围不断扩大，约占城内总面积的近半数。目前通过发掘已探明，城址东北部的宫殿区建筑物分布密集，已形成规模宏大，而且结构复杂的宫殿建筑群。值得注意的是，考古工作者在宫殿建筑区内发掘出土的遗物中，有不少制作精美的工艺珍品，如大量的青铜簪与玉簪，以及金银首饰和珠宝饰物等，这些都是在郑州商城之外的发掘中少见的。因此可以断定郑州商城东北部，就是商代二里岗时期王室贵族的宫殿区。

1992年，考古工作者在宫殿建筑区内，发现一处大型蓄水池。蓄水池平面呈长方形，东西长100米，南北宽20米，深约2.35米。蓄水池的四壁及底部全部用料礓石铺垫而成，然后用圆形石头将池壁加固，池底铺有较规整的青灰色石板。这一蓄水池可供宫殿区的用水。

1995年，商城考古队在东里路东段，又发现了一段属于商代的地下石板供水管道。经过发掘清理，管道残长40米，呈东南与西北方向，用长方形石板垒砌而成。管道的口径近方形，内侧口径0.6米，底部有淤积的黄色细砂。管道上部有3米多厚的夯土层，在40米长的管道上共设置4个长方形竖井坑，每间距9米一个，亦称汲水井。形制与现代下水管道上的窨井有些相似。引人注意的是，宫殿区内的石板蓄水池即位于供水管道不远的西北部，与管道走向一致，二者可能属于同一供水系统。这个供水系统，为我国目前发现时代较早，而又最为科学的地下供水设施。

此外，在石板管道之南，商代宫殿遗址区还发现有陶质水管道，这些管道可以相互套接起来，埋在地下使用，构成地下复杂的网状供水系统。这种陶管道封闭性强，既能确保水源不污染，又可确保水源畅通无阻四通八达，充分体现了原始状态下的科学与进步。

永恒的见证

郑州商城的发掘，是一次宏伟的，旷日持久的考古活动，它的发掘与认识过程比它最初兴建时还要复杂与耗时。郑州商城的探索，经历了一代又一代考古工作者的共同努力，直到今天，才使这座沉没的巨大城池逐渐现出原形来，但是因为在这座城市中没有发现像殷墟甲骨文一样的文字，也没有发现像殷墟那样的王陵大墓，所以有关它的性质始终是一团难解的迷雾，令考古工作者迷惘。

到了20世纪八九十年代，郑州商城考古与研究工作的重任，自然而然地落在了年轻考古工作者的肩头。河南省文

郑州商城宫殿区内石砌蓄水池

郑州商城遗址宫殿区输水管道

物考古研究所的宋国定、曾晓敏、袁广阔、贾连敏等人先后在郑州商城工作站负责郑州商城的考古与研究工作。他们在老一代考古工作者研究的基础上，在配合基本建设的考古发掘中，带着课题进行深入研究，并取得了一系列的重大考古新发现。

郑州商城外城郭的发现，是一代年轻考古工作者的历史贡献，他们把郑州商城考古推向了历史的高峰。郑州商城外城墙早在20世纪五六十年代已经发现，并且在《郑州二里岗》一书中有所反应。只是由于郑州商城的长久论证，加之相继而来的"反右"斗争，以及突如其来的"文革"冲击，使许多考古工作者被迫终止了自己的研究与探索。这样一来，郑州商城外城墙的考古发掘与研究工作也因此而搁浅。

"文革"结束后，部分从冤假错案中被解放出来的考古工作者，打破长久以来的精神禁锢，以加倍的热情投入到郑州商城的考古中。东红就是其中的一位。他在20世纪五六十年代，曾亲自参加过外城墙的发掘，1957年因为遭受不公正待遇，而丧失了工作的权利。十多年以后，当他重新获得了工作的权利时，要做的第一件事就是着手对郑州商代外城墙的进一步勘探和发掘工作。这个渴望已久的愿望已经啃噬他多年，他非要把整个商城的布局弄个水落石出不可。

在老一代考古工作者的积极倡导和参与下，河南省文物考古研究所郑州工作站，再次拉开了大规模寻找郑州商城外城墙的序幕。对于一个考古工作者来说，生命中最重要的事，就是通过自己的双手去揭开新领域中的奥秘，这也是对心志的一种挑战。宋国定和曾晓敏在他们受命郑州商城考古与发掘以来，便面临着新的挑战，他们的任务很明确，就是要寻找到商王一级的大墓和外城郭。这些一直是数十年来郑州商城考古史上的空白，因此一定要在他们手中来完成前辈未竟的事业，为此他们也深感肩头的担子沉甸甸的。

20世纪80年代中期，郑州市的城市建设突飞猛进，高楼大厦雨后春笋般耸立起来。为了配合城市建设，考古钻探工作随之更加繁忙起来，但是密集的建筑物也给考古钻探工作带来一定的难度。1986年6月，河南省文物考古研究

郑州商城遗址内出土的战国亳文陶戳

所科技服务部在配合建设振兴商场（银基商贸城）的文物钻探过程中，在郑州一马路中段发现了一段南北走向的夯土墙。这消息立刻引起郑州商城工作站的重视，站长宋国定随即组织人力对夯土墙进行了解剖性发掘。由于工期紧迫，为了尽快弄清夯土墙的走向，宋国定把考古人员一分为二，他和曾晓敏各领一班，日夜兼程，展开了一场突击会战。这次他们开挖探沟2条，都发现有夯土墙基的痕迹，夯土墙基槽口残存宽度为12米左右，槽内残存的夯土厚度为0.75米至2米。夯土多为泛白红褐色花土，土质坚硬，每层都有清晰的夯窝。这些进一步证明夯土墙就是郑州商外城西城墙的一段。

发掘结束后，宋国定和曾晓敏率领考古队沿着夯土墙的南北两端继续向前钻探和试掘，结果发现夯土墙向北一直延伸到兴隆街和福寿街北端，因为城墙两端被大型建筑物所叠压，无法继续向前钻探，他们只得暂时放弃北城墙的钻探工作，另辟蹊径设法寻找南城墙。经过考古队一系列的努力，他们先后又沿着外城南城墙走向的郑州市木材公司南部，寻找到了外城墙的夯土墙基。其后，他们顺着走向西南所经过的南仓西街、二轻局仓库等地间隔开挖探沟，从而验证了外城墙的存在。

既然有外城郭，那么它的平面形状如何，它的西城墙与南城墙的拐角又是怎样连接在一起的，它与郑州商城的关系又如何？带着一连串的问题，一群年轻的考古工作者，对三德里和花园新村两处外城墙通过的地方进行了大面积的发掘。三德里的发掘是配合旧城改造工程进行的，位于一马路南段，西三马路西段300米处，通过发掘，发现了外城西城墙向南转折处的夯土墙基，断断续续长约435米。可以看出这段夯土墙的筑法、结构与其他地段基本相同。该夯土墙从西墙向南，继而转向东南，与内城东北部的形制接近。

花园新村位于郑州市布厂街北段，考古队在这里发现外城墙百余米。城墙的走势一路向西延伸，与三德里发现的夯土墙相连，再与外城南城墙的西段与东北、西南走向的外城墙东段一起形成了对郑州商城内城的环抱之势。外城垣与内城墙之间的距离在600～1100米之间，

十多年来，考古工作者对郑州商城外城墙的发掘与钻探从没有间断过，目前已经基本将外城墙的走向、范围理出了清晰的脉络，使之一目了然。直到这时人们才发现，以往所发掘出的冶铜、制陶、制骨等遗址，以及青铜窖藏坑都是处于外城和内城之间的范围中，而在外城墙以外却见不到任何商代文化遗存了。2000年，考古工作者在配合郑州紫荆山南路铁路打通过程中，不但发现了

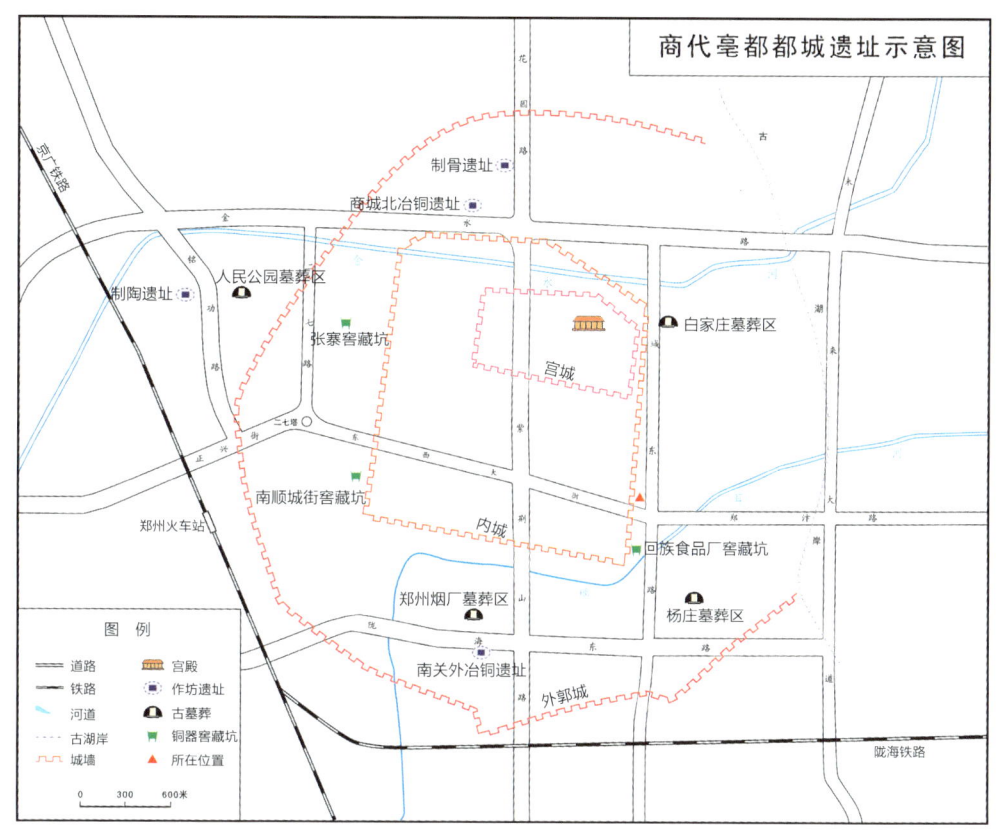

郑州商城布局示意图

一段 60 余米长的外城墙，同时还在城墙外侧，发现了一段修筑非常整齐的城壕。这一发现为研究外城墙的布局、结构又增加了新的内容。

回过头来，纵观全局，通过老中青三代考古工作者的不懈努力，最终还郑州商城一个本来面貌。从目前的发掘材料，人们可以清晰地看出，郑州商城在兴建之初，是经过精心规划和严密布局的。整座城郭规模宏大，从里向外分为宫城、内城、外城和护城河几部分。外城的范围南到今陇海路以南，西至今铭功路以西，北在今河南省军区以北，东接凤凰台，城址面积约 16 平方公里，与北京外城相当。鼎盛时期的郑州商城，一定十分繁华与庄严，处处显示出尊贵与博大。在属于它的时代，想必这里定是举世瞩目，代表着无上权威的地方。

诡异的青铜世界

郑州商代都城，从考古发掘看，延续使用时间大概有上百年的历史。在这百余年的时间里，遗留下丰富的文化遗迹，构筑成泾渭分明的商文化体系，令人叹为观止。通过几十年的考古发掘，除了探明了商城城垣遗址、商王朝的政治中心外，还发现了大量神秘狰狞的青铜器，而且每次发现的经过都非常离奇，笼罩着一层神秘的色彩。

"文革"期间，在毛泽东"深挖洞，广积粮"、"备战、备荒"精神的倡导下，中国大地上，投入数以千万的部队和百姓开始了这场轰轰烈烈的壮举。1974年9月的一天，天空下着淅淅沥沥的小雨，气温骤然下降，而张寨南街挖防空洞的工地上却仍然是热火朝天。那个年代虽然物资匮乏，但却是一个热情奔放的时代，人们有的是用不完的干劲。挖掘的速度以往日的两倍前进，因为马上就要到终点了，胜利的喜悦鼓舞着大家。突然在隧道的右前方，阴暗的洞穴中，一种坚硬的金属器把挖掘者的铁锹碰出一道火花。"这里有东西！"那人惊恐地喊了一声，洞中的气氛立刻紧张起来。"是炸弹吗？"有人问。"不，不是。"正说着围过来一群人，他们用铁锹挖去了周围的泥土，很快露出一件大铜方鼎，足有1米高，到人的腰部。虽然大鼎通身有一层绿锈，但是遍布鼎身狰狞恐怖的饕餮纹，却格外醒目，正借着地洞中昏暗的光线散发出迷惑人心的光彩。在这件大鼎上面还摆着一件铜鬲，和它们并排隐隐约约露出另一件鼎身的边沿。有人感到事出有因，心中惶惶不安，而有人则大着胆子继续挖，不多时，另一件并列摆放的大鼎也现出原形。

挖出宝物的消息一经传出，周围的群众不顾道路的泥泞，冒雨蜂拥而来，把防空洞口围得水泄不通。消息越传越远，越传越神，很多人都乘机进入地道中，想作一番亲临其境的体会。"里面是座古墓……"、"里面还有一具白骨……"进入地道中的人们，带着恐慌和各种猜测纷纷向外撤离，而外面的人们却更加好奇，怀着新奇和疑惑，"呼呼隆隆"地向里拥，一时间隧道中人满为患，进退两难。20世纪70年代，是一个封闭的时代，人们对文物的认识还不清楚。

但是，越是封闭和禁锢，人们的好奇心就越重，就越需要新鲜的刺激。这地下突然冒出来的两只铜方鼎，足以满足人们的好奇心了。

这天下午，有人到河南省博物馆报告了实情，他说自己亲眼看到了那几件青铜大鼎，并且绘声绘色地作了描述。闻讯后，杨育彬立即带人前往调查。杨育彬毕业于北京大学考古系，参加工作后，一直协助安金槐作郑州商城的考古调查。他们一行来到张寨南街，这地方位于商城西城墙外，约300米的杜岭土岗上，地势高出周围4米左右。借着溟蒙的细雨，举目眺望，污水横流的张寨南街显得处处脏乱不堪。他们在来人的指引下，找到施工工地，周围拥满看热闹的人群，阻挡了他们的去路。

他们分开人群进入防空洞中，借着头顶昏暗的灯光摸索着向前，一边向过往的人群宣传文物政策，让他们赶快离开现场。地洞已经挖了大约300多米长，在洞的尽头，他们看到了被挖出的几件商代铜器，孤零零地镶嵌在地道的右壁中，接受着人们的检阅。其实想来也很偶然，如果防空洞的方位稍微向左偏十多厘米，也许它们永远也无出头之日了，只有带着无尽的遗憾，默默地等待着下一次机会。

杨育彬走在最前边，他看到两件大铜鼎东西并列，端正地摆放在一起，一件较大，一件略小，一件铜鬲放置在那件较大的铜鼎内。放置大鼎的地面经过平整，埋藏者为了把大小不等的两件铜鼎放整齐，那件略大的铜鼎下面的生土被挖低了一些，看来两鼎的放置是有意布置的。两鼎的形制和纹饰基本相同，均为双耳，斗形方腹，四个圆柱形空足，粗壮有力。器表饰饕餮纹与乳钉纹。这两件铜鼎造型气派，制作精良，足以代表商代早期的工艺水平。从这两件铜方鼎的形制结构和纹饰看，还不是我国最早的青铜器，它们已经具备了高度的冶铸水平，说明在此之前必然还会有一段冶铸青铜器的发展过程。

大方鼎内的铜鬲，敛口，卷沿，贯耳，鼓腹，分档，下有三条锥状尖足。通高 35 厘米，口径 22 厘米，腹底有烟熏的痕迹，说明是实用物。这件铜鬲对于判定铜方鼎的时代提供了重要依据。铜方鼎出土时，在鼎腹内和周围的灰土中，还出土有商代前期的一些陶器碎片、石器、人骨和兽骨等。

这是几件不同寻常的宝物，仅它们的气魄，就足以证明它们不是寻常百姓的用品，应该是商王祭祀先王用的礼器。考古工作者见到这些梦寐难求的东西，简直是喜出望外。他们首先测量、绘图，然后把测量的位置标在图纸上。但是埋藏铜鼎的地方距离地面约 6 米，上面被深厚的土层相隔，他们根本无法标明铜器在地面上的相应位置。大家经过商量，一致认为最好的办法是按照防空洞的进口来测量，结果费尽周折还是没有找到确切的位置，因为地面上到处都是建筑物，楼房与小院杂陈一处，使人找不到方向感。不得已，只有采用笨方法，用探铲向上钻，来确定地面的位置。平时钻探都是从地面向下打探，而这一次却一改常规，从地下向上钻，自然是很不方便。大鼎上部的填土显然是经过夯打，十分坚硬。幸好人多，大家你一下，我一下，探孔也一点一点地向上延伸。钻洞落下的土砾"哗哗啦啦"落了他们一头一身，模糊了他们的视线。但是对于一个考古工作者，这些都微不足道，重要的是科学和准确。最终探铲钻透了地面，结果是在一家住户的大衣柜下面。

杨育彬一行绘完图，作过详细记录，然后将两件大铜鼎及一件铜鬲起运回河南省博物馆收藏，但是对于它们究竟是墓葬的随葬品还是窖藏坑中的窖藏品，未能进一步的确认。这两件铜鼎中大的一件被命名为"杜岭一号"，通高 100 厘米、横长 62.5 厘米，重 86.4 公斤。小的一件被命名为"杜岭二号"，通高 87 厘米，横长 61 厘米，重 64.25 公斤。像这么大的铜鼎在郑州还是首次发现，它们虽然没有安阳殷墟出土的"司母戊"铜方鼎的形体大，但却比"司母戊"大鼎的年代早 100 多年，是我国目前所发现的商代前期青铜器中罕见的重器。这两件铜方鼎这几件铜器的发现，说明郑州的地下到处都是文物，可能就在你的床下、柜子下……总之随处可见。

1993 年，河南省文物考古研究所为配合郑州"华诚商贸中心"的工程建设，重新对杜岭窖藏坑的上部及其周围相邻的地层关系进行了铲探。他们清理了铜方鼎东北侧残留的边缘，发现该坑填土为深灰色杂土，包含物中多为商代二里岗上层时期的陶片，从遗迹的形制、结构分析，这批铜器应该是窖藏青铜器。

如果说"杜岭大鼎"的发现纯属偶然的话，那么几年后，郑州向阳食品厂青铜窖藏坑的发现就更为离奇，让人匪夷所思。1982 年 7 月 11 日，郑州向阳食品厂准备扩建厂房，工人在挖地基时，按规定深度为 5 米即可。然而奇怪的是，那天负责挖东墙基的一名青年工人在挖到 5 米后，他不但没有停止向下挖，反而越挖越有劲，就像走火入魔一般。那天，

杜岭一号方鼎

天气特别热,空中一丝风都没有,在太阳下挖地基的工人们,一个个热得满头大汗,喉头发紧,恨不得有条地缝就一头钻进去避避暑。这时大多数人都已经完成了任务,找地方凉快去了,只剩下那位青年工人还在挖。实际上他负责的那段地基已经超出了5米深,但是好像他并没有意识到似的。这时有人来告诉他已经可以了,不需要再挖了。也就在这同时,那人的话音刚落,青年人的铁锨"吱"的一声碰到了一件硬器上,听声音不像是砖头瓦块,那声音清脆悦耳,让人心怦怦直跳。

"下面好像有什么东西?"年轻人抖动一下干裂的喉头,诧异地说。"能有什么好东西,还不赶快上来凉快凉快。"说完那人就走了,他顶不住炎热的太阳。而那年轻人却没有上来,他继续朝着发出声响的地方猛挖了几下,好奇心在驱使着他,他想看个究竟。这时一件平躺着的大铜鼎露出地面,它有两只竖直的鼎耳和四条粗壮的足。"真的有东西!"他朝着那人的背影喊了一声,不知为什么他反而有些恐惧。那人听到喊声转回身来,他果真在坑底看到一件满身花纹的大铜鼎,大鼎的腹部还装满小件器物。他目瞪口呆地看了一会,然后如梦初醒,大步跑去告诉了厂领导。这时听到动静,在附近乘凉的工人纷纷跑过来观看,在一旁指手画脚、议论纷纷的,有人干脆下到坑底帮助挖掘。

发现了青铜器,该厂向文物部门作了汇报,河南省文物研究所和郑州市博物馆派人火速赶往现场,进行实地勘察。向阳食品厂基建工地距商代城址东南角外侧约54米处,这次出土的铜器形制庞大,花纹精美,已经被围观的工人挖出送回临时驻地。包括饕餮纹大方鼎、饕餮纹大圆鼎、羊首罍、涡纹中柱盂、素面盘和两件牛首尊。其中除了素面盘残破外,其他几件都保存非常完好。据当事人讲,大方鼎在东,大圆鼎在西,两鼎鼎口相对,平倒在坑底,其余几件放在鼎内及两鼎之间。

看到丰富的青铜器出土,大家都感到异常激动,是窖藏,还是墓葬,抑或是王陵?总之各种猜测都有。郑州商城自20世纪50年代发现以来,一直没有找到像安阳殷墟那样的王陵大墓,这不能不是一件令发掘者苦恼的事情。既然郑州商代遗址被确定为商代都城遗址,那么就一定会有商王的墓,而只有发现了这些墓葬才能最终揭开郑州商城的谜底。抱着种种猜测,考古工作者在青铜器出土地点,开挖了一个9米×9米的探方,目的是为了寻找大墓。

7月21日,当挖至距地表约5米时,考古工作者发现了首次出土青铜器的坑口,在坑口北部继续下挖0.4米时,又发

杜岭二号方鼎

现了一件饕餮纹大方鼎。大鼎横置于坑底，周围还分布着小件器物，这使考古队更加振奋。这件大鼎腹内放有5件铜器，分别是1件提梁卣、2件觚、2件小圆鼎。考古队又经过一番努力，没有获得更多的收获，但是这次出土的13件青铜器，尤其是饕餮纹大方鼎和饕餮纹大圆鼎的发现，为研究商代中期青铜铸造工艺和装饰艺术，提供了新的实物资料。

说来也怪，是偶然巧合吗？如果那青年挖到地基规定的深度便不再向下挖了，那么这批青铜器也许永远都不会有出头之人日了。可是为什么当他挖到5米时还要向下再挖呢，天气又那么热。当人们问其原因时，他说不知道为什么，鬼使神差似的，好像有一种神秘的力量主宰着他，让他不要停下来，让他一直向下挖，结果就发现了这坑青铜器。难道是神祇的旨意吗？让人百思不得其解。

时隔16年以后，1996年2月6日，郑州忠实房地产开发公司在南顺城街建楼打桩孔时，一名工人在106号桩孔中部发现一件青铜器。中实房地产开发公司负责人立即向郑州市文物部门反映了情况。郑州市文物局和市文物考古研究所闻讯赶往工地，对于发现青铜器的桩孔及周围地层堆积进行了仔细观察，确定这是一处青铜窖藏坑。

随后考古工作者在106号桩孔周围400平方米的范围内进行了密集型钻探和抢救性发掘，并将106号桩孔内已发现的青铜器全部取出，暂时运回到郑州市文物考古研究所保管。经过10多个小时的清理工作，窖藏坑中所埋藏的12件青铜器被全部起取出来。

这个窖藏位于郑州商城西城墙以外约40米处，坑口距地表深5米，呈不规则形。窖藏坑东西长2.1米，南北最宽处为1.8米。坑的周围没有发现其他遗物，其上被宋代文化层所叠压。在青铜器上面的填土中，发现有一层黑灰色炭化层，厚1.5厘米左右，可能是青铜器覆盖的木质保护层。在炭化层上盖有一层黄色土，土质较松软，其中夹杂许多红色的颜料，

郑州向阳食品厂窖藏坑铜器搬取

安金槐（坑底蹲者）在郑州向阳食品厂铜器窖藏坑考察

向阳食品厂青铜器窖藏坑出土铜圆鼎

向阳食品厂青铜器窖藏坑出土青铜器

有可能是朱砂。在青铜器下部也发现有同样的铺垫层。青铜器埋在坑中部，共12件，即大方鼎4件，罍2件，爵2件，戈2件，簋1件，钺1件。这是继杜岭南街和郑州向阳食品厂之后发现的第三个青铜器窖藏坑，但是像这样一次出土4件大方鼎，还是首次，而且每件大方鼎大小高低都不一致，具有列鼎的性质。难道这次发现不奇怪吗，仍然有这么巧合的事？此后发掘队在400平方米的范围进行了密集钻探，竟然一无所获，就是说如果106号桩孔的位置稍稍偏离一点的话，就会和这批铜鼎失之交臂。

郑州发现的三个窖藏坑中，共出土8件青铜方鼎，均属于商朝王室重器。有关窖藏的性质，目前学术界有两种不同的意见。一种意见认为是商代举行大型祭祀活动以后形成的青铜器窖藏坑，具有祭祀坑的性质。这样的坑应该在祭祀场附近，是经过一定程序后放置青铜器，再填土掩埋形成的窖藏坑。另一种意见认为商王朝把青铜器窖藏的原因，是由于国内发生动乱，而且这种动乱很可能是商王朝内部的动乱，与郑州商城的废弃有很大的关系关。

夏商周断代工程

有关夏商周三代的分期，根据史书所载，存在很多不详之处，给后人留下的是一些支离破碎、不完整的记忆，从而缺乏一个系统完整的，令人信服真确答案。1949年以后，随着地下考古的不断深入，过去史书失载的缺环，不断得到补充，并且夏商周三代王朝的年代也逐渐被梳理清晰。

郭沫若的《青铜时代》告诉我们"夏代只是传说时代"，并断言"夏代不会有多么高的文化，有的只是一点口头传下来的史影"。这就是说有关夏代的史料记载和传说并不可信，所以会有人提出质疑，如果夏王朝的存在不可信的话，那么商代历史是否完全可信？

面对如此不可抗拒的远古文明的诱惑，1959年夏，中国科学院考古研究所历史学家徐旭生，首先开始了对夏文化的探索，他希望能够弄清楚中国文化的源头。《左传·襄公四年》载"茫茫禹迹，画为九州"，表明夏人的活动区域相当广大，并且夏王朝的统治者将其统治地区划分为九州。据文献记载，河南省西部以嵩山为中心，黄河中游南岸的伊洛流域，为"有夏之居"，这里目前仍留有许多夏人活动的足迹和传说。

徐旭生根据历史记载，带领他的学生来到登封、禹县一带进行夏文化的调查。不久，他们在偃师县西南9公里处二里头村旁的地坎上，发现许多灰坑，而后他们又在一个养鱼池附近发现堆积着大量碎陶器的残片和其他遗物，他断定这是一处内涵非常丰富的远古时期的文化遗存，并且应该是一个大都会的遗址。二里头遗址四周环山，中间为一狭长的盆地。遗址恰好坐落在伊、洛河之间的夹河滩上面，这里地势平坦，自然环境十分优越。1960年，中科院考古所洛阳工作队前往复查，确认这里是一处大型遗址，面积约4平方公里。

1960年11月，中科院考古所研究员殷玮璋为领队，对二里头遗址进行了大面积的钻探发掘，他率领考古队在遗址中部，发掘出一座宫殿基址，总面积在1万平方米以上。他们在基址西北角沿着台基的边沿开了一条探沟，很快，在耕土层下发现了扰动过的夯土块，再向下挖，他们找到了夯土基址和相关的地层。夯土基址上面圆形小夯窝清晰可辨，从地层中出土的陶片表明，夯土台

向阳食品厂青铜器窖藏坑出土青铜鼎

基的年代比郑州商代城址的年代还要早。

发掘二里头遗址是在1960年12月进行的，当时天上断断续续地飘着雪花，而且正面临着国家经济形势严峻的时刻，发掘者们只能靠薯叶和青菜来充饥，但是大家始终心里热乎乎的，因为他们找到了这个年代最早的、规模巨大的宫殿遗址，他们的收获和他们付出的努力成正比。此后，他们又在殿堂附近和庭院内，发现有一些灰坑中埋有被捆绑的人骨架，这些很可能是举行某种仪式的祭祀坑，而这些人骨架就是祭祀时的牺牲品。

郑州南顺城街青铜器窖藏坑发掘现场

郑州南顺城街青铜器窖藏坑出土铜爵

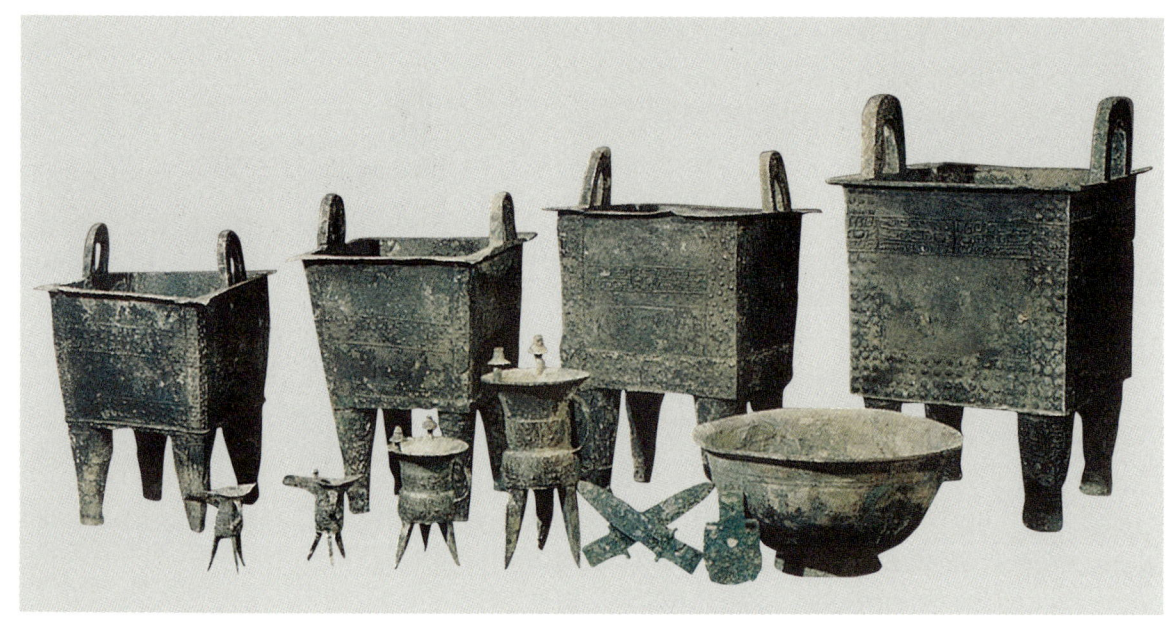

郑州南顺城街青铜器窖藏坑出土列鼎及其他青铜器

二里头遗址出土大批青铜器、玉器、漆器及象牙器等物的规格、气势和等级都表现出王都的气派。据 ^{14}C 测定，二里头文化的上限在公元前1880年，其下限要早于公元前1540年。鉴于同类文化遗址中，偃师二里头遗址最具有典型性和代表性，因此，这类文化遗址被命名为二里头文化。发掘者和研究者们认为，偃师二里头遗址属于夏代中晚期都城，而二里头文化的末段，则进入商早期范围。

"文革"结束后，安金槐也曾雄心勃勃，希望上溯历史的长河去探索夏文化，找到商文化的源头。而夏人活动的区域究竟在哪里呢？根据文献记载和当地的传说，多认为夏代初期夏禹曾建都今天的登封市告成镇一带。古本《竹书纪年》记载："禹居阳城。"《史记·夏本纪》载："禹避舜之子商均于阳城。"集解认为阳城就是颍川（今登封市东南），《扩地志》说"阳城县在箕山十三里"。这些记载都和登封告成一带的地理环境恰巧相吻合。

就凭借这些有限的文字记载，安金槐率领河南省文物考古研究所考古队于1977年上半年，来到登封告成镇展开了大规模的考古钻探。不久他找到了一座属于春秋战国一直沿用到汉唐时期的古城遗址，出土的陶器上有"阳城"、"阳城仓器"等陶文戳记。这里南隔颍河与箕山相望，地理位置与《扩地志》的记载正相符。这引起他的高度警觉，他预感到夏都阳城可能就在附近。

起先他们把目标选择在告成附近的八方村，村东地势平坦而开阔。但是经过长时期的钻探却一无所获，不但没有找到夏代的城垣遗址，甚至连相当于夏代的龙山文化遗存也没有发现。后来当地群众知道他们是在寻找夏代阳城遗址后，就告诉他们，应该到八方村北半公里的颍河与五渡相夹的三角地带，叫"王城岗"的高台地上去找，相传"王城岗"就是夏禹王建都的地方。虽然安金槐对于这种建议将信将疑，但是这个古老的地名对他却具有极大的诱惑力。于是他抽调一部分技术工人到那里去进行钻探调查。果然，刚刚钻探就发现了夯土，而且以后的十余个探孔中带上来的都是夯土。

闻讯，安金槐率领考古队前往这个叫做"王城岗"的土岗上进行发掘。经过努力，他们终于发掘出一座河南龙山文化晚期的城址。龙山文化属于新石器时代晚期的一种文化，晚于仰韶文化，早于商文化。这是两座东西相并列的城，其中东城因为靠近五渡河，所以大部分的城垣已经被河水冲毁，只剩下城东南角的一部分。而西城则是紧靠东城西面修筑而成的，城内面积约 1 万多平方米。在城内西部和中部较高的地方，发现有夯土建筑遗存，其下填埋多具人骨，从人骨架扭曲的姿态来看，死者可能是与奠基或祭祀有关。在城内还发现大量青铜器的残片以及刻字的黑陶残片等物。这座古城址经 ^{14}C 测年，距今为 4000 年左右，应在夏初积年之中。据古文献记载，这里的地望应在"夏都阳城"的范围之内，这对于探索夏王朝的中心区域的文化，是一次大的突破。

1977 年 11 月 15 日中国考古学会第二次年会在武汉召开，安金槐在大会上发言，公布了他的最新发现。王城岗遗址出土的青铜残片虽然不大，但是却轰动了整个学术界，因为可以由此证明，这一时期已经进入了青铜时代。它不但关系着中国青铜时代的起源，而且关系着中国古代文明的起源，关系着夏文化的探索和研究。

为此，1977 年 11 月 18 日至 22 日，国家文物局在登封主持召开了"河南登封告成遗址发掘现场会"。这是"文革"结束后，文物考古界的一次学术盛会，主要是围绕登封告成王城岗遗址的发掘，探讨夏文化的问题。参加这次会议的除了国家文物局之外，还有中国社科院考古研究所、中国历史博物馆、北京大学历史系、河南省博物馆等北京及地方文物考古部门和大专院校的代表共计 32 个单位，110 人。

"二里头文化"究竟是一种什么性质的文化？考古工作者提出许多不同的认识，有人认为它是一种先商文化，即商王朝建立之前，商族的遗存，是汤都西亳的遗址。而另有人认为它就是夏文化，二里头遗址则是夏桀的都城斟寻。但是即便认为二里头是夏文化的人中，也存在不同的看法，有的认为它的一、二期属于夏文化，三、四期属于商文化，而有人则认为二里头的全过程都属于夏文化。在这次盛大的考古学会上，各路专家学者面对如此丰富的考古新发现，兴致勃勃，慷慨陈词，各抒己见，展开一场激烈的学术论争。经过激烈地辩论，最后大家达成共识，一致认为：二里头遗址为夏代中晚期，二里头文化的末段为商早期，郑州商城为中商文化，安阳殷墟侧是晚商文化。这样的排序恰好把夏商周三代梳理清晰，而且天衣无缝，一脉相承，终于把商代 600 多年的历史串了起来。当时的与会者都感到特别的兴奋，大家多年的辛苦终于有了一个圆满的答案。

然而正当此时，北京大学著名历史学家邹衡却在会上提出了一个截然不同的观点。他在以"关于探索夏文化的途径"为题的发言中说："郑州并非仲丁之所器或隞，而是商汤所居之亳，郑州商城就是商汤的亳都。"他事前没有透露出他的想法,突然之间公然举起"亳都说"的大旗,向隞都说者发起挑战。他认为,郑州商城规模宏大,分成内外双重城,仅宫殿总面积就有6万平方米,而且遗物之丰富令人惊叹,具有一派巨都风范。而仲丁和外壬二王是一代兄弟,他们在位的时间很短,顶多25年。在25年之中怎么可能建起这么大的一座城呢?另外从商城遗址地层堆积来看,其年代至少在100年以上。而只有商汤到仲丁历经六代十一王,历时百年以上,正好填充在这一时期内,因此郑州商城是商汤的亳都更为可信。

这一"异说",来得太突然,立即招致当时与会学者的强烈不满,会场一片哗然。这分明是一种挑战,带着浓烈的火药味,他把大家打得措手不及。郑州商城如果不是隞都而是亳都,那么原先认定的商文化断代将被彻底打破了,一切都成为子虚乌有。即原来的"中商"文化成为"早商"文化了,而原先的"早商"文化却成为"晚夏"文化,依此类推,把大家的共识一下全打乱了。此时,正在共享胜利喜悦的广大学者专家们,一时间失去了平衡的时空,如堕五里雾中一般。这还了得,于是大家经过短暂的惊愕后,顿时醒悟,纷纷振作起来,"同仇敌忾"群起而攻之,虽然当时邹衡的"异说"不能算是一家之言,但是支持他的人的确是少之又少,被称为"可怜的一小撮"。

面对这些汹涌而至的责难和不理解,邹衡心情很平静,因为他已经对此有所预料。开弓没有回头箭,邹衡一不做,二不休,接着他在1978年《文物》杂志上公开发表了《郑州商城即汤都亳说》

邹衡先生

一文,向郑州商城隞都说公然宣战,这是一名学者本着严肃的态度向"权威"发出的科学的挑战。

他在文章中从几个方面阐明了自己的观点:①引证大量的文献记载,证明东周时期郑地有亳城。②更直接的证据是,1956年,在郑州商城北部和东部发现了几批东周时期的陶文,已发表的11个戳印文字中,有9个带有"亳"或"亳丘"字样。郑州商城在东周时期仍称亳,这成为铁证。③汤都亳的邻国及其地望与郑州商城相吻合。④从郑州商城发现的文化遗迹分布和规模看,与商汤都亳的情况相吻合。

对于新的挑战,"隞都说"的首倡者安金槐也着实大吃一惊,心情很久都难以平静。几十年来,他一直苦心经营和打拼的世界,突然平地起波澜一下就给搅浑了,他怎么能等闲视之。他借助文献和考古发掘材料,把邹衡的观点进行了反复的研究和推敲,他都觉着"亳都说"的提法欠妥当。他压抑不住内心的冲动,奋笔疾书,写出了《试论商代"汤都亳"与"仲丁都隞"》一文,发表在《中原文物》1981年特刊上,对"郑亳说"的观点予以强有力驳斥,并且再度重申自己"仲丁都隞"的观点,他的态度也

国家文物局局长单霁翔（左二）在河南省文物局局长陈爱兰（左三）陪同下考察郑州商城遗址

是严肃认真的。

一石激起千层浪，邹衡的论点把商城由原来的中商提到了早商。自此以后二十余年中，持"亳都说"与"隞都说"的两大阵营展开了旷日持久的学术论争，参与的学者之众、涉及范围之广、影响之大是考古学界任何一次学术讨论所不能相比的。

经过一次大的学术争论，邹衡郑亳说的观点，在20世纪80年代以后，被更多的学者所采纳，并从不同的角度予以补充和论证。河南省社科院考古研究所研究员郑杰祥，不但全盘接受了邹衡的观点，而且从历史文献和古文字两方面补充论证了郑亳说的观点，为郑亳说的观点给予强有力的支持。

到了1983年，国家在偃师县以西的首阳山准备修建一座大型发电厂，施工之前，中国社科院考古研究所在此进行了勘察，结果意外地发现了一座属于商代前期的都城遗址。1983年3月，中国社科院考古所洛阳韩魏故城工作站站长段鹏琦和副队长杜玉生带领考古队在这里进行大规模的勘探工作。偃师商城北依邙山，南临洛河，正处于河洛之间的平原上。城址平面近长方形，面积约190万平方米。城墙全部用夯土筑成，残高2米左右。考古工作者以后在城址中发掘出规模宏大的宫殿建筑基址群，由前后两座主殿和东西两侧的庑殿组成。在各宫殿基址的地层下都埋有排水管道，组成严密的供水系统和排水系统。城内还有若干条纵横如织的大道，蜿蜒曲折通向城门。在大道之间，分布着一些建筑物的遗迹，有4处规模甚大。其东地势隆起，当地百姓相传是汤都"西亳"的"亳"地。城中，塔庄村北有一条慢坡低洼地带横穿东西，因此当地群众相传称之为尸乡沟。翻阅史书，《汉书·地理志》中在偃师县下注明："尸乡，殷汤所都。"

继偃师尸乡沟商城之后，1985年夏天，有农民在郑州西北20公里处的石佛乡小双桥西北取土时，在距地表1.5米深处发现1件青铜器，随即上交河南省博物馆。随后，郑州市博物馆在市郊进行文物普查时，曾在这一带发现过商代遗物，但是未曾作进一步试掘。1989年12月，小双桥农民王铁奎在村西取土时，又发现1件，和河南省博物馆收藏的那件相同。他把这件铜器带到河南省文物研究所，交与王润杰。王润杰让所长郝本性鉴定，郝本性认为这是一件商代前期的青铜建筑构件，并且认为在出土地点应当有十分重要的商文化遗存。为了证实他们的推断，郝本性和王润杰一同赶往小双桥进行考察，因为小双桥是王润杰的家乡，所以他对这一带十分熟悉。他们由村民带路来到村西，经过询问，知道这里先后出土的两件青铜构件仅相距25米，并且时常有一些石磬等物出土。郝本性得知这种情况后，又在这一带进行了详细调查，发现遗址坐落在一片比周围地势略高的平坦台地上，商文化层堆积丰富，于是他初步断定这处遗址应当与郑州商城有密切的关系，出土铜构件的地点，应该有一处大型宫殿基址。

1990年，河南省文物考古研究所组织考人力对郑州小双桥进行了全面的考古调查与发掘，得知遗址东西长500米、南北宽300米，面积约15万平方米。1995年，河南省文物研究所再次进行调

1998年郑州东里路商城宫殿基址发掘现场

查和发掘，发现不少类似的遗址点，当把它们连成片后，面积猛增至8倍多，成为南北长1800米，东西宽800米，面积达144万平方米的大型商代遗址。

1996年秋至1998年，为了配合夏商周断代工程，考古队在小双桥又继续进行考古发掘。发现了几处较大面积的夯土建筑基址，还有一座商代前期的夯土高台基，调查发掘者认为这里有可能是祭坛遗址。这里还发现一处大型祭祀场所，用夯土筑成，其上分布50多个祭祀坑。其中人祭坑30多个，仅3个丛葬坑就埋有非正常死亡的人骨架近百具。祭祀坑中置牛头、牛角、陶缸、原始瓷器、穿孔石铲、青铜器残件等，有的牛坑中竟然置放牛角70多个。更为惊人的是，在一些小型粗砂质绳纹陶缸的表面或口沿内侧，发现了朱书文字，有些目前尚不可释读。根据所采集到的2件青铜建筑构件的纹饰和形体来推测，建筑规模应该很大，非商王莫属。考古工作者据此推断，郑州小双桥遗址属于商代早期偏晚阶段。据^{14}C测年，绝对年代为公元前1420年左右。

这么多的商城相继被发现，究竟谁先谁后，这对夏商考古无疑是一个震动，也是一次革命，对郑州商城隞都说和郑州商城亳都说都有大的冲击，使学术争论进一步复杂化和尖锐化。由于隞都说受到否定，因此商代隞都的所在地在较长时期内都没有着落。郑州小双桥遗址发现后，郑州大学教授陈旭经过研究和论证后，提出自己的看法，认为小双桥村一带即是隞都所在地。从遗址出土的大量陶器看，略晚于郑州商城，这个时期恰是郑州商城因水患而衰败的时期。这一兴一废，正符合仲丁迁隞的解释。

郑州商城亳都说者还进一步论证认为，偃师商城为太甲所放逐的桐宫，或监视夏遗民的重镇。

郑州商城隞都说者则认为，偃师商城为商汤建国前所居住的西亳，郑州小双桥是郑州商城王室的祭祀遗址。可谓旧案未了又添新案，争论的声浪一波未平，一波又起。

河南省文物研究所研究员杨育彬，从20世纪70年代开始就跟随安金槐进行郑州商城的发掘和与研究，他始终站在郑州商城隞都说的旗帜下，并且始终坚持隞都说的观点而不动摇。他认为郑州商城除了发现内城墙外，近些年来还发现了起防御作用的外城墙，这样就把郑州商城的范围扩大了近一倍。商汤灭夏以后不可能立即兴建这样大的都城，而只能在定都偃师商城后，经过一段长期的休养生息，积聚实力后才可能办到的。也就是说郑州商城不可能是商代最早的亳都，而应该是仲丁之隞都。另外从发掘看，郑州小双桥遗址兴废的全过程均与郑州商城始终并存，绝不是"一兴一废"的先后衔接关系。而且郑州商城与郑州小双桥商代遗址相距仅20公里，也就是说看不出有什么必要，仲丁要废掉郑州商城在其远郊耗费大量的人力、物力、财力再重建新都。另外从郑州小双桥遗址发掘来看，只是发现了一些夯土台基、牛头、牛角的祭祀坑，而没有发现大规模的城墙遗址和宫殿遗址。这表明郑州小双桥不可能是仲丁所迁的隞都，只能是一处商代王室祭祀遗址。

1998年9月至1999年5月，郑州商城工作站在郑州市管城区北大街进行抢救性发掘时，发现了商代前期宫殿建

郑州商城内城东南城墙

筑基址。在确定夏商分界的界标方面取得了重大突破。从发掘情况看,地层堆积分为4层,第1层为近代耕土,或回填杂土层。第2层为宋代堆积层,包含有宋代瓷片、瓦块等。第3层为战国文化层,土质疏松,呈浅灰色,内含大量的战国板瓦、筒瓦以及陶器。在陶豆的豆柄、豆盘和瓮、罐的肩部均发现有模印文字,多为"亳"字,另外还发现有"十一年"内容的陶文,这些为推断今郑州为"亳"地提供了线索。第4层为商代文化堆积,以夯土建筑基址为主,其中有相当一部分为宫殿建筑基址。由于后期破坏严重,给形制复原带来一定的困难。但是可以肯定,这些夯土建筑曾经历了较长时期的使用和重复使用。

郑州商城通过50年的发掘,始终没有像安阳殷墟那样发现大量的甲骨文字,所以使其笼罩上一种神秘朦胧的色彩,也为它们的断代和分期,涂抹上种种假象。"九五"期间,夏商周断代工程被批准为国家重点科技攻关项目,这是一项由历史学、考古学、天文学和测年技术的专家联合实施的系统工程。1999年5月,这项工程经过三年的艰苦努力,最终提交了结题报告——《夏商周断代工程1996~2000年阶段成果报告》。2000年9月15日,夏商周断代工程验收专家组,听取了首席科学家关于项目实施情况的汇报,并一致通过了验收合格的决议。报告中公布的结果为,郑州商城和偃师商城的始建年代为夏商文化的分界,也就是说偃师商城是夏末文化,而郑州商城为早商文化,距今已有3600

年的历史。年代的确定，无疑对郑州商城即商汤之亳都说提出了有力的支持。

2003年5月初，郑州《东方家庭报》刊登了《启封郑州灿烂古代文明暨郑州商城之谜》系列报道，记者采访了一些国内外著名的学者，如"郑州商城即汤都亳"首倡者、北大教授邹衡，中国考古学界泰斗宿白，国家文物局原局长张文彬，夏商周断代史首席科学家、北大教授李伯谦，北大文博学院副院长刘绪，国家博物馆展览部主任、博士董琦，国家博物馆研究员、博士李维明等人，他们都从不同的角度论述了自己的看法，基本上都是邹衡"汤都亳说"的支持者。不过这场论争并没有结束，"隞都"说者仍然高举大旗，坚定不移地守护着他们的阵地，而且在不断寻求更为充分的理由来完善他们的学说。

从"隞都"说和"亳都"说的激烈争论中走出来，我只身一人来到紫荆山公园，登上林木葱茏的商代夯土城垣，经过几千年的岁月沧桑，它毅然保留在这里，并且就在我的脚下。夏商周三代文明在我国古代史上具有特殊地位，那是一个多姿多彩、丰富无比、波澜壮阔的文明时代，虽然在岁月的摧残下很多东西已经消失的无踪无影，但是作为这一文明的载体城郭遗迹，始终顽强地挺立着，这是人类创造出的最不朽的文明，它们运载着人类的智慧，航行在永恒的历史长河中。

站在城墙上，浏览周围的景致，夏日的色彩十分浓郁，有如油彩画一般感人心扉，处处散发着迷人的诱惑。郑州商城的发掘，自20世纪50年代初到目前为止，通过三代人的努力，经历50多年的坎坷遭遇，终于将其整体面貌揭示出来，但是新的发现仍然层出不穷，使人倍感振奋。我怀着巨大的感悟，陷入一种历代学者所思考的问题之中，究竟是什么人，或者是什么原因，强力摧毁了这座城市，使这座城市的主宰者放弃他们千辛万苦而营建起的这座伟大的城市？是洪水，而或是战争，终不成定论。但是有一点可以肯定，一个具有无上权威的人，在一个动荡不安的时代，为了维护国家的长治久安，毅然决然放弃了他们的家园，迁往一个未知的远方，从此给后世子孙留下了一份无可估量的文化遗产和一团令人不解之谜。

郑州地区重大考古发现发掘纪实之

郑韩故城遗址

时　　代：春秋战国
地　　点：郑州新郑市城区
发掘时间：1924年至今
荣　　誉：中国20世纪100项考古大发现

众神的祭坛

——新郑郑韩诸侯国都城遗址考古发掘纪实

◆ 苏湲

郑韩故城位置图

一位乡绅无意间地挖井抗旱，为什么会牵出震惊全国的文物大案？
一批青铜器的出土，又会带来怎样一波波震撼人心的考古大发现？

灵光显现

在南距郑州 40 公里的辽阔大平原上，横亘着一座享誉世界的历史文化古城——郑韩故城，这是春秋战国时期郑国和韩国的都城遗址。尽管战争烽火和自然的力量已夺去了它们最初的光彩，随后也逐渐抹去了它在人们心头的记忆，但是在这座有着光辉历史的故城下仍然随处可见不朽的历史遗迹，它们已成为中国古代伟大文明的永恒见证。

故事还要从 1923 年说起。那年 8 月的一天，太阳像一团火球，燃烧在天际，田野里的庄稼在干渴中大片大片倒伏在地，等待着雨水的滋润。世代居住在新郑县南街李家楼的士绅李锐，家中有一块菜园子，原本绿油油的菜苗由于干旱而日见枯萎。见此情景，李锐心如火焚，而又无可奈何。这天，他顶着 40℃的高温，焦急地在菜园中转悠一圈又一圈，无奈之中他终于下决心打井灌溉，以解燃眉之急。

一切故事都始于这一刻，令李锐意想不到的是，他这一小小举动竟然引起举世震惊的轰动，在中国几千年灿烂的文明史上书写了完美的一笔。

李锐决意打井以后，便请人在菜园中进行了勘探，而选中的每一处地他都有些舍不得，像是有股魔力在暗中左右着他。夕阳西下，绚丽的晚霞照耀着李锐的菜园子，红彤彤的一片。余晖燃尽最后的光芒，渐渐暗淡下来，鸟群开始归巢，叽叽喳喳的，宣泄着一天的收获，飞向不远的树林中寻找栖身之地。望着落日和归巢的鸟群，李锐最终下决心，在一处地势较高的地段，用镢头画出一个不规则的圆圈："明天就在这里挖吧。"这里土质坚硬，同样撒下种子，长出的菜苗总是稀稀疏疏的，没有其他地方长势茂盛，因此总是闲置着。

翌日，天蒙蒙亮，李锐雇用的几个民工便如约而来。他们在李锐指定的地点，挥动镢头开始猛挖。这一天，太阳出奇地炎热，火辣辣地烧灼着人的皮肤。已经多日不见雨水，干旱的土地，坚硬无比，一镢头下去也只是刨掉几团土疙瘩。尽管如此，挥动大锹、镢头的青壮民工，并不畏惧，他们以顽强不可挡之势，在近中午时，终于穿越了地表坚硬的层面。穿越地表后，工程进度明显加快，但是出乎意料的是，当挖到2米深时，出现一层红色黏土，像铸铁一样坚不可摧，根本无法向下穿透。他们只得把情况告诉园主李锐，请他决断，是否另择他处。李锐站在井口观察了片刻，忧愁地扫视了一下自己菜园中枯萎的蔬菜，然后毫不犹豫的示意继续向下挖。

井下又传出咚咚的镢地声，天黑之前，约半米厚的坚硬土层，在几条壮汉的轮番攻击下，终于被凿穿了。但是红

新郑郑韩故城东北城角

土层以下，并不像普通泥质那样松软易挖，仍然坚硬无比，像是夯打过一般。其实有经验的考古工作者，一看便知这是一座大墓，他们所挖的是大墓中经过严密夯打的填土，而李锐和几个帮工却对此一无所知，谁也没有想到，他们的脚下和他们正在奋力挖掘的竟然是一座2000多年前的古墓，他们以其独特的方式叩响了这扇沉重幽秘的历史之门。

第二天傍晚，直径2米的水井已经深入地下约8米，还是一滴水也没有见到，土质仍然坚硬。这时李锐开始感到不安，难道是打到死线上了？几天前他请人勘探时，那人分明告诉他这里水源丰富，可以出水。"可能天旱久了，等明天再挖挖看。"李锐安慰大家说，实际上他心里也是七上八下的没个底。

1923年8月25日，李锐挖井的第三天下午，当挖掘到9米深时，井下的民工一锹下去突然碰到一件铁一样坚硬的东西。他感到有些奇怪，于是放慢速度，轻轻翻刨了几下，而令他深感惊奇的是，在汽马灯的辉映下，映入眼帘的不是砖头瓦块，而是一件周身带有绿锈的铜器。他扔下铁锹，连刨带扒地在它的四周快速翻动着，很快一件大圆鼎露了出来。这件大鼎高约50厘米，口径约40厘米，三条腿粗壮有力，鼎身铸满狰狞可怖的纹饰。

李锐闻讯急忙赶来，顺着绳梯下到井内，他被眼前的事实惊呆了。他很久没有说话，只是脸上不断地泛起惊诧、兴奋、迷惑和难以辨析的复杂表情。他知道这件价值连城的大鼎，会给他带来什么样的运气。井底光线很暗，他借助汽马灯的光亮，亲自动手向周围继续寻找，接着又发现两件形制基本相同的大铜鼎。他锹手并用，已经完全失去了自我控制。不久他发现井底周壁密密匝匝、东倒西歪尽是形制各异的铜器物。掩饰不住的喜色在他脸上一闪而过，世代居住在这里，他竟然还不知道自家的园子里埋藏有这样的宝物。他用手轻轻抚摩着鼎身，心中汹涌澎湃。但是只有一瞬间，他便冷静下来，他怕因为自己大喜过望而招致麻烦。

夜渐渐深了，夜风驱走了白天的暑热，李锐感到前所未有的畅快，即将枯死的蔬菜早已被他置于脑后。兴奋之余他也深感担忧，最怕的是引起盗匪的注意。他一再吩咐民工严守秘密，不许外传，并不许他们离开半步，吃饭都由家人送到井下。他向四周拼命地挖，用铁铲把一件件宝物挖出来，井口边沿的土块和瓦砾，呼呼啦啦地掉下来，砸在他的头上，随时都有生命危险，但是眼前的宝物，使他增添了血气之勇。

夜空辽阔而神秘，月亮无声无息地缓缓游弋在浓重的夜幕间，似乎怕惊动夜幕下的挖宝者。经过一夜不间断的挖掘，到第二天天亮前，李锐共获大型器物20多件和一批小件玉器，其中大铜鼎6件，小鼎3件，鬲6件，罍6件，甗1件。人的精力是有限的，经过一夜紧张的劳动，连李锐自己也熬不住了，但是地下埋藏的宝物似乎越挖越多。这时井底在挖掘中已经逐渐扩宽，口小底大，所以随时有坍塌的可能。李锐不得已，只得招兵买马扩大队伍，准备大干。于是消息不胫而走，并且很快传遍全城，一群群围观者怀着极大的兴趣，摩肩接踵，纷至沓来，把李家楼围得水泄不通。闻风而动的大小文物贩子，虎视眈眈，每天不断上门窥探消息，并且有消息说

新郑李家楼大墓发掘现场

这事已经引起当地土匪的注意，他们也在暗中活动，企图伺机行动。当时正是军阀混战，天下大乱之时，面对这种局势，李锐也陷入恐惧中。为了安全，李锐一边挖，一边暗中向文物商兜售。他将一件大鼎和两件中型鼎，卖给许昌文物走私商张庆麟，获取800余金，这是有据可考者，暗地里他究竟卖出去多少，始终不得而知。

1923年，尽管中国大地上战火纷飞，硝烟不断，但是李锐凿井挖出宝器的消息仍然使人震惊。官绅们相互函电相告，尤其对出土器物的归属问题表示出极大的关注。消息很快传到新郑县知事姚延锦那里，他认为埋藏数千年的古物忽然显露，自然是一件令人振奋的事，而李锐私自掘卖不合常理，定会使其散失社会，后果不堪设想。于是他亲自前往劝阻，但是遭到李锐的驳斥，他认为在自家园子里挖掘理当归己，无可非议，并令工人加快挖掘速度，不得延误。姚延锦悻悻离去后，李锐心里有一种说不出的烦乱，使他坐卧不宁。这天夜里他趁家人入睡后，悄悄挑出几件青铜方壶和中号圆鼎，用麻布包裹好藏在自家的柴房中，以防不测。

9月1日，驻守郑州的北洋陆军第14师师长靳云鹗，因公务巡防至新郑县，当时新郑县街头巷尾都在议论李锐家私掘古物一事。靳云鹗是一位豁达明知的新派人物，一向重视古文化，并且力尽保护之能事。他认为"钟鼎重器，尊彝宝物，为先代典型所寄，应该归于公家，垂诸后世"。于是他派副官陈国昌前往李锐家告诉他："古物出土关系国粹，保存之责应归公家"。李锐见事态已扩大，唯恐招致更大的麻烦，自己难以驾驭，只得欣然从命，表示愿将自己所挖的20多件古器物全部上缴国家。为了不使文物四处流散，靳云鹗派人四处打听，把李锐卖出的3件铜鼎以原价购回，一并保存。

新郑李家楼郑国大墓出土的蟠龙纹方壶

尽管李锐一再表示愿把文物全部上缴，但是心中的遗憾和懊悔实难形容，但是令他略感宽慰的是，他早已有所准备。这天夜里他悄悄来到柴房中，看到几件鼎和一件编钟躺在柴堆的隐蔽处酣然入睡，欣慰地笑了笑，尔后才回房睡觉。

靳云鹗速将此事电告吴佩孚，吴佩孚于9月5日电令靳云鹗："古代遗物，文化攸关，应宜妥善保存，以彰国粹，而供观览。查教育部于保存古物订有专章，此次发见各古物，俟挖掘净尽后，请即派妥员并责成县知事，尽数运交督、省两长，教育厅，转付古物保存处什袭珍藏，永垂纪念。除切电督、省两长暨教育厅查照外，特电奉复，即希亮察。"9月7日，吴佩孚复电令靳云鹗："古物搜挖完竣示知后，当派员赴郑，会同运汴保存以昭郑重。"

同日，时任河南省督理张福来、省长张凤台也联名致电靳云鹗："请贵师长转饬陈副官，俟各古物挖掘净尽，即便会同该县知事，选派妥员，尽数运送来省，以资交付古物保存所珍藏，是为至盼。"

9月8日，吴佩孚再次电令靳云鹗："李锐处如尚匿有玉爵，自应全数追缴，酌量酬资。本署现派穆佐庭顾问于明日赴郑，会同贵师委员将古物押赴汴垣，向各界宣布妥为保存，以垂久远。"靳云鹗接到吴佩孚的电令，便派人到李锐家中搜查，但是一无所获。

9月5日，靳云鹗命副官陈国昌会同新郑县知事姚延锦带领数十名荷枪实弹的武装士兵进驻发掘工地，在他们的昼夜警戒和保护下对古墓进行了大事发掘。发掘期间靳云鹗也常常到发掘现场进行督察，对新郑古器物的发掘和保护作出重要的贡献。

在此之前，国内各地也经常有古物发现，但是大多流散到国外，造成无法弥补的损失，因此，靳云鹗的做法无疑是一种爱国行为。新郑铜器出土后，在全国引起广泛的关注，上至北洋政府，下及河南、湖北、湖南、天津、陕西、北京、绥远等地的军政要人，纷纷致电、致函靳云鹗，以示祝贺和关注，并对于他积极保护古文化，将其所获古器物全部归公的义举，给予高度的评价和颂扬。

这批古彝器的出土，在国际学术界引起强烈的震动和浓厚兴趣。1923年9月11日，正当靳云鹗筹备发掘之始，美国史密森博物馆毕士博致函吴佩孚说他"对于掘采一事，略有经验，甚愿尽其绵薄，拟于日内再赴郑州，于靳师长接洽，牺牲二星期之光阴，指导一切，俾于开挖时不受丝毫损伤，以副玉帅保存古物之至意"。并称"甘效驰驱，纯系公家任务和私人爱好，决无盗取之用心，亦不受薪金报酬。钟鼎尊彝诸物出土后，如能拓印数纸，寄回美国展览，区区之愿已足"。9月19日，吴佩孚函命靳云鹗："今既情愿效劳，且声明决无其他用意，似宜表示欢迎，以昭我方大公之至意。"并责靳师长"优为招待"。

9月20日，北洋军政府国务院致电靳云鹗："近闻豫省发现古物甚多，最有历史上之价值，兹由教育部部员高丕基、历史博物馆馆员裘善元前往调查采集，先此电闻。"同日，吴佩孚又一次函令靳云鹗："所有新郑县先后掘出之古物，应悉数运送汴垣，妥为保存。"由此可以看出吴佩孚对此事的极端重视。

宝物出土后，有关它的去向，成为世人更为关切的问题。北京大学代校长

新郑李家楼大墓出土青铜器

新郑李家楼大墓出土青铜鼎

蒋梦麟电称："新郑发现之古物，于我国文化史上极有关系，敝校研究所特派马衡教授前来研究，并筹保存，祈招待。"至此，电函像雪片纷纷飞来，许多具有影响力的政府机构、学术团体都向靳云鹗表示对其举措的赞同与支持。由此而知新郑古器物的发掘，在当时的影响之大。

新郑彝器由于出土时间早于安阳殷墟的发掘，因此影响之大甚至超出了安阳殷墟。这是一座规模宏大，未经盗扰的双墓道大墓，墓深10米余，幅员达30多米，这在郑韩故城以后的发掘中也是为数不多的大墓之一。参加发掘的人员连同部队和民工竟达百余人，墓室挖出的土，堆积在墓室四周，如同一座座的小山，把李锐家的菜园子全部覆盖上。当初想挖井灌溉的菜园子如今已面目全非，遭到毁灭性的破坏，这是李锐当初无论如何也没有想到的。

进入9月下旬，文物出露，正当人们紧张地往外提取文物时，突然平地起风，一向炎热干燥的天气，狂风肆虐，乌云滚动，接着暴雨如注倾盆而下，很快墓室中的积水淹埋住了刚刚露头的文物，挖掘工作被迫停止。大雨断断续续一连下了几天，天空阴沉沉、灰蒙蒙的一片。雨终于停了，但整个工地上一片泥泞，每个人的身上、鞋上沾满了湿泥，走起路来沉重而艰难。由于大雨的连续冲刷，墓室四壁的泥土大块大块往下滑脱，形势极其严重。副官陈国昌和新郑县知事姚延锦始终坚守在发掘工地上，不过他们都是首次承担这样特殊的任务，面对如此严峻的局势，一点对策也没有。挖掘工作被迫停止，进行墓口的扩宽和加固工作，此后挖掘进度异常缓慢。

墓室中的棺椁已经腐朽，棺中仅存几块墓主人的残骸。墓主人究竟是谁？当时并没有人关注，更吸引人的是椁与室之间堆放着的青铜器、美玉、珠宝、石雕等，这次共获得铜鼎、圆壶、大方壶、编钟、镈钟等大型礼乐器百余件及玉器、瓦当、瓷器、骨器数百件……这批古物的出土，在商周考古史上具有划时代的意义。

发掘期间，围观者每天数以千计，将墓室四周围得水泄不通，甚至在阴雨霏霏的日子里，仍不断有人前往观看，正像靳云鹗以后立在发掘现场的碑文中所言，参观者空巷塞途，拥挤不动。新郑大墓发掘之时，虽有教育部高丕基、北京历史博物馆裘善元、北大教授马衡及美国毕士博教授等专家的指导，但仍属于非科学性的发掘，因为当时没有记录发掘时的坑位、器物所在的位置以及墓葬形制等，这是因为当时缺乏考古知识所致。

实际上，李家楼大墓发掘时，中国考古学家李济曾亲自到过发掘现场。1923年，李济在美国哈佛大学获哲学博士学位，回国后在南开大学任教。10月中旬，他得知新郑发掘的消息后，便与地质研究所的袁复礼在地质研究所所长丁文江的资助下一同赶到新郑，而遗憾的是挖掘工作已近结束，他们只是在墓穴中采集到一些人肢骨和零星的碎铜片。他们本来想多逗留几日，做一些地层学的解剖和勘察，而突然传来土匪扰乱的消息，他们被迫离去。以后李济根据对新郑人骨的研究，撰写出《新郑的骨》一文，以英文发表在国外的学术刊物上。

10月17日，挖掘工作全部结束，历时40天。事后，靳云鹗在出土地点立

新郑李家楼大墓出土文物监运文物官员

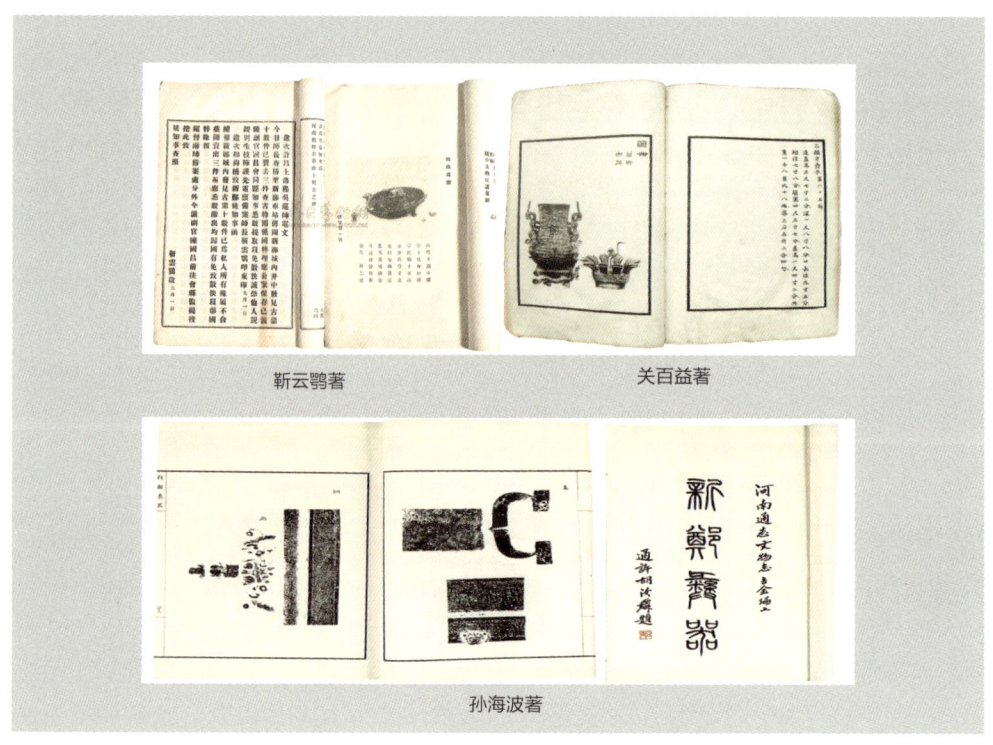

靳云鹗著　　关百益著

孙海波著

有关新郑彝器的著作

石碑一通,以示纪念,碑名为《河南新郑古器出土纪念之碑》,全文曰:"华夏为文物古邦,开化最早,凡夫礼器之制作,在秦汉以前已粲然其美备。而乃宗社丘墟,故宫禾黍,运会递嬗,时世变迁,致三代发物,不免有铜驼卧棘、铁戟沈沙之叹!征诸典册,虽历朝以来时有出土,然一鼎一爵,视为祯祥,赞颂永歌,每极一时之盛。矧今河南新郑古器出土之多乃至百数十事,蔚为空前绝后之大观,诚国家之麻瑞有足纪者。尽中华民国十有二年,八月二十五日,新郑邑绅李君锐,于县治城南门内(即其宅之东南隅)凿井掘地,发现周时钟鼎。云鹗适查防至此,闻其事,以古物出土,关系国粹保存之责,应归公家,驰报洛阳巡使蓬莱吴公。奉命遣员会同县绅继续监掘，运汴保管。李绅深明大义，慨然允诺，备插从事者阅四十日，而宝藏尽焉。以监护周至，片铜寸瓦，幸未散佚，当运至汴垣。时仕女来观者，空巷塞途。国徽灿烂与古器斑斓相辉映，识者咸啧啧称美，谓为郑国宴享祭祀之器。云鹗博考古籍，比拟形制，编有图志三卷，将来纂如县乘，足资考证，特再刻石纪事，立碑其处，俾后之览者，知神物数千年蕴藏地之所在，春秋佳日，觞咏其间，未始非为新郑县邑增一名胜，多一韵事，岂第纪念云尔哉！中华民国十有二年双十令节，任城靳云鹗谨撰，古吴蒋鸿元谨书。"

当年李锐家的菜园子，如今是新郑县豫剧团的所在地，当初发生在这里的令世人震惊的故事，已随岁月而飘失，唯有靳云鹗刻写的这块石碑，树立在墓地边缘，记述了事情的全过程。该碑现珍藏在河南省新郑市博物馆中。

实际上，新郑所出古器物并非如碑文所述已如数归公。几个月过后，李锐见事态趋于平息，于是暗中将所藏器物出售与一姓王的古董商。这次他们的行为极为诡秘，没有透出任何消息，但是文物在市场上一出现，立刻引起各界人士的关注。河南古物保存所所长何日章得此消息后，立即来到李锐家中寻访，经过盘查，他又交出兽牙1颗、下颌骨1块、颅顶骨数块。

1925年2月，河南督办胡景翼接到举报，随后在开封城隍庙后街古董商王氏的住宅中又搜查出铜鼎4件，而这只是其中的一部分，仍有部分因藏匿隐蔽而没被查出。事情过后，王氏把家中所剩全部抛出，但是其中一件铜甬钟因牵扯一件诉讼案，于1927年被河南省司法厅没收，后经何日章极力交涉，多方奔走，才将这件甬钟归入古物保存所收藏。尽管有关方面竭尽全力多方搜寻，但是归属河南古物保存所的这批新郑古彝器仍不是全部，还有被私自收藏者。据专家研究认定，青铜器的组合仍有缺环，这些遗失的部分现在究竟在哪里，已经成为永久无法破解的谜团。不过新郑郑公大墓所出土的青铜器，是20世纪初中国尚未进入科学性考古之前，发现最早，保存最为完整的青铜器群。

于李家楼大墓发掘前后，国内不断发生古墓被盗事件，致使大批文物流失出境，甚为可惜。1923年2月，在李家楼郑公大墓发掘之前，即山西省浑源县李峪发现一处春秋战国之际的古墓群，出土大批战国早期青铜器，究竟有多少，都无法究诘。这批青铜器大多流散到法国等地，国内所剩不过是些片鳞只爪而已。

1925年至1926年间，土匪党玉琨在陕西省宝鸡戴家湾盗掘大批西周早期墓葬，所得大批青铜器，也都流散到欧美，留在国内的也是寥寥无几。

1928年，中原地区遇上一场罕见的大暴雨，位于河南洛阳东北约10公里的金村，被暴雨冲开泥沙，酿成地陷，致使深埋2000多年的几座巨型战国墓古墓，暴露在光天化日之下。消息传开，盗墓者蜂拥而至，将墓内的随葬品洗劫一空，大批出土的古器物迅速流往国外，现多藏于加拿大与日本等地。加拿大怀履先著有《洛阳故城古墓考》，日本梅原末治著有《洛阳金村古墓聚英》等。这些书中著录的也都不是全部。

1931年，河南浚县辛村村民依坡凿窑时，因为暴雨的冲刷，发现了西周卫国墓地，出土大批西周早期青铜器。伴随文物的出土，同样引来盗墓者和文物走私商的垂涎，随即将这批文物陆续倒卖到欧美。华盛顿弗利尔美术馆收藏一套中国的青铜兵器，注明河南浚县辛村出土。这批青铜器中一件最重要的康侯簋现藏不列颠博物院。

1933年，安徽省寿县李三孤堆楚王大墓也遭到盗挖，出土了一批战国晚期青铜器，虽然其中一部分保存在国内，只是其"精者多隐藏售出，而粗者始归公家"。今天我们看到这些珍贵文物四处流散，无不深感痛心和惋惜，而李家楼郑公大墓出土的青铜器在同样的境遇下，却能够相对完整地保存下来，这不能不说是缘于一种戏剧性际遇，也是来自全社会的一种神奇力量。

传奇经历

1923年郑公大墓发掘之时，虽然社会动荡，战争频繁，但是有关郑公大墓出土大批文物的消息仍然引起全国上下无比的兴奋和激动，不过在关注古物出土的同时，有关它的归属问题更加引人瞩目。据不完全统计，1923年9月5日至20日之间，吴佩孚曾5次电函责令靳云鹗，要求他将所有新郑先后掘出之古物，"悉数运往汴垣，妥为保存。"河南省督理张福来、省长张凤台也一再联名致电靳云鹗，表示："敬祈饬属筹设河南历史博物馆，使新旧所得依次陈列，用备海内外学者研究、参览之资。"

此后，河南省议会、北洋军政府教育部历史博物馆、天津博物院、中国古物研究社、北京大学等国内学术团体都纷纷来电来函，表示愿意收藏这批文物。

靳云鹗为此收到各学术机构、高等学府及地方官绅的来电来函126份，他们翘首以盼，都希望由自己来收藏和研究。

10月4日，河南省督理张福来、省长张凤台再次联名致函靳云鹗表示："文庙内学生图书馆地点极度严肃，保护派有专员。一面延聘金石专家精心研核讨论，不厌求详，一面筹款另建博物馆什袭珍藏，局势必须宏敞……"。

虽然历史博物馆和北京大学为国家重要学术机构，但是因为地方势力的原因，最终按照吴佩孚的要求，将这批古物由穆佐庭和靳云鹗以武装押运到开封。开封"阖城悬旗结彩，表示欢迎，男女塞途，颂扬盛德"，河南省督理张福来、省长张凤台带领各级官僚亲迎开封火车站，并举行了隆重的欢迎庆典。这批新郑器物最后藏于开封文庙内学生图书馆，交河南古物保存所所长何日章专门负责。其中包括著名的莲鹤方壶、王子婴次燎炉、大型甬钟、车马器和一批珍贵的玉器、陶器等。

1927年6月，由河南省政府主席冯玉祥批准将河南公立法政专门学校并入河南大学。7月，河南博物馆在公立法政专门学校的地盘上树起自己的牌子，郑公大墓出土彝器至此全部归其所有。河南博物馆所藏新郑彝器开展之初，观众日接待量达4万人，1928年全年接待观众75万余人。河南博物馆成立以后，每周开放三天，任人参观，一直展出到1931年5月。这期间康有为、马衡、罗振玉、王国维等一批著名学者也纷纷赶往开封参观、研究和考证。围绕这批古器物的缀合、断代、整理、研究和著录等项工作，出现了一批著名的专家学者及著作。1923年12月靳云鹗编著出版

新郑李家楼大墓出土青铜器莲鹤方壶

了《新郑出土古器图志》,一函三册,分《初编》、《续编》和《附编》各一册,是一部研究新郑彝器的重要资料。《附编》中收录了发掘期间靳云鹗与各地军政要人、学术机关及私人友好的通电、信函等,对于研究了解古器出土时的情况是极为重要的史料。这部书的编纂及出版速度之快,即便是当今的电子激光时代也是少见的。

此后,河南博物馆馆长关葆谦(关百益)撰《新郑古器图录》,一函两册,于1929年10月由商务印书馆出版。该书分《图录》和《附录》各一册,录有新郑两次发掘所得器物精品93件,以类属编纂,分成乐器、礼器和兵器三大类,每类再分成若干属,并对其进行了考证和正名。关葆谦擅长金石学,造诣深厚,他对器物的名命大多正确,无可争议,较之靳氏的《新郑出土古器图志》更为完善。1930年2月,关葆谦再次撰写出版了《新冢古器图考》,一函四册,分类编排,可与靳氏书相互参照,是对新郑出土古器物的一次初步整理和研究性著作,但是比靳氏书更有条理和清晰。

在关葆谦两次著录出版新郑彝器的同时,孙海波编纂出版了《新郑彝器》,全书分为五卷,按器物分类,每器都附有器影、花纹拓影和简短的说明,较其他著录更为全面,使用也较其他著作更为方便。这些著作的出版,成为日后研究新郑铜器的第一手资料,因此意义深远,具有开创之功。其后,凡是研究论证东周青铜器者,皆以此为参考加以佐证,其影响之大、之久远,任何时期、任何著作都无法与之相比拟。

1935河南博物馆从新郑彝器中选出8件,远涉重洋到英国参加"中国艺术国际展览会",展出时间为3个月。这是河南省第一次出国展览,也是西方国家第一次接待中国文物展。这批文物在出国前后,曾两次在上海展出,展出期间观众摩肩接踵,络绎不绝,受到国内外观众的热烈欢迎和高度评价。

出国展品中,包括名扬天下的莲鹤方壶。从此莲鹤方壶声名日炽,成为轰动世界的文物精品。这件铜方壶至今仍被视为河南博物院的镇院之宝,有着特殊的历史地位。2003年我国发行一套邮票《东周青铜器》,其中莲鹤方壶赫然位于七枚邮票之榜首。

莲鹤方壶是青铜酒器,出土时为一对,稍有差异,通高126厘米,口径31.6厘米,宽26厘米。莲鹤方壶的壶体造型与西周晚期的方壶基本相似,为粗壮的椭方形,而在此基础上富有新的创意,因此令人耳目一新。壶体腹部饰满蟠龙纹,并有四只翼兽伏于腹部四角,作向上攀缘之状。圈足下两条变异的怪兽张口咋舌,似乎承受不住壶体的重压而拼命向前爬动。尤为奇特的是壶盖打破以往的形制,呈怒放的莲瓣状,分上下两层向外张扬,中间立一振翅欲飞的仙鹤,正待飞入蓝天。莲鹤方壶设计奇特,铸造精巧,给人一种华丽富贵,浪漫飘逸,蒸蒸向上之感。20世纪30年代,郭沫若在《新郑古器之一二考核》中说:

此壶全身均浓重奇诡之传统花纹,与人以无名之压抑,几可窒息。乃于壶盖之周骈列莲瓣二层……而于莲瓣之中央复立一清新俊逸之白鹤,翔其双翅,单起一足,微隙其喙作欲鸣之状,余谓此乃时代精神之一象征也。此鹤初突破上古时代之鸿蒙,正踌躇满志,睥睨一切,践踏传统于其脚下,而欲作更高更远之飞翔。此正春秋初年由殷周半神话时代脱出时，一切社会情形及精神文化之一如实表现。

这对莲鹤方壶自出土以来，始终受到人们的青睐，因为像这样的恢宏之作，不仅在河南，而且在全国，乃至全世界也为极品，因此自它重见天日起，就有着很高的知名度，被誉为"稀世珍宝"、"青铜时代的杰出代表"。

这批新郑彝器的发现，牵动着国内外学术界敏感的神经。在郑公大墓带来的鼎沸声渐渐平息之后，许多人都会提出同一个问题，这座大墓的年代为何时？墓主人究竟是谁？毫无疑问，只有郑国权贵，只有那些具有至高无上权力的人，才会拥有这样的豪华和尊贵，但究竟是哪一位？

能够判断墓主人身份的，最具说服力的证据应该是墓中的器物铭文，而新郑大墓中出土的100多件青铜器中有铭文可考者，唯有一件"王子婴次炉"。那么王子婴究竟是谁呢？这个历史疑案，成为当时学者们谈论的议题，无不翻阅史料去寻找答案。著名史学家王国维通过考证和研究，于1924年撰写了《王子婴次炉跋》一文，首先提出了重要的见解，文中说："新郑所出铜器数百事，皆无文字，独有一器长方而挫角者，有铭七字，曰：'王子婴次之□炉'。余谓'婴次'即'婴齐'，乃楚令尹子重之遗器也……古人以'婴齐'名者不止一人，独楚令尹子重为庄王弟，故《春秋》书'公子婴齐'……子重之器何以出于新郑？盖鄢陵之役，楚师宵遁，故遗是器于新郑地。此器品质制作，与同时所出他器不类，亦其一证。"王国维指出，这件铜炉器形与纹饰具有楚国特征，铭文字体亦为楚风。最后他得出该墓主人，应当葬于鲁成公十六年鄢陵战役之后，乃郑成公之后郑国国君的墓，时代在春秋中期偏晚阶段，但是他没有确指是哪一位郑国国君。

王国维的观点遭到郭沫若的否定，他认为"婴齐"当是郑国公子婴齐，墓中随葬器物至迟亦当在公元前675年，而"王子婴次炉"之制作，必当在郑子尚为公子之时。郭沫若的观点比王国维的说法约早了100年。郭沫若还提出："鄢陵之役，在鲁成公十六年六月二十九日，时当盛暑，令尹不得携燎炉以从征也。"王国维在论证时疏忽了季节时令，携燎炉从征便失去了根据。但是郭沫若的说法也有不妥之处，有人指出郑公子婴齐为伯爵，他所处年代与铜器不符，而且王子婴次炉并非郑器，所以其观点也不能成立。

正当学术界为之争论不休时，1937年7月7日，中国国土上爆发了震惊中外的"卢沟桥事变"，日本帝国主义悍然发动了全面的侵华战争。战争给中国人民带来深重的灾难，也给新郑彝器的安全带来严重的威胁，有关的学术争论也被迫中止。本来这些贵重的文物可以静静地躺在河南博物馆的陈列柜中，接受参观者的观赏和学者们的研究，而卢沟桥的炮声打断了它们沉静的梦幻，博物馆的展览大厅也陷入风雨飘摇中。

不久华北各地相继沦陷，且战况每况愈下。河南地处中原，一马平川，无险可守，随时有沦陷的可能。此时河南博物馆收藏器物之多，居于全国博物馆第二，为了保护这批国宝不毁于战火及沦入日军之手，在战火即将燃烧中原的危急时刻，河南省政府主席商镇于10月

23日、24日、11月24日接连三次密令河南博物馆作好迁徙的准备。在紧急备战期间，河南博物馆按照河南省政府的要求，从馆藏文物中选取精品5678件，拓片1162张，图书1472册，分装成68箱，由省政府委员凌孝芬、河南省博物馆保存部主任赵惜时、雷荫堂率保安队十余人，押送古物由开封西行，经郑州南下，于11月初抵达武汉，将68箱文物暂存法租界内。尔后又通过国民政府外交部函照法国驻武汉总领事，请他们对于暂存租界的豫省文物给予保护。不久时局更加急迫，河南省教育厅长王幼侨经河南省政府同意，又将其中的36箱珍品从法租界取出，存入美国花旗银行库房保存，并由王幼侨、赵惜时等人组成河南博物馆驻武汉办事处，全权负责保护管理迁汉文物。

而天有不测风云，1937年8月，日寇大举进攻上海，南京形势危急。同年11月16日，国民政府决定放弃南京迁都重庆，随后中央所藏古物也陆续运往重庆。不久，南京沦陷，华东各地相继失守，武汉危在旦夕。面对严重的局势，河南省政府深感忧虑，后经多方奔走和协商，再次做出将存入武汉花旗银行的古物转运入四川的决定。

尽管战火遍地，国难当头，中国人民在战火中流离失所、辗转挣扎，但是祖国的文化遗产仍紧系人们的心头。1938年9月，河南省政府委派胡石青、郭豫才、曲兴云先期赴重庆，联系古物储存地点。由于中央政府迁往重庆，随后全国各省的重要政府机构、学术团体也纷纷随同迁往，一时间偏远冷寂、交通不便的荒凉山城沸腾起来。胡石青一行虽然奉省政府令前来商洽，但是当时

王子婴次炉

不仅重庆市区人满为患，就连周围的县城、寺院也都住满了人，根本找不到安顿之处。他们每日沿着重庆潮湿阴郁的山路，东奔西走，四处寻找打听，多方联系，最终于11月7日，中央大学答应租借磁器口的校舍给他们存放河南古物。河南古物由汉口装上客轮，乘水路于11月25日抵达重庆。撤退途中，险象环生，日本飞机狂轰滥炸，穷追不舍，几经周折才免遭劫难。而令人欣慰的是，豫省古物虽历经坎坷，但是终于安全存入中央大学校舍，校长罗家伦向河南博物馆押送人员郑重表示，豫省存渝古物"将与本校财产同等看待"。抗战期间，河南博物馆存放重庆的古物一直由河南博物馆张克明、裴明相等监守，始终没有发生意外。

1945年8月15日，日本宣布无条件投降，河南博物馆正待商议将存渝古物运回河南之际，突然内战爆发。顿时烽烟四起，交通阻断，河南存渝古物始终没有找到回归的机会。内战一打就是三年，战况急转而下，国民党由当年不可一世的霸主沦为失败者。1948年11月1日，中国人民解放军，向西南迅速

挺进，11月30日，以锐不可当之势攻克重庆。而在人民解放军占领重庆的前夕，国民党政府被迫弃渝赴台，他们仓促之间并没有忘记带走留存在渝地的各种重要财物，其中包括河南存渝的古物。所幸的是运载第二批文物的飞机还没有来得及起飞，人民解放军即神速攻入重庆，封锁了机场，剩余的文物才得以安全保存在大陆。

人民解放军占领重庆后，随即成立军事管制委员会，处理重庆的军政事务。国民党政府企图运走而未来得及运走的部分物品被重庆军事委员会封存。1950年8月17日，河南省人民政府指令河南省文物保管委员会派员赴渝接收河南博物馆存渝古物。8月21日，河南省文物保管委员会派代表赵全嘏，会同文化部代表唐兰、卢少忱共赴重庆。当时经过赵全嘏的初步验收，河南存渝古物被国民党政府运往台湾38箱，计文物5119件、图书1450套（册），其中青铜器11箱，包括新郑出土的部分铜器亦在其中。剩余文物仅存青铜器508件，拓片1162张。

赵全嘏将存渝古物验收之后，唐兰、卢少忱二人代表中央文化部，挑选新郑、辉县出土的青铜器51件调往北京，其中包括一件由郭沫若亲自定名的新郑古器"莲鹤方壶"和那件唯一带有铭文的"王子婴次炉"。从此莲鹤方壶这对孪生兄妹劳燕分飞，天各一方，再也无缘相聚。至此，李锐园中出土的古器物被分散为海峡两岸三地四家收藏，其中河南省博物馆58件、台北"国立历史博物馆"21件、中国历史博物馆18件、北京故宫博物院5件。

风吹雨打花落去，往事不堪回首。曾经震惊中外的大发现，并凝聚那么多人心血才得以保存下来的郑公大墓青铜器，最终也没能逃过历史的劫难。当它们回归故里时，当初的完整面貌已不复存在，所剩的只是支离破碎，残缺不全的回忆。赵全嘏怀着心酸而无以名状的心情于10月25日，将这批剩余文物押运回省，交于河南省文物保管委员收藏。而当初留在开封没能转移的部分文物，在开封沦陷后大多也都下落不明，不知花落谁家。因此说，尽管千回百转，支离破碎的存渝古物使人不堪回首，但是这批残余器物能够回归故里，仍然具有河南文博考古事业奠基之意义。

郑公大墓出土文物在饱经离散之苦后，经过50年岁月的长期分离，再也没有机会重展原有的完整面貌，成为海峡两岸文物工作者的共同遗憾。1998年，

郑韩故城夯层

新落成的河南博物院在开放之际,院长张文军为了实现海峡两岸的共同梦想,将郑公大墓资料的重新整理出版列入重点工作计划之中。然而要完成这部图册,则必须有"台北国立历史博物馆"的通力合作。于是河南博物院就此事向"台北国立历史博物馆"提出合作的请求,并得到海峡彼岸的积极响应。同年10月,台北"国立历史博物馆"副馆长黄永川一行应邀来到河南博物院访问,双方就合作出版及展览交流达成了共识。1999年6月,河南博物院副院长孙英民率代表团应邀访问了台北"国立历史博物馆",进一步为合作出版及展览交流进行了协商,并于6月29日签署了合作交流备忘录。在经过两年的相互沟通与互访后,两馆终于携手合作,由两馆研究人员以分工的方式,共同进行河南郑公大墓青铜文物的整理研究,并在2001年6月合作出版了《新郑郑公大墓青铜器》一书,以此了却新郑出土器物长期分离的遗憾。

墓主疑案

1966年5月,为了弄清楚当年李家楼发掘郑公大墓时的现状和性质,李德保率考古队在原址进行了发掘清理。根据当时的文字记载:"挖掘古物之井穴计东西长约四丈,南北宽约三丈五尺。"又:"……墓穴深三丈,形椭圆,丹砂底,内有残骸三。"将其换算为公制,该墓长约13.3米,宽约11.66米,深10米。为了证实当时的记载,考古队将大墓重新挖开。在清理中他们看到,坑内填有五花土,坑底和填土当中,有被朱

郑韩故城北城墙

郑韩故城东城墙及护城河

砂沾染的土块，朱砂是当初铺在墓底的。墓坑为椭圆形，东西长7米，南北宽6米，深7米，口大底小，呈锅底形。墓葬的形制大致与记载相符，只是墓穴的尺寸相去甚远，比当初的记载小了许多。在墓穴内西、南、北三面的墓壁上各有一形似半个方井似的遗迹，《图志》称其为隧。隧是一条通往上天的通道，为了使灵魂可以升天。这是春秋郑国高级贵族墓中特有的形式，这些井穴式的通道，往往在左右两侧或正面还留有上下的脚窝。墓圹的东壁没有留下什么痕迹，应该是1923年在盗掘的过程中受到了破坏。

据新郑彝器出土时的记载，在墓室东南、西北、西南三个角均有铜器出土，唯墓室东北角未出土铜器。为此，考古队在墓葬东北角外进行了密探，结果在大墓东北角发现一座南北长2.8米、东西宽1.7米的长方形竖穴土坑陪葬墓。经过发掘而知，墓内有棺椁各一重，但是因为盗扰严重，仅出土铜器4件、玉器3件，还有一些蚌器饰物。这座墓的出现，又提醒大家注意，这里究竟是一两座墓呢，还是一处墓葬群，会不会还有其他的埋藏，比如车马陪葬坑等。为了彻底弄清楚这一带的情况，考古队对当年李锐居住的院内进行了全面的密探，共钻探3900平方米。探出墓葬12座，古井2眼，小型长方坑24个，夯土基址5处，由此足以证明郑公大墓不是孤单的一座，李家楼院内就是一处古墓群。

恰逢此时，山西侯马上马村发掘出一批春秋大墓，所出青铜器和新郑李家楼大墓时代基本接近，出土器物相同，于是关于郑公大墓的年代问题再次引起争论。1965 年，著名考古学家郭宝钧在他所著的《商周青铜群综合研究》中指出，李家楼青铜器在性质上非常接近上马村 13 号墓所出器物，所以郑公大墓的年代不可能早到春秋早期，因此其年代应从王国维之说。此后又不断有人通过其他考古发现，进一步证明"王子婴齐"确是楚令尹子重，而不是郭沫若所说的郑公子婴齐。因此李家楼大墓最有可能是属于卒于公元前 571 年的郑成公，或者是卒于公元前 566 年的郑僖公，即在春秋中晚期之际。郭宝钧先生的《商周青铜群综合研究》一直到 1981 年才面世，此时离郑公大墓发掘已相去半个世纪，然而有关的年代问题仍然存在分歧。

2000 年，郑韩故城工作站在城南发掘了一座大墓，编号 M1，其墓口南北长 25 米，东西宽 21 米，深 9 米。墓室中为三重棺椁，椁室外有积石，结构非常复杂。西侧不远处有长 18 米，宽 7 米，深 5 米的车马附葬坑，葬车 22 辆。从其气派和规模看，一定是一座郑国国君大墓。李家楼大墓与其相比规模显然小得多，而且也没有附葬的车马坑，但是李

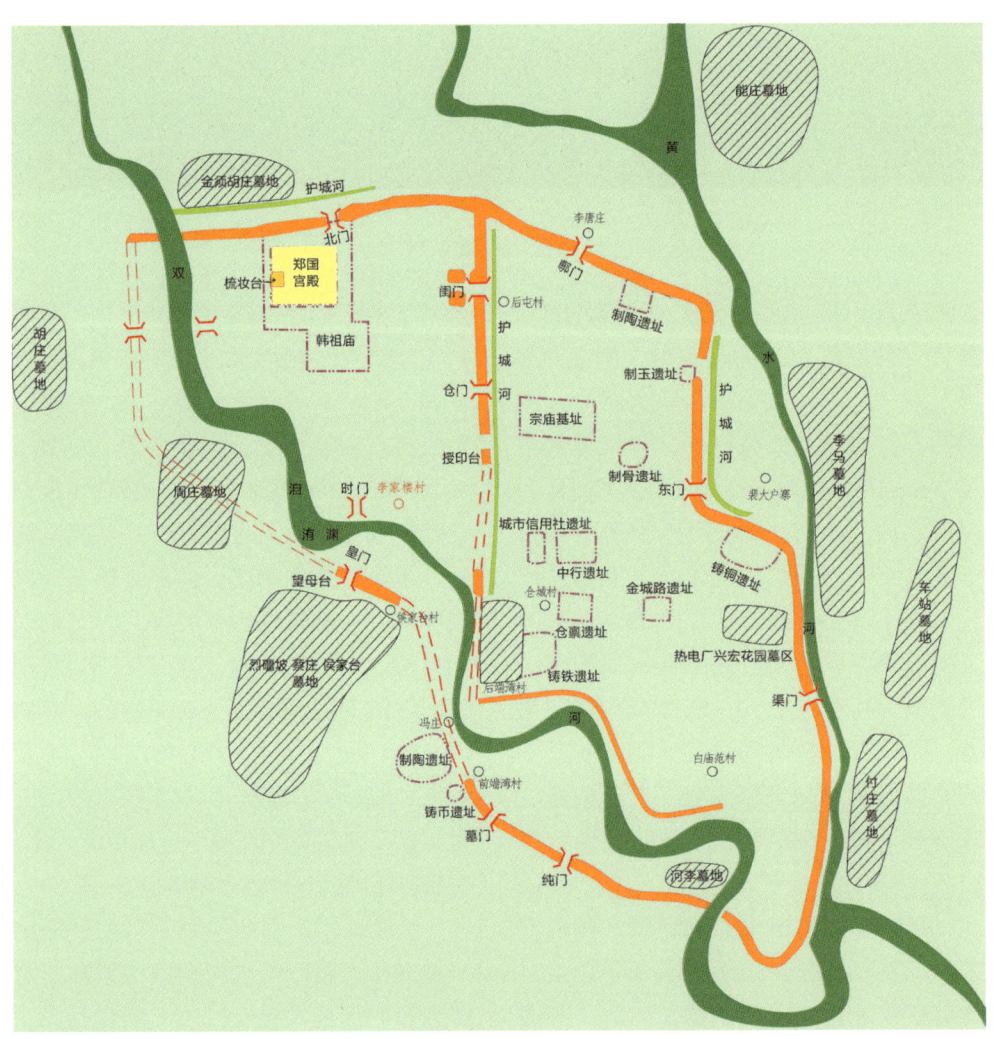

郑韩故城平面图

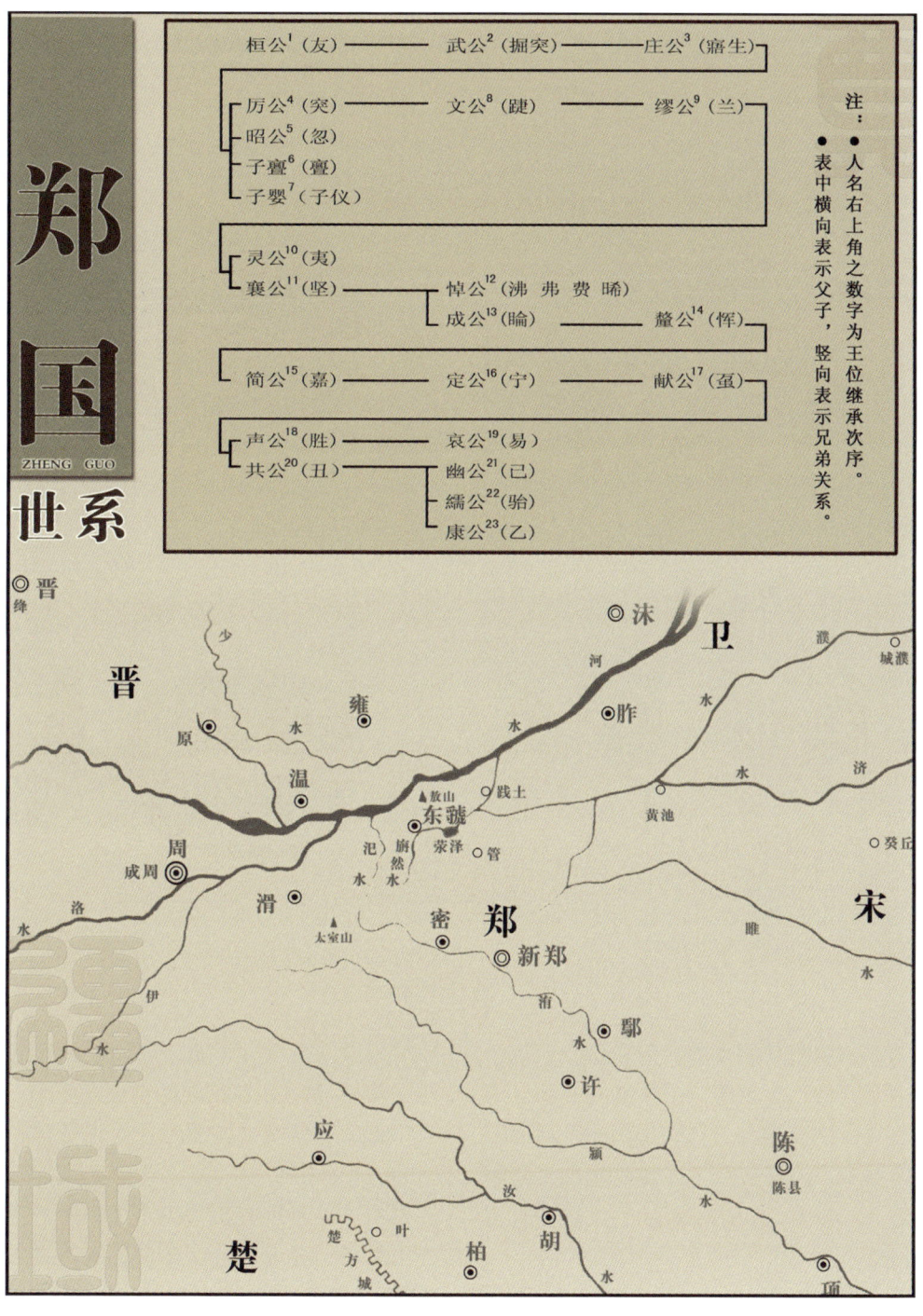

郑国世系表

家楼大墓从随葬器物来看，毫无疑问也应该为国君级别，那么它们之间为什么相去甚远，这不仅使人产生疑虑和思考。

因此有学者认为，这种前后矛盾的葬制，说明李家楼大墓应当是一位非正常死亡的国君墓。《史记·郑世家》记载："成公卒，子恽立，是为厘公（《左传》称厘公为僖公），厘公五年，郑相子驷朝厘公，厘公不礼。子驷怒，使厨人药杀厘公，赴诸侯曰'厘公暴病卒'。"厘公被宰相子驷杀害以后，子驷为了遮人耳目，掩盖弑杀国君的真相，便以隆重的葬礼厚葬了他。然而并非出于真心对待，所以在墓葬的规模与陪葬的定制

· 127 ·

郑韩故城出土铸铁城门枢

郑韩故城出土错金银车毂

郑韩故城出土青铜铺首

郑韩故城出土鎏金银龙首车毂

上都表现出仓促和敷衍的痕迹，显然有别于其他的国君墓。蔡全法在《新郑李家楼青铜器钩沉》一文中阐述了自己的这种观点，并旁征博引使其更加完备和更具说服力，而这种观点也比较使人容易接受。

王子婴次炉因为有铭文可考，因此成为李家楼大墓断代的主要依据。由此对于该炉的考证便成为断定其年代的唯一线索。王国维认为该炉是楚令尹子重在晋楚鄢陵之战中，溃败退兵时遗留在郑地的。而此说遭到郭沫若的批驳，认为鄢陵战役在六月，子重不可能携带燎炉出征。郭沫若否定了王国维的意见后，探寻该器的入郑时间又引起纷争，不过争执的结果只有两种可能，一是战利品，二是馈赠品，而且应该把时间锁定在冬季。

北京故宫博物院藏有一件王子婴次甬钟，可释铭文18字，证明了楚国婴齐的存在。王子婴齐最早见于《左传》宣公十二年（公元前597年），楚晋邲之战时，"子重将左"，楚共王元年为令尹，楚晋鄢陵战役时（公元前575年）以"令尹将左"，卒于楚共王二十一年（公元前570年）。由此可知此器的年代不出公元前597年至前570年之间。

经考证，楚与郑国的战争、会盟、联合共伐的情况很多，但是从郑宣公十二年，到郑襄公三年间的27年中，有子重参加而又在冬季者仅一次，时间在

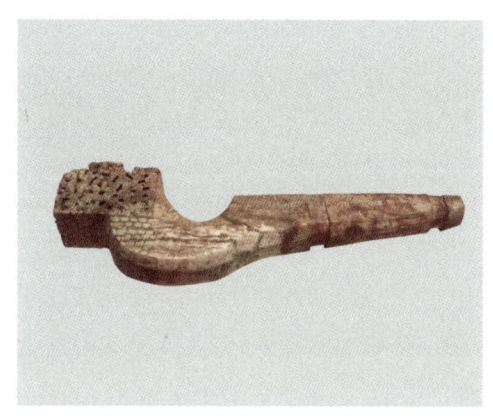

郑韩故城出土象牙车踵

楚共王十八年（公元前573年）。这一年郑国受楚国指示，曾两次与楚共同伐宋彭城，一次在夏天，一次在冬季。《春秋》成公十八年，"夏，楚子郑伯伐宋"。楚子指楚共王，郑伯指郑成公。又曰："冬，楚人郑人侵宋。"《左传》载："冬十一月，楚子重救彭城，伐宋。"这两条记载，夏季侵宋者为楚共王和郑成公。到了冬季楚共王和郑伯都未能亲征，这时郑成公重病在身，而派太子恽（即后来的厘公）同楚国令尹子重共同率兵前往伐宋。当时郑成公离去世仅有1年零8个月，可见他当时未能亲往是因为身体不佳。两国出征之时正值隆冬季节，子重遇到郑国新帅，故将自己所用之炉赠与子恽。时隔七年之后（公元前566年），厘公被子驷谋杀，这件子重赠送的燎炉便作为随葬品葬入墓中。

这虽然仅是一种推断，但是理由充分，并不是没有可能性的。其时正值春秋晚期的初年，墓中所出器物经考证在时代上，也是对此种观点的最有力的支持。

故城追踪

谁能料想，1923年郑公大墓的发掘，仅仅是郑韩故城大规模考古发掘前的一支序曲，由它而引带出的种种重大发现，相继而来，令考古者如迷如狂，直到今天也没能停止他们勇于探索的脚步。

2003年4月的一天，应郑韩故城考古工作站站长蔡全法之邀，我到新郑进

新郑郑武公陵

行实地考察。进入新郑，便可以看到巍巍故城，蜿蜒起伏，绵延数十里的壮观景象。城墙犹在，保存在地面以上的残墙仍高达15米至18米，墙基宽40米至60米。郑韩故国昔日的威严与繁华依稀可见，使人浮想联翩，感慨万千。这是一个暴雨骤停，狂风肆虐的日子，在蔡全法的陪同下，我们来到郑韩故城北城墙下。新中国成立初期，城墙内外的农民为了过往方便，在厚重的夯土城墙上挖了一个洞，就在这个截面上，留下的夯筑痕迹清晰可辨，使我们同样清晰地感受到了历史的悠远。

我们沿着城墙陡峭的墙体，顺着一条光滑的、被无数人攀登过的野径，拉着路旁的荆棘丛，艰难地攀缘而上。这里曾经发生过多少次惊心动魄、扣人心弦的激战，现在已经无从推算，但是这城墙是历史见证，它们以自己的躯体记录下当年发生在此的每一场战役的全过程。闭上眼睛，使人骤然回到那铁蹄铮铮、旌旗蔽日、厮杀震天的激战年代，我仿佛看到四处血迹斑斑、尸骨遍野、血流成河的场景。这城墙是无言的纪念碑，刻下了一段段充满血腥恐怖的记忆和一个个噩梦般的故事。不过一切都成为遥远的过去，可谓"沉船侧畔千帆过，病树前头万木春。"

这段城墙高出地面10多米，古墙中间一条狭窄的野径，成为人们消闲的去处。墙体已经失去了原有的面貌，荒草萋萋一派苍凉，但是登高可以望远。齐胸的蒿草，在怒风中摆荡，释放着多余的热情。墙体表面长满乱蓬蓬的野枣棵子和刺人的荆棘，使这座古老的城墙显得更加苍老和神秘。城墙外是双洎河，水面清澈而宽阔，隔着薄雾向远处眺望，似乎碧波连天，无边无际。这其实是一

新密郑庄公陵

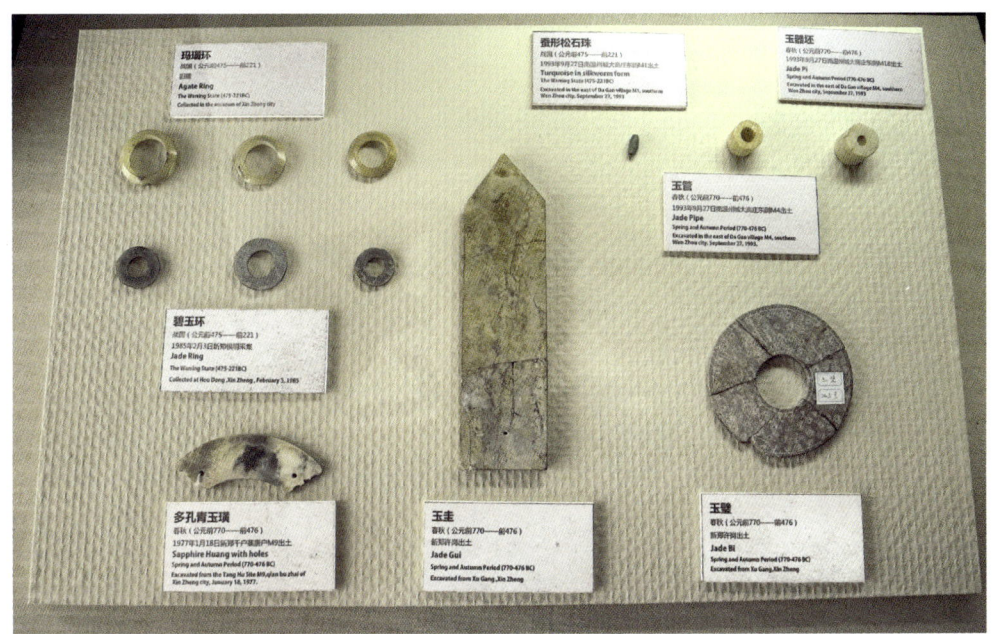

郑韩故城出土的各类玉器

条护城河，是用劳动人民的血汗修筑的，但是数千年来，源源不断的丰富水源不仅滋养了这方土地，也养育了这里的人民。郑韩故城地处平原，一马平川，无险可守，因此统治者在防御工事上显然是动过一番心计的。2000多年前，郑韩两国人民，凭借着原始落后的技术手段，一锹一锹地修筑起一座如此坚固雄伟的城垣，以抵御入侵之敌，这是基于何种精神和信仰？是一种精诚团结的民族精神，这种精神今天还感染和激励着来此参观的每一个游客。

1974年秋天，美籍华人女作家韩素音由河南社科院考古所所长马世之陪同，前来郑韩故城参观访问。她登上城墙，久久地凝望着城墙苍老古朴的尽头，心中充满着微微的激动。马世之问她："郑韩故城对于考古学家来说，无疑是他们孜孜不倦追求和探索的宝地，难道对于文学家来说也能产生如此巨大的魅力？难道这用泥土筑起的城墙，也能激发起创作的灵感吗？"韩素音充满真诚和深情地说："我到过世界上几乎所有的国家，看到过很多的古城和名胜古迹，但像郑韩古城保存这么完整，气势如此宏大，而且充满神奇的古城墙，我还是第一次见到，即便是意大利的古罗马城也无法与之相比，我对这里的一切都感兴趣！"。

早在1923年新郑郑公大墓发掘以后，就有专家学者根据古文献的记载，推断新郑一带为春秋战国时期的郑国和韩国的故城遗址。但是因为缺乏考古资料予以证实，所以始终没有成定论。

据《竹书纪年》、《史记》、《汉书》等文献记载，郑国原在今陕西华县一带，都于棫林，约在公元前8世纪60年代，迁徙到现在的河南中部一带。新的国度仍称"郑"，为了区别陕西棫林的"郑"，人们就把这个地方称为"新

131

郑韩故城内韩国冶铁作坊遗址

郑"。郑国在此建都长达 390 年，于公元前 375 年被韩哀侯所灭。韩灭郑后，将国都从阳翟（河南禹县）迁于此，而后又延续 130 多年，于公元前 230 年被秦所灭。新郑是春秋战国时期郑国和韩国先后建都的地方，影响远非一般。在郑韩两国建都的 500 多年间，新郑地上地下保留了丰富多彩的春秋战国历史遗迹。虽然经过时间的洗礼，郑韩故城巨大的城垣渐渐消失在缥缈风雨中，不过历史是永远也无法阻断的，人们会不断地追寻着过去。

郑韩故城的地理位置，《水经注·洧水》载："洧水又东迳新郑故城中。"

关于郑韩故城遗址的准确方位，有人认为在今新郑境内，但也有不同的看法，认为是黄帝城。为了澄清和解决历史质疑，自 20 世纪 50 年代初期，河南省文物工作队由安金槐任队长，曾对新郑进行了大规模的钻探调查。根据《水经注》的记载，安金槐又查阅了《新郑县志》等大量的有关资料，并在全城范围内进行了广泛的调查和试掘。通过调查，他们发现了春秋战国时期的陶窑、冶铁遗址和丰富的文化遗存，并且在对城墙的解剖中，发现城墙中包含着大量春秋战国时期的陶片，从而证实了今新郑城关一带即是春秋战国时期郑韩故城遗址。

故城位于双洎河（即洧水）和黄水之间的三角地带，同《水经注》所记"新郑故城"的地理位置基本相符。城址呈不规则的长方形，俗称"四十五里牛角城"。现存城垣大部分都在地面以上，东西长约 5000 米，南北宽 4500 米，周长 20 公里，城中一道南北向的夯土隔墙将全城分隔为东西两部分。《新郑县志·山川篇》将这道夯土隔墙称之为"分国岭"或"分国城"。

郑韩故城内五角形陶水管道

郑韩故城出土的陶井圈与五角形陶水管

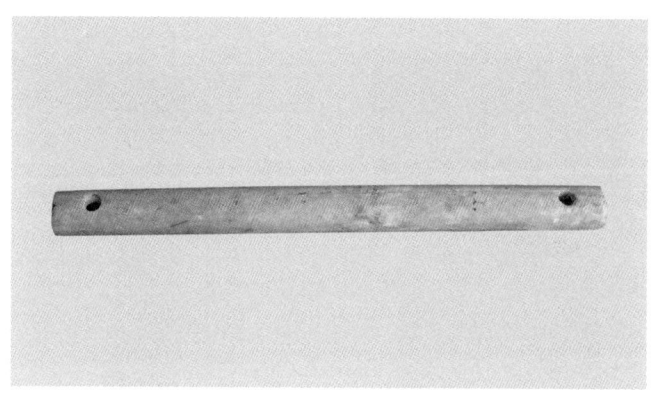

郑韩故城出土玉箫

郑韩故城出土的玉排箫

重组碎片

郑国是周代姬姓封国,《史记·郑世家》载:"郑桓公友者,周厉王少子而宣王庶弟也。宣王立二十二年,友初封于郑。"时为公元前806年。郑国的第一代封君郑桓公,是西周历史上著名的暴君周厉王的小儿子,周宣王的弟弟。郑国最初的封地在今陕西凤翔南,后迁到陕西华阴县西北,始名为郑。西周末年至东周初期,从郑桓公、郑武公到郑庄公,三代都是周天子的卿士,在朝廷之中大权在握,同时也为保卫周王室的安危立下汗马功劳。

西周末年,周幽王继位之初,面临着千年不遇的严重旱情,《诗经·大雅·云汉》和《召旻》中记述了这次旱灾的惨烈的景象,当时大小河流以及湖泊泉池滴水不见,草木庄稼一片焦黄,国内赤土千里。而恰逢此时,幽王二年,首都镐京及泾水、渭水、洛水流域又发生了强烈的地震。《诗经·小雅·十月之交》在记述这次地震的情况时说:"……百川沸腾,山冢崒崩。高岸为谷,深谷为陵。"山崩川竭是一种亡国的征兆,同夏朝亡国前的情景基本相似。周王朝的一个史官曾预言,周王朝面临大厦将倾的危险。当时身为司徒的郑桓公,也预感到西周即将灭亡,曾与周太史伯一起共谋东迁之计,这便是著名的"史伯为桓公论兴衰"。郑桓公采纳了史伯的建议,将自己的家眷、财产、部族、奴隶和国内的商人迁居到洛水以东的虢、郐一带。虢即东虢,在今荥阳县境。郐在新密、新郑一带。虢、郐慑于郑国的权势,和贪其利诱,只好献出一些城池与郑国。

公元前771年,西戎入侵,周幽在骊山脚下(今陕西临潼)被戎人杀死,西戎入侵之时,郑桓公正在朝廷供职,为了保护幽王,被乱箭射死。郑武公听说父亲被西戎杀害,怒火万丈,随率三百辆兵车,日夜兼程,赶来与西戎决战,替父报仇。在与戎人激战中,郑武公身先士卒,战功显赫。这时前来救援的各路大军也相继赶到镐京,戎人在大军压境之时仓皇逃走。打败西戎后,郑武公亲自从申国迎回太子宜臼继承王位,这就是周平王。平王继位后，命郑武公继承父职，继续担任周王朝的司徒。

经过戎人的烧杀劫掠，往昔繁华的镐京，已是残破不堪，一片恐怖，再加上西戎随时都有卷土重来的可能，因此于公元前 770 年，周平王在郑武公、晋文侯等各诸侯国的帮助下，放弃了宗周镐京，东迁洛邑（今洛阳）。因为洛邑地处镐京以东，所以号称"东都"，历史上便把东迁以后的周王朝称为"东周"。

周平王东迁以后，为了赏赐护驾有功的诸侯，把郑国赏赐在虎牢以东（今河南城皋一带）。《绎史》载："骊山之败，桓公死之。其子武公掘突，从平王东迁，卒灭虢、郐以为己国。"公元前 769 年，具有雄才大略的郑武公看上了郐国的土地，但是又畏惧郐国骁勇善战的一批忠臣良将。一天深夜，郑武公命人将郐国那些忠臣良将的名字刻写在一张盟书上，然后派人在郐国东门外假设一个祭坛，祭坛上还洒上了鸡血。他们把盟书埋在祭坛下面，并在盟书上说明灭掉郐国后，每个人可以获得的好处。第二天，郐国国君接到举报，果然恼羞成怒，一气之下把盟书上所涉及的人员，全部满门抄斩。郐国上下一片血腥，顿时陷入恐怖之中。而郑国趁郐国大乱之时，突然举兵讨伐，轻而易举就灭掉了郐国。又过了两年，于公元前 767 年，郑国又灭掉盘踞荥阳一带的东虢，将其地盘也并入自己的版图。日见强大的郑国就在原虢、郐境内重新建国，并把国都迁至今新郑市城区附近。

雄心勃勃的郑武公对此并不满足，日思夜愁，想继续扩大自己的领土，这次他看上了地处郾城、舞阳一带的胡国。计谋多端的郑武公，先将自己的女儿嫁

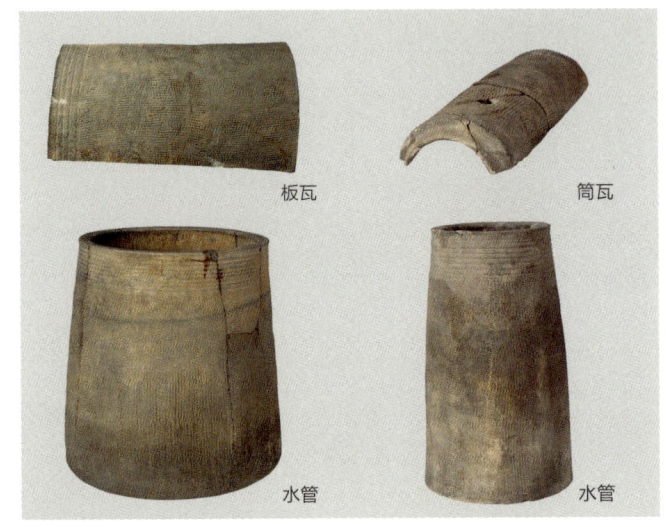

板瓦　　筒瓦

水管　　水管

郑韩故城出土各类陶器

与胡君为妻，结为秦晋之好。随后，他征求大臣的意见时问："我想扩大国土，你们说先攻打谁合适？"大夫关其思脱口而出说，应该先灭掉胡国。郑武公一听大怒，说："胡国是兄弟之国，你竟敢要攻打它？"于是不由分说，下令把关其思拖下去斩首了。胡国国君听说此事，感激涕零，从此对郑国信任有加，把防御郑国的军队调到了其他地方。而郑国趁其不备，突然出兵，一举灭之。《韩非·说难》中，详细记述了这段往事。

郑武公死后，郑庄公寤生继承父职，继续为周朝的卿士。春秋初期，郑国虽区区小国，却在中原称雄一时。史称："郑庄公，春秋诸侯中枭雄之姿也。"《左传·隐公元年》"郑伯克段于鄢"中讲述的就是郑庄公及其弟共叔段为争夺权力而进行的残酷之争。东周王朝建立之后，各诸侯国逐渐强大，社会发生翻天覆地的变化，以血缘宗法制度为基础的封建奴隶制由兴衰走向崩溃，周天子已经名存实亡，再也没有号令天下的能力了。这时身为卿士的郑庄公，因为郑国

国内矛盾纵深，无心到朝廷上任，便引起周王室与郑国的嫌隙。最后竟然发展到周天子与郑国互为人质的地步。公元前720年，周平王去世，太子狐回朝继位，但是由于悲愤交集，回到洛阳还没来得及继位就死去了。太子狐死后，他的儿子继承王位，是为周桓王。桓王年轻气盛，对于郑庄公的专横跋扈早就忍无可忍，憎恨之极。

公元前707年，周桓王决意教训一下郑庄公，随统帅蔡、卫、陈三国的军队浩浩荡荡直逼郑国。郑庄公听说周桓王亲率大军风风火火向郑国直扑而来，便准备决一死战。他披甲上阵，带领曼伯、祭足等大臣率领大军在繻葛（今河南长葛县以北）和周桓王拉开了战场。周天子的军队分为三军一字排开：周桓王亲率中军，列在队伍的正前方；虢公林父统帅右军和蔡、卫两国的军队，周公黑肩统帅左军和陈国的军队，排列在主力部队的左右两翼。

郑国的子元向郑庄公献计说："陈国局势不稳，将士不想打仗，我们先打陈国，陈国的军队必定溃散。周军要照顾他们，阵势一定大乱，我们再集中力量打周的主力。"郑庄公采纳了他的建议，果然不出所料，两军刚一交战，蔡、卫、陈三国的军队便乱了阵脚，四处溃逃。郑国的军队便集中力量扑向周桓王的中军，周军大乱，溃不成军。而此时，郑国的军队却越战越勇，周桓王在后退时，被郑国的祝聃一箭射中了肩膀。桓王强忍着疼痛，勉强指挥军队逃出了郑国军队的重围。

周郑繻葛之战，是周天子发动的，他本想通过这次战争征服郑国，恢复周天子尊贵显赫的地位，然而，周天子的军队在残酷的战争中被全面击溃，就连周王也险些丧命。由此可见，东迁以后的周王朝大势已去，已经无力操纵国家机器，"礼乐征伐自天子出"的局面也一去不复返。此后，北戎攻打齐国，齐国向郑国求救。郑国派太子忽率军前往救助，大败戎兵。这样，郑庄公在诸侯国中顿时声名显赫，形成春秋早期"郑庄公小霸"的局面。

唤醒故城

春秋初期，中原地区分布着大大小小50多个诸侯国，为了抵御强敌入侵，每个国家都修筑了坚固的城墙。经过2000多年大自然的侵蚀和战争及人为的破坏，到目前为止，河南境内还保存有春秋古城100多座，而郑韩故城仍居首要位置，并且也最负盛名。它不仅在全国，而且在世界上也是同期古城中保存最完好者。1961年国务院将郑韩故城公布为国家第一批重点文物保护单位。

为了进一步弄清郑韩故城遗址的布局，1963年河南省文物工作队在新郑设立了文物工作站，由李德宝为文物工作站站长，在此开展了长期而艰苦的考古调查工作。1964年秋天，郑韩故城上空浓云密布，一道亮光划破乌云，接着石破天惊的雷声从天际滚滚而来，打破了那绵绵无期的帝王城中的寂静。往日温情而默默流动的双洎河，如今也舒展筋骨，毫无拘束地狂奔而去，揭去往昔神秘而温柔的面纱。

血腥而残酷的战争导致一个辉煌的世界走向末日，随着时间的流逝，战争发生的过程已被淡忘，世世代代流传下来的只有关于那些战争的记忆碎片。郑韩故城也在狂风暴雨和战争的洗礼中，逐渐改变着自己最初威严宏伟的面貌，成为历史的沉积。今天考古队就凭借着一把洛阳铲，开始了对这部宏伟巨著——"地书"的攻读和钻研，希望寻找到已经消失得无踪无影，而属于那个时代的足音，和其进行面对面的对话。

郑韩故城工作站这次考古调查的主要任务，就是为了读懂这部"地书"中所包含的全部内容，如地下埋藏的分布区域，大体上找出宫殿区、作坊区、墓葬区的所在范围，把分布情况反映在图纸上。

全城东西几十公里，如此巨大的规模，要想把地下分布情况全部掌握，谈何容易！在普探之前，李德宝为此带领工作站的考古队员，跑遍了郑韩故城的每一个角落，并且走访了当地一些居民，希望抓住哪怕是一点点的蛛丝马迹，作为切入口。调查资料表明，郑韩故城中有巨大的发掘潜力，可能会有一次重大的收获。经过周详缜密的准备工作，郑韩故城大规模的普探工作在中原地区拉开了序幕。考古队采取撒网式战术，打算像过筛子一样把全城过滤一遍，以便摸清重点区域的所在方位，然后根据已掌握的情况重点进行试掘。

他们根据国家地形测探图，依照自然分布，根据道路、沟坎、河道的自然走向，把全城划为31个大区，再把31个大自然区划成106个钻探小区，总面积在10万平方公里以上，其后按五百分之一的比例进行钻探。这样既可以确保大范围的地下遗存，譬如宫殿区、墓葬区、作坊区所在位置不致漏网，还可以缩短工期，尽快掌握地下分布状况。考古队这一时期从各地抽调专业考古人员20多人，动用民工100多人，可谓一支阵容庞大，实力雄厚的发掘队伍。考古队在划分过的指定区域，从北向南一字排开，以横10米、纵5米的间距向前推进。每人一把洛阳铲，从早到晚不停地钻探，仅凭探铲从地下带上来的信息，他们即可以知道地下所包含的丰富的内容。工

郑韩故城殉马坑

郑韩故城郑国祭祀遗址发掘现场

作非常单调而又充满艰辛，但是有一种诱惑和希望不断地鼓舞着他们，引导着他们一步一个脚印地向前跃进。

不知不觉已进入1964年冬季，初冬的北风呼啸而过，带来袭人的寒意，但是钻探工作始终没有停止。不久严寒封锁了大地，冻土层达20多厘米厚，钻探工作面临着极大的挑战。为了钻透坚硬的冻土层，每个人都是满手的血泡，但是没有人提出要离开自己的岗位。而这时令人振奋的是，考古队在西城中部和西北部地势较高的地带，即今阁老坟村周围，相当大的范围内，钻探出了密集的夯土建筑基址，并发现有早晚夯土建筑基址的上下叠压和打破关系。收获给人们带来喜悦，他们忘却了自己所处的恶劣处境，再度发扬群体作战的精神，全身心地投入到艰苦的工作中。他们发现夯土建筑基址一处接一处，约有1000多处，有些面积竟达六七千平方米，最小的也有几十平方米。如果将这些建筑基址复原为当初的面貌，一定会十分雄伟壮观。规模如此宏大的宫殿建筑群，毫无疑问，只有那些具有至高无上权力的人才有力量兴建和具有享用的资格。

在进一步的钻探中，得知宫城的城垣略呈东西向长方形，东西长约500米，南北宽约320米，城墙宽10～13米，全部为夯土所筑。残存的城垣如今已被黄土掩埋在地面之下0.3～1米深处。考古队还在宫城的北墙中部分别探出两个缺口，估计可能是宫城的北门和西门遗址。宫城内的中部偏北处还探出一座大型的夯土建筑台基，有可能是宫城内的宫殿建筑遗迹。

在这片建筑基址偏西部，有一座高出地面约8米的夯土台基，这是郑韩故城内保存在地面上唯一的夯土台基，《新郑县志》作"梳洗台"，当地群众称为"梳妆台"。台基底部南北长约135米、东西宽80米，面积10800平方米。台上发现有用陶井圈构筑的水井和埋入地下的陶排水管道，这正是一座春秋时期的大型高台建筑基址。这座夯土台基始筑于春秋，一直沿用于战国时期，也就是说此台基为郑国所建，韩灭郑后仍然继续使用。如果推测这"梳妆台"是宫殿主殿基址的话，那么东侧地下埋藏的建筑基址当是主殿前的配殿遗存。假如这一推测属实，那么郑国宫殿区大约就分布在阁老坟村西南一带。

考古队陆续在郑韩故城内勘探的面积约占故城范围的3/5，初步掌握了故城内部各种遗迹的分布情况。考古队在西城区发现了宫殿区后，在东城的东部（小吴楼村北）又钻探出大面积的手工作坊遗址，面积有十多万平方米。另外，在东城偏北部的张龙庄南地，发现了面积约7000余平方米的制骨作坊遗址，其中包含物也十分丰富，尤其骨簪出土最多，一般长15厘米左右，略呈圆锥状，多刻人字纹，通体磨光，制作精致。这处制骨作坊，大约从春秋晚期开始生产，到战国时代一直被沿用，而且从制造技术到生产规模都有一定的发展。

战国时期的铸铁作坊遗址，位于东城内西南部的仓城村南地。该遗址地势北高南低，东北至西南长420米，东南至西北宽360米，计151万平方米。在试掘中发现一座铸铁用的残炉，残炉仅存炉底，坚硬无比，应当是长期高温火烧的缘故。

在残炉的北侧和西侧，发掘者还分别清理出两座烘范窑，虽然已经残破不全，但是大致还可以看出其结构和基本形制。窑底平面略呈东西长方形，分窑门、火膛、窑室和烟道四部分。在清理熔铁炉和烘范窑的过程中，在炉底东南侧，发现一个口径约1平方米的方形灰坑，坑内部堆积着大量的残范和范芯，有镢、锄、镰、铲、锛、凿、削、刀、剑、戟等10余种，共300余件。根据试掘资料证明，这里是铸造生产工具的冶铁遗址，而且是以生产铸铁农具为主。可以看出，当时的铁器已经大量生产并被广泛使用。

御用凌阴

严寒终于过去，春天是田野钻探与发掘的最有利时机。1965年春，郑韩故城考古队再度展开了大规模的普探与试掘工作。考古队在宫殿区西北部阁老坟村北地的钻探过程中，发现地下文化层堆积异常深厚，超过其他地段，而且文化层的下面还分布有上下叠压的夯土，其中包含物也十分丰富，有大量春秋、战国时期的板瓦、筒瓦、陶器残片、砖块和铁器残块等遗物。这里的地下究竟埋藏着什么，引起了大家的浓厚兴趣，李德保把这种情况向省文物队进行了汇报。5月初，安金槐安排好郑州商城的发掘事宜后，抽时间来到新郑检查郑韩故城的钻探工作。他在听取了大家的意见后，决定在此进行一次小规模的试掘，以便弄清地下的埋藏情况。安金槐把考古队一分为二，一部分人员按照原计划继续进行钻探，一部分人员由他亲自带领前往阁老坟进行发掘。参加发掘的成员有李德保、马世之、欧正文等人。

他们在阁老坟村北夯土建筑基址密集区的西北边沿开挖了一条南北长10米、东西宽2米的探沟（编号T1）。当发掘队向下挖至1米深时，便发现了汉代文化层，其中包括汉代的瓦当、板瓦、陶盆和战国时期的陶片等遗物。汉代文化层下叠压着战国文化层，其中以探沟南部和西部堆积较厚，南部还有两个汉代灰坑的边沿，打破了战国时期一座夯土建筑遗址的东壁。这堵墙壁用草拌泥涂抹得十分光滑，无疑是一座地下建筑遗迹的一部分。为寻找建筑遗址的西壁、南壁和北壁边沿，弄清这种相互叠压的复杂关系，考古队在T1的西面又扩宽2

米，使 T1 成为南北长 10 米、东西宽 4 米的大探沟。在此基础上为了弄清遗迹周围的情况，考古队又在 T1 的西面和北面分别开了 T3、T4 和 T5 三条探沟，使这处地下遗址的口部全部暴露出来。

原来这是一处修筑在地下的南北长方形竖穴式建筑遗迹，从残存的口部看，除北壁顶部残损较甚外，其他三面的夯土壁还保存较完整，残高有 3 米左右。口部现存南北长 8.7 米，东西宽 3 米。土圹的四壁都是用夯土分层夯筑而成，每一层夯土层的面上，均布满密集的圆口平底夯杵窝的痕迹，一切表明这处地下建筑的夯土墙壁是相当坚固的。这处地下室的建筑方法是，先由地面向下挖一个口大底小的长方形阶梯状土圹，然后在土圹的四壁内侧，由下向上分层夯筑墙壁，墙壁是一层层拍打而成的。墙壁筑成后，再在墙壁四周抹上一层草拌泥，再在其上加盖房顶。

这座地下建筑究竟是什么用途呢？引起发掘者们的注意。这座地下建筑的底部比较平坦和规则，面积约有 21 平方米。从其修筑的坚固程度看，倒像是一座关押囚犯的地牢。但是在继续向下挖掘时，情况发生了变化，当清理到底部时，发现在地面上，南北成行排列着 5 个陶井圈叠砌的井形地窖，约占地下室地面的 1/3。这 5 眼井窖应该是地下室内的主要设施，不过它们分明不是水井，因为这 5 眼井相距均在半米之内，如果用于汲水根本不需要构筑相距这么近的 5 眼井。加之修筑在地面以下数米深处，出入的走道又极窄，这样挑水时上下出入都十分不便。大家一边向下清理，一边热烈地讨论着有关它的用途。

这处地下建筑基址的南壁偏东侧有

郑韩故城地下冷藏室

一道台阶，可通往出口处。走道的台阶也是夯筑的，共有 13 级。发掘时每级台阶面上都留有人们进出时，脚踏台级的路土堆积层，说明这里和当时人们的生活有着密不可分的关系。据推测，当时人们非常频繁地出入地下室，所以每层台阶的台面和棱角均凸凹不平，甚至部分台阶的中间已经磨成凹弧形缺口，这显然是常年使用造成的。在地下室的四角都发现有柱洞，推知其顶部原来还盖有屋顶。这处地下设备，被废弃后，顶部自然坍塌将其掩埋上。

这 5 眼井窖的形制结构基本形同，都是用陶井圈套接而成的竖穴式，大体和郑韩故城内外所发现的战国时期陶圈券井相似。这 5 眼井窖直径最大者为 1 米，最小者 0.71 米，一般深为 2.50 米左右。发掘时，这处地下建筑从口部到底全部填满了灰土，在灰土中包含着大量战国

· 139 ·

时期的陶器片、砖块、瓦片和兽骨等。兽禽的骨骼，约占出土遗物总数的1/2左右，其中以牛、猪骨最多，马、羊骨次之，另有少量的鹿、鸡骨。另外在这些阴冷的井窖中，还出土了大量战国时期的陶盆、陶釜、陶罐、陶壶、陶甑以及少量残破的铁器、骨器等，这一切都表明其用途一定和窖藏有关。

从这处地下设施的全局观察，再结合大量的兽禽骨骼来分析，考古工作者认为，这是战国时期韩国的一所储藏食物的大型窖穴，是用于保鲜的地下冷库，功能相当于现在的冰箱。说明古人已经掌握了在冬季采冰，用于夏天消暑或保鲜食品的技术。这座地下储藏室的发现对于研究我国古代建筑史及古代食品的冷藏技术都具有重要的价值。

众神祭坛

1993年春天，郑韩故城考古工作站站长蔡全法和郑州考古干部专科学校的老师们，带领该校的数十名学员，根据新郑县文管所提供的钻探资料，在郑韩故城东城西南部的小高庄村西，进行了大规模的钻探和发掘。他们发掘出数座战国大型粮窖遗存以及一批灰坑、水井和钱范坑等，另外还发掘出大批的汉、唐墓葬。此后，他们又在遗址西部发现了3座殉马坑，这三座殉马坑的出现，使墓地变得扑朔迷离起来。因为这些殉马坑的时代要早于附近的墓葬，而那些墓葬的规格也不够配置殉马坑。根据自己多年的考古经验，蔡全法推断这一带还应该有其他的埋藏，时代要早，可能会是窖藏坑，是祭祀后留下的遗迹。

蔡全法自20世纪80年代初，被河南省文物研究所派往郑韩故城负责发掘工作后，一晃就过去了十年。十年中他对郑韩故城的考古与研究取得了一定的成就，但是却一直没有碰到过像郑公大墓那般的奇遇，因此他始终不甘心。

郑州考古干部专科学校学生实习结束后，新郑工作站组织技术人员在该遗址西部约1万平方米的范围内进行了详细的探查。这次普探结束后，蔡全法了解到这一带的埋藏相当丰富而密集，究竟是什么，他还不敢肯定，不过根据多年的经验，他已经敏感地意识到不久可能会有一次突破性的发现。考古实习结束后，因为发掘经费和其他原因，试掘没有继续进行，但是蔡全法通知主管部门，任何单位不许私自动用这块土地。

1993年6月，随着该遗址东南部金城路的配合发掘，发现了3座礼器坑和2座殉马坑，出土青铜礼乐器60余件。这才使蔡全法对那3座殉马遗存有了新的认识，得知与它们相配置的应该是祭祀遗存。

1995年夏，当地文物工作者在该遗址以西150米的新郑市城市信用社院中，又发现8座青铜礼乐器坑和56座殉马坑，其中6座历史上曾经被盗过，但是仍然出土青铜礼乐器57件。这些可喜的发现给考古工作者带来一次次震动，从而使他们清晰地认识到，在郑韩故城的地下，到处都埋藏着珍宝，虽然历史上盗掘严重，但是还没有到盗掘殆尽的境地，而小高庄村西这片遗址当与城市信用社遗址的文化内涵非常相似。

1996年9月，新郑工作站曾经钻探过的那片土地被中国银行买去，准备在此筹建中行大厦，发现车马坑的地点也在征地范围之内。为了配合中行的基建工程，该遗址被国家文物局正式批准发掘。蔡全法带队再次来到这块土地上，郑国祭祀遗址大规模发掘的序幕终于来开了。

郑国祭祀遗址位于小高庄村西地的最西端，南北长100米，东西宽80米。这里原为西高东低的岗地，高出现地面2米以上。形成一辘轳把形的断崖。因为地势高，给土地灌溉造成极大的不便，20世纪60年代在平整土地的高潮中，这块高台地屡经平整，现在的地面已经较为平坦，地貌略呈南高北低，发掘前为小高庄村的农田。发掘时蔡全法根据1993年已经掌握的情况，以及殉马坑周围往往伴随青铜礼器出土的经验，他计划在遗址西部由北向南，在曾经发现车马坑的地方布下10米×10米的探方100个。这是一次规模浩大的发掘，最多时每天雇佣民工上百人。

发掘工作伊始，工作进行得非常顺利。考古工作者们轻轻开启尘封的书斋，拂去数千年的尘埃，然后一页页细心地解读着这部厚厚的"地书"，深入细致地进行着发掘工作。9月间，荒郊野外仍然是酷暑当头，蹲在探方中工作，汗水黏和着翻起的泥土沾在身上，甩不掉，摆不脱，令人苦不堪言，但是发掘工作仍然有条不紊地进行着。到了10月底，发掘面积已达600平方米。但出乎意料的是，经过近两个月的艰苦工作，除清理出大量的战国灰坑、水井及小型古墓葬外，仅发现殉马坑6座，没有一座青铜器坑，这不免使人感到有点泄气。

进入11月份后，气温开始不断下降，北风阵阵带来袭人的冷气，因为发掘工地上始终没有重大的突破，所以气氛如天气一样冷冰冰的，没有一点生气。鉴于这种状况，蔡全法决定改变方案，向南再开2个探方，转而向东发掘。他心中一直期盼着有所突破，但是希望却迟迟不肯降临，这给发掘队造成极大的思想压力。

发掘队在向东的发掘中，加大了发掘力度，并且从一次揭露200平方米，扩大到一次揭露400平方米。到了11月底，天气开始寒冷，阴冷的北风中还时时夹杂着零星小雨，让人感觉冰冷而潮湿。这时西部探方中的发掘已相继结束，仅剩东部两个探方尚在清理中。这时发掘面积已达1600平方米，发现了殉马坑20余座，但是仍没有实质性的进展。不过在以后的发掘中，殉马坑却源源不断地被发现，另外还有一些相关的遗迹总是不失时机地相伴而出，这些多少也给发掘工地增添了一些新意。

当发掘面积达1800平方米时，殉马坑已达44座，从西到东大致分为7排，排列规律明显，数量也较多，都是长方形或方形竖穴土坑。坑内殉马少者2~3匹，多者4~6匹。马骨的埋放方式都是头向西，腿朝南或北，均匀分布形成纵列，多数马骨为白色或黄色。马的性别多数为牡马，少数为牝马。马的年龄从1发至13岁不等。这么多的殉马坑究竟做什么用，如果是祭祀活动的遗留，那么一定还应该有其他与此相配的遗存，可是为什么隐藏那么深，一直迟迟不肯露面？蔡全法感到非常迷茫。

12月7日一早，蔡全法回郑州省文物研究所汇报近期的发掘工作和办理一些相关的事情，发掘工地由马俊才暂时负责。这时，又下起了雨夹雪，细小的冰粒，打在脸上手上，麻酥酥的令人十分难耐。严寒封锁着大地，也封冻着人们的希望。为了驱赶工地上几近凝固的气氛，马俊才突发奇想，跑到街上买来一挂鞭炮挑在竹竿上"劈劈啪啪"地放了起来。爆竹声给冷寂静默的工地带来一线生机，使人们紧锁的心头豁然开朗。浓重的硝烟与周围淡淡的雾霭融合在一起，四下飘散，消失在灰暗的天空中，也带走了工地上连日来的烦躁与不安。

这天下午，雨过天晴，虽然空气仍然寒冷，但是终于见到了久违的太阳。傍晚时分，蔡全法在郑州办完事情，驱车直奔发掘工地而来。进入发掘工地，他一眼便看到飘落在探方周围星星点点的烟花碎屑，于是心中便闪过一丝的不快。这时对面走来一名技工，蔡全法劈脸就说："不是告诉你们要保持工地的整洁吗？为什么还在工地上放鞭炮！"他很生气地跳进一个探方中，拿起手铲一点点把炮花刮拢到一起，然后清理掉。见蔡全法生气了，那人小声告诉他是马俊才干的，他想驱驱工地上的晦气。工地上所有人员都了解蔡全法的脾气，他对于工作一向是不允许有丝毫马虎的，尤其是不允许往探方中混杂任何零碎的外来物品，甚至小至一根火柴棒、一根烟头，以保证科学发掘的质量。

"算了……算了！"蔡全法嘟囔着，一副怒气未消的样子。夕阳西下，这时负责发掘T595号探方的牛花敏气喘吁吁地跑过来，悄悄告诉蔡全法，在她发掘的探方中发现了一件铜钟钮。可以看出她脸上闪动着兴奋的光彩，但是她没有声张，极力按捺着自己激动的心情，保持着平静的外表。蔡站长平时对考古队有严格要求，任何人发现文物都要严守秘密，以免遭受不测，造成文物丢失。蔡全法翻身跳出探方，跟牛花敏一同来到T595号探方，这消息太重要了。

这是一个长方形的窖藏坑，在坑东北角黑色填土内，果然露出一件青铜钟钮来，在傍晚昏暗的光线中新奇地向外张望。现场的工作人员都沉浸在激动与昂奋中，这钟钮的出现给多日来冰冷凝固的发掘工地送来了一缕春风。蔡全法要求大家不要声张，严密封锁消息，一切照常进行。很快一切都归于平静，工作在默默的氛围中进行着，但是人们的心情却不同于以往，发掘已经两个多月了，大家急切等待的就是这一天。这个窖藏坑编号为1，是这个工地的首次发现，意义非同小可。这天夜里工地上的值班人员由原来的2人增加到了5人，并且他们手拿警棒，昼夜不停地巡逻。夜幕下，还有两条高大威猛的猎犬，忠于职守地守护在工地上，保卫着主人的胜利的成果。

填土被一铲一铲地清除，很快蔡全法发现乐器坑的西部被一个后期的灰坑所打破。这个灰坑的直径大约有80厘米，呈布袋形向下延伸。会不会破坏坑中的文物呢？每个人的心中都感到沉甸甸的，笼罩着一层阴影，害怕这重大的收获会不翼而飞。但是在他们继续向下发掘时，渐渐看出有3排钮钟从北向南整齐地摆放着，北面2排，每排10个，从小到大一字排开，南面的一排是4个镈钟，都安然无恙地立放在坑底。真是万幸，大家深深地松了一口气，那灰坑只不过是破坏了西部的钟架，假如稍微向东偏一点的话，这坑中的钮钟恐怕早就没有了。

感慨之余，大家又投入到紧张的清理工作中。这是一个细致而缓慢的过程，他们一边拍照，一边绘图，一边用毛刷和竹签轻轻地剔拨着钟体上的泥土。当

郑国祭祀遗址青铜乐器窖藏坑

钟体上的泥土清理干净后，可以清晰地看到每件钟体上面都有明显的席纹。这席纹究竟是怎么回事？蔡全法一开始认为是在埋藏的时候，钟是用竹席包裹着的，但是细想一下，席子那么硬，极不易包裹，应该是覆盖在上面的更为合理。蔡全法像所有的考古工作者那样，有着极为敏锐和善思考的头脑，什么事情总是要问个究竟，并且一定要弄个水落石出。

工作在紧张有序而又愉快的氛围中进行着，通过发掘可以看出，每排钟的上面都有木质横梁的灰痕，相当一部分横梁灰痕陷落在钟与钟之间的缝隙中，在坑东壁的下端钟架灰痕仍清晰可见，为长方形，顶部和一些横撑都有压变形的现象。在中间一排钮钟的东西两端，还残存有两段横梁上的装饰板，上面依稀可见浮雕状云纹和朱砂的痕迹。清理到最后，在中间一排东起第二枚钮钟旁边出土一件高仅4厘米的小陶埙，给人们又增加了一份喜悦。陶埙为泥质磨光，烧制火候较低，黑色。器形近似圆锥体，折腹，平底，顶部有一小吹孔，为四音孔，据发掘者推测可能与编钟的定音有关。

考古队在清理1号坑期间，喜报频传，在T595探方的南、北、东三面都相继出现了一些长方形坑和方形坑，与1号坑的形制基本相似。至此，考古队期待已久，悬而又悬的心才算稳稳当当地落在了"地上"。12月14日，1号坑青铜钮钟的提取工作全部结束。而此时天气已进入严寒季节，气温一天比一天低，冻层一天比一天厚，使发掘工作陷入到极度困难中。但是令人备受鼓舞的是青铜礼乐器坑的发现远远比预期的还要多，使人在没有充分心理准备的情况下，饱尝了一次在巨大喜悦冲击下，发自心灵深处的快感。

1997年1月6日，发掘工地的技术员游会琴正在T605南侧的一座方形坑中清理填土，突然在坑西北角隐约露出两件青铜器的形迹。她用手铲轻轻拨动周围的填土，慢慢地两件铜方壶的盖露出地面。该坑被编为2号坑，是继1号坑之后的又一次振奋人心的发现，因为它是中行工地发现的第一座礼器坑。整套编钟的发现在郑韩故城中并不属于首次，过去也曾有过出土，礼器坑过去也不断有所发现，但是属于科学发掘还从没有发现过铜方壶，因此铜方壶的出土无疑像一支兴奋剂，令人们激动不已。

这时的发掘面积已达 2400 平方米，在附近的探方中相继传出喜讯来，使发掘工地上的热情越来越高。清理 2 号坑时，又下起零星的小雪，气温再次下降。经过一夜的封冻，第二天地表冻结达 20 厘米厚，用手铲刮不动，用镢头也刨不动，无奈中只得用柴火烘烤，当地面的冻层烤化后，再逐层向下清理。通过几天紧张艰苦的工作，2 号坑的青铜器终于全部起取完毕，一次出土 9 鼎、9 鬲、8 簋、2 方壶、1 圆壶、1 鉴、1 豆共 31 件青铜礼器。9 件铜鼎分别排列在坑中，簋和鬲放于鼎内，2 件方壶放在坑的西北角。

从清理出的痕迹看，这些器物在入藏时都经过芦苇的精心包裹，这些器物的器表上还留有芦席清晰的痕迹。这组铜器组合中以鼎和方壶最大，最大的鼎口径 54 厘米，通高 56 厘米，最小的鼎口径 47 厘米，通高 47 厘米；方壶通高 67 厘米。这批铜器纹饰与造型精美华丽，锈色翠绿鲜艳。铜鼎均有略外撇的立耳，折沿，深腹，一般在鼎腹外壁饰有蟠螭纹。方壶作圆角长方形，上承长方形盖，通体饰有粗壮的龙纹，盖上饰蟠螭纹和双首连体鸟纹，壶颈两侧有一对龙头形耳，并各带一环。另外簋、鬲、豆、鉴等小件器物大都保存完好，造型尊贵大方，通身饰有蟠螭纹、鸟纹、云纹等。这些装饰纹大多沿袭传统，又有创新和独特的个性。

2 号礼器坑清理完毕后，考古队又相继发现了 8 座祭祀坑，并且初步判定 3 座为礼器坑，5 座为编钟坑。这一发现其意义无疑是重大的，在郑韩故城考古史上具有突破性进展。紧接着，一场更为艰苦卓绝的大会战打响了。尽管以后大规模的发掘仍存在许多困难，但是因为有了 1、2 号坑的发掘经验，所以避免了许多不必要的麻烦。郑韩故城是历史上被盗较严重的地区，说十墓九空绝不过分，蔡全法在郑韩故城工作近 20 年来，主持发掘的墓葬有数千座，而没有被盗的已寥寥无几。目前他们探出的这些窖藏坑，能否幸免于难，所有的人心中都没有把握，但是有一点可以肯定，10 座坑全部被盗的可能性也不大。

1 月 7 日，也就是发现 2 号坑的第二天，考古队在清理 3 号坑以东的近代土坑墓时，发现该墓被盗一空，什么也没有留下。而 3 号坑位与该墓只有一壁之隔，并且盗洞已经打破了 3 号坑壁，所以被殃及的可能性很大。因此，9 日在清理 3 号坑时，蔡全法吩咐先从盗洞

郑国祭祀礼器坑

入手。盗洞一直像一团阴影罩在发掘者的心头,而当盗洞清理到底时,在坑南部仅距盗洞2厘米处,突然露出一只硕大的鼎耳,它向发掘者证明,该坑文物安然无恙,侥幸逃脱了盗墓者的魔爪。人们感到无比的兴奋,焦虑和担忧被驱赶得无踪无影,紧张的神经为之一松,并加快了发掘速度。3号坑出土31件青铜礼器,按照配置9鼎、9鬲、8簋……一件不少。因为器物全部集中在坑的北半部,所以才免遭厄运。这时已经连续发掘了3座坑,而两次都化险为夷,取得丰硕的成果。因此,考古工地上兴奋的情绪一天高过一天,由恶劣的天气所带来的严重困扰,被发掘者们置之身外。

3号坑清理的同时,4、5、7号编钟坑和6、10号青铜礼器坑也都相继进入清理阶段。虽然每个坑在不同程度上都出现过扰动,但是均有惊无险,文物没有被盗,仍然安睡在坑底,这给人带来极大的慰藉。值得一提的是7号坑出土了一件击钟的钟锤,是这次发掘中唯一的一件,并在悬钟的木质横梁上发现了骨锥,都是穿插在横梁和钟钮内的,钟钮上保留有皮绳拴系的痕迹。另外在6号坑的东部出土了一串骨制管形佩饰物,共15个,为礼器坑中所不曾见过的。

10号坑是礼乐器坑中最大的一座,南北残长2.6米,宽2.5米,近似方形。考古队在清理时发现坑北部放置礼器的部位,被一座汉墓所打破,因此他们对该坑不再抱什么希望。然而出乎意料的是当发掘者清理坑中填土时,却没有发现扰动的现象,亦无盗洞的痕迹。这使蔡全法犹豫不决,无法判定坑中的器物是否还在。为了保证铜器不受损害,一般情况下,发掘人员是不会用洛阳铲钻探的,只能进行逐层清理的办法。面对这种情况,蔡全法安排了技术人员中资历最深,工作一贯认真负责的尚金山来清理。他沿着盗洞向下清理,清理一层,便停下来仔细观察观察,这样填土逐层被揭去,但是始终没有发现异常情况,大家都松了一口气。不过蔡全法心中依然不踏实,他担心会出现意外情况。又经过两天的紧张工作,悬念终于被破解,该坑保存完好,器物安然无恙。不过该坑只出土了9鼎、9鬲,而没有方壶、圆壶、簋、鉴等相配套的器物。

清理中发掘者最担心的是被盗,而这种令人不安的现象却是一波未平一波又起,一惊一乍地时刻牵动着发掘者的心。8号编钟坑的情况更让人担忧,它的西南角恰好被一座墓葬所打破,而东部又被一条近代扰沟挖断。这一切都说明其中的器物很有可能已经被盗。遇到这种情况,考古队更是谨慎小心,密切注视和观察这一迹象的发展状况,以防止资料根据的遗漏。他们首先清理了墓葬,逐层揭露,并密切注意墓葬向下延伸的情况。万幸的是东部的扰沟在2米深以后便逐渐消失了,没有构成太大的威胁,但是墓葬打破的缺口却仍然阴森森地向下延伸着,给人的心里造成沉重的压力,而随着墓葬缺口不断地向下延伸,人们的紧张心情就会不断加剧。

蔡全法此时的心情更为复杂,他想尽快弄清坑中的文物是否还在,但又唯恐看到坑中空空如也的局面。大家都默不作声,只管向下逐层清理,耐心地等待着最后的结果。当墓葬向下挖至3米以后,奇迹突然出现了,由于墓壁和坑壁都有收分,被墓葬打破的缺口上宽下窄,到接近墓葬底部时,逐渐离开了坑壁,所以两壁面擦肩而过，没有继续向下重叠。人们惊疑交集、将信将疑，相互议论着，不敢相信眼前的事实。8号坑最终安然无恙地保存下来，出土编钟24件，陶埙1件，并且在编钟上发现了丝绸包裹的痕迹，说明编钟在埋入之前是用丝绸包裹着的，坑底铺垫有一层竹席，编钟放入后再覆盖一层竹席。虽然出土时，竹席已经腐朽，但是腐朽后的印痕清晰可见。

无独有偶，当8号坑解除危机之时，发掘者们正兴奋的时候，突然发现9号坑的中部被一座墓穴拦腰切断，而且另有一座墓葬打破了其东壁，真是险象环生，给发掘队带来惊心动魄的一幕又一幕。不过这次的担心和猜测很快就过去了，9号坑中部的墓葬深不足60厘米，仅对9号坑上部的结构有所损坏，距离坑底还很远，只不过让人虚惊一场而已。其东部打破埋藏坑的墓葬深1.9米，距编钟坑东端的钟架仅有20厘米，虽然是寸土之隔，使发掘者疑虑重重，但最终没能造成严重的损失。9号坑也出土一套完整的编钟，共24件，还有1件可爱的小陶埙。

接二连三的重要发现实在太突然，说明这一时期郑国正处于强盛阶段，而且是长期稳定的。工地上四五级北风呼啸着，风中还夹杂着细小的冰粒，但是自考古工地发现器物以来气氛一直很活跃，真有过把过瘾的快感，使人常常陷入一种无端的冲动和激奋中。对于考古工作者来说，困难和艰辛并不重要，重要的是有没有过一次光辉的经历和轰轰烈烈的人生阅历，而他们拥有了这一切，因此说他们是幸运的。

青铜大典

随着发掘工作的深入进行，中行工地遗址发掘面积已达3000多平方米，清理青铜礼乐器坑10座，出土各种礼器111件，编钟6架144件，并清理出数套木质钟架的朽痕和30座殉马坑。可谓硕果累累，丰富多彩，但是考古证明，礼乐器坑的数量还在不断增加。为了取得上级机关的支持，蔡全法在发掘的同时，及时将这一重大发现上报到国家文物局。接到汇报，国家文物局旋即派考古专家组组长黄景略来工地视察，当他看到这种壮观的场景和摆在面前的一批珍稀文物时，不禁大为惊愕。这无疑是一次重大发现，在郑韩故城数十年的考古史上也属罕见。结束视察工作后，黄景略对其工作予以肯定，并对今后的工作讲了几点意见：（1）遗址发掘要继续进行，可以搞"地毯式"发掘，一寸都不能放过；（2）经费有困难，国家文物局帮助解决；（3）从目前情况看，遗址性质尚无法断定，要边发掘边研究，尽早解决性质问题。国家文物局的支持和关注使考古工地上热情高涨，人们备受鼓舞，成为下一阶段发掘工作遵循的基本原则。

发掘面积不断扩大到4000平方米，最后达到8000平方米，共发现礼乐器坑18座，殉马坑45座，出土青铜礼乐器348件。令人惋惜的是11、12、13、18号坑已被盗墓者洗劫一空，坑中仅存部分钟架和残竹席的痕迹。与此同时，还发现了大量其他东周遗存和少数汉、宋墓葬。东周遗存主要以小型战国墓为主，数量已达百座，尤以小孩墓为主。另外还发掘出东周时期的灰坑340个，水井40余眼。这次发现在国际学术界引起巨

郑韩故城郑国祭祀坑出土祭祀重器——青铜九鼎八簋九鬲二壶

大的震动，其重要性可以和中国考古史上任何一次重大发现相提并论。

面对如此重大的发现，很多人都会问，遗址的性质究竟是什么？如果说是窖藏，为什么要将大量的马杀死藏入地下，显然解释不通；如果说是宗庙，而为什么没有发现任何宗庙建筑遗存，且宗庙祭祀是不埋祭器的；说是附葬坑吧，近处却没有与之同时期或者相匹配的大型墓葬。围绕这些问题，大家发表了很多不同的意见，当然是各有各的看法，不过最终也没能有一个统一的说法，因为各种见解都有不完善的地方。为此，蔡全法终日不能释怀，常常不由自主地陷入深思中。

直到1997年7月，考古队在T623探方中发现了一道夯土墙后，多日来的悬案才被揭开了沉重的一角。蔡全法亲自对这道夯土墙的局部作了解剖，发现夯土墙残存厚度有30余厘米，是基础槽，夯筑的层次清晰，基宽1米左右，断续尚存36米长。夯窝仍清晰可见，为圆形小圜底，其中所包含的陶片具有春秋中期的明显特征。从遗迹的平面分布情况看，所有遗存均分布在墙基以西，没有超出墙基范围的现象，而且墙的走向与多数礼乐器坑和殉马坑的方向相一致，说明墙基的时代不仅与遗址相同，而且是遗址的重要组成部分。

周和夏商两朝一样，把社稷与宗庙放在同等重要的地位，是国家与政权的象征，所以统治集团一向把祭祀活动作为头等大事来看待。据记载，周代的大型祭祀活动，较常见的分外祀和内祀两种。祭天在南郊，祭地在北郊，由于这些祭祀活动在城外进行，所以称为"外祀"，而祭祀宗庙、社稷因为在城内，便称为"内祀"。这处遗址因为在城内，所以首先可以排除外祀的可能性。另据《考工记》记载，宗庙与社稷都在王宫的前方，所谓"左宗庙，右社稷"。而这片遗址正处于西城区内，宫殿遗址前方，由此而知这片遗址应该是祭祀江山社稷的场所。

社的重要标志是社坛和社壝，尤其是社壝的发现（祭坛周围的矮墙）更加证明了考古工作者的推断。虽然由于年代久远，祭坛已不复存在，但是围墙尚存。根据墙基槽1米的厚度来看，显然是一堵矮墙，正符合社壝的要求。社坛和社壝是大地的象征，故以天为穹庐，便可以直通天气。《礼记·郊特性》载："社稷土而主阴气也。……大社必受霜露风雨，以达天地之气。"这大概就是祭祀遗址没有建筑设施的根本原因。

到此，蔡全法心中豁然开朗，连日来的迷惑终于迎刃而解。这里显然是郑国的大型祭祀场地，至高无上的统治集团每年都要在此和上天进行最直接的对话，用以取悦于对人类有着绝对支配地位的众神祇，向上天祈求来年风调雨顺，保佑他们的江山社稷千秋万代永世太平昌盛。

在周代礼乐制度中，编钟的数量与悬挂方法，是贵族阶层地位和权力的象征。《周礼·小胥》说："小胥……正乐县（悬）之位；王宫县（悬），诸侯轩悬，卿大夫判县（悬），士特县（悬）。辨其声。"意思是说，古代天子作了要用四架钟，称"宫悬"，诸侯用三架钟，称"轩悬"，卿大夫用二架钟，谓"判悬"，士大夫用一架钟，谓"特悬"，这是一项严格的礼仪制度。这次出土的11架钟，有9架为3架一组的。如果这是3次的祭祀用钟，正符合轩悬之数，恰好与郑国的地位相吻合好。

这些青铜礼乐器窖藏坑应该是一次次大型宗教祭祀活动后埋入的，2000年以后，它的再现透露出大量丰富的信息，并且把这种古代神秘的宗教文化重现于世，和现代文明产生强烈、鲜明的对照。这一考古发现在我国尚属首次，印证了古史中对于祭祀场面的记载。这次出土的300多件的祭祀礼器也属罕见，对于周代礼仪、社稷制度、郑城的布局、郑国音乐、编钟发展史的研究都具有重要的意义。

经过测试，出土的9架编钟，埋藏前均经过调音，说明这些钟是在祭祀活动时演奏使用后被瘗埋的。乐舞是商周以来祭祀降神的一种特殊方法，属于宗教活动。《周礼·大司乐》载："乃分乐而序之，以祭、以享、以祀。乃奏黄钟，歌大吕，舞云门，以祀天神……"可以想见，当时祭祀用乐时，活动场面浩大、气魄，往往是乐、舞、歌相互配合使用，达到人神间"沟通与交流"之目的。在这样大规模的祭祀活动中，乐舞是降神的手段，编钟成了被利用的工具。

新出土的郑国编钟，多数都是分上中下三层悬挂，中、上两层悬钮钟，为中高音区，下层悬镈钟，为低音区。钮钟与镈钟的区别，就在于钮钟的钟口为凹形，镈钟为平口。中高音区的钮钟为演奏主旋律用，低音区的镈钟为掌握节奏和作和声之用。郑国出土编钟从低音到高音跨越了4个8度的音域，加之较多的半声音阶，七音俱全，可以旋宫转调。从配器方面看，镈钟从低音到高音跨越了3个8度以上的音程，具有低音和声乐器和低音旋律乐器的功能。它们既能齐奏，又可合奏，至今仍能够演奏出优

郑国国君大墓

郑国礼乐器——青铜编钟

美动听的乐曲，充分显示出郑国乐舞的高度发达与进步。

这次发掘，一直到 1997 年秋天，才告一段落，除了部分编钟坑没有起取以外，其他的工作基本结束。这时已经进入雨季，天像漏了一般，如注的大雨一连数日不停，四外雨蒙蒙的一片。蔡全法每天看着浓云密布的天空和泥泞的道路，心急如焚。最后他和所里取得联系，商量决定等天晴以后，将整坑的编钟装箱搬回郑州。

数天以后，时断时续的小雨缓缓停下来，天空露出光辉灿烂的色彩。经过多日的准备，考古队在这一天开始大规模地搬运工作。装运宝器的消息像野火一样飞速传遍整座城市和附近的村庄，引来数以千计的围观者，都希望能亲眼目睹这一奇观，但是这里面也不乏不法之徒。不能久留，必须尽快离开这里。蔡全法暗暗捏着一把汗，心中的恐惧与时俱增。他迅速组织民工清理坑边的堆土、装箱、起吊，然后看着一件件装有整坑编钟的硕大的木箱装上卡车。他们一直忙到深夜，而这时唯独剩下了 8 号坑还在紧张的装运中。

8 号坑因为有一条近代扰沟从其中部横穿而过，地形异常复杂，致使吊车无法靠近坑口。这时已近午夜，蔡全法只得组织民工把坑扩大，使坑底面一直延伸到吊车脚下，然后把捆扎好的木箱用钢丝绳挂在吊钩上，当起重臂发动的时候，十多个棒劳力在一声号令下，一鼓作气把木箱推向起重臂下。这时起重臂抓起木箱缓缓升起，带着人们无限的希望和万般劳累，最后将这批珍贵的文物全部装车，在河南省文研所领导和保卫人员的严密监护下运回了郑州。蔡全法一行押运文物回到郑州时，已是深夜 1 点多钟，这时他们才猛然想起还滴水未进……

这次考古发掘被评为"1997年全国十大考古新发现"之一，并先后被评为"20世纪河南十项重大考古发现"和"中国20世纪100项考古大发现"之一。

宏伟巨制

郑韩故城考古队，自1964年开始在故城遗址大规模地钻探和试掘以来，重大的考古新发现一波未平一波又起，一直到今天也没能结束这里的考古发掘工作。

早在1968年，新郑东城后端湾村一名社员正在村西地灌溉农田时，突然地面被大水冲出一个洞，水直往里灌，于是好奇的人们把洞扒开一看，原来是一座墓葬，并发现有一对青铜大方壶。他们将情况上报了文物部门，新郑工作站站长李德保闻讯后，立即赶往后端湾，将两件铜壶收缴归公，然后对墓葬进行了清理。这两件方壶器形和纹饰完全相同，通高70厘米，考古人员将其定为春秋早期器。这是新中国成立以来，郑城中首次发现的大型青铜礼器，具有十分重要的研究价值。这对铜方壶的发现，引起考古工作者的高度重视，1983年和1986年，郑韩故城工作站在1965年钻探的基础之上，又先后两次对后端湾进行了钻探和试掘，确定这里是一处郑国高级贵族墓地，面积约10万平方米，其包含各类墓葬300余座和大批的灰坑、车马坑及陪葬坑等。

1996年7月，新郑城关镇土地所，准备在后端湾村一带开发群众居住宅基地。得到消息，新郑市文物保管所即刻派人前往进行普探。郑韩故城是国家第一批文保单位，文物保护工作做得相当扎实和规范，任何部门哪怕是动地下的一寸土，都必须经文物部门钻探后才允许施工。这块规划出的宅基地，东西宽34米，南北长124米，属于后端湾墓地的一部分，与1923年出土郑公大墓的李家楼由东南至西北相隔仅千米。

7月11日上午，正当钻探进行将近一半时，发掘队发现地下的堆积特别复杂，除了有不少大墓和灰坑外，另有一片五花土，约占地有数10多平方米。他们立即将情况报告给新郑工作站，听到如此振奋人心的消息，蔡全法立刻带人匆忙赶往工地查看。钻探结果表明，这里有一座长约25米多、宽约21米的特大墓葬（编为M1号墓），另外还有14座大中型墓和1座长约10米、宽约8米的大型车马坑（编为1号坑）。

1996年冬天，蔡全法带领考古队在这里进行了试掘。目的是为了掌握大墓的真实面貌，因为这样规模宏大的墓葬在郑韩故城中还从没有见到过，不能不使人产生疑问。考古队首先将M1的边缘铲探出来，果然规模之大在郑韩故城历年发掘中首屈一指，因此考古工地上群情激奋，大家都企盼着有一次震惊世人的重大发现。这种梦想由来已久，郑韩故城考古工作站的每个人都想亲手挖到一座像1923年李锐打井时挖到的那般规模的大墓，而今天他们终于如愿以偿了。然而令人惊讶的是，墓口揭开之后，他们发现在宽大的墓圹之内，大大小小形状各异的盗洞竟然有59个之多，其中有一部分显然已经直达墓底。此情此景，使每一个考古工作者都心如刀割一般。

这座大型墓葬分为夯筑墓圹与中心墓室两部分，数一下，墓圹上的盗洞有24个，中心墓室上有35个，将偌大的墓葬盗挖得像筛眼一般惨不忍睹。经过鉴定，这些盗洞多为民国时期的"杰作"。1923年郑公大墓发掘以后，轰动了全国，并震惊世界，但也引来盗墓者的疯狂盗掘。他们在郑韩故城遗址中肆无忌惮地狂挖滥掘，致使大多墓地被洗劫一空，幸存者可谓寥寥无几。

面对M1千疮百孔的局面，考古队一时陷入进退两难的地步。挖还是不挖呢？两种意见争执不下。挖吧，很有可能是竹篮打水一场空，不挖吧，万一错过良机呢？还有那种"不到黄河心不死"的犟劲使大家不甘心，最后蔡全法还是做出了继续向下挖的决定。这样一方面可以了解这座大墓的形制，结构和建筑水平，另一方面想，或许还能获取一些遗留物。总之，对于考古工作者来说，希望永远存在于不停顿的探索之中，只要有一线希望，就决不要放弃。发掘之初，有人提议说，干脆集中力量以最快的速度从墓坑中部挖下去，先看看墓中是否还有遗留再说。这种提议显然违反田野考古操作规程，立刻遭到蔡全法的反对。他认为发掘这样罕见的大墓，除了考虑获取墓中的文物外，还要考虑是否全面获取了这座大墓中的历史信息，决不能单看墓内有多少随葬品。

一经决定，大家便积极投入到发掘工作中，尽管发掘工地上依然笼罩着一种悲观失望的情绪。1997年6月10至8月1日为发掘墓口和清理盗洞的阶段，后因为发掘经费短缺而停工。1999年11月9日，基建单位拨来发掘经费，于是再度开工，继续发掘墓室。经过断断续续7个月的发掘，这座大墓终于清理完毕。发掘期间，大家始终最关注的是盗洞的发展状况，然而阴森森的、令人憎恶的形状各异的盗洞，始终伴随着大墓的发掘向下延伸，给人们冰冷的情绪上又添上一层厌恶。填土和盗洞的清理工作正在紧张地进行着，而令人不可思议的是，那些挖到墓圹上以及墓道上的盗洞，一旦发现方位错了，立即会改变方向，继续沿着墓室的位置向前延伸，有些盗洞竟然曲曲折折几经转换方位，最终执著地到了达墓底。

伴随着众多的盗洞，墓中的随葬物必定是凶多吉少。当墓室将挖至底部时，也是最为引人关注的时刻。大墓被盗的情况如何，究竟有没有留下遗物？这是自发掘以来一直让人揪心的问题。大墓终于发掘到底部，果然墓室中早已空空如也，连尸骨也没有见到，虽然大家早有心理准备，但是当看到这种结局，仍然不免感到心寒和失望。尽管如此，蔡全法还是带队认真仔细地完成了墓室的清理工作。M1中的随葬品虽然被盗一空，但是仅从墓制的形制来看，也足以令人震撼的，它的建造可谓旷世杰作。该墓圹为长方形，南北长25.5米，东西宽21米，深近10米。四壁不甚规整，有6道专供造墓人上下的凹槽，槽边各有两排脚窝，墓室长10米，宽8.5米。葬具为三重厚椁，棺室因盗扰严重，加之棺椁腐朽后坍塌在墓室中，遗迹现象已经完全遭到破坏。外椁虽已经腐朽，但仍可以看出是由宽厚各30厘米的巨大长条木垒砌而成的，高达5米以上，椁外堆砌有半米厚的砾石层。

考古工作者一点点清理出扰土，在墓室范围内认真地寻找，不放过任何一点遗留物。所幸的是墓室内残留的小件器物不断有发现，多少给人们带来一些宽慰。在清理墓室中部时捷报频传，发现的残存遗物相对多一些，有铜鱼、玉璜、玉饰件、玛瑙等。发掘者认为这些散落在墓室中的小件物品，可能是墓主人身上佩戴的饰物。盗墓者将遗骸拖出棺外，由于服饰腐朽，散落在扰土中的。这次共出土有铁器、铜器、玉器、骨器等各种小件文物200余件，其中有1件铸铁工具最为珍贵。春秋时期像这样的大墓，实属罕见，可以想象，假如这座大墓不被盗掘的话，其中的随葬品定是琳琅满目、富丽辉煌、震撼人心的。而这些价值连城的珍贵文物，究竟花落谁家？还会有人知道它们的出土地点吗？

为了确保墓主人来生的宁静和富贵荣华，造墓人显然是经过了精心设计和策划，并采用了一整套当时来说最先进的技术手段。他们把每根椁木捆系上直径约5厘米的粗绳，再将绳索的另端绑在木桩上，然后将木桩夯筑到周围墓圹夯土内。为了使墓圹夯土坚如磐石，造墓者更是费尽心机。他们在数层绳索密布的夯土层中，铺设了密集的木框网架，网格间用细绳攀系，形似现代建筑中的钢筋网，坚固而不易脱滑。发掘时木框网架残存有8层，绳索残存有23层，仅此便充分反映出了当时的建筑水平，使人看后不禁瞠目结舌、震惊无比。像这样采取多种技术相结合的墓室营造法，即便在整个东周时期也是极为罕见的。

经过初步计算，墓室中仅夯筑填土就有4000多立方米，木网架和棺椁所需木料100多立方米。从盗掘后墓中残留的青铜碎片看，都是重器上的零部件。另外，历经数十次的盗掘，墓中还有众多的铜鱼和玉璜出土，这一切都表明，M1墓主人应该是郑国的一代国君。墓葬的时代，应属于春秋晚期。

这座大墓埋葬着郑国的一代雄主，他活着的时候声名赫赫，他当年统治国家的时候，无一不被人视若神明，所以他希望死后仍然享受哀荣。而2000多年以后，当他的墓穴被彻底打开，暴露在光天化日之下时，却连残骸也不复存在。实际上"历来修建花岗岩大厦的人，创造金字塔里的大厅的人，用高超的技术创造美的人，他们的祭坛上却和那一无所成、委身沟壑的芸芸众生的祭坛一样，都是空白的"。

千军万马

发掘M1，总的来说是在一种悲观失望的气氛中进行的，但是突然一个偶然的发现，却瞬间驱散漫天的乌云，给发掘者带来光明的前景。1998年10月的一天，一户当地居民在M1西部相距20多米处挖地基时，马俊才突然发现在他翻挖的地基沟中有大面积的花土出露。对于考古工作者来说，这是一个强烈的信号，预示着将要有重大的发现。五花土是考古学用语，一般指挖出后又回填到墓中或窖穴中的回填土，说明这里的土曾经被挖过。这一喜讯，同样强烈触动了马俊才的神经，他的第一反应是，这里可能会有另一座大墓，也许还未曾盗扰过。

他当即令那人停工，等待考古队前来钻探。11月17日，马俊才带队开始在这里进行发掘。很快进入冬季，北方大平原上的冷风嗖嗖地刮着，不久又飘起零星的雪花。考古队冒着严寒在这里进行着一项最具伟大意义的工作——考古。他们迫切希望通过自己的努力，去揭开这处地下奇观，竟然忘记了因恶劣的天气而给他们带来的困难。他们清理过填土后，当坑口渐渐呈现出来时，反而让大家吃了一惊，不免有些纳闷起来。这是一座东西向的长方形大型遗迹，长18米，宽8米，该坑编为1号坑。面积如此宏大的夯土遗迹，究竟是什么用途？看来应该是与1号墓相关的一处重要遗迹。尽管天寒地冻，飞沙走石，但是发掘工地上却一扫往日的沉闷，洋溢着初春的暖意，充满战前那种激动和振奋的情绪。

经过进一步钻探，1号坑被确定为1号墓的大型陪葬车马坑。在郑韩故城数十年的发掘中，像这样规模庞大的车马坑还是首次发现，不能不让人倍加兴奋。车制是东周时期等级制度的核心内容之一，从以前所发掘的10余座中小型车马坑的情况看，大夫一级的5鼎墓，才能殉葬车1辆，个别也有殉葬4辆的，因此1号车马坑的发现，对了解春秋时期郑国车制具有重要的意义。

2001年4月8日，考古队对1号车马坑周围的5座中小型墓葬进行了发掘。到7月底，发掘工作基本顺利完成，不过仍是座座被盗，无一遗漏。经过发掘者认真寻找，他们只是在扰土中清理出了一批玛瑙、玉器、青铜器、骨器、紫水晶等小件文物或饰件，虽然其中也不乏一些文物精品，但还是令人深感失望。

入夏以来，天气常常变幻无常，风雨说来就来，而且一连数日不停，这使墓下作业的人们总是措手不及，无处藏身，因此防雨成为当务之急。经过商议后，马俊才带人在1号车马坑上搭建了一个遮蔽风雨的大篷子，篷子搭好后总算可以避风雨了，但是出人意料的是人们在大篷中工作，更是苦不堪言，还不如在露天下工作。平时大棚中一丝风都

郑国国君墓陪葬车马坑

韩国 HAN GUO 世系

武子¹（万）——赇伯²——定伯³（简）——子舆⁴——献子⁵（厥）

宣子⁶（起）——贞子⁷（须）——简子⁸（不信）——庄子⁹（庚）

康子¹⁰（虎）——武子¹¹（启章）——景侯¹²（虔）[景侯6年韩始列于诸侯]

烈侯¹³（取）——文侯¹⁴——哀侯¹⁵——懿侯¹⁶（若山）——昭侯¹⁷

宣惠王¹⁸——襄王¹⁹（仓）——釐王²⁰（咎）——桓惠王²¹——韩王安²²

（公元前230年韩国为秦所灭）

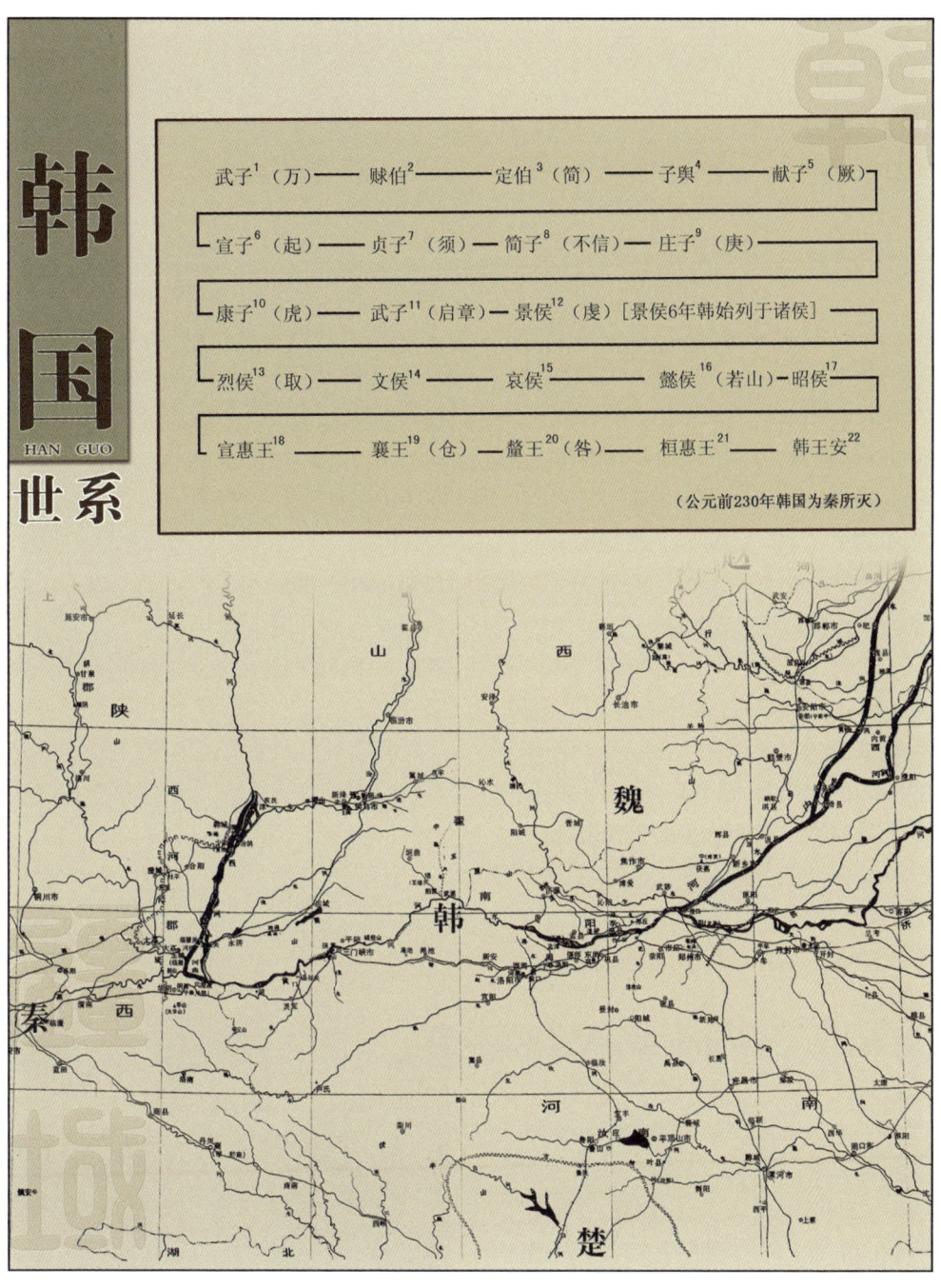

韩国世系表

没有，炎热的太阳一晒，闷热异常，就像身处窑炉一般，个个大汗淋漓，焦躁难挨。如果下起雨来，里面却又湿热潮闷，令人窒息，时间一久，身上起一层湿疹，一抓一片，钻心的痒痒。而正在这时，1号坑中车辆的痕迹出露了，一辆、两辆……远远超出当初的想象，而且车的上面还发现许多青铜和骨制饰件。究竟里面会有多少辆车？还会埋藏有其他遗物吗？这一切给人们带来了无限想象的空间。这个发现使大家兴奋不已，忘却了身处恶劣环境中难耐的滋味。

1号车马坑的时代为春秋之际。坑口长10.4米，宽8.4米，底部略小，深5米，

· 155 ·

四角各有两道供人上下的脚窝。填土为不规则的夯土，车辆中间的填土没有发现夯打的痕迹。该车马坑的面积虽小，但是内涵却十分丰富，当揭开填土层后，层层叠叠、大小各异的车身、车轮便展现在眼前，十分眩目。这些车辆装饰豪华，做工甚为考究，极具观赏与展示价值。而令人遗憾的是，车马坑已被13个盗洞和3个战国水井及1个战国灰坑所扰乱。所幸的是，除了两辆车遭破坏严重外，其余的车子均可以复原。在场的所有人员都被这一奇观所震惊，深深为中华民族的古代文明而感到骄傲。

郑国车马葬制有其特殊的规律，都是先将车轮摘掉后，侧靠在坑壁的四周，再把杀死的马平铺在坑底，然后把拆下的车体放在马身上。事先摘下的车马饰件，像马鞍、马镫、马衔等全部放在主墓中。据考证，这与郑人的宗教信仰有关，他们相信，如果阴间的其他鬼魂拿不到这些车马具，那么谁也无法使用这些车辆。

就在大家为新发现而激动忘情的时候，突然出现一个意想不到的难题，使大家陷入手足无措的窘境。当马俊才带人清理车衡、车辕、车轮的一些主要部位时，却意外地发现上面出现许多空洞，空洞的内壁四周还黏附着漆皮，这是木质结构腐朽后形成的。原来一般的木质车辆，大多在十数年间便已朽坏，这时土分子进入朽灰中间，形成固体结构，因此清理出朽灰也就清理出了车子的原型。可是1号坑的车辆采用了非常坚固耐用的上等木材，往往历经百数十年还不腐朽，而这时周围的泥土已经压实成形，不能再压缩了。又经过一些时期，这些木料朽掉，只剩下不易腐朽的漆皮粘着在周围的土上，而因为灰土量过少，已经无法充填在朽灰中，所以就形成了这种空洞。

起初大家并不了解其中的原委，感到很奇怪，还以为是鼠洞或其他原因造成的，总之见此情景，大家深感束手无策，不知从何处下手。经过认真地分析和研究后，他们才终于弄明白了造成这种空洞的原因。如何处理这些空洞呢？马俊才也深感棘手，他是第一次遇到这种复杂的情况。清理这些空洞，得十分小心，因为车痕已经成为灰烬，其上过分干燥的漆皮很容易翘起断裂，稍不注意那些灰痕便会塌陷一片，造成难以弥补的损失。

发掘车马坑绝非简单的工作，不但需要精湛的技术，而且还要对车马坑的形制、古代车辆的结构等都非常熟悉。

韩国宗庙石碑

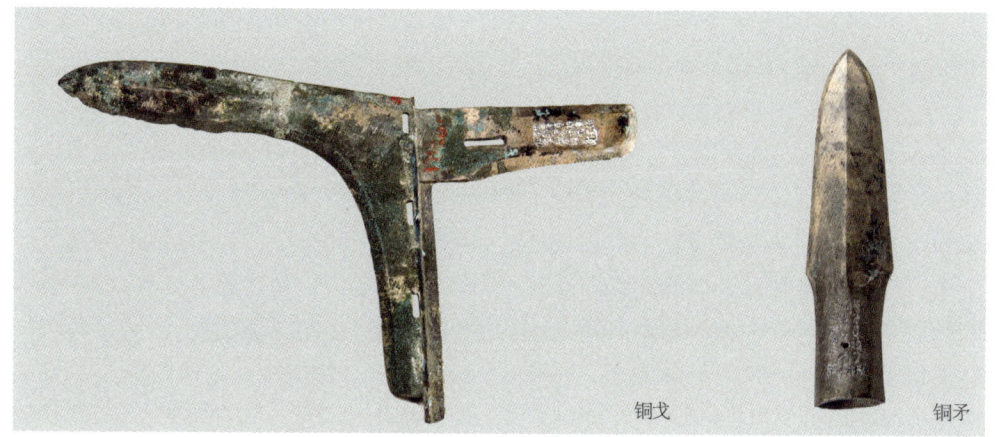

铜戈　铜矛

韩国兵器

早在1937年,中央研究院史语所在安阳殷墟发掘时,也曾经在小屯等地多次发掘过殷代车马坑,但因为缺少发掘经验,所以全部失败。一直到1950年,考古大师夏鼐发掘辉县琉璃阁战国车马坑时,才第一次成功地挖出一辆完整的车子痕迹,成为我国发掘车马坑的典型范例,并博得海内外考古学界赞誉。

自此以后,我国发掘车马坑的技术便在摸索和实践的过程中逐渐走向完善和成熟,并运用和推广在以后的工作中,取得可喜的丰硕成果。虽然有了成熟的经验,但是各个时期的遗存,又都有各自不同的面貌和特征,有时候面临的技术难题也是难以估计的,所以每当这种时候,都需要更加冷静地观察和认真地思考。

坑中车辆的摆放密集程度真是令人难以想象,区区80平方米的坑中,经过粗略的估计有车10多辆,马骨被压在车体和立轮下,马匹头西尾南,肢体依次叠压,分为东西向4组,有数十匹之多。同时,由于车辆摆放得没有规律,一开始展现在发掘者面前的就是处处乱灰,连下脚的地方都没有。每人找好一个位置后,有时一连几十分钟都不能改换一下姿势,惟恐随意移动会破坏了脚下的遗迹。他们用竹签细心地拨动,用刷子艰难地清除,一天下来腰酸腿疼,浑身像散了架,但是其中所包含的快乐却又是无尽的,是他人无法领会的。

为了确保发掘工作顺利、安全地进行,马俊才请来了一位富有经验的老技师进行现场指导。鉴于此种情况,他建议先在空洞中灌注石膏,等石膏成形后,再清理石膏,这样便可保存下漆皮。经过试验,这种方法行之有效,获得成功,于是发掘又紧锣密鼓地继续往下进行。

经过近4个月的艰辛工作,到8月上旬,车坑中的大致情况才逐渐显得清晰。清理出的车辆数已经超过原先估计的数量,此时人们隐约感到一个大发现即将来临。9月上旬,清理出的车辆已达22辆,马队4组,每组12匹,全坑葬马应在40匹以上。这么宏伟壮观的郑国国君皇家车队,在全国已发掘的春秋时期车马坑中葬车数量名列第一。即便是和战国时期葬车最多的淮阳马鞍冢2号车马坑相比,也仅仅少了1辆车。虽然坑内经过17次盗扰,但车痕清晰可辨,由于绝大多数车轮上都有两根加固辅撑，所以可推断出这些车辆全部是实用车。

已发现的车轮侧靠在四边坑壁上，轮径绝大部分为 1.4 米左右，每个轮子的辐条为 30 根左右，做工精致而考究。车毂上多有雕刻的花纹"篆饰"，在一个车轮的毂上还发现 3 道青铜环。车轮两面都髹有棕色漆，颜色清晰可辨。这些车辆全为辕头部弯曲的独辕车，车体由衡、辕、舆、轴 4 部分组成，斜靠在坑西壁向东分三组依次斜压，北组 8 辆、中组 7 辆、南组 7 辆。按车舆体积大小来分，虽然各车尺寸都有差异，大体上仍可分为大、中、小 3 种型号。这些车辆装饰豪华，结构复杂，而且轻巧灵便。据分析，这些葬车大致可分为仪仗用车、射猎活动或征伐等不同的用途。

这座车马坑的发掘，对于研究郑国高级贵族车制以及葬车的习俗都具有重大的学术价值。先秦史籍中关于车的记载很多，但是长期以来由于缺乏相应的实物相对照，再加后人五花八门的注解，因此给人一种混乱不清的感觉。这次在同一坑中集中出土各种不同级别的车辆，为古代文献与古代实物的对比研究提供了珍贵的资料。

那么，1 号车马坑的墓主人究竟是谁？谁才具有这么大的气魄和威风呢？到目前为止这仍是一个不解的谜团。1 号大墓在其正北 22 米处，两者似有一定的关系，但 1 号车马坑周围又埋藏着众多的大中型墓葬。因此，也有可能是另外一个大墓的陪葬坑，在距该坑南壁 1.5 米之处，就有一座特大型墓，两者之间似乎也有一定的关系。看来要解决墓主人的问题，还需要进一步深入发掘与研究。

通过钻探而知，在 1 号坑西北 20 余米处的 2 号坑，规模更为宏伟巨大，长 18 米，宽 7.5 米，距 1 号墓 15 米，其间没有墓穴，将其视为 1 号墓的大型陪葬坑更为确切。据推测，2 号坑葬车数量可能在 30 辆以上。考古队在此清理了打破 2 号坑的 17 座战国小墓和 12 个长方形近代盗洞。灰坑都很浅，对 2 号坑下的埋藏没有构成威胁，但是密集的盗洞却深达 5 米以上，直抵坑底。在盗洞的底部周围，发现许多白花花的马骨和车辆上的漆痕，显然是盗掘时所造成的。由于盗墓者发现他们挖的不是大墓，仅是车马坑而已，因此没有向四面外掏，所以车马坑的保存情况尚好。

此后，考古队在 1 号车马坑正西 60 米处，又钻探出一个长 13 米，宽 11.5 米，深达 7.5 米的大型车马坑。另在 1 号车马坑南部不远处，钻探出一座长 45 米的特大型车马坑，其葬车数量当更为惊人，估计超过 50 辆。这种复杂的情况，使这片庞大的高级贵族墓地显得更加扑朔迷离，难分难解了。

车马坑本属高级贵族墓葬的陪葬坑，数量十分稀少，加之清理工作难度很大，因此能完整清理出来的大型车马坑更是凤毛麟角。如果有一天，考古工作者能把这地下的车马陪葬坑全部发掘出来，连成一片，形成一个大型车马坑群，那将是多么令人震撼的宏伟巨制。它们要比秦始皇的兵马俑坑还要早上 300 年，而且是郑公当初使用过的真车真马呢。这些车马坑的再现，本身就是一部生动鲜活的车马史，从中可以透视社会进化史、文化发展史、手工业技术史……从中还可以折射出时代变迁兴衰史。

故国雄姿

春秋初期郑国曾经强盛一时，而后便逐渐走向衰亡。《史记·白起列传》载，秦昭襄王四十五年（公元前262年），"伐韩之野王。野王降秦，上党道绝。其守冯亭与民谋曰：郑道已绝，韩必不可得为民"。其"郑道"就是沟通南北之大道，北达上党，南可抵楚。由于郑国地处东西南北的交通要冲，一向为兵家必争之地。晋楚争霸，常以郑为掠夺目标，诸侯不断对郑用兵。王应麟《诗地理考》卷三中曰："春秋战争之多莫如郑。"郑国为了自身的安全，"常首鼠两大国之间，视其强弱以为向背"。春秋末期，国势渐衰。《史记·郑世家》载，郑君乙二十一年（公元前375年）："韩哀侯灭郑，并其国。"郑国在郑城故地生存375年。

韩国也是姬姓国，属战国七雄之一。公元前453年周定王十六年韩、赵、魏三家分晋。公元前403年（周烈王23年），韩、赵、魏三家正式被周天子册封为诸侯国，七雄（秦、楚、齐、燕、韩、赵、魏）并立的局面开始形成。

三晋中的韩国，地处晋国南部，是一个地盘比较小的国家。它西边与秦国为邻，北边和东边与魏国接壤，南边是楚国，恰巧夹在三强之间，周围的大国严重威胁着它的生存。《孟子·离娄上》曰："争地以战，杀人盈野；争城以战，杀人盈城。"当时各国间的兼并战争连年不断，战祸极为残酷。为了避开强国的欺凌和与它们之间的不断摩擦，公元前375年，韩哀灭郑国，从阳翟迁都到新郑，但其国力一直不够强盛。韩哀侯六年（公元前371年），秦国伐宜阳，攻取了韩国的六座城邑，韩国从而处于弱小的地位。到了韩昭侯时（公元前358～前333年），列国中大都经过不同程度的变法和改革，并取得不同程度的发展，一些国家由此而强盛起来，便不断开始向外扩张。就连当时的宋国也公然发兵攻打韩国，并一举攻取了韩国的黄池（今封丘西南）。三晋中魏国最强盛，也总是不断与其发生摩擦，对其构成极大的威胁。

面对韩国的政治局势，韩昭侯不得不考虑变革图强。公元前354年，昭侯任用申不害为相，"内修政教，外应诸侯"。韩国在申不害为相期间，国富民强，"诸侯不来侵韩"，曾经称雄一时，把韩国的政治经济文化推向一个新的阶段。郑城是战国晚期韩国由极盛到衰亡时期的都城，也是韩国都城中规模最大的一座。韩都因为是在郑国故都的基础上建立的，亦称郑韩故城。这里地理位置异常重要，成为大国争城掠地的必经之地，因此史称"咽喉九州之地"。

秦国自商鞅变法后，国力强盛，积极向外扩张。秦要统一中国，自然要向山东发展，三晋就首当其冲。秦对魏国的战争中取得重大胜利后，主力就出函谷关攻韩国。函谷关以东韩国的重地宜阳（今河南宜阳），是通三川、窥周室的必经之地。公元前308年，秦国派甘茂进攻宜阳。《东周策》载，宜阳城有三十万韩军驻守，其中十万为精锐骁勇。甘茂组织优胜兵力对宜阳发起强攻，而一连五个月没能得逞。却在韩军的反击下，秦军死伤惨重。在进退维谷时，有人告诉甘茂说，现在国内有人反对你，国外也很多人恨你，如果今天你失败了，你就面临绝境，而如果攻下宜阳，那么你就是有功之臣。听完此言，甘茂准备

郑韩故城制陶作坊遗址

决死一战。他发誓说宜阳就是他的坟墓，如不拿下宜阳决不收兵。他向秦王恳请增加兵力，并亲自督战，最后一鼓作气攻下了宜阳。这场战役秦军也打得异常艰苦，死伤过半。占领宜阳后，秦国便打开了通向中原的门户。

公元前294年，秦国再次向韩进攻，攻取了武始（今河北武安南）、新城（今河南新密东南）。第二年，韩魏联军抗秦，两军在伊阙（今河南洛阳南）交战。秦军由著名将领白起指挥，秦军大胜，歼灭韩魏二十四万余人，俘虏魏将公孙喜，韩魏两军遭到惨重的失败。这次战役是战国中期杀伤人数最多的一次，当时血流成河，可以把盾漂浮起来。从此韩国元气大伤，只得对秦称藩属。白起分析韩魏失败的原因是，相互推诿，不能精诚团结，都想把别人推在前面，保存自己的实力。而秦军正是利用了韩魏的这种弱点，以精锐部队出其不意扑向魏军，韩不战自退。这次白起因功勋显著，被秦王政提升为大良造。

韩国尽管强盛一时，最终也没能阻挡住秦统一中国的大趋势，公元前230年，秦王政在统一战争中，像秋风扫落叶一样向山东各国大进军。秦首攻韩国，掳掠韩王安，韩灭亡。韩故地设置颍川郡。《战国策·韩策》说："韩北有巩、洛、成皋之固，西有宜阳、常阪之塞，东有宛、穰、洧水，南有陉山，地方千里，带甲数十万。天下之强弩，皆自韩出。"韩国也曾称雄一世，对于秦国就像木头里的蠹虫、人的心腹之患一样，因此秦国一定要将其除掉。韩国在此建都145年。

考古发现，韩国在郑韩故城中的遗迹也十分丰富。1971年11月，外郭城内东南部白庙范村的农民，在村北平正农田时，在距地表约0.4米处，发现了一个口径0.6米，深约0.36米的不规则形土坑，坑内堆满了青铜兵器，于是有人通知了文物部门。获悉情况后，李德保、孟昭东立即前往调查，并将情况上报省文物部门，河南省博物馆随派专家郝本性前往发掘和清理。李德保赶到后，先对原兵器坑进行了发掘，坑中已所剩无几。现场目击者告诉他们，兵器出土后，多数已被群众拿回家中。

这天,郝本性赶到新郑时,已是下午2点多钟,他一下火车,没有来得及休息,便赶到了白庙范村。他和李德保一起在村中进行了广泛的宣传,此后群众主动缴出了其中的一部分,而还有一部分下落不明。郝本性和李德保分析认为,这部分不明去向的兵器可能会被卖到废品站。于是他们匆匆赶到县火车站废品收购站,向废品站的工作人员讲明了来意。听说是丢失了文物,废品站的收购员也很着急,马上帮助寻找,果然他们又在废铁堆中挑选出了一部分。

为了弄清铜兵器坑的地层关系,郝本性对地层进行了解剖。他们围绕兵器坑挖了一个2米宽、5米长的探沟。通过发掘而知,该兵器坑周围系战国文化层。这批兵器大部分是残器,加上长期埋在地下,锈蚀较甚,经过去锈和修复后得知共出土戈、矛、剑、等兵器180件。十分可贵的是,其中170余件兵器上都带有铭文,铭文中字数最少者1字,多者33字。铭文涉及众多的地名、官职、和纪年等。经过对铭文的考证而知,韩国的冶铸管理机构及官职,有政府、令、司寇、苦、工师、冶、冶尹等。由于韩国强化和健全了手工业管理机构,不断促进技术更新,所以当时韩国兵器质量居列国之首。据专家推测,这些兵器是秦灭韩时,已兵临城下,韩王为了保存实力,不使这些兵器落入敌手,而将它们埋入地下的。

《史记·索引》说:"天下之宝剑韩为众。"新郑出土的大批韩国兵器,有的至今仍亮光闪闪,非常锋利,于史载十分吻合,说明韩国的冶铸技术确实相当进步。这批铜兵器的制作年代约在公元前231年的韩襄王至韩王安时期。这批铜兵器及其铭文对于研究战国时期韩国的历史地理、文字演变、冶铸官署设置、兵器管理制度都具有重要的意义。

繁华无限

多年以来,地处南城墙外侧的冯庄村,村民在犁地时常常从地里挖出一些砖瓦碎块,而且数量很多,挖不完,捡不净。尽管这些瓦块给耕种带来很大的不便,而且影响庄稼的生长,但是世代在这里居住的人们早已习以为常,从来也没有人问个究竟。

2002年10月,马俊才在冯庄附近的考古工地发掘,傍晚下班时从冯庄路过,看到一辆大型铲车正在地里平整土地,出于职业习惯,他不知不觉便走了

郑韩故城出土战国甬钟

郑韩故城城墙与护城河

过去。而第一眼,就使他大吃一惊,他发现铲车铲起的黄土中,夹杂着大量的灰色陶片,这些不起眼的东西立刻引起他的警觉。他紧往前赶了几步,借着天边的余晖仔细查看,而更令他吃惊的是,他分明看到铲车铲过的地方,露出一座的陶窑遗址来。马俊才立即制止铲车继续向下挖,然后跑去找村负责人,要求暂停平整土地,等待文物部门前来清理发掘。村干部爽快地答应他的要求,并吩咐立刻停工。

第二天马俊才带人前来清理陶窑,好奇心驱使着人们,附近村中的男女老少都跑来观看,他们也很想让考古队"探一探",看这地下究竟是什么东西。马俊才起初也没有太当回事,毕竟在这种地方,像陶窑、作坊都是司空见惯的事,不足为怪。他本想用上3天便可将陶窑清理出来,而令他料想不到的是,这一挖可不得了,挖着挖着就收不住了。一个窑址挨着一个窑址,一个作坊连着一个作坊,形式各异、大小不等、时代不同,简直就是一座大型遗址博物馆。

马俊材和考古队在震惊之余,只得改弦更张重新制定发掘计划,采用全面揭露的方法,予以发掘。经过近半年的发掘,揭露面积6000多平方米,清理出灰坑372座、水井61眼、陶窑23座、制陶作坊5个、中小型竖穴土坑墓77座。出土了数以万计的豆、钵、碗、罐、鬲、盂等陶制品和形式多样的制陶工具。而这仅仅是开始,考古队在遗址周围进行了初步调查,发现这是一片规模宏大的制陶遗址,面积在20万平方米以上,先后延续使用了500年之久,从春秋早期到战国中晚期,几乎贯穿春秋战国的全部历史。像这样规模宏伟的制陶业,在各诸侯国中恐怕也是绝无仅有,不可多得的。2003年7月初,我再次到新郑采访,一走进冯庄,潮湿的热风夹杂着远古的气息扑面而来,我仿佛正穿越时空,回到2000年前那个英雄辈出、活力四射、激情燃烧的年代。我闭上眼睛体味着,感受着……睁开眼睛,繁华已过,四周一片寂寥。经过大面积的揭露,我的脚下踩着的便是战国时期的土层,展示在我们面前的就是那个时代的原始面貌。在窑场的西部,连片的大坑里,成摞成摞地堆放着各种各样的陶器,各个时期的都有,这些当年被遗弃的残次品,现在被重新发掘出来，像一首时代的挽歌奏响在参观者的耳旁。昨夜一场大雨，天亮才停，但时不时会飘洒一阵细细的雨丝，地上的积水还没有干，周围一片迷蒙。揭示出的战国地层经过长久的践踏，坚硬而光洁并带有一层似有而无的绿色苔藓。几只青蛙在我脚下的水坑边跳来蹦去，颇有几分意趣。经过几千年的生物进化，它们是否得以进化呢？

走出冯庄，我们又来到郑韩故城北城墙下。去年新郑市准备修筑一条公路，叫能人大道。公路从城墙东段缺口处穿越，而在修路时竟在墙下发现了一处制陶窑场，于是施工队将情况上报文物部门。新郑工作站经过调查后，确认这是一处战国时期的大型窑场遗址，于是组队在这里进行了大规模的发掘。共开探方40余个，揭露面积5000平方米，发现了一处战国晚期韩国大型制陶遗址。截至目前，已清理出大型作坊建筑6座、道路1条、大型蓄水池4个、水井5眼、陶窑5个……这里的工作场面非常浩大，展现在我眼前的分明是一条完整的制陶作业流水线，从洗泥、制陶到烧制的全过程都历历在目。发掘者认为，这是战国时期韩国官营陶业建材厂，属右城司工衙门，使用的时间主要在战国晚期，上限也可能会早到战国中期。

这么多大型的制陶遗址，充分说明陶制品的社会需求量之大是任何行业所无法比拟的，而从另一方面也使我们看到郑韩故国经济贸易的发达和对外往来的频繁。据史载，进入郑国东城门，有一条奎路，奎就是大的意思。奎路平时可以并排通过9辆马车，路旁大树成荫，高耸入云，一派王都之气。大路两旁店铺林立，熙来攘往热闹非凡，这就是著名的奎市。奎市是韩国经贸往来的中心，吸引着各国的商人和消费者。据推测，冯庄及能人大道制陶遗址所产的陶制品，很可能有相当一部分会运到此地批发销售，进入流通市场。

战国末年，韩国杰出的思想家韩非，在一则寓言故事《买椟还珠》中讲，郑国经济贸易往来十分活跃，税率很低，吸引了大批的"外商"到此做生意。楚国一个商人来到郑国，在奎市租下一片店面做起珠宝生意来。他很善于包装自己的产品，用上等的木材做成装珠宝的匣子，用桂椒熏蒸后，又在匣子上点缀珠玉和翡翠，看上去非常华丽。一个郑国人买下一匣子珠宝，然后把里面的珠宝还给楚国商人，只带走了漂亮的匣子。这则寓言意在讽刺那些舍本逐末的人，但是从另一个角度反映了郑国商业的繁荣景象。

韩非还写了《守株待兔》、《滥竽充数》、《郑人买履》等家喻户晓的寓言故事，以警戒世人。韩非是战国末年的法学家，为了变法图强，曾多次上书韩王，因均未得到韩王的重视，乃发奋著书立说，作《孤愤》、《五蠹》、《内外储》、《说林》、《说难》等十余万言。其代表作《韩非子》一书，对后世产生极其深刻的影响。

傍晚时分，我们离开郑韩故城，这时又下起大雨来，我们的汽车奔驰在急风暴雨中。周围灰蒙蒙一片，古城笼罩在神秘的雨雾中，作为中国早期文明的见证，它以凝重的目光眺望着早已改朝换代的苍茫大地，翘首企盼着黎明前的第一道曙光，默默无语地洞察着人间的忧患沧桑。

“全国十大考古新发现”郑州市入选项目

郑州地区重大考古发现发掘纪实之

老奶奶庙遗址

时　　代：旧石器时代晚期
地　　点：二七区侯寨乡
发掘时间：2011年
荣　　誉：2011年度全国十大考古新发现

穿越四万年

——郑州老奶奶庙旧石器文化遗址考古发掘纪实

◆ 王幼平

老奶奶庙遗址位置图

三万年前郑州地区的古人类是以怎样的方式生活？
他们在无意中以何种方式创造了历史？

人类与石头的故事

旧石器时代大约从300万年前开始，于距今1.2万年至1万年时结束，处于地质时代中新生代第四纪的更新世，是被子植物和哺乳动物高度发展的年代。哺乳动物因体温恒定、心脏完全、胎生、脑神经高度发达、牙齿可分化为各种机能类型、肢骨与躯干垂直相关节等等原因，在这一时间段内数量激增。

旧石器时代的人类以采集和渔猎为生，没有出现生产性的经济行为，主要的工具为打制石器。在将近300万年的这段时间里，由于冰期和间冰期引发地球上自然环境的多次变化，与古人类同时期的不少动物因不适应气候变化而灭绝或远徙他地，但人类却顽强地存活了下来，并繁衍至今。

一直以来，中国文明史早期的某些具有独立知识产权的文明成就总是会被西方怀疑，认为是从亚欧大陆的其他地区传入的。在新石器领域内，安特生发现仰韶文化之后不久，仰韶文化西来说便甚嚣尘上。早先的中国文化西来说着眼点在以青铜文明为标志的商周时代，他们认为中国的青铜器铸造工艺使用的合范法，与埃及相同，所以推论中国的青铜文明是从埃及传入的。在旧石器领

黄景略、严文明、徐光冀、王巍等专家考察郑州老奶奶遗址发掘现场

域内，西方学者多支持非洲起源说，认为尽管世界上不同人种在外表上的差异很大，但都是发源于非洲的，并且以DNA的检测结果为依据。按照他们的观点，不管是一百多万年前的元谋人还是二十万年前的北京人，都是曾经生活在中国的远古人类，但后来均因为各种原因灭绝，不是现代中国人的祖先。反驳这一观点需要古地质学、古生物学、古人类学、民俗学和教研学等学科的精诚配合。考古学领域的证明方法，就是能够找到年代上有接续关系，文化上有传承关系的若干不同时代的遗址，以连续的时代和有传承关系的文化来证明中国境内从史前至有文字记录以后的时期在文化上的连续性。

机器大工业出现之前的人类历史演进次序可简单地以生产工具的原料区分为石器时代、青铜时代和铁器时代，这三个时代基本可以对应的社会形态分别是原始社会、奴隶社会和封建社会。文明一般开始于青铜时代，国家和文字在这个时代都已产生。石器时代按照石器加工工艺的不同，可分为旧石器时代和新石器时代。进化越到后期，速度越快，青铜时代在我国历史上的存在时间将近两千年，新石器时代的持续时间大致在五千年左右，旧石器时代则在一百七十万年左右，在这漫长的时间里，人类都在干什么呢？

早期人类使用的生产工具除了石器，尚有木器，但木器易腐朽，难以保存，所以考古发掘中极少发现，也不能成为某一时代的代表性生产工具。

古人选择石器制作原料时通常要满足三个标准：首先，石料要有一定的硬度；其次，要有一定的韧性；最后，石料的产量必须丰富，并且距离居所的位置不是很远。我国旧石器时代的人类多使用砾石制作石器，以砾石制作的工具，在考古学上也称"砾石工具"，时间距离现在越近，石器制作越精致，器形越多。

早期直立人阶段，石器制造工艺粗糙，往往一器多用，晚期直立人阶段，剥离石器的方法出现了锤击法、碰砧法、摔击法和砸击法，器形也大为增加。此时石器的地域特征开始出现。旧石器时代中期，早期智人阶段，间接打击法出现，修理台面的技术更加普遍。旧石器时代晚期的晚期智人阶段，中国北方地区已经普遍使用间接打击法，磨制和穿孔技术也开始出现在石质装饰品的制作环节中。

郑州的老居民

七十万年至二十万年前有北京猿人，一万前年左右有山顶洞人，在这之间的时间段里，中国北方的古人类又以怎样的状态生活着呢？除了北京之外的我国其他地点有没有留下旧石器时代人类生活的遗迹呢？难道早在文明开始之前，北京就已成为了全国人民向往的地方了吗？

郑州地区北濒黄河、南临淮河，处于古代人类东与西、南与北之间地域文化交流的中间位置。已经发现的郑州地区旧石器时代遗址中，具有代表性的是荥阳织机洞旧石器时代遗址、巩义神北洪沟旧石器中晚期遗址和荥阳蝙蝠洞遗址等等。

织机洞遗址，位于荥阳城南崔庙镇，嵩山北侧低山丘陵区边缘，洞内发现肿骨鹿、斑鹿、披毛犀等动物化石及鸵鸟蛋碎片，并出土六千多件石器制品，是中国北方地区目前发现的规模最大、遗存最丰富的2万年到10万年间古人类居住的洞穴遗址。

洪沟遗址，位于巩义南河渡镇，出土纳玛象、斑鹿等动物化石及百余件石

郑州织机洞遗址远景

器,加工方法简单,其中一件纳玛象牙化石距今约11万年。

蝙蝠洞遗址,位于荥阳南庙子乡,嵩山余脉的低山丘陵区,东距织机洞不远,时代属更新世晚期,出土石制品40多件,动物化石400余件。

旧石器时代晚期,距今5~4万年至距今1.2万年,早期智人进化到晚期智人。早在早期智人阶段,世界各地区人类便有了明显的体质分化,晚期智人阶段人种开始分化和形成,在我国发现的晚期智人具有明显的蒙古人种特征。

佛教中有纳须弥入一芥子的说法,用以说明对某一事物概念的概括因着眼点的不同,可大可小,可简可繁,对老奶奶庙遗址的出土器物分析及其对中国乃至世界人类学的重大意义,若要细说,恐怕一个人终其一生也说不完,但若想从某一角度解剖当时人类的生活状态,清晰地揭示当时生活的一个侧面,又不是不可能的。

2011~2012年夏季,郑州市文物考古研究院与北京大学考古文博学院合作发掘位于嵩山东麓的郑州西南郊老奶奶庙遗址,揭露面积近50平方米,发现石制品数千件,动物骨骼及碎片数以万计,数十处用火遗迹,以及多层叠压、连续分布的古人类居住面。老奶奶庙遗址的新发现非常清楚地展示了当时人类在中心营地连续居住的活动细节,将近年来在嵩山东南麓新发现的300多处旧石器地点完整地连接起来,不仅系统地再现了郑州地区晚更新世人类的栖居形态,同时也发掘出土一系列与现代人行为密切相关的文化遗存,为探讨我国及东亚地区现代人类出现与发展等史前考古学核心课题提供了非常重要的新证据。

曾经生活在二七区侯寨乡老奶奶庙

郑州老奶奶庙旧石器遗址全景

郑州老奶奶庙旧石器遗址发掘区剖面

的古人类就是旧石器时代晚期的郑州老居民,下面就让他们来给大家讲些有趣的事吧。

老奶奶庙旁的生活乐园

老奶奶庙旧石器时代遗址位于河南省郑州市西南郊二七区侯寨乡樱桃沟景区内,东南距代家门村约500米,西邻贾鲁河上游九娘庙河,坐落在河旁二级阶地之上。遗址西北角建有一座小庙,当地称老奶奶庙。遗址地处郑州西南部的嵩山余脉向东延伸地带,属低山丘陵区,地势呈东高西低,区内黄土堆积发育。

遗址东侧的马兰黄土断崖剖面高近20米,马兰黄土之上还叠压着新石器时代至历史时期的文化层。在发掘区内,由于雨水冲刷与当地村民取土的破坏,大部分马兰黄土以上的堆积已不存在,已接近旧石器文化层,仅局部保留有1～3米不等的残余堆积。发掘区中部的东剖面的地层堆积如下:

1层:表土层。

2层:扰土层,含陶片、汉砖,以及动物化石与打制石器等。

3层:黄褐至灰褐色黏质粉砂旧石器文化层,可进一步划分为6个亚层:

A层:黄褐色黏质粉砂,含少量石制品和动物化石。

B层:灰褐色黏质粉砂,石制品和动物化石非常丰富,并有多处灰堆遗迹。

C层:灰褐色黏质粉砂,含石制品和动物化石等遗物,有零星用火遗迹。

D层:灰褐色黏质粉砂,含石制品、动物化石及用火遗迹。

E层:灰褐色黏质粉砂,石制品和动物化石较丰富,也有用火遗迹。

F层:灰褐色黏质粉砂,含数量众

郑州老奶奶庙旧石器遗址发掘区剖面

郑州老奶奶庙旧石器遗址古人类用火遗迹

多的石制品和动物化石，亦发现数量较多且面积较大的用火遗迹。

4层以下的试掘面积很小，平面布局情况尚不清楚。从剖面观察可见，该层为灰褐色、灰黄色至黄褐色粉砂，局部有较清楚的水平层理。亦可分为多个亚层。除最下层为较纯净、水平层理明显的灰黄色粉砂外，其余6个亚层均含有石制品、动物化石以及炭屑等文化遗存。

老奶奶庙主要文化层的加速器 ^{14}C 的年代测定结果为距今40000年前后（未校正），结合附近遗址光释光测年数据来看，该遗址 ^{14}C 测定结果校正后的实际年龄应早于距今45000年。

老奶奶庙遗址的主要发现是以灰烬堆积为中心的居住遗迹，以及数量众多的石制品与动物化石遗存。

1. 用火与居住遗迹

遗址地层堆积与遗物分布特点显示，除表土层与2层的较晚阶段堆积外，3、

郑州老奶奶庙旧石器遗址生活面

郑州老奶奶庙旧石器遗址发现的石制品

4层皆为旧石器时代遗存。多个文化层连续分布，显示古人类曾经较长时间重复占用该遗址。在本年度发掘揭露的区域内，除3A层的遗物相对较少，其他各层均有用火遗迹、石制品、动物骨骼及其碎片构成的居住遗迹。尤为引人瞩目的是3B与3F层的发现，大量的石制品、动物骨骼等遗物与多个用火遗迹共存，清楚地反映了当时人类的居址结构复杂化的发展趋势。

其中3B层共发现用火遗迹10处。这些灰烬主要分布于发掘区的中部和中南部区域，面积上有大有小。较大者如H9分布范围南北长约20厘米，东西长约30厘米，最厚处厚约3厘米，剖面观察则呈浅锅底状，周围发现大量动物骨骼碎片与石制品等遗物。另外在发掘区北部至中部的不同区域，也有大量动物骨骼残片、石制品、炭屑等遗物密集分布现象，是当时人类一个集中居住活动留下的活动面遗迹。

另一处比较清楚的活动面遗迹保留在3F层，其原始地面呈北高南低的缓坡状，遗迹、遗物非常丰富，共发现灰烬堆积6处，面积分布均较大。如分布在发掘区西南部的灰烬堆积平面形状呈近椭圆形，其分布范围南北最长约126厘米，东西最宽约100厘米，从剖面上观察，其剖面最厚处厚约8厘米，含有大量炭屑和灰白色斑块状物质，灰烬周围散布着较多的动物骨骼碎片与石制品等遗物。发掘区中部发现的灰烬堆积，平面形状

郑州老奶奶庙旧石器遗址发现密集的动物化石

亦近圆形,直径约 160 厘米,灰烬内包含大量炭屑,其周围也散布着大量密集分布的文化遗物。在中北部区域还有另外几处面积稍小的灰烬堆积,灰烬堆积周边分布有大量的动物化石及石制品等。在离灰堆稍远处,还可见到明显石器加工区,有数量较多、属于同一原料来源的石核、石片、断块与碎屑等生产石器的副产品。

2. 石器工业

老奶奶庙遗址所发现的石制品有 3000 多件,种类包括石核、石片、断块及各类工具等。石制品的原料以灰白色石英砂岩和白色石英为主,亦有少量的石灰岩、火成岩及燧石等。在石英砂岩制品中,石片与石核的数量较多。石核多为多台面石核,均为简单剥片技术的产品,尚不见预制石核的迹象。石英原料则体积较小,亦采用锤击技术或砸击技术直接剥取石片。经过仔细加工的工具多系石英原料,数量不多,可见到的类型有边刮器、尖状器等,形体多较细小。

3. 动物化石与骨制品

动物骨骼数以万计,包括数量较多的较完整的下颌骨、肢骨、牙齿等,以及大量骨骼碎片,其中下颌骨与牙齿等来自食草类动物头骨的骨骼比例要远远高于其他部位。多数动物骨骼的石化程度较深,可鉴定种类主要是马、牛、鹿、羊与猪等,还有数量较多的鸵鸟蛋皮碎片。动物骨骼上完全不见食肉类或啮齿类动物啃咬痕迹,显示大量骨骼在遗址上出现完全是人类狩猎与消费猎物活动的结果。另一引人瞩目的现象是其中较多骨片的大小比较相近,很多骨片长度集中在 10 厘米上下,刚好方便手握使用。有些残片上有比较清楚的打击修理痕迹,个别还可见到明确的使用磨痕。这些迹象显示，该遗址的居民除了使用石制品以外，还大量使用骨质工具。

4. 贾鲁河上游其他发现

在老奶奶庙遗址附近，沿贾鲁河上游近10公里长的范围内，还分布着20余处旧石器地点。这些地点也埋藏在马兰黄土上部堆积之下的河漫滩相堆积或与其同期异相的红褐色古土壤层中，其时代也当与老奶奶庙遗址相当，只是多数地点的堆积较薄，文化遗存也较少，应只是临时活动的场所。从分布位置、地层堆积与文化遗存的保存等情况看，老奶奶庙遗址位于这个遗址群的中心，当是一处中心营地（或称基本营地），并与前

郑州老奶奶庙遗址发现的骨质工具

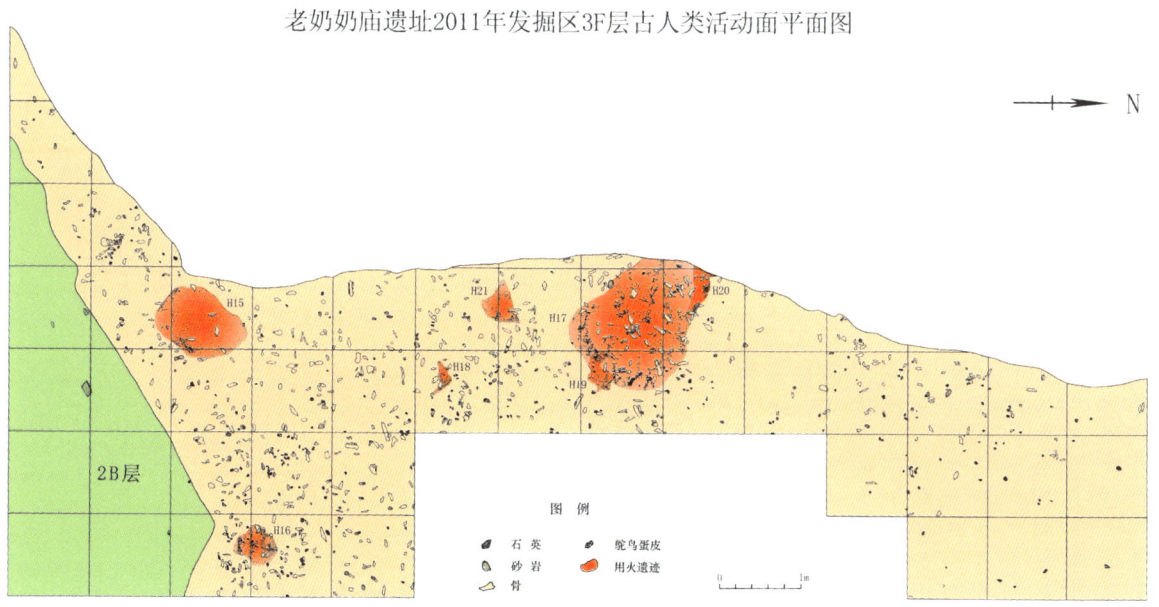

古人类活动遗迹图

述临时活动地点共同构成一个遗址群。

东亚现代人的曙光

区域地层对比显示，老奶奶庙遗址与郑州地区新发现的大量旧石器地点，主要埋藏在马兰黄土上部堆积之下的河漫滩相堆积或红褐色古土壤层，属于深海氧同位素三阶段的气候较暖湿时期。加速器 ^{14}C 与光释光等测年数据也显示旧石器地点的时代主要分布在距今3～5万年期间。这些情况说明老奶奶庙遗址等新发现正处于现代人类及其行为出现与发展的关键时段。另一方面，位于中国与东亚大陆核心地区的嵩山东南麓，也是晚更新世人类与文化向南北与东西方向迁徙与交流的中心。该地区旧石器时代考古的新发现，对于深入探讨当前世界史前考古学与古人类学界关于现代人类起源与发展问题的歧见尤为重要。

首先，老奶奶庙遗址以及郑州地区属于距今3～5万年的数百处旧石器地点与数以万计文化遗物的发现，填补了过去中原地区以及东亚大陆这一阶段旧石器文化发现的空白，也确切证明有关晚更新世中国与东亚地区的古人类在最后冰期寒冷气候中灭绝的认识并不符合历史实际。与此相反，这一时期该地区的人类与旧石器文化已发展至更为繁荣的新阶段。

第二、老奶奶庙遗址多个用火遗迹所组成的复杂居住面的中心营地的出现，偏好收集并带入居址内大量狩猎对象的下颌骨等非功利性行为的存在等特点，都是史前学界判断现代人行为的重要标志。

第三，老奶奶庙遗址等新发现旧石器工业展示出更鲜明的区域性文化特征，无论是石料选择与石器加工，或是工具组合等技术特征与类型学特点，均可以找出与本地区更早期文化的密切联系，却看不到来自旧大陆西方同时代人类或文化影响的迹象。

第四，老奶奶庙遗址大量使用骨质工具的发现，也应与现代人类在本地区的出现密切相关。虽然旧大陆西方同一阶段也开始大量使用骨质工具，并被视为旧石器晚期文化与现代人的重要主要特征，但后者的骨制品加工技术与老奶奶庙却明显不同。老奶奶庙遗址所发现的骨制品基本不见磨制技术的应用，而主要是通过打制加工的特征，与本地区更早的发现一脉相承。

综上所述，老奶奶庙遗址的新发现确切证明，早在距今3～5万年在中原地区已有繁荣的旧石器文化。晚更新世人类在这一地区繁衍生存的辉煌历史，不但是探讨中华文明之源的重要资料，而且更进一步展示出多项与现代人行为密切相关的新文化特征。这些出自中原地区的新发现，与中国及东亚现代人起源于非洲的论断明显相悖，而很清楚地展示了我国境内更新世人类发展的连续性特点，为研究现代人类及其行为在东亚地区出现与发展提供了非常重要新视角。

郑州老奶奶庙旧石器遗址全景

郑州地区重大考古发现发掘纪实之

李家沟遗址

时　　代：新石器时代早期
地　　点：新密市岳村镇
发掘时间：2009年
荣　　誉：2009年度全国十大考古新发现

时间裂缝处吹来的风
——新密李家沟新旧石器文化遗址考古发掘纪实

◆ 王幼平

郑州新密李家沟遗址位置图

旧石器发掘中惊现新石器的身影,是挫折还是曙光?
旧石器时代与新石器时代怎样实现了无缝对接?

上古帝王与华夏民族的形成

中国文明在世界上是独一无二的,这不仅在于其为世界贡献了辉煌的文化,也因为在历史时期以来,中国的文明始终是由以华夏族为主体的民族创造的,并且其连续性在四五千年来从未中断。即使是文字产生之前的时代,居住在中国版图内的人类文明也一直具有延续性的特点。仅以郑州地区的发现为例,以郑州商城为代表的二里岗文化之前,是以大师姑为代表的二里头文化,二里头文化之前,是以王城岗为代表的龙山文化,龙山文化之前,是以西山和大河村为代表的仰韶文化,仰韶文化之前,是以裴李岗和唐户为代表的裴李岗文化,裴李岗文化之前,新旧石器时代在李家沟交接了时代的接力棒,李家沟之前,又有人类生活在樱桃沟的老奶奶庙地区。

杰出帝王的贡献促进了氏族和国家

内部的团结和谐，还会发明创造一些方便民众生产生活的器物，更重要的是，对外战争的胜利，这是提升群体自豪感的重要评价标准，也是领袖被神化的原因之一。

中华民族自称炎黄子孙，炎帝神农氏与黄帝轩辕氏的时代，文明开始发端。在炎黄之前，传说中还有几位上古帝王，虽然知名度并不高，但细想想与他们有关的传说，好像有些地方还是符合人类进化的次序的。一位是盘古氏，传说他将空虚混沌的世界从中分开，形成了天地，是创世神。后来有女娲氏，炼石补天防止洪水泛滥，又抟土造人为人类的诞生和数量的增加作出了贡献。先秦诸子的著作中也讲到了人类进化。上古的时候，人民少而禽兽多，人类身无厚毛，手无利爪，在野兽面前非常弱小，经常遭到野兽的袭击，处于不利的地位。有一位杰出的人出现了，他教人们像鸟一样在树上搭窝，像蛇鼠一样在洞中穴居，无论树屋还是穴居，既能躲避野兽的攻击，又遮风挡雨，不但保证了安全，还可以住得温暖舒适。人们为了纪念他的开创和给人类带来的福利，称他为有巢氏，并把他看作圣人。有了住处，人身安全得到保障之后，又有了新的问题。人类的食物非常有限，夏秋两季有野果可以采摘，积攒起来的野果和坚果，数量多得整个冬天都可以不用出门觅食了，可是冬天天气寒冷，秋天保存下的野果吃起来也冷冰冰的，对肠胃不好。有时人们还会猎到动物，可只能连毛带血的生吃，虽然动物肉中的蛋白质、脂肪含量都很高，对原始人来说是难得的珍品，但吃生肉总是不好消化的。当时的人们已经注意到夏季雷雨天有时落雷会击倒树木。森林燃烧后，被烧死在森林中的

郑州新密李家沟遗址全景

国家文物局局长单霁翔考察李家沟遗址，图中左一为王幼平

动物肉比生吃时味道鲜美又容易消化，但天火不易保存，一不小心把火种弄灭了的话，就只好等到夏天落雷的时候再取了。这时又有一位被后世称颂为圣人的聪明人出现了。他通过发现石器或木器相互碰撞摩擦时有时会冒出火星，火星也可以引燃干草和树叶，和夏天落雷后取回的火种一样，于是他利用摩擦生热的原理，钻木取火，让人们都吃上了熟食。火还可以用来取暖，吓跑野兽。人们为了纪念他，称他为燧人氏。

一直以来有巢氏和燧人氏的故事都被认为是传说，至20世纪初期，生活在炎黄之前的中国人的印记才从黄土地中冒出头来。1920年的甘肃庆阳，法国古生物学家桑志华发现了一件人工的石核和两件石片，这是我国首次有地层记录的旧石器时代的石制品。更具有知名度的旧石器时代的发现应该是不久之后的北京周口店的发掘。北京猿人头盖骨的发现及遗址内的石器与用火痕迹，说明早在人类演化学说中的直立人阶段，中国大地上就有了居民，并且他们尽可能地利用自己的智慧，顽强地生存着。

虽然这时的人类已经有了居所，可以在火堆边品尝香喷喷的食物了，但大家仍非常苦恼。前文中说到的以采来的野果和种子为食，叫做采集业。从事采集业的人类，如果将附近的野果都采完了，就要举家迁到别的地方寻找食物，不但要重新熟悉环境，还要再次搭建住处。这时出现了一位圣人，他教人们把经常食用的营养丰富的果种子保存起来，春天的时候再种到地里，秋天的时候就能收获大量的果实。农业就是这样产生的。人们感谢这位圣人的贡献，为了纪念他，称他为神农氏。农业的出现，使人们不必再为了寻找食物四处迁徙，可以长时段地居住在同一个地方。这样一来定居生活也出现了。农业、定居生活和陶器的使用，标志着人类进入了新石器时代，距离文明只有一步之遥。神农氏之后就是黄帝的时代，黄帝的传说想必大家都已经非常了解了。

新石器，新在何处

学术界对仰韶文化的了解已近100年，对裴李岗文化的了解不到40年，对李家沟遗址的研究只有4年。

与旧石器时代相同，新石器时代的人类使用的主要生产工具仍是石器，但经过磨制，新石器时代的人类开始种植粮食或饲养动物、使用陶器，过定居的生活。

现代动物大约有200万种，仅为地球历史上已生存过的动物种数的约1%左右，其余的动物种类已经绝灭。旧石器时代晚期至新石器时代早期，即距今1～1.2万年的这段时间，人类开始饲养野生动物，家畜开始出现。野生动物和家畜的区别主要表现在以下两个方面：被圈养的家畜，活动范围和强度减小；骨骼外表较为光滑细致，骨骼和牙齿较野生动物略小，骨组织密度低。自然生存条件下的野生动物，在年龄、性别和数量比上没有明显的区别。人类饲养的家畜，在其少年和成年期便遭宰杀，若饲养至老年，既失去了肉质的鲜美度，又消耗大量的饲料。

陶器是新石器文化发展过程中的一种重要因素，而不是新石器时代开端的标志。一直以来，学术界普遍认为江西万年仙人洞和吊桶环的居民是世界上最早制作陶器的人之一。

李家沟遗址发现之前，我国境内比较有代表性的新石器时代早期遗址有：黄河流域的沙苑遗址，考古学家在这里采集到的石器以细石器和石片石器为主；华北地区的鹅毛口石器制造场和南庄头遗址。南庄头遗址中除出土石器、木器和骨角器之外还有动物遗骨和植物籽实，其中家猪遗骨的发现，表明早期的饲养业已经出现。其他重要发现还有石磨盘和磨棒、烧火遗迹和陶片，但陶片火候较低。同时期的我国南方，人类多在洞穴中居住。玉蟾岩遗址中发现了陶制器

郑州新密李家沟遗址北区剖面图

郑州新密李家沟遗址发掘区南壁剖面

皿和稻谷遗存，所发现的稻谷样本被命名为"玉蟾岩古栽培稻"。在仙人洞和吊桶环，也发现了早期陶器和稻属植物硅石遗存。新石器时代早期人类生活遗存面积通常较小，文化堆积较厚，使用的延续时间较长，说明当时的居民已经采取定居的生活方式。

黏合新旧石器时代的重要发现

中原地区是探讨中华文明起源的核心地带。然而在这一地区旧石器时代晚期文化和已发现的新石器时代裴李岗文化之间，却存在着明显的缺环。这一缺环严重制约着史前学界对于该地区旧、新石器时代过渡与农业起源等重大学术课题的探讨，形成对该阶段文化面貌认识上的空白。为寻找上述缺环，2009年秋季至2010年春季，北京大学考古文博学院与郑州市文物考古研究院合作发掘河南省新密市李家沟遗址，发现距今10500～8600年左右连续的史前文化堆积。在堆积下部发现属于旧石器时代末期典型的细石器文化层与局部磨制石镞与陶片共存；中部则发现以压印纹粗夹砂陶与石磨盘等为代表的早期新石器文化；最上部是典型裴李岗文化遗存。这一新发现清楚地展示了中原地区从旧石器时代之末向新石器时代发展的历史进程，为认识该地区及我国旧、新石器时代过渡等学术课题提供了十分重要的考古学证据。

李家沟遗址位于河南新密岳村镇李家沟村西。该处地形为低山丘陵区，海拔高约200米，地势由东北向西南部倾斜，黄土堆积发育，淮河水系溱水河上游的椿板河自北向南流经遗址西侧。李家沟遗址即坐落在椿板河左岸以马兰黄

郑州新密李家沟遗址南区出土石质工具

郑州新密李家沟遗址下文化层发现的细石器

土为基座的二级阶地堆积的上部。

自2004年冬季开始，郑州市文物考古研究院组织专业技术人员开展了郑州地区旧石器考古专题调查，于年底发现李家沟遗址。2009年6月，北京大学考古文博学院师生到郑，在考察李家沟遗址时，发现该遗址受煤矿采矿、降水与河流侧蚀等因素的影响，临河一侧出现严重垮塌。为全面了解李家沟遗址文化内涵，提供相应的保护对策与方案，北京大学考古文博学院与郑州市文物考古研究院报经国家文物局批准，于2009年秋季开始联合对其进行了抢救性发掘，并获得如下重要收获：

联结两个时代的重要剖面

经过2009年秋季与2010年春季为期4个多月的发掘，李家沟遗址目前已揭露面积近100平方米。发掘探方分南北两区，其主剖面均包括了从旧石器时代晚期至新石器时代早期的地层堆积。北区的文化层厚约3米，从上向下共分7层。第①至③层为近代堆积；第④至⑥层为新石器时代早期堆积，发现数量较多的陶片、石制品与动物骨骼碎片等；第⑦层是仅含打制石器的旧石器文化层。

南区的地层堆积自上向下亦可分为7层，第①层为扰土层；第②层棕褐色的含碳酸钙胶结物层，含少量裴李岗陶片，此层可见于本区新石器时代遗址，如新郑唐户遗址，即被叠压在裴李岗文化层之下；第③层为灰白色的砂砾层，含零星陶片，按岩性当与北区的第④层属同期堆积；第④层为棕黄色沙质黏土，未见文化遗物；第⑤层上部为灰黑色砂质黏土，向下渐变为棕黄色，含与北区⑤、⑥层相同的夹砂压印纹陶片；第⑥层的发现最为丰富，含船形、柱状等类型的细石核与细石叶等典型的细石器文化遗存，同时亦见人工搬运的石块及粗大石制品，2010年又发现局部磨光的石锛与素面夹砂陶片。第⑦层为次生马兰黄土层。

综合南北两区剖面层位序列，清楚可见本地区从旧石器时代晚期向新石器时代过渡地层关系。加速器^{14}C等年代测定结果进一步提供了过渡阶段的年代数据。采自南区⑥层（细石器文化层）的木炭样品的测定结果，为距今10300～10500年期间（经过树轮校正，下同）。采自北区新石器时代文化层木炭样品的测定结果，分别为距今10000

郑州新密李家沟遗址南区出土动物化石

郑州新密李家沟遗址下文化层出土石锛　　郑州新密李家沟遗址北区陶片出土现场

年（第⑥层）、9000年（第⑤层）和8600年（第④层）。

典型细石器与新文化因素的共存

旧石器阶段，在发现典型细石器文化的同时，最新发现局部磨光的石锛与素面粗夹砂陶片，还有反映相对稳定栖居形态的大型石制品及人工搬运石块。这一有别于早前发现的共存现象说明，本地区较晚阶段的新文化因素并不是突然出现，而是已经孕育在旧石器时代晚期之末。

旧石器文化遗存主要发现在南区第⑥层，北区⑦层也有少量旧石器发现。李家沟细石器的发现显示该遗址早期居民拥有十分精湛的石器加工技术。他们应用船形和柱状细石器技术剥取细石叶。少量以石叶为毛坯的工具的存在，说明李家沟早期居民也掌握并应用石叶技术制作石器。成熟的石器工艺技术加工出典型的端刮器、琢背刀、石镞、雕刻器等典型的细石器组合。这些精致石器刃口锋利，轻巧便携，是便于长途奔袭狩猎使用的工具组合。这些工具所使用的原料也多是不见于本地的优质燧石，是远距离采集运输所得。以上特点显然还是典型的旧石器文化形态。

李家沟遗址南侧发掘区还发现有数量较多的脊椎动物骨骼遗存。动物骨骼多较破碎，部分标本表面有轻度的风化与磨蚀迹象。初步鉴定动物种类有：食草类包括牛、马以及大型、中型和小型鹿类；杂食类有猪；还有食肉类、

郑州新密李家沟遗址新石器时代早期的石块聚集区

啮齿类与鸟类等。按照最小个体数目来统计，牛、马与大型鹿类等大型食草类的比例高达半数以上。动物遗存的情况也说明狩猎大型食草类动物仍是李家沟遗址早期阶段的主要生计来源。

在典型的细石器以外，尤其重要的是在李家沟遗址南区⑥层还发现仅经过简单磨制加工的石铲，以及烧制火候较低，表面无装饰的夹粗砂陶片，另外还出现数量较多的人工搬运石块。这些石块多呈扁平块状，岩性为砂岩或石英砂岩，当来自遗址附近的原生岩层，其具体用途尚不十分明确，但显然应与当时人类的居住活动相关。这些情况并不见

郑州新密李家沟遗址新石器时代早期文化遗迹（北区）

郑州新密李家沟遗址出土的李家沟文化石磨盘和石砧

郑州新密李家沟遗址出土新石器时代早期的石磨盘

郑州新密李家沟遗址北区出土的陶片

郑州新密李家沟遗址出土新石器时代早期陶片

于时代较早、流动性更强的旧石器遗址，而与稍晚的新石器时代的发现比较接近，应该是过渡阶段新出现的具有标志性意义的文化现象。

早期新石器遗存的新发现

新石器文化遗存主要发现在北区④至⑥层。这一阶段的文化层明显增厚，说明遗址使用规模与稳定性远大于南区发现的细石器文化阶段。除了数量众多的文化遗物，北区还发现有很清楚的人类活动遗迹，其中最具特色的是石块聚集区。遗迹中心由石磨盘、石砧与多块扁平石块构成，间或夹杂着数量较多的烧石碎块、陶片以及动物骨骼碎片等。带有明显人工切割痕迹的食草类动物长骨断口，清楚显示遗迹区进行过加工动物骨骼的活动；大量烧石的存在则说明这里亦具有烧火的功能。虽然尚未发现柱洞等建筑遗迹的迹象，但石块聚集区显然应与当时人类相对稳定的居住活动有关。

另一项重要的收获是在北区属于新石器时代早期地层已发现200多片陶片。陶片出土的情况说明当时人类就在发掘区原地或附近使用陶器。已发现的陶片均为夹粗砂陶，颜色有浅灰黄色、红褐色等，部分陶片的质地较坚硬，显示其烧成火候较高，已不是最原始制陶技术制成的特点。而其直接出现在不见陶片遗存的旧石器文化层之上，则显示这种较成熟技术或有可能并不是本地起源，而应该与技术或人群的交流或迁徙有关。不过这批陶片虽然包括多件陶器的口沿部分，但器形却很单一，均为直口筒形类器物，保留有早期陶器的特点。尤为突出的是绝大部分陶片的外表都有纹饰，以压印纹为主，还有类绳纹与刻划纹等。总体来看，李家沟遗址新发现的陶器不论是器物类型还是纹饰风格，均与本地区年代稍晚，广泛分布的裴李岗文化有比较明显的区别。

与早期的细石器不同，本阶段仅见个别的宽台面柱状细石核，细石器的应用明显衰落，技术特点也与早期明显不同。虽然还有少量的燧石与石英类石制品的发现，但基本不见刻意修整的精制品。砂岩或石英砂岩加工的权宜型石制品的数量则较多。这类石制品的形体多较粗大，与早期的细石器工业的精制品组合完全不同，应是适应不同生计活动的结果。与早期相近但有进一步发展趋势的是数量众多的人工搬运的扁平石块的存在。从本阶段发现的石磨盘残段观察，部分扁平砂岩石块应是加工这类石制品的原料或荒坯，但更多的石块还应与当时人类的居住或建筑活动有关。

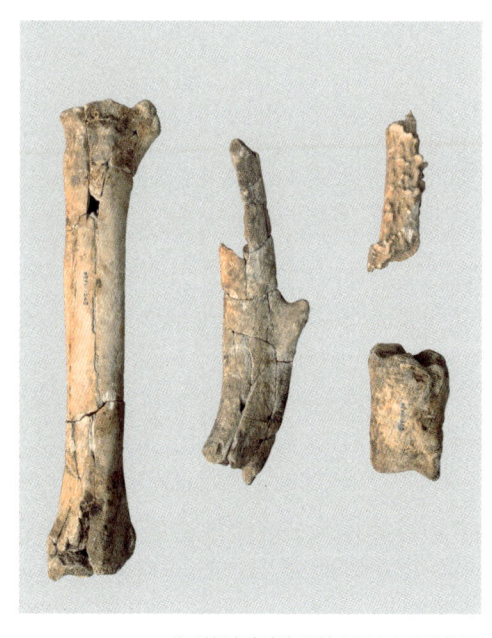

郑州新密李家沟遗址南区出土动物化石

本阶段发现的动物化石种类亦较丰富，但与早期明显不同，数量较多的是中型和小型鹿类，大型食草类则仅见零星的牛类与马类骨骼碎片，另外也可见到少量的羊、猪以及食肉类的骨骼遗存。啮齿类以及鸟类的遗存则与早期没有明显区别。动物骨骼保存情况与本阶段石器工具组合变化的情况十分吻合，大型食草类动物遗存数量锐减与精制便携的专业化狩猎工具的消失当有关联。而大型的陶容器的出现，也暗示本阶段的生计方式的主要方面与早期相比，业已发生明显变化，即从以大型食草类动物为对象的专业化狩猎转向采集植物类的食物与狩猎并重的生计方式。

李家沟遗址早期新石器阶段的主要发现是较成熟的制陶技术的突然出现，以及细石器技术的明显变化。这两种情况均显示本地区旧、新石器时代过渡与华南、华北北部已有的发现并不相同，而有其独特的发展路径。

李家沟遗址是20世纪70年代裴李岗文化发现以来，中原地区史前考古的首次发现更早的新石器文化遗存。这一新型的新石器文化遗存以其独特的文化特点及早于裴李岗文化的地层关系，已经引起史前考古学界的特别关注。尤为重要的是，在新发现的早期新石器文化层之下，还发现与典型细石器共存的局部磨制石锛与陶片。这些新发现虽然数量较有限，尚未来得及展开深入研究，但其所具有的学术意义依然十分清楚。首先，李家沟遗址包含旧石器时代晚期到新石器时代早期文化叠压关系的地层剖面，为寻找中原地区旧、新石器过渡性遗存提供了地层学方面的可靠参照。其次，黑垆土层中新发现的压印纹夹砂陶器与板状无支脚的石磨盘等文化遗存，则填补了中原地区从裴李岗文化到旧石器晚期文化之间的空白。再次，细石器层发现局部磨制石器与陶片，以及数量较多的人工搬运石块，亦为研究中原地区新石器文化的起源提供了重要线索。总体来看，李家沟遗址多层文化的叠压关系，从地层堆积、工具组合、栖居形态到生计方式等多角度提供了中原地区旧、新石器时代过渡进程的重要信息，揭示了中原地区史前居民从流动性较强、以狩猎大型食草类动物为主要对象的旧石器时代，逐渐过渡到具有相对稳定的栖居形态的新石器时代的演化历史。

王幼平教授向国内外专家讲解李家沟遗址

郑州地区重大考古发现发掘纪实之

唐户遗址

时　　代：新石器时代早期
地　　点：新郑市观音寺镇
发掘时间：2006年
荣　　誉：2007年度全国十大考古新发现

延续九千年的村落
——新郑唐户裴李岗文化遗址考古发掘纪实

◆ 信应君

唐户遗址位置图

悠远的传说绝非空穴来风!
一次考古发掘竟揭开一个小村九千年绵延发展的传奇!

2006年4月20日,我正在新密绥水流域进行田野调查,手机像麻雀一样叽叽喳喳叫起来,翻开盖子里面传来了熟悉的标准女中音:"这里是院办,请你立即回单位找张松林院长报到,找张松林院长报到,院长有急事找你。"

2006年我刚调郑州市文物考古研究院不久,相对于本单位的老同志,我还是新兵蛋子一个,"院长找我会有啥事?'战场'上把我召回,会不会是我做错了什么事,领导要特别教导一番?"我怀着忐忑不安的心情匆匆赶回郑州,来不及从肩上摘下行囊就跨入院长办公室。张院长见面劈头告诉我:"好事来了,南水北调文物发掘全面展开,唐户遗址由于干渠从村西经过,不走过去熟知的村南厚积区,省里把唐户的发掘工作交给我们院,院里决定让你转场参加。"

我悬着的一颗心放了下来,但听着张院长下边的话,那颗心又吊到了嗓子眼:"唐户遗址是许多考古学家注力已久的遗址,仰韶的东西堆积很厚,但今天它不再是重点,那个出现很久的石磨盘始终在我的脑际环绕,挥之不去。裴李岗文化已经解决,唐户的问题还挂在这儿。石磨盘绝不会是昙花一现的东西,唐户遗址还有许多未解之谜,这次的考古发掘工作由你负责,希望能有大的突破。"

石磨盘、磨棒

张院长果然是考古界"大侠"级人物，一眼看到了问题的本质，我暗暗佩服。可是工作以来，自己很少发掘新石器时期的遗址，唐户遗址这么重要，寄托着院里这般希望，自己能承担下来吗？看我犹豫，张院长亲切地鼓励我说："你工作多年，发掘经验积累不少，完全有能力主持大型工地。单位经过这么多年发展，学术积淀和课题意识得到增强，已经到了非突破不可的阶段，你要勇挑重担。"听了张院长的话，我的心暖暖的，增强了做好重大考古发现的决心。

雾里看花

唐户遗址我并不陌生。1975年冬，新郑观音寺公社唐户村民在村南岗地平整土地时，挖出一些陶器和石器，被驻队干部高国珍报告给县文化馆的薛文灿。薛文灿陪同在郑韩故城发掘的省考古所的郝本性、李德保到现场调研，确认该遗址是一处很重要的新石器时代遗址。

1976年春，省考古所丁清贤对唐户遗址进行了试掘，清理春秋墓葬3座，出土陶鬲、青铜盘等物，证实该遗址为新石器时代至两周时期的遗存。

1976年冬天，唐户再刮平整土地之风，这次要将村南那道存在数千年之久的大岗平掉。在平地过程中，不计其数的红陶片、灰陶片被刨了出来，扔得遍地都是，还有不少河蚌一样的石铲、石镰也黑乎乎东一只西一只，最令人吃惊的是随着咣当一声，土里钻出来一头长着四条矮足，身子扁扁的石板，旁边还有一件石棒。这下群众哗然了，有说这是不是不祥之物啊，不让我们再平整土地。有说乱七八糟的东西层出不穷，是不是河神来了？也有的说，革命群众还能迷信，不用管它，接着平地。驻队干部高国珍看到遍地的陶片，觉得情况不容乐观，十万火急地向薛文灿报告了唐户群众舆论开锅的情况，薛文灿立即将唐户出现稀奇古怪文物的情况报告给了开封地区文管会文物科科长崔耕同志。

崔耕作为开封地区文物科的负责人，长期关注裴李岗出土的石磨盘与石磨棒。听到唐户又出这两样东西，隐约感觉有个重大的发现向他走来，便组织人力在土岗一带进行钻探，最后确认这是一处内涵异常丰富的仰韶文化遗址。

接下来的事情，出乎所有人的预料。崔耕得知唐户的钻探结果，动了大干一番的念头。当时考古是个让国家兴致勃勃的行业，这源于那几年考古界玩了几个大手笔，如湖南的马王堆汉墓、陕西的兵马俑发掘，名扬四海，国家对考古工作非常重视。崔耕趁着这股东风，上下奔走，口绽莲花，大谈为河南培养文物干部的急迫性、适时性，说得上级部门领导频频点头，同意在唐户举办那个时代特有的亦工亦农考古培训班。这个培训班由开封地区文物管理委员会、新郑县文物管理委员会和郑州大学历史系考古专业联合举办，开封地区属下的登封、新郑、密县、中牟、巩县、兰考、通许、尉氏、杞县均推荐了两至三名有志青年参加。崔耕是名义上的领导，日常事务由薛文灿打理，郑州大学的李友谋、陈旭老师和省考古所的赵世刚同志先后做了教官。这个培训班边学边干，其实多数时间忙于拣拾农民挖出来的破陶片，科学发掘的只有一些两周墓葬。即使这样忙乱，全体学员也学到不少文物知识与发掘技巧，马金生、唐福梅更是其中佼佼者。培训班不是吃素的，发掘结束后，在该村举办了唐户出土文物展，给全体干群上了这辈子难得、难忘的一课，但对于村民唐钦离挖出那一套石磨盘、石磨棒，培训班师生未能给予合理解释，也未能找到与其相配的文化遗迹。这成了大伙一个略感羞耻的心病。

1977年春，唐户西北15公里的裴李岗村民李铁旦挖出一套石磨盘并口干舌燥地扛到县文化馆，薛文灿、赵世纲、李友谋看了激动不已，立即将这大快人心的好消息报给了崔耕。第二天一早，崔耕乘火车从开封赶到新郑，河南考古界的几个"大腕"乐巅巅骑上自行车到现场查看。经过一番努力，还真找到那座出石磨盘的墓葬。这是让人痴迷已久的石磨盘第一次有了确切出处，省文化局很快同意进行考古发掘，随后的1978年、1979年又进行了扩大发掘。与此同时，在开封地区寻找同类遗址的工作也全面铺开。由于那时的工作条件限制，仅发现12处同类遗址，最终以裴李岗这个率先确定石磨盘方位的村名来命名这个新发现的文化——裴李岗文化。唐户村发现的那套石磨盘，不仅没有抢到命名权，连它是当地人制造的还是当地人从裴李岗拣来的也没弄清楚。据说，密县莪沟发现石磨盘比裴李岗还早一个月，同样未能得到地层的证实，失去了新文化的命名权。看来，历史这个巨大的车轮，有时候李铁旦这般的小人物也能插上一脚啊。

1979年秋，中国社会科学院考古研究所河南一队工作站站长郑乃武在发掘裴李岗遗址时，百忙中抽出身来，对唐户遗址进行过一次闪电式调查。这当然也是那套石磨盘起了促动作用。

1982年春，中国社会科学院考古研究所河南一队，对该遗址又进行调查和试掘，想解决裴李岗与仰韶文化的叠压关系问题。但是发掘结果前不见古人，后不见来者，仅有1976年平地陶片所示的裴李岗文化和龙山文化遗迹。

1986年11月21日，河南省人民政府豫政字（1986）111号文件，公布唐户遗址为河南省第二批重点文物保护单位。1995年10月，建立了河南省文物保护单位档案。

自从唐户遗址发现石磨盘以来，考古学家深信这个地势优越、面积广大、内涵丰富的遗址深藏着尚未看透的玄机，这个比裴李岗地势还要优良百倍的遗址出土石磨盘绝不是偶然的事。几十年间，数代考古学家的目光从没离开唐户遗址。2003～2004年，河南省文物考古研究所蔡全法先生为配合"中华文明探源工程"预研究子课题——新密古城寨城址周围新石器时代聚落分布形态研究项目，从唐户遗址的西、南两个方向沿溱水河四面扩展调查和试掘,发现裴李岗文化、仰韶文化、龙山早期文化、新砦期文化,将遗址面积核定为54万平方米,并对遗址历年来采集的84件仰韶文化器物进行了修复,初步认定唐户遗址可能与传说中的有熊氏黄帝有关。

在史学界有这么一个说法,仰韶文化晚期对应着黄帝时代,一些考古学家和炎黄文化研究者也加以附和。当年参与唐户遗址发掘的郑州大学李友谋教授在《黄帝文化与有熊之墟考古学考察》一文中认为,唐户遗址内最丰富的是仰韶文化早期至晚期的遗存,晚期与洛阳王湾一期相似。该遗址内所发现的仰韶文化房基相当多,其地面用砂石和黏土混合筑成,并经火烤,平整光滑,非常坚硬,应是高等级房的基址。该遗址南咫尺之遥有"黄帝口"地名传说,因此认为,唐户遗址比较符合"有熊之墟"的条件,值得重视。

实际上,与李友谋持同样观点的专家学者大有人在,思想一贯先锋的许顺湛先生得知唐户遗址这一重大发现,于1980年撰文指出:唐户遗址很可能就是"有熊之墟"。

2004年,南水北调中线工程河南段文物保护工作启动,省政府南水北调办公室、省文物局南水北调办公室联合制定了《南水北调中线工程河南段文物点勘探、试掘、复核工作方案》。郑州市文物考古研究院承担郑州段文物点的勘探、试掘和复核工作。8~9月,考古院组织专业人员对唐户遗址进行了认真的核查,在唐户村西运河干渠经过的地方试掘2×10平方米探沟1条,发现裴李岗文化时期灰坑5座,出土泥质红陶壶、三足钵、夹砂红陶罐、陶碗等器物,令人眼前一亮。从试掘资料并结合以前的发掘经历,可知唐户遗址是一处包含

唐户遗址全貌

裴李岗文化、仰韶文化、龙山文化、商周文化的跨时代大型聚落遗址,而干渠经过的村西可能就是考古学家苦苦追寻的裴李岗文化核心区。如何将8万平方米占压区内文物成功揭露出来,成为省文物局南水北调办不得不认真思索的问题。

唐户战役就要打响,准备工作必须到位。院里组建了唐户遗址考古工作队,并挂起金光闪闪的工作队铜牌,张院长亲任领队,我为队副,队员有胡亚毅、张自强、闫付海三位考古专业的科班生,技工则是有几十年工作经验的王广才、郭相坤师傅,还有梁艳娟、董许峰等一群年轻人。

初入唐户

4月27日,我们轻车简从离开郑州,在新郑文物局吕超峰的陪同下前往唐户找村干部协调相关事宜。我只在地图上见过唐户村,芝麻大的一个点,没有县里同志帮助,找到它还真不易。

汽车出新郑南关大桥,向西南拐上103省道,两边麦田高高低低,麦苗也参差不齐,可能是地力不济。约走了六七公里,车子向东一拐,进了观音寺镇宽敞的街道,路两边是很有气派二层楼房,让人略感欣慰,可惜街道太短,仅里余。出镇向南,车子冲下一个陡坡,急过两片水塘,又冲上一个陡坡。超峰说这就是溱水河河道,水已断流,积水成库,这儿是水库的尾巴。坡顶豁然开朗,如果不是村庄与杨树的遮挡,真可谓碧波万顷,那绿油油还包着头巾的麦穗在微风吹拂下,像穿着绿裙的姑娘,前后簇拥着,一路笑哈哈地到镇上赶集去。这里的麦田和别处真的不一样,长势喜人!

只顾欣赏美景,一眨眼,车子东拐,来到唐户村口的街道。这个让多少人梦寐以求的村子,我将拥入你的怀中。

黄帝口西断崖

唐户村显然是规划好的，横平竖直，排排列列，清一色的庭院，两层小楼，倒也不乏现代化气息。正是槐花盛开的时节，空气中弥漫着淡淡的清香。时近中午，家家户户开始做饭，车子在小巷中颠簸，不时闻到院子里飘出的饭菜香味，禁不住心旌动摇。唐户村党支部书记唐全河是一位工作有魄力的老同志，当我向他说明来意后，马上丢下饭碗，带领我们去协调住房，还边走边打开话匣子，向我们介绍唐户村和遗址的情况。

唐户村隶属于新郑市观音寺镇，位于新郑市西南部，南与长葛、禹州接壤，东北距新郑市13.5公里，西距具茨山9公里，西南3公里有陉山伫立。遗址处在溱水河与九龙河之间的夹角台地上，北起唐户村北，东至溱水河，西临九龙河，南至两河夹角，地势北高南低，像个楔子一样对着所谓的"黄帝口"，台地高出河床7～12米，海拔高度123～126米。附带说一句，"黄帝口"，当地百姓解释说，就是黄帝带兵出巡，离开驻地的一个关口。如果传说不虚，结合现今的地势，溱水寨北那个不大的"北寨"与夹角隔河想望，可能就是黄帝据河设关的地方。

新中国成立前唐户周围沟壑纵横，溱水河在东，九龙河在西，它俩一龙一蛇，从具茨山北麓蜿蜒而来，在村南1公里合二为一。唐户村与万村之间有大片的平地，唐户村南却是只见丘壑不见田的景色。那时候，溱水河水清木秀，水鸭浮光掠影，鱼虾倏忽闪身；九龙河另一番景象，芦苇起舞，隼雀翻飞，溪流潺潺鸣涧，真乃仙居之地。

为了改变有水不能用的窘境，观音寺公社组织群众在唐户村南进行平整土地大会战，将那条有龙脉之气的东南—西北向土岗开膛破肚，开出来的土填到沟沟洼洼处，开出来的陶片、石铲、石镰吸引了一拨又一拨的考古学家，唐户遗址因此为世人知晓。

土地平整后，在唐寨村西溱水河上拦起一道大坝，建成唐寨水库，此水库尾巴翘到观音寺镇，水天一色；北寨之北的九龙河也拦起一道土坝，建起溱水寨水库，今已干涸。

唐户村民对我们的到来表示欢迎，房子也非常顺利地租到了，在村南端刘凤菊家里，是个两层小楼。站在二楼走廊上，春风拂面，阳光迷眼，遥想当年风风火火平地场面与考古前辈辛苦忙碌的身影，不禁心潮澎湃，思绪万千。

安顿好吃住，我们在村支书的帮助下，雇用一些群众，开始对唐户遗址又一次细致入微的勘探，在溱水河及九龙河河岸断崖地层刮取剖面，发现分布较广的湖相沉积以及旧石器地点4处。

唐户遗址各时期遗存堆积情况也大致搞清楚了：唐户村西南九龙河东岸是裴李岗文化堆积，面积30万平方米；仰韶文化将部分裴李岗遗址叠压，聚落中心向村南扩展，文化层厚约3米；龙山文化时期，聚落中心再次南移，一直延伸到遗址的南部，文化层厚2～4米；到龙山文化晚期的新砦期，更向南，直抵九龙河与溱水河的交汇处；此后二里头文化及商周文化层叠压或打破龙山文化层和仰韶文化层；最终确认遗址面积达140余万平方米，如果再联上现在的唐户村，这是一处跨越九千年，内涵超豪华的特大型聚落遗址，堪称河南第一村，乃至全国第一村。

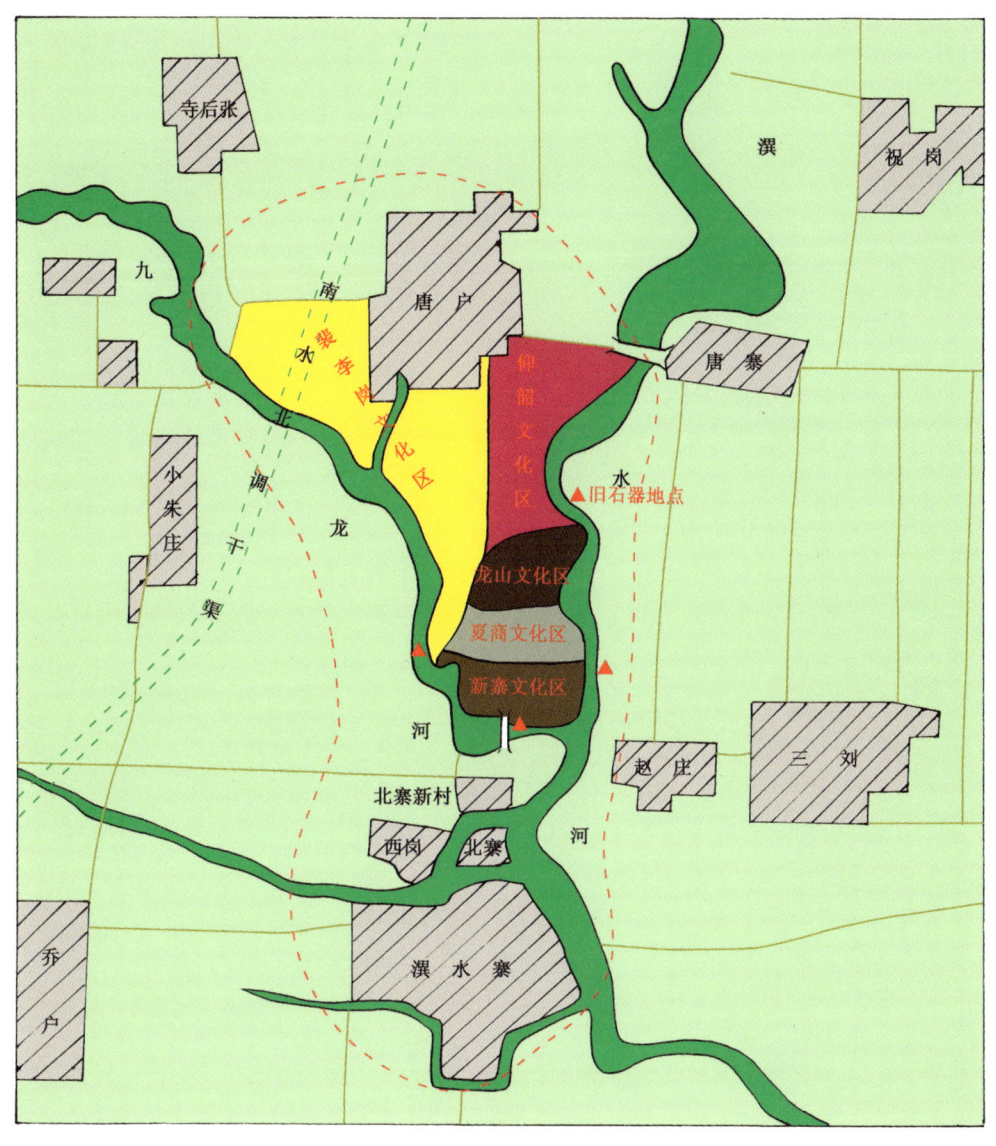

唐户遗址不同文化分布区示意图

小试牛刀

2006年6月10日，我们开始在村西南对干渠占压部分进行正式发掘。发掘采用考古上惯用的象限布方法，将整个发掘区分为4个区，各区开10×10平方米的探方，探方编号由纵横坐标上的探方序号组成。发掘工作主要在Ⅱ、Ⅲ区进行，共发掘面积4380平方米，其中裴李岗时期遗存面积2580平方米，发现裴李岗时期的房址22座，灰坑33个，墓葬1座，壕沟1条，出土了一批重要文物。

2006年的发掘好像坐观光缆车，前段四平八稳，景色平庸，让人昏昏欲睡，后段缆车爬升，峰峦叠嶂，秀色尽藏，让人兴奋不已。

第一阶段：2004年我们在唐户村西开挖的那条探沟收获颇丰，此次自然想从此切入正题，再次发现裴李岗文化重要遗存。熟料我们在位于村西的Ⅲ区西南部紧临九龙河，自南向北发掘三个月，

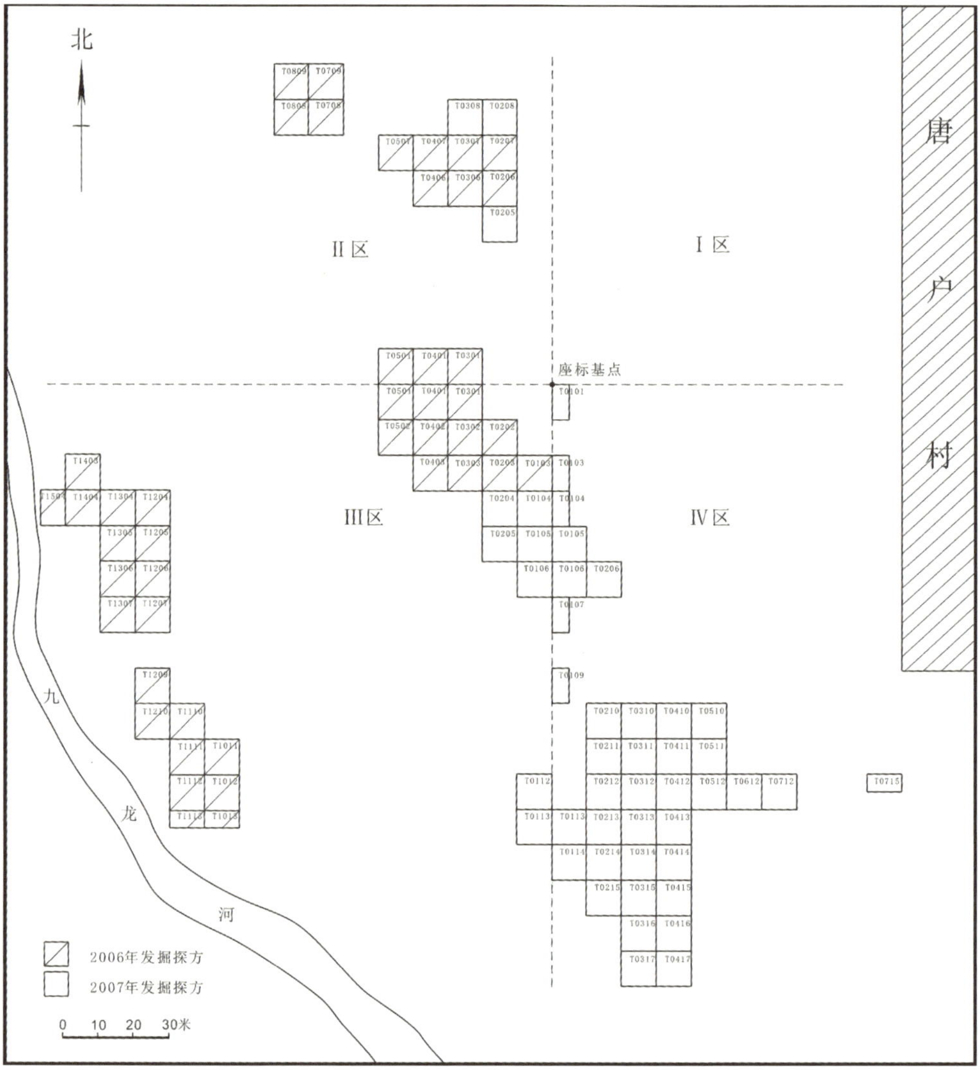

唐户遗址探方分布图

唐户遗址发掘现场

唐户遗址裴李岗时期房基遗存

发掘面积 1900 平方米，却清理出密集而深厚的唐宋、明清墓葬 20 多座，裴李岗时期的灰坑只有可怜巴巴的 5 个，梦寐以求的裴李岗房址和墓葬未能谋面。

第二阶段：在 II 区东南部和 III 区东北部发掘四个月，发掘面积 2580 平方米，一下子发现裴李岗时期房址 22 座，灰坑 28 个，壕沟 1 条。这是重量级的发现，让我们喜不自胜。首先在 III 区 T1504 内发现裴李岗房址 2 座，其后在 II 区东南部发现房址 6 座，III 区东北部发现房址 14 座。房址半地穴式，平面有圆形、椭圆形、圆角长方形和不规则形等，门道斜坡式，单间的 19 座，双间的 3 座，居住面和墙壁均经过处理，其中 3 座有灶，房址周围有圆形或椭圆形柱洞。

T1504 涵盖了 2004 年那条 2×10 平方米的探沟。该探方西靠九龙河，清至⑥层时，在东南部发现残房址 F1，随之在探方西北部相同的层位发现长方形房址 F2，房周围有柱洞 7 个，房内有灶的残迹以及折沿罐、三足钵、壶等碎片，门道被一座宋代墓葬打破。这样，在探沟发现的五个灰坑也就有了使用的主人。

初尝胜果，我们这些第一次和裴李岗文化打交道的人都有点小小的自满，但裴李岗房址难以辨认，实在超乎所有人想象：这种褐红土层经过七八千年后期土层的叠压沉降，从色泽到硬度，和生土几乎没有二致，没有几十遍的细刮分辨，是很难辨认出房址的。

10 月 11 日，负责 III 区 T0403 发掘工作的胡亚毅发现探方东南部③层下出现两个东西相连的坑，西坑圆形，东坑椭圆形，后者周围发现了 6 个以上的圆形柱洞，初步判断是一座双间式房址，编号 F3。打掉碍事的隔梁，最后搞清了 F3 由斜坡门道、东间、西间组成，东、西间有过道相连，东间有灶的残迹，西间出土陶鼎、陶壶、陶三足钵、陶罐等陶器残片。这是多么重要的发现啊，八千年前的人们已经住上两居室的房子，房子里能取暖，能做饭，当然也能过幸福的家庭生活。大家都为古人有这么高

唐户遗址出土的部分陶器

唐户遗址居住基址排水系统

的成就而高兴，发掘遗迹更加耐心细致了，生怕露过一点蛛丝马迹，这可都是古人留给我们的无价之宝啊。

后来我们又发现了 F4、F5、F6、F7，伴随的灰坑也越来越多。古人是很讲卫生的，他们在房屋周围挖出一个又一个圆形的土坑。挖出来土用到什么地方，用来烧制陶器？还是用来涂抹房壁、房顶？现在没人能够回答，臆想一下还是充满乐趣的。圆坑的用途很单一，就是抛弃垃圾的，相当于我们现在的垃圾袋，装满了拎出去，古人是装满了再挖一个。

这里我们要说一下 F7，它的表现与众不同。F7 位于Ⅱ区 T0307 内，开口于③层下，西部被 G10 打破，平面呈不规则椭圆形，方向西北－东南。门开在西北角，门道斜坡状，门道两侧各有一个柱洞，坑壁斜直，周围发现圆形柱洞7个，柱洞外有一周宽 0.10～0.12 米，深 0.05～0.08 米的小沟，西部被 G10 打破。

推测小沟是F7的"散水",专门用来排泄雨水的,古人的脑子真不简单。

随着遗迹像雨后春笋般冒了出来,工地上出现了有趣的现象:发掘的具体操作人员手拿小铲、毛刷,撅屁股凹腰,干得津津有味;负责向外出土的民工,要么仰头看天,要么对着不远处的民工嘻嘻哈哈说笑,对眼前考古队员千辛万苦挖出来的圆坑坑、小洞不屑一顾。萝卜白菜,各有所爱,只要民工能及时把土转运出去就行,我们对她们并无苛求。到12月底,共发现裴李岗文化时期房址22座,灰坑33个,一个房子合一个半灰坑。特别是Ⅲ区东北部发现的14座房址,分布相对集中,其外侧有沟G11。该组房址在选址方面有意识将居住基址定在沟旁阶地上,房屋依沟的自然走向布局,一方面便于生活取水、排水及废弃物处置,另一方面也能起到抵御野兽的作用。

豁然开朗

为进一步廓清裴李岗时期人们的居住形态,2007我们年扩展到Ⅳ区发掘,共发掘4300平方米,发现裴李岗时期房址41座,灰坑169个,墓葬1座,灰沟2条,另有龙山时期、汉代、宋代的灰坑、墓葬、水井等,出土一批重要的遗迹遗物,发掘成果喜人。

2007年1月中旬,我们在Ⅲ、Ⅳ区结合部进行钻探,发现这里灰层范围较广,故于此布下4个探方。19日这天是一个特殊的日子,Ⅲ区T0113东北部发现了F21,周围有8个柱洞,房内堆积分层明显,包含物十分丰富。为了更准确地得到不同层面的遗物,我们采用二分之一解剖法,自上而下逐层清理,每层均采集浮选和孢粉土样,清到第④层,出露丰富的红褐陶片,清理后这些陶片

唐户遗址出土红陶器

暂留原地。26日，F21的另一半清完。看着陶片或疏或密，或伏或立，虽无规律却又别开生面，仔细观察，有些器物破碎时的爆出方向都能看出。房内共修复8件完整器物，另有20余件无法修复，器型有鼎、壶、三足钵、罐、豆、钵等，基本囊括了裴李岗时期的所有器形，称之为一个小小的家庭博物馆并不过分。这是我们开战以来，战果最为辉煌的一个遗迹单位。

唐户遗址裴李岗时期房址的大批量发现，引起了部分学者的关注，因为其他裴李岗时期的遗址都没有发现这么多集中在一起的房子，这对新石器时代早期聚落形态的研究具有重大学术价值。为此，我们调整了工作方向，在墓葬暂时无望的情况下，把精力集中到居住基址的完全搜集上。我们在Ⅳ区西南部新开探方1000平方米，进行重点发掘。

5月，中国科技大学科技考古系张居中教授带领博士、硕士10人来唐户田野实习。张教授原是河南省文物考古研究院的专家，1984～2001年先后六次主持属于裴李岗文化时期的贾湖遗址的考古发掘，发现了我国8000年前的七孔骨笛、8000年前与原始文字有关的契刻符号、9000年前的酒，对裴李岗文化有极深的造诣。这次张教授回家指导我们考古后生，真是天赐良机，使我有机会面聆新的考古理念和科技考古的知识。随后我们的发掘，加强了对房址、灰坑等不同遗迹单位内填土的筛选和浮选，在地层剖面采集孢子花粉、植物硅酸体、同位素等土样标本，并进行了地貌、地质和环境考古学研究，尽可能完整地获取各种信息，为深入探讨唐户遗址裴李岗文化的内涵提供了各种视角的材料。

至5月底，唐户遗址的考古收获账单如下：揭露裴李岗文化遗存面积4000多平方米，发现了裴李岗时期的中心居住区，清理裴李岗时期的房址41座，灰坑166个，居住区内排水系统1条，壕沟1条，墓葬1座，出土了一批重要遗物。2007年7月13日，我们以《新郑唐户

唐户遗址考古现场航拍照

黄景略、张忠培、徐光冀、李伯谦、信立祥等专家考察发掘中的唐户遗址，左下图中右起第2人为张松林，左起第1人为信应君

遗址发现裴李岗文化大面积居址》为题，将唐户遗址的重大考古发现在《中国文物报》予以专题报道。

唐户遗址石破天惊的考古发现，引起国家文物局、省文物局的高度重视，国家局童明康副局长、省局陈爱兰局长、国家局专家组组长黄景略先生、专家组成员张忠培先生、徐光冀先生、北大文博学院严文明先生、李伯谦先生等专家学者先后莅临唐户发掘现场，指导工作，对唐户遗址涌现的居址价值予以高度评价，使得唐户遗址的持续发掘有了后劲。

艰辛求索

2007年唐户遗址之所以取得丰硕的成果，与唐户考古队全体队员的辛勤努力和唐户村广大干群的支持分不开。回想年初，天气异常寒冷，空气像从冰柜里抽出的冰布，黏乎乎挂在人们的脸上、手上，脚下软绵的土地一寸寸向深处冻去。已挖出的遗迹不能在上冻与开化的反复较量中粉毁，需发掘的部分也不能冻成铁板一块。为了解决上苍给我们出的这个难题，我们组织群众到河渠、沟畔割茅草，编织草垫子，天黑前不由分说给大地盖上，第二天一早不由分说再把它去掉，顺利解决了上冻问题，丝毫没有影响发掘的进度。

春节过后，天气特别干旱，一直到6月中旬滴雨未见。地层经过太阳无休止的暴晒，像钢板一样强硬，手铲刮在上边，土星飞溅，吱吱乱响，感觉被刮过的地面也是发烫的。我们只好实施人工降雨，往干涸的地面上不停洒水，让水下洇10～15厘米，等土软硬合适了，抓紧时间刮，从而发现遗迹。这个火候太难拿捏了：早了，地湿，铲一刮，表层土跟着铲跑了，留下一个粗糙面，看不清遗迹；晚了，有点变干的地面在铲过后泛起一层光亮，同样看不清。按常理，这样的天气非常不利于发掘，特别是重要遗迹的发现与保护，我们完全可以停些时候，等条件具备再开工发掘。可是干渠开工不等人，我们只有不停地从群众家里挑水，不停地洒呀洒呀，然后是寂寞地等待，再等待。脸成了晴雨表，眉开眼笑，赶快刮，愁眉苦脸，等等看。

6月15日，雨来了，雷公电母一时闹得欢，雨势猛烈，探方里一下注满了水。这下不用愁了，雨水均匀下浸，地层会洇得很好，可是已发掘出来的遗迹没准会泡汤，必须在最短的时间内把积水排出来，水深的探方用水泵抽，水浅的探方用盆舀。我们在窄窄的探方隔梁中间挖出一条小沟，也学古人的样子，让舀出的水自动流走。水排干了，有些深方的遗迹还是被回旋的水损毁一部分。为此，我们采购一些塑料布和彩条布，每天观察天气变化，一遇阴雨天气，赶快把这些东西铺在探方里，遗迹不直接触水，情况好多了。

就这样在战天斗地中不断总结经验，不断探索创新。每当烈日高照，我忍不住远望长空，清澈的天海也要被中间的那轮太阳烤得紫烟沸腾。古人也拥有这样的炎夏，他们是如何度过的呢？而暴雨来袭，我站在工棚里，身后是狼奔豕突回家的群众，令人哑然失笑，眼前是雨花飞溅中八千年前的几十座房屋，那些珠帘轻飞的茅屋内身披草衣树皮的古人也是这样跑回家的吗？他们团团围坐在屋内，是听如海的雨声，还是安慰嗷嗷待哺的儿女？抑或幻想灿烂的天明？这些唐户最早的先民可是我们发现的哟！

唐户遗址考古发掘中清理探方内积水

唐户九千年

唐户遗址局部地段文化层顶部遭到破坏，总体来说，仍是一个整装的新石器时代聚落遗址，从20世纪70年代发现至今，一直是考古学者眼中的香饽饽。通过2006年、2007年的考古发掘，大面积居住基址等迹象的井喷式出现，越发昭示出这处遗址的非同寻常。为此，我们对唐户遗址现有材料进行先行整理和研究，以抛砖引玉之势静待裴李岗文化研究之曙光毕现。

20世纪新郑裴李岗村发现裴李岗文化后，经过全省范围内不遗余力的调查，已发现裴李岗时期遗址160余处。这类遗址多分布在山前洪积扇区或浅山区的河旁阶地上，面积一般较小，给人以星星点点之感。唐户遗址经过后期的写真式的踏查、勘探、发掘，证明遗址总面积高达140万平方米，其中30万平方米为内容单纯的裴李岗文化遗存。可以这样说：唐户遗址面积之大，文化层之深，文化面貌之多，令人咋舌；更难能可贵的是，唐户遗址的裴李岗文化与仰韶文化衔接绵密，持续久长，而且，在遗址范围内，还有龙山、夏商、两周、秦汉、唐宋、明清等人类遗存存在，说明这里在长达九千年的时间内，维持了众星捧月般的中心聚落地位。这在全国是独一无二的，更令人浮想联翩。

唐户遗址发现裴李岗文化时期房址65座（2008年发掘新发现2座），是我国目前发现的裴李岗文化时期房址最多的一处遗址。这些房址从空中看，像漂浮在绿潭中的一簇簇荷叶，聚散有诗意，高低有落差，煞是好看。从纯考古的平面布局分析，可分为5个相对集中的居住区，第四、第五居住区居址的布局具有环壕防御性质和凝聚式向心布局的特征，为研究当时的聚落形态和社会组织结构提供了簇新的材料。

第四居住区共发现房址23座，主要分布于Ⅲ区东北部壕沟（G11）内侧阶地上。此沟呈东南－西北向，向西呈环状与九龙河相接，为一条自然壕沟，已知长度300余米，宽10~20米，深2~4米。该组房址有意识分布在沟旁阶地上，随沟势转圜，一方面便于生活用水、排水及废弃物的处置，另一方面也起到了抵御野兽的沟防作用。

第五居住区房址基本呈西北－东南向布局，分为南、北两组。北边一组共有房址18座，面积最大、方向南北向的F46处在中心，F39、F40、F45、F47、F50等环伺一周，门向基本都朝向F46，至于F35、F36、F37、F38、F41门向基本向南，弧形拱布于F46的前方，具有凝聚式和拱卫式的布局特征。南面一组有房址16座，F42面积最大，门朝南，处于中心的位置，周围环伺着F24、F26、F27、F29、F34、F43等。这样看来，F46、F42有着与众不同的地位，房主的身份、所起的作用自然也与众不同。

西安半坡遗址、临潼姜寨遗址是晚于裴李岗文化的仰韶文化遗址，这两个遗址以其周围有防兽的壕沟，中心为活动广场，广场周围分布着向心式房屋而闻名于世。唐户遗址裴李岗文化时期的第四、第五房址已出露这种布局思想的端倪。

G12呈西北－东南向环绕于Ⅳ区居住基址的外围。沟已非初始模样，应该是沟的下部了，出露长度35米，口宽

0.30～0.45米，深0.40～0.50米。在沟的东北部，有0.80米宽的间断，当是居址出入外部的通道。我们推测该沟内侧立有篱笆栅栏，这是一种基本的防护设施。

G13由三条支流依地势由北向南延伸，汇流后向西南地势低洼处流出。虽然与灰坑之间存在打破现象，但其流经区域均从房址外围穿过，推测应为居住基址内的排水系统。排水沟的发现，表明当时的人们已充分考虑人地关系，懂得利用自然地势来建造排水设施，保持居住区的干爽，反映了当时人们先进的建筑构思。这应该是迄今国内发现最早的排水设施。

我们在F26、F39等房屋中发现有加工石器的迹象。这些房址地面均不平

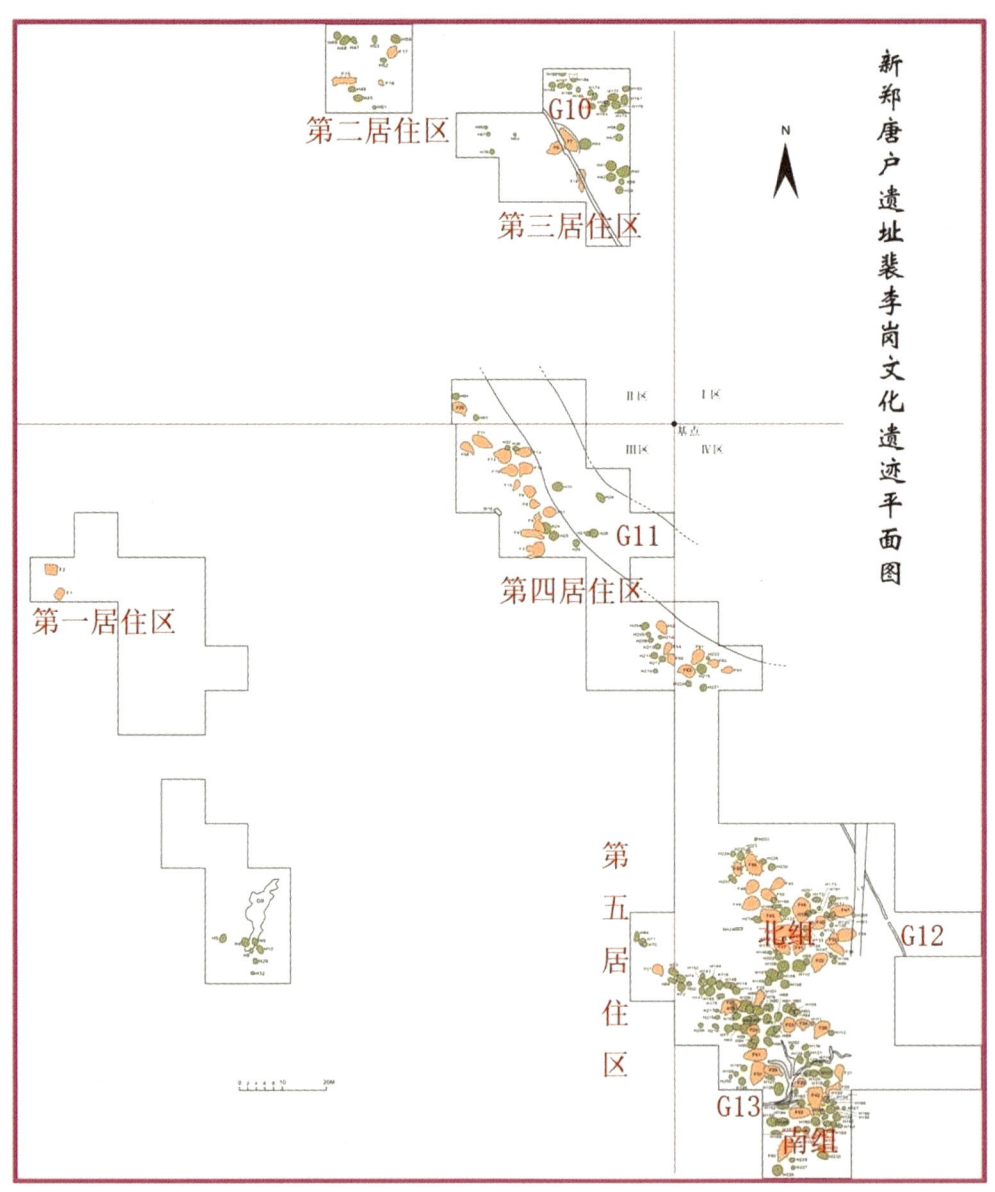

唐户遗址房址布局

整，在地面上发现有呈扇面分布的碎小石片，特别是F39内发现的一件细石器石核，具有明显的打击痕迹，说明这些房屋不仅具备居住功能，而且可能是生产工具的加工场所。同时从石制生产工具种类的分化，可以看出农业生产工具专业化倾向的增强，如舌形石铲用来翻地，石镰或石刀用来收割，石磨盘、石磨棒用来碾磨粮食等。这些足以证明当时农业生产技术水平已达到一定的高度。

唐户遗址裴李岗文化时期大面积居住基址的发现进一步丰富了郑州地区裴李岗文化的内涵，居住基址分区、分片布局，从社会学角度为探讨以血缘关系为纽带的社会家庭组织的出现提供了重要资料，对深入研究新石器时代早期裴李岗文化的聚落形态、房屋建筑方式、家庭、社会组织及裴李岗文化的性质、

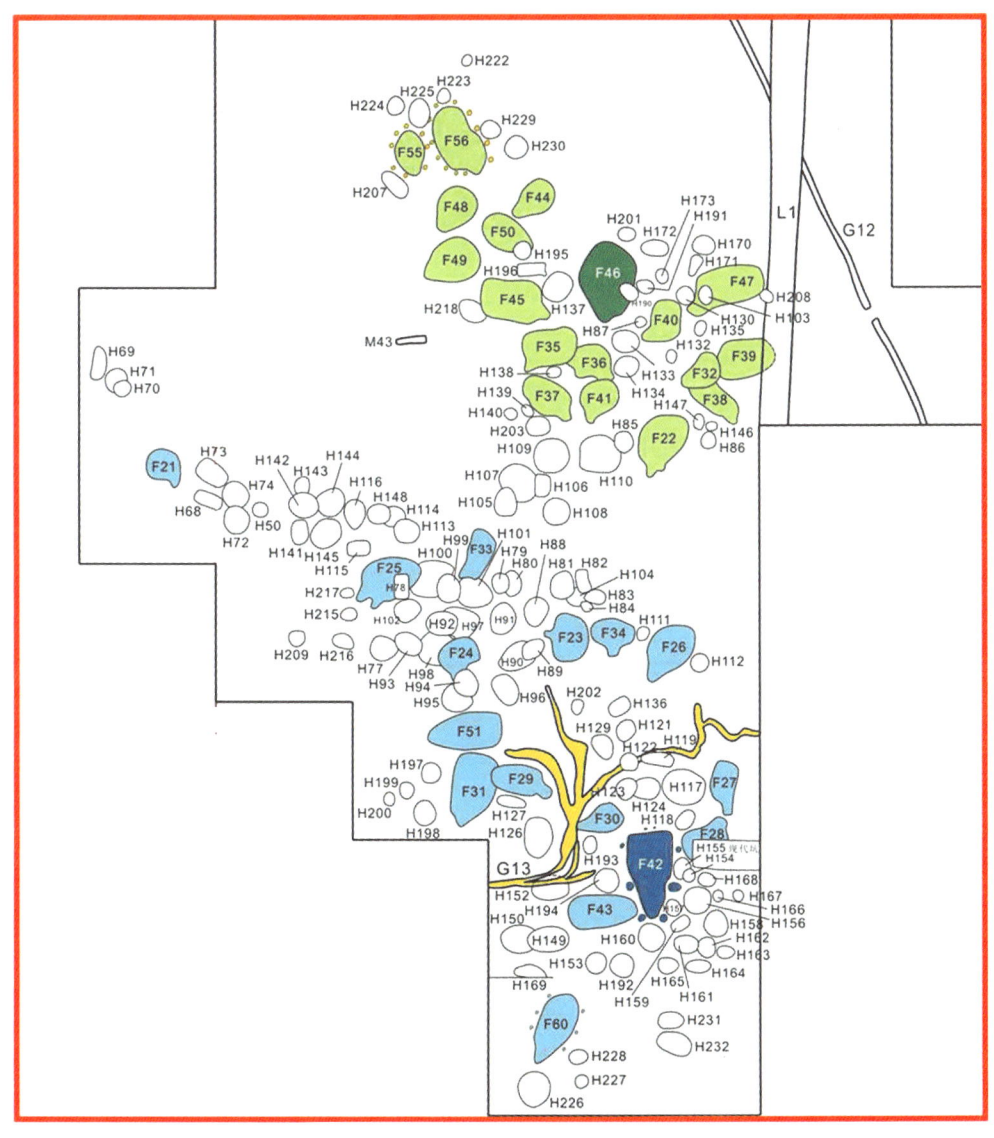

唐户遗址第五居住区房址布局图

唐户遗址裴李岗时期房基遗存

分期等都具有非常重大的学术价值。鉴于这些价值和意义，南水北调唐户遗址的考古发掘荣获"2006～2007年度国家文物局田野考古质量"三等奖，被评为"2007年全国十大考古新发现"之一。

唐户遗址经过2006年、2007年两次发掘，发现了目前所知裴李岗文化时期数量最多的房屋基址，使我们对这个遗址裴李岗文化的面貌及聚落布局形态有了进一步的认识，但令人遗憾的是没有发现裴李岗文化时期唐户人的墓地。它的墓地会在哪里呢？是在农民的院子底下，还是风流总被风吹雨打去？

据当地村民讲，发掘区地势原来较高，平整土地时曾挖出过石磨盘、石磨棒，而这两样器物在新郑裴李岗遗址墓地中作为随葬品大量出现，这为我们寻找其墓地提供了线索。为此，我们在村民讲的发现石磨盘、石磨棒的地方进行数次钻探，都没有发现墓地。

由于工程的时效性，唐户遗址的发掘暂时结束了。但唐户遗址无疑是个宝藏，我们只是动了它的冰山一角，已让我们眼花缭乱。它的基本没被染指的中南部又会酝酿着多少惊天动地的大发现呢？真如有些学者指出的那样，唐户遗址会是黄帝的"有熊之墟"吗？如果能将中南部全部发掘，拿到比裴李岗时期结构更复杂、功能更完善村落布局，又有谁不愿拥抱它作为"有熊之墟"的可能性呢？问题在于，发掘中部仰韶文化遗存，将是一项世纪工程，在目前的条件下，本世纪不大可能完成。如此，与"有熊之墟"这个文明的始祖约会，只能在我们的想象和期待中。

郑州地区重大考古发现发掘纪实之

西山城址

时　　代：仰韶时代晚期
地　　点：惠济区古荥镇
发掘时间：1995年
荣　　誉：1995年度全国十大考古新发现

城之始
——郑州西山仰韶文化城池遗址考古发掘纪实

◆ 张玉石

西山城址位置图

一次考古培训班的实习活动怎样挖出了惊天考古大发现?
"中华第一城"如何筑就了中国营造的最早辉煌?

虎踞龙盘话西山

西山城址位于郑州市西北郊23公里处的惠济区(原为邙山区,2004年5月1日起经国务院批准更改名为现名)古荥镇孙庄村西,北距黄河约4公里。遗址北依邙岭余脉西山,南临枯河,居高临下,俯瞰着东南一望无垠的黄淮平原。如果说,奔腾的黄河像一条腾飞的巨龙,东西绵延数百里的邙山就是这条巨龙的脊梁。西山古城,恰好就位于这条巨龙舞动的龙头上。

枯河南岸的古荥阳地区,古代称为"荥泽",《尚书·禹贡》称荥波,盖济水所经,黄河所溢,其地潴湿,汉末平帝以后,始塞为平地。北面黄河自西山遗址以东向下,河面宽阔,水流趋缓,泥沙大量沉积,形成世界著名的"地上悬河"。西山正处在绵延不绝的豫西丘陵与东南部黄淮平原的交界点。

西山一带,经调查与郑州西山大体同时期的遗址,约30处左右。经过发掘,文化面貌比较清楚又比较重要的有东边的大河村、南边的后庄王、西边的点军台、青台、秦王寨诸遗址。其他同期遗址的面貌,大体与上述几处较典型的遗址类似或接近。

西山周边的文化积淀十分丰厚。史前传说时代，约是黄帝部族的活动区域。据《古本竹书纪年》、《史记·五帝本纪》载，黄帝"居有熊"。《集解》引皇甫谧说，有熊在今新郑境内。《庄子》一书载："黄帝将见大隗乎具茨之山"。《水经·溟水注》："溟水出河南密县大騩山"。"大隗，即具茨山也，黄帝登具茨山，升于洪堤上，受神芝图于华盖童子，即是山也"。郭璞注《山海经·中次七经》言大騩山在今荥阳、密县。《汉书·地理志》亦言密县有騩山。由此可见，郑州及其周边的荥阳、密县、新郑，正是黄帝部族的活动中心区。夏商时期，西山西南约5公里的荥阳大师姑村，曾发现有二里头文化中晚期城址，或当夏时期方国；再南，新郑望京楼近期发现有夏商时期城址；商代前期，西山地近商都，属京郊，遗址南面现存有规模宏大的郑州商代都城遗址，南距西山约23公里；郑州小双桥遗址，或为商王室祭祀重地，南距西山约4公里。夏商之际，夏商两个民族对峙争战，多在黄河沿岸进行，西山当处争战区前沿。西周时地当属虢，史称东虢，故城在遗址西南约6公里的荥阳市广武镇附近。或属管，初封或在遗址南约10余公里的石佛乡洼刘村一带。春秋时期，郑武公自陕西华县一带东迁国于郐、（东）虢之间，先后灭二国而有其地，西山一带属郑。战国属韩荥阳邑。战国末年，秦攻入韩地，置荥阳县，属三川郡，荥阳故城即今遗址南约3公里的古荥镇。秦末楚汉相争时期，古荥阳一带成为楚、汉两军长期相峙，反复争夺的著名古战场，也即著名的"天下粮库"——敖仓所在地。遗址西约6公里今黄河岸边广武境内，现存有东西并立的汉、霸二王城，传即刘、项在此激战时的壁垒，中间以深涧为堑，号为鸿沟，传即刘、项以此为界，中分天下的遗迹。西汉初年，改置河南郡，西山一带仍以荥阳县属之。其时荥阳冶铁业发达，是全国重要的冶铁基地。

据对西山周边地区古代气候环境的研究表明：在西山遗址的形成、发展和以西山城址的兴建为标志的繁荣期，遗址周边地区的气候环境要优越于今日郑州的气候环境。具体而言，就是在距今5000～6000年前，当时当地的气候条件与现在淮河南岸附近的气候条件相近，正处于一个温暖湿润、雨量丰沛、适于农耕发展的优越的气候旋回时期。

培训发现者的考古大发现

1984年冬，河南省中原石刻艺术馆在西山筹建，遗址旋即被发现。1986年发表的调查简报，认定遗址"东西约200米，南北约170米，总面积约34000平方米"。遗存的性质"与大河村和点军台应属同一类型，即仰韶中、晚期延续至龙山文化"。

1985年春，张松林等对郑州市西北郊区的石佛、沟赵、古荥等乡进行了为期两个月的考古调查，再次确认了西山遗址，遗址"东西长约400米，南北宽约500米，总面积20万平方米左右"。经过对周边遗址的综合分析，认为："郑州西北郊区的仰韶文化遗存，是豫中地区仰韶文化的典型遗存，它既非庙底沟类型的变体，也不是后岗类型的分支，而是仰韶文化中具有地域和族别特征的独立类型，即所谓'秦王寨类型'的遗存。"

1987年，鉴于西山遗址价值重要，郑州市人民政府公布其为市文物保护单位。

1992年秋，河南省文物局在郑州西山举办省首届考古钻探领队培训班，来自省内各地文物管理部门的20余位学员参加培训，培训班在遗址中心部位开挖探方14个，发掘面积约280平方米。

1993年9月初，国家文物局第七期考古领队培训班在郑州西山举办，来自全国16个省、市、自治区的26名学员参加了培训。鉴于西山遗址面积较大，考虑到今后遗址将进行多次大规模发掘，为全面探索西山遗址的聚落布局，首先由乔梁、张玉石在遗址中心区确立了坐标基点，对整个遗址进行了全面布方。首批发掘也一反常规，撇开堆积丰厚的遗址中心区，而选择在遗址西北的边缘区布方。当年两批共发掘探方57个，实际发掘面积1225平方米。按照当年的认识，发现了包括夯土建筑基址、遗址外围壕沟等重要的遗迹。

1994年9月5日，国家文物局第八期考古领队培训班继续在郑州西山举办，27名学员分别来自全国15个省、市、自治区的20个文博单位。为了进一步探索西山遗址的平面布局，本年度发掘除安排学员培训之需外，另外安排了独立进行的夯土建筑基址的发掘。全年共发掘探方107个，实际发掘面积2460平方米。当年，夯土建筑基址的发掘获得突破性进展，已倾向认为可能是城墙。

1995年9月初，国家文物局第九期考古领队培训班仍继续在郑州西山举办，来自全国14个省、市、自治区20家文博单位的22名学员接受培训学习。仍是学员发掘和工地独立发掘同时进行，全年共发掘探方116个，实际发掘面积

西山城址今日地貌

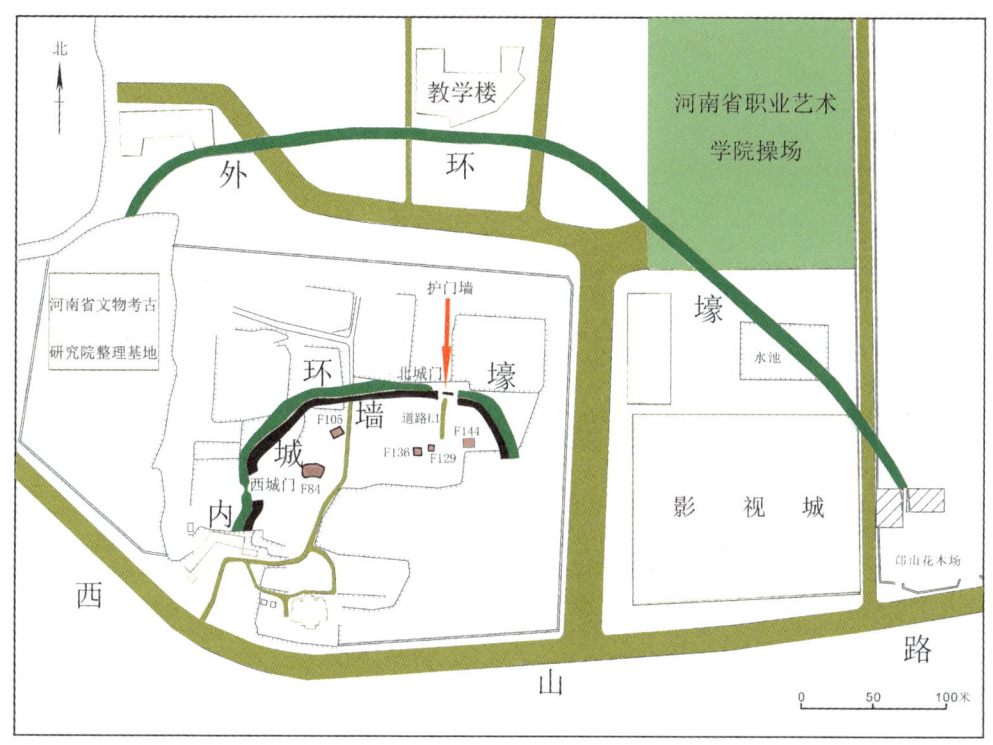

西山城址平面图

2320平方米。当年，西山仰韶时代城址最终得以确认，海内外多家媒体曾予广泛报道。西山遗址的发掘，入选1995年中国十大考古新发现。

1996年春，为搞清城墙、城门及城内布局若干问题，仍然组织了局部发掘，发掘探方5个，发掘面积约100平方米，至此，西山遗址田野发掘工作全部结束。整个发掘前后历时5年，总计发掘面积达6385平方米。

1996年11月，西山遗址经国务院核定公布为第四批全国重点文物保护单位。

揭开神秘面纱的古老城址

历经多次勘探发掘，西山城址撩开了神秘面纱。城址平面形状近于圆形，直径约180米，推断城内面积原有25000平方米。依据北京师范大学资环系李容全教授等一行所做西山遗址环境考古研究结果，遗址南部的枯河历史上曾有两次北袭侧蚀遗址的过程，时间分别在5145aB.P～3360aB.P之间，侧蚀平均速率每百年1.1米；在3300～3000aB.P间，枯河的第二次北袭彻底破坏了城址的南部。现城址南部已经不存，造成今城圈已不能封闭，现存面积约占原城址的五分之四，即19000余平方米。城外四周有壕沟环绕，城壕宽一般5～7米，如果将城墙和城壕的面积一并计入，则城址面积可达34500多平方米。在现存城墙周围发现两座城门遗迹，分别为北门和西门，两座城门的形制、结构有较大区别。

现存半圆形城墙残长约265米，若以西城门和北城门为界，可将城墙划作西墙、北墙、东墙三段，南墙已不存。现存三面城墙全部埋藏于今地表以下。

西墙：自西门南壁至南部断崖，存长24米，墙宽6～6.25米，横向排列4版。

· 215 ·

剖面显示存高约2.55米，距地表深约0.80米。平面揭示的版块长1.20～1.40米，宽0.60～0.80米。

北墙：自西门北壁至北门西壁，全长163米，保存基本完整。墙宽3.20～8米，横向排列3～5版。距地表深西北隅0.30～0.45米，北墙中段0.70～1.20米。剖面显示墙存高1.50米，计上下4版，底宽5.15米，顶宽4.50米，其中T5139、T5140、T5141连续剖面显示，墙存高1.90米，计上下4版，底宽4.55米，顶宽3.20米。

值得注意的是，北城墙中的西北城隅段，是保存最好的一段。这一段城墙呈弧形，由西南向东北曲缓与北墙相连。此段城墙基底宽11米，存高约2.50米，现存高度平面宽约8米，横向排列5版，较之北墙中段城墙宽出3～5米，加宽2版，显然是为提高城墙薄弱处的守防能力而加宽加厚城隅的。

东墙：自北门东壁至南部断崖，现存城墙长50.5米，距地表深约0.20～0.25米。据TG5剖面显示，第Ⅰ段版筑城墙存高1.75米，计上下4版，底宽3.50米，顶宽0.80米，从外侧计，自下而上第1版厚约40厘米，第2版厚约25厘米，收杀20厘米，第3版厚约35厘米，收杀30厘米，第4版厚约65厘米，收杀45厘米。南部断崖处的TG6剖面显示，城墙距地表深约0.35～0.70米，存高约1.50米，计上下3版，墙宽约6.10米，因保留遗迹需要，其他情况未明。

墙外有壕沟环绕，显然是取土筑城而形成的。发掘时编号HG9。壕宽一般5～7米，西北隅城墙外因加宽加厚城墙而取土量大增，故宽达11米。壕深3～4.50米。据此根据后世文献如《考工记·匠人》和《墨子·城守篇》"城厚以高，城壕宽以广"记载的城墙高厚比指数大约为1∶1，再据收杀比例推算，西山城墙的高度约在4～5米，这也正与环绕城墙的壕沟所提供的筑城土方量大致相当。由4～5米左右的城墙加之外侧4米左右的壕沟，共同构成了城址防御的屏障。此外，在城墙和环壕百米之外，还发现了外壕，长度超过600米，上口宽7～8米，底宽2～3米，深4～5米。

西山城池发现城门两座，为北门和西门。两座城门的形制、结构有较大区别。西门设在城址西北隅，西墙北段。现存门道宽约17.50米。城门南侧城墙宽约6米，横向排列4版。北侧城墙宽9米。在与门道正中稍偏北处相对应的壕沟内外两侧，均挖筑较浅约2.50米，且两侧各向壕沟中伸出直径约3米左右的半圆形生土台，使得两土台间壕沟的宽度仅约2米左右，推测是为便于架设板桥以利内外通行的。

西门门道稍偏南处正中，发现城门奠基遗存。分作上下两层。上下层各可分8组，分别以鼎、罐和大口尖底缸、环形平口尖底瓶为葬具，计埋设20余件器物，多件器物内发现有婴幼儿骨骸。

西山城内的瓮棺葬

西山城池西门门道上层奠基遗存

北门设在城址东北隅。现存门道宽约10米，平面形状略呈"八"字形。东西两侧为附筑的略呈三角形的城台。城台均由各种长方形、梯形、三角形和近于菱形的小版块筑成。版块面积一般在0.80平方米左右。西侧城台的内侧已遭局部破坏，而又在其外侧补筑了一个约4.50×4.50平方米的正方形城台。在北门外侧正中，横筑一道形如影壁的护门墙。护门墙东西长约7米，宽约1.50米，夯筑十分坚硬。护门墙的作用，如后世文献宋陈规等著《守城录》中记载："所以遮隔冲突，门之启闭，外不得知。"显为增强城门的防御功能而设置。门道以外和护门墙以内的地面，用纯净细腻的黄沙土铺就，略呈北高南低倾斜状。而外侧环绕城墙的HG9，在北门两侧均不相连通。即北门外并无城壕环卫，而径与城外野途相连。

北门奠基遗存，位于北门西侧，在现存城墙收分而成的台阶面上。可分作4组，分别以环形平口尖底瓶和器盖、大口尖底缸及钵和夹砂罐为葬具，其中除夹砂罐外的其他3组内发现有婴幼儿骨骼。在此偏西的城墙夯土中，更已经出土分层埋设的包括彩陶钵、鼎、罐在内的9件陶器，其中彩陶钵内埋有婴儿的骨骼。另有多件陶器因多位于探方壁外尚保存于城墙夯土中未及取出。故实际祭奠陶器数量肯定大于已取出的9件。

西山城内发现南北向道路一条，编号L1，存长25米，路宽根据保存情况0.50~1.85米。路土厚约0.40米，距地表深0.30~0.40米，系用粗沙和红烧土碎粒与细沙质黄土相间分8层铺就，内含均为平铺的碎小陶片，器型难以辨识，但可辨绝大多数为泥质灰陶，器表可见细绳纹，彩陶有施于灰陶器表的红彩、施于红陶器表的黑彩和白衣黑彩，纹样有网格、直线等。路土自城内东北部房址密集区遗迹不易再区分，向北至北门门道正中护门墙前约2米处消失。从剖面观察，L1下另有早期路土，因保存遗迹未继续下掘不得其详。

城墙的建造方式，是先在拟建城墙区段挖筑基础槽，在槽内经过修整的基底平面上依托基槽内壁分段逐块逐层夯筑建墙，高出基础槽口以后，沿内侧地面展宽筑起。外侧取土而成的深沟即成环绕城墙的城壕。

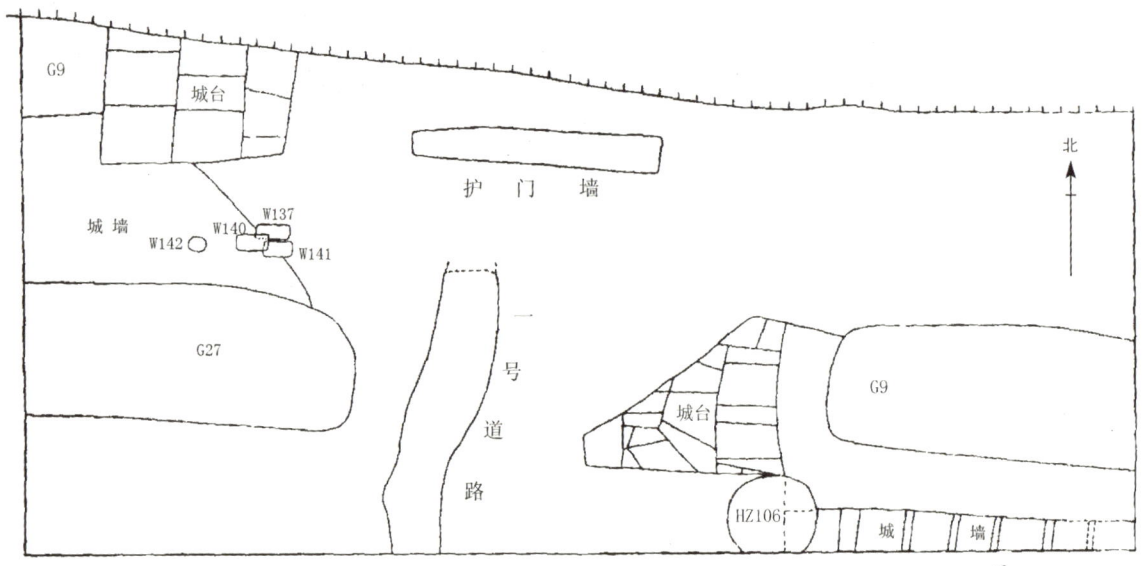

西山城址北门平面图

城墙筑造采用先进的方块版筑法。筑墙每版方块的大小并不一致，显示使用模版的长短也不相同。一般每版长1.50～2米，宽1.20米。所见最大版块长3.50米，宽1.50米。每版的厚度也不相同，以30～50厘米左右者多见，最薄的版块约20～25厘米。

由发掘可知，版筑城墙至少使用以下几种方法：在城墙西北角基槽底部，大约是为增强城隅部位基础考虑，挖筑基槽时，将再生的文化层堆积全部清理至生土，因而基底并不平坦，版筑城墙时，则将厚10～25厘米的夹板的一端直接嵌入挖筑在高处生土壁上的洞中固定，嵌洞长方形，嵌深12～50厘米，然后在夹板固定的方框内分层填土夯筑，这种方法，主要用于不平坦的基底；在西墙北端与北墙西端相交处的城墙平面上，发现有排列规整的纵横基槽，将城墙分幅成3～4.5平方米左右的封闭单元，基槽宽34厘米，槽内分布有柱洞，柱洞直径大多15厘米左右，柱间中心间距多为40厘米左右，深多30厘米左右，这一段城墙位于西北隅，较之其他区段加宽五分之二，发现的纵横基槽相交处的中心柱洞，直径达42厘米，柱深94厘米，推测版筑此段城墙时，系在模版的两侧及两端树柱，固定模版加土夯筑，以增强城角部位的稳固性，由是可知，这里已采用原始的榫卯技术工艺。H462是打

西山城池城墙奠基遗存

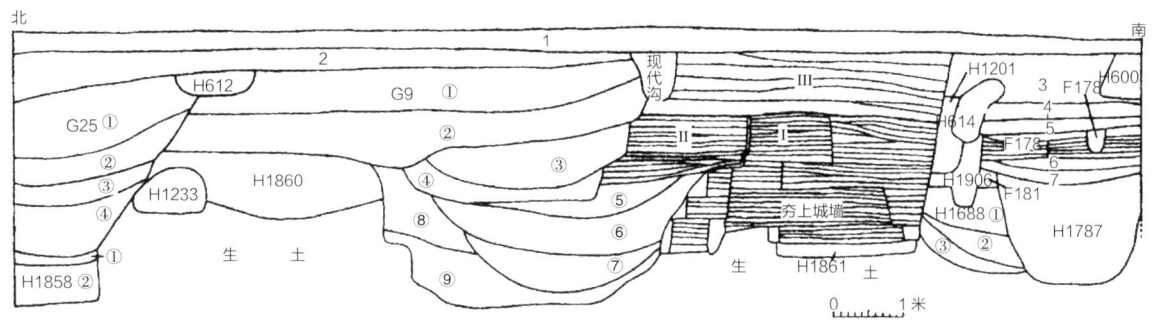

西山城墙剖面图

破该段城墙的一座灰坑,坑底恰好显现的是4个版块的相交点。交点中心有一柱洞,直径10余厘米,也可为此作一佐证。在西山发掘的H754中,曾发现一段残绳索,绑系模版及立柱的工艺虽未发现,但据此推测已具备此项技术条件。从有些柱洞内发现有灰烬样朽木痕观察,夯筑版块完成后固定模版的木柱并不抽走或不完全抽走,而是将其直接保留于城墙之中。

西北隅城墙是最早揭露出来的,由于最初对它的性质尚不甚明了,故曾先以房基编号谨慎清理,因此也得以窥见各版块筑造的程序。

西门北段的一段城墙,各有纵横的基槽,基槽内分布有柱洞,惟西边最外侧的一版,因打破关系较复杂,版块分界线已不易划分清楚,当时曾编号F20。据分析,这些由纵横的基槽分隔开的6个版块,是同时筑起的。T2831、T2832内向东北延伸的斜向版块,因其斜向叠压在F20之上,可知筑造顺序晚于F20,当时曾编号F71;T2833西北角的版块,因其中心柱洞巨大,发现也较早,当时曾编号F33,发掘可知其基槽打破F71版块,故知其最晚。由是,按原始编号顺序,西北角城墙筑造顺序,从早到晚依次为F20、F71、F33。西墙与北墙相交处的西北角,发掘时受诸多地物条件限制,版块结构已无法弄清,但版块清楚的F33,在略呈倒梯形的基础槽内逐版逐层夯筑。版块大小长20～40厘米,宽多40厘米,厚25厘米左右,层间夹垫草类植物茎叶。这种方式,颇类于北门西侧的小版块版筑法。排列于墙体中心的版块,夯层较厚,夯打较为松散,显然是直接填土,稍经夯打而成的。由于现存城墙平面一般排列3版,所以这种先筑内外两侧边缘版块,最后铺筑中心版块的方法,既便于抽取模版,无疑又可省工省时,提高筑城效率,是比较科学合理的。

筑墙使用模版可能有多种情况。除由底层夹板洞推知的经锯解的模版外,在西北段城墙的发掘中,往往可见在规整版块的四围或纵向排列版块的外侧,有宽约30余厘米的基槽,基槽内并不见柱洞遗痕,基槽内的版块依序规整排列,推知这些版块是依次逐版夯筑起来的。而基槽应是使用模版的遗留。由此可知,受当时使用工具简陋,分解夹板不易的限制,版筑使用的模版,有些似应是稍加斫削的原木或方木,使用时将这些原木或方木模版分放两侧,中间则以经解开的稍薄模版围定。在城墙转角处横向排列版块，依序夯筑完一块，将夹板取走，再夯筑另一块。由于版筑城墙随高度增加而逐版收分，下层版块内收而成的台阶，就自然成为上层版块夯筑时承托模版的平台。待同一平面版筑完成，取走使用的原木或方木模版后，再将两排版块间由此造成的模版空隙填土夯实，所以形成基槽。由于使用自然木材充作模版，所以在平面上，版块间分界并不全是规整的直线。这种方式，虽稍嫌笨拙，但较好地解决了模版的承托问题，它与当时原始的榫卯技术工艺结合，构成目前所见国内最早的原始版筑工艺的雏形。

城墙随高度增加而逐版内收，形成多级收杀而成的错落的台阶。每版收杀幅宽并不完全相同。在收杀城墙的外侧，有厚约30～100厘米左右的堆积层，斜压城墙，推测当为在外侧抹泥使之光滑，以防外人凭阶攀登。

版筑城墙的上下层版块系交错叠压，层间夹垫草类植物茎叶以增加凝结力。版块内夯层厚度一般4～5厘米，中心版块经铺筑的夯层厚度则达8～10厘米。揭示夯窝圆形，直径约3厘米，窝深0.3～0.5厘米，底倾斜不平。从其呈"品"字形分布的较为清晰的夯棍痕迹分析，当为3根一组的集束棍夯。

用方块版筑法夯筑城墙，最外侧的版块因夯打挤压外张而呈上大下小的方斗形。为保持城墙结构的稳定，即在模版撤除后，用集束木棍从外侧用力击打整形。这里，尚未见后世的削减法整形，显示出筑城技术的原始性。

城内发掘出大量的房基、窖穴、灰坑、墓葬、瓮棺等遗迹。从保存较好的房基来看，城内房屋分布应有一定布局。门向北的一组，以第144号房基为代表，系先挖筑房基槽，在房基槽内层层铺垫形成基础，然后开挖墙基槽，以版筑工艺筑墙，墙基内埋设木柱，构建木骨泥墙，架设梁架、覆顶，整修多层坚硬平整的料礓石沫地坪。房屋的建筑技艺非常精致。另外一组以第136号和105号房基为代表，门向城内中心方向，似环绕一公共活动场所。西门内东侧则是一座大型夯土建筑基址，略呈扇面状，东西长约14米，南北宽约8米。在它的北侧，是一个面积约400平方米的广场。

城内发掘的窖穴与灰坑约2000座。口小底大的储物窖穴多密集分布在城内西北部地势高亢区。在一些窖穴底部发现了属于窖穴使用时期的排列有序的数组陶、石器，一些陶器的壁底粘附有炭化的粮食作物遗痕。

发掘的143座仰韶文化墓葬至少分属于两处墓地。第一处位于城外西部，均为单人葬，不见任何随葬品；第二处位于城内北部，情况较为复杂。这处墓地经历了使用，废弃，在其上建房，再度使用的演变。在第二处墓地中，既可见成年男子和婴儿的合葬墓，也可见成年男女合葬墓。还有一些墓葬，则是一次葬与二次葬的成年男女同穴分层合葬墓。这批墓葬，反映出西山遗址的中后期，作为社会基本细胞的家庭结构，已经发生深刻的变化，折射出了当时社会的深刻变革。

西山墓葬的人骨资料还反映出医学上的重要意义。第113号墓主人是一个胎死腹中的25岁左右的年轻孕妇。宫腔中清晰的婴儿遗骨表明这位妇女明显死于难产。其他大批的人骨资料显示，龋齿、牙周病、关节炎等症在死者中十分普遍，

西山城墙剖面，局部板块间加垫草类植物痕迹清晰可见

说明先人们当时的生存环境异常恶劣。

婴幼儿墓葬以陶瓮、罐和少量的鼎为葬具。其中一部分与北区的成人墓地交错，且往往多层叠压，另一部分则被埋在房基的周围。大量婴幼儿瓮棺葬的发现，说明当时的婴幼儿死亡率非常之高，这也从另一个侧面反映出西山先民生存的艰难。

大量的奠基和祭祀遗迹的发现，是西山遗址发掘的另一个重要收获。发掘中常可见在房基底部的垫土层中，埋有一件或数件罐、鼎等陶器，部分陶器内存有婴儿的骨骼。一些骨骼并不完整，仅存头骨或部分肢骨。在城墙的发掘中，再次发现类似情况。北城门西侧的城墙内，墙基部位埋有陶鼎，底夯层中埋有陶罐，墙体夯土中分层埋设彩陶体、鼎、罐等10余件陶器，多数陶器中残存婴儿遗骨。北门西侧城台周围，则是以大口尖底缸、罐为组合的一组奠基陶器。西城门门道下，以小口尖底瓶、大口缸、罐为葬具，分上、下两层埋有20多件陶器，同样多见婴儿遗骨。根据发掘现场的分析并参照相关民族志资料，专家认定这些是建筑活动中一种具有特殊宗教意义的祭祀礼仪即奠基仪式，从奠基用陶器内残缺的婴儿遗骨来看，西山当时可能存在杀婴祭祀的残酷风习。

西山发掘中还发现有被扔在废弃窖穴中呈挣扎状的人牲，他们与兽类同弃一穴。这些人牲的身份，不是异族的战俘，就是本氏族内因违犯族规而被处以极刑的叛逆。20余座废弃窖穴中有大型的兽骨架，有被腰斩后埋入的半身牛骨架，还有被捆架的两具猪骨架。它们显然是当年频繁的祭祀活动中所用的牺牲。

西山遗址发掘出土了大批陶器，种类有鼎、罐，盆、钵、碗、壶、瓮、尖底瓶、大口缸、器盖等。其中泥质红陶红彩高领壶，由平行线、弧线等组成优美的复合形图案。白衣褐彩彩陶钵纹饰由圆点、弧线三角、椭圆形内褐白相间的几何形图案等构成，不失为珍贵的古代艺术品。其他大批石器和骨、角、蚌器等，由此我们可以窥知古代人们的社会经济生活和原始的艺术观念。据对西山发掘资料的详细分析研究可知：西山仰韶时代城址，经历了前后两个发展阶段，其绝对年代，根据放射性碳素年代断代，约距今4800～5300年间。

西山城址西门北侧城墙板块及板块间基槽、柱洞

西山城垣外围壕沟

非同寻常的创世之城

　　西山仰韶时代城址是目前国内发现的年代最早、建筑技术最为先进的古城遗址，它把我国古城产生的历史提早了800～1000年。城址一经确认，即在海内外学术界引起强烈反响。一些学者分别从古代城址的起源和功能、城址与周

西山城内奠基坑

边聚落的关系、古代城址与中国古代文明的发展、中国古代建筑史等方面对它进行了全方位研究，提出了许多独到的见解。更有学者提出，西山仰韶时代古城是中华民族的始祖即5000年前的黄帝城。这些成果，从不同方面，推动了史前考古学研究的深入开展。

5000多年前西山古城的出现，不是一个孤立的、偶然的事件，而是当时社会的政治、经济、文化发展到一定历史阶段的必然产物。大约公元前3500年前后，曾经涵盖整个陕晋豫地区，持续繁荣达1000余年的庙底沟文化开始发生严重裂变。关中地区、豫晋邻境、豫北冀南、郑洛地区、汝颍流域、汉水上游，各地具有鲜明地域特征的考古学文化纷纷崛起。不断发展壮大并日益显示出其独立性的各氏族集团，对生活资料和生存空间的争夺日趋激烈，导致了旷日持久、同室操戈的残酷战争。各区域文化之间随着战争规模的不断扩大和强弱形势的交替演变，发展的不平衡性也随之增大，原属同一文化内部的冲突和撞击因此不断加剧。掠夺性战争的激化，直接导致保卫氏族集团内部公共财产和氏族成员安全的设防城堡的相继出现。这一激变加速了氏族集团内部的变革，呼唤着凌驾于一般社会成员之上的绝对权威的产生，催生出一批最早的氏族特权显贵。这些都加快了氏族制度的瓦解，将处于争夺漩涡中的中原地区率先推进到文明社会的门槛，促使早期国家政权在中原地区率先诞生。这一历史进程，持续至西山古城出现以后的整个龙山时代，长达1000多年。因此可以说，就目前的考古发现而言，西山古城宣告了一个长期稳定、繁荣、统一的氏族社会的结束，开启了以后持续千年的那种群雄并起、万国林立、争战不已、持续发展的大变革时代的龙山文化的先河。

西山城址是中国考古学领域的重大发现，向后人揭示了史前文明的发展程度。深入挖掘西山遗址给人们留下的信息，西山人的生活状态和精神风貌宛如一幅画卷徐徐展开。

现代人买房时会考虑周边的设施比如教育、医疗、商贸和交通情况，还看重绿化、空气质量等自然环境因素。史前人类在选择居住地时也要考察是否易被洪水围困、周围是否有野兽出没、是否卑湿潮热、是否干燥缺水。西山人筑城的那个时代，这里的周边环境是怎样的呢？

根据对西山遗址出土动物遗存研究，当时的西山，气候温暖湿润，周围除黄河外，还有小的河流和湖泊，平原地带分布在东南两侧，西面山区生长着大面积的森林，水域中可以捕到鱼类和软体动物，草原上能够猎到麋鹿。通过对西山遗址出土人骨的检测可知，西山遗址的早期，即相当于仰韶文化早期的时候，西山人便开始以小米为主食，食物中并有一定量肉类，中期主食比例中小米高达90%。因为食物充足营养丰富，瓮棺葬中孩童营养水平较高。

西山人为什么要住在城中呢，当时的西山人，绝对不会有城镇户口与农村户口的概念，也不会觉得圈起来的一道城是特权的象征。虽然西山周围风景优美、粮食充足，又接近水源，但筑城总是一件麻烦的事。况且西山城址四周黄河、枯河、邙山、荥泽都可以起到一定的防御作用，西山人为什么还这么没有安全感，非得要修一个城住在里面呢？

西山城址是仰韶圆形环壕聚落到龙山方形城之间的过渡状态。仰韶时代的典型聚落防御工程以姜寨和半坡的环壕为代表。夯土版筑城墙的出现，使依靠自然防御变为人工防御，更适宜长期居住。但西山城址夯土版筑的方法刚刚被

西山城址出土陶器

发明，技术还不够成熟，城墙基槽深度太浅，版筑方式不够成熟，城墙的剖面是台阶式的，对外来危险的防御性有限。恰恰是各种技术上的不成熟，让后人有相信西山城墙的建筑时间处在史前人类探索城墙建筑方法的摸索时期，是文明大放光芒前的一点朝晖。

为了最大限度地增加西山城址的宜居程度，西山人又在细节上打起了主意。经发掘得知，西山城墙北门形制奇特。呈外八字形，并且在八字两脚之间还有一道与城墙两侧皆不可连接的土墙。

行为学和心理学方面的理论认为，人们在他人的注视下或偷窥时会产生警惕、紧张，甚至不舒服的感觉。人在家中大多数时间是为了休息、放松，如果此时有别人的窥探、打扰，自然无法正常的休息。院子的大门白天需要敞开以方便进出，又要避免外人的偷窥和打扰，影壁就自然而然地产生了。其实"影壁"二字本身就已经泄露了天机：此壁原本就是要挡住自己或外人的身影。此外，除了能够保护西山人私密的生活空间外，立于西山遗址北门外的影壁还可以阻挡冬天时来自北方的寒风进入，起到保暖的作用。

西山城址的建筑方法和地理位置选择，完美地诠释了史前城址居住和防御的两大功能。在西山这个地方可以同时满足以上两个功能。该地得天独厚的地理环境让我们不得不佩服西山人的择地眼光。

与风水有关的文字最早出现在《诗经·大雅·公刘》中，"笃公刘，既溥既长，既景既冈。相其阴阳，观其流泉。其军三单，度其隰原，彻田为粮。度基夕阳，豳居允荒。"诗中提到的公刘在选择居住环境之前，仔细考察了豳地周围的方位、地势、水资源。相地而居对原始人来说是非常重要的一件事，特别是比公刘还要早两千多年的石器时代，因为物资和生产力的限制，极大地影响了原始人的生活质量。异常的气象、野兽也都有可能威胁到人的生命安全。所以史前人类对自然的变化比现代人敏感得多，完全是生存本能所致。

伴随着知识的积累，人们也会不自觉地将知识进行从感性到理性、从微观到宏观的分析和梳理，人对自然的认识及人与自然关系的感悟在有一天终于上升到了理论的层次，于是风水学说便诞生了。

中国传统文化注重人与自然的和谐相处，在中国古代追求居住与城市建设方面和谐模式的人们经过多年的经验，总结出一套理论，这就是风水学说。

风指的是地上地下的生气流动，按照风水学的理论，生气流动时，遇见风一吹就散了，遇见水流阻挡，就停止不动了。宇宙间存在的两种相反相成的气，时刻不停地在消长变化，阴阳二气彼此平衡为最佳状态。所谓好风水就是有生气并能将流动的生气保持住的地方。

风水学说的科学之处在于：首先，风水学说的理论基础是人与自然的和谐关系。史前人类没有近代工业的侵扰，衣食住行等生活诸方面无一不直接来源于自然。人对自然有非常深切的依赖。其次，风水学说得以实际应用的关键因素是人类对于自身主观能动性的发挥。通过对自然的了解，人们可以结合自己的经验，在一定程度上改造自然、利益自身。最后，风水学说得以成为一门学科并在数千年来的发展中为人所用的客观条件是自然界的变化。沧海桑田的故事在自然界中每时每刻都在发生，河流走向、山脉高低、绿化程度、水位升降，这些都会引发小范围内的风水变化。故至今仍活跃在风水学界的老先生们，在为人点穴定阴宅的时候，要反复强调尽管好的阴宅能够荫庇后代，但也只有三世的时间，即将近一百年，超过了这个时间，小范围内的风水就可能会发生变化，一百年前千辛万苦找到的好地方可能就不起作用了。

风水之术，往大里说，是顺应天时、沟通神鬼，可以操纵人的寿与夭、福与祸、贵与贱、富与贫。风水集合了原始气象学、原始地质学、原始植物学、原始建筑学、原始预防医学、心理学、哲学，可以算得上是中国古代最精深最复杂的一个交叉学科。

中原地区是宜居之地，气候温和、土壤肥沃、交通便利、利于农业、手工业及商业的发展，这里是华夏文明的发祥地之一。"河出图、洛出书"，中原地区也是中国古代数术的发源地。伏羲从黄河龙马和灵龟身上的花纹中得到启发，创造了八卦。伏羲是传说中的帝王，虽然不能直接对应到历史时期的某一个人，但从人类学和民俗学角度，研究传说中讲到的生产力发展水平和社会生活的质量，大致可以确定出其在史前文明中的时代和文化特征。

西山地区的人杰地灵，不但借了黄河的光，背靠的邙山也功不可没。邙山在中国传统文化中的地位，与它的地理位置和文化有关。周公营建洛邑，又在嵩山建测景台，以此地为天地之中的事件，发生在西山筑城之后的好几千年。周公以嵩山为天地之中，传统文化以嵩山为中岳。而此时的西山人自然不知他们所依靠的这一脉青山在后来会成为人们争相埋入的福地。

中国传统文化核心价值观中的一项便是天人合一的宇宙观。"道之大原出于天"，天人合一是在承认各项现实客观的基础上，适当地改变自然、可持续发展的理论。涉及居住的小环境，同样要与周围和谐。天地是一个大宇宙，生命体是一个小宇宙。同样，宇宙、中国和中原地区这样大片的区域可以形成一个大的气场，生命体或单体的建筑、山川河流则是一个小气场。

古人称山势为龙，认为山是可以给气场带来生气的自然物。觅龙即寻找生气流动的山，风水师们判断某一地区风水好坏以"觅龙"为首选要素。从中国的地理形势上看，每隔8度左右就有一条大的纬向构造，如天山——阴山，昆仑山——秦岭等。风水理论演化到唐宋之间，开始关注山川的形势、走向和脉络，并热衷于在绵延不绝的山脉中找寻"龙脉"。经过研究，风水师们表示，天下的龙脉都发源于昆仑山，并向东延伸出三条平行主脉："北龙"从阴山、贺兰山入山西，起太行，渡海而止；"中龙"由岷山——秦岭入关中，至泰山入海；"南龙"由云贵、湖南至福建、浙江入海。龙脉群峰起伏、厚实且藏风聚气，无疑是"生气流动的山"，而龙脉集结处则更佳。

西山遗址位于黄河流域地势三级阶梯中的第二阶梯，西面是邙山，东面是黄淮平原。地理学意义上的邙山西接秦岭，向东沿黄河南岸绵延至郑州市北的广武山，长达100多公里。邙山属崤山余脉，高出黄河水面约150米，地势开阔，

西山城址出土陶器

地处黄河与洛河交汇处，'水口'是上上之选，西山正是一座建在中龙背上的城。

四灵的概念人们比较熟悉的应该是古代天文学领域的，全天二十八宿被按东、南、西、北分成四个区域，根据星宿的排列方位，古代中国人赋予了四个方向青龙、朱雀、白虎、玄武四种灵兽。四灵兽在汉代的出镜率最高，瓦当和铜镜上都能看到它们的身影。

风水学意义上的左青龙、右白虎、前朱雀、后玄武，即规划用居址应背有靠山，前有低伏小山，左右两侧沙山环抱，用于兴建房屋的地块宽敞平整，曲水环抱，地势或建筑还要左高右低。

回过头来再说西山城址，西山的时代不一定会有完整的四灵概念，但如果出现的话，它们又在哪里呢？西山遗址周围非常明确的四灵方位所对应自然物，因为时代过于久远，目前只能确认出两个：所倚傍的邙山，位于城址的北侧，山势连绵不断，以像玄武；南方的荥泽，水光接天，对应朱雀的方位。

伏羲始画八卦，天地风雷水火山泽，都是与人类生存密切相关的自然物或自然现象。正北方向属后天八卦的坎位，象征水，西山遗址北面四公里处正是奔流不息的黄河。西北方向属后天八卦的乾位，像天。西山遗址坐落于邙山向东延伸的余脉之上，其西北方向正是邙山主脉。背靠青山即为有靠山，喻义西山城址在大山的保护下安定和平。

西山城址不圆不方，又只剩一半，无从知晓城墙完好时的形状，但从西、西北、北和东北四个方向残存的城墙可以看出，西山仅存的一半城墙西北和东北的两角向内折出了两条边，加上西方和北方的两条边，一共四条。如果按照消失的半个城与之对应……莫非，西山人要筑的是一座八卦城？

风水上有许许多多形煞冲射，风水形峦外部形煞如路冲、门冲，或反弓煞、卷帘煞、镰刀煞、阴煞、旺火煞等。内部形峦如横梁煞、门冲煞、中角煞、窗口煞等。这些通常需要一些风水道具来化煞。可以阻挡寒风的土墙在风水学领域仍有其存在的必要。西山城址北门外如果面对的是一条直路,就会犯了风水中的路冲枪煞,即过直的道路会形成一种气,使家人易有伤病灾及破财,在此方位摆放屏风或影壁可化煞。不过因为无从得知西山北门之外曾经的道路走向,化解枪煞也只是一种猜测。

崇尚与自然和谐相处的古代中国人认为,生活在天地之间的除了有生命的人和动物外,还有曾经大量的鬼魂。这种异于生人的特殊生命体四处游荡,说不上什么时候就会危害人类。孔夫子曾经说过,他的神鬼观是"敬而远之"的,最安全的方式就是不要和他们发生关系。活着的人为了将游魂阻挡于人类的生活区域外,在城市和自家院子的门口外都会安装影壁这一建筑类型。至于原理有两种说法,一是鬼怪们看见影壁上自己的影子后会被吓跑;一是说僵尸只会走直线不会拐弯,一旦僵尸追逐生人至影壁前,生人可以转入影壁后,而僵尸因为只能走直路不会拐弯,只能留在影壁前面。

中国传统文化在连续性与变化性的统一下得以存五千年,其诀在于常态的稳定结构与非常态的变动因素之间的和。兵法云:善攻者翱翔于九天之上,善守者居于九地之下。西山城址被茂密的森林掩护,前有枯河、荥泽,易守难攻。居高临下,又非常适合发起突然性的冲锋。随着生产力水平的发展和人类活动范围的扩大,氏族部落之间因为资源的争夺引发矛盾,最终形成战争。仰韶时代晚期及龙山时代是我国史前战争频繁的一段岁月。这一时期,具有战争目的的城,一夜之间遍布大江南北、黄河上下。

西山城址地貌

传说黄帝就是在这样无休止的战争中最终打败炎帝和蚩尤的部落,成为天下共主,为人民带来和平的。

与西山同时期周边的遗址很多,但城址很少。附近有陈庄、杜寨、张河、阎河、杨寨北、秦王寨、点军营等许多仰韶文化遗址,表明相对于周围的居住性遗址,有军事任务的西山遗址在豫西山区到豫东平原之间,是一个特殊意义的存在。

这里是掌控天下所必需的战略要地。西山东面是一望无际的华北平原,西面崤山、函谷关是进入关中平原的咽喉要塞,北依黄河天险及太行王屋二山,可以西挟关陇,东压江淮,北通幽燕,南达荆楚,是兵家必争之要地。秦灭六国的统一战争、刘项争夺天下的楚汉之争及东汉末年各路诸侯攻城略地,都以今荥阳至中牟间为决定成败的攻防重镇,而西山城址的位置就在荥阳与中牟之间。

西山遗址的军事意义虽然重要,但前提是将整个中原乃至南到长江以北的大片区域作为一个战略地带来考虑。换言之,只有结合炎黄二姓的征战传说,才能切实体会西山城址的战略地位。

前文提到的既可保暖又能驱邪的影壁同样具有军事作用,西山城址北门处用于阻挡的土墙同时也是后世瓮城的雏形。瓮城又称月城、曲池,是古代城市主要防御设施之一,是古代城池中依附于城门,与城墙连为一体的附属建筑,多呈半圆形,少数呈方形或矩形。圆者似瓮,故称瓮城;方者亦称方城。瓮城是为了加强城堡或关隘的防守,而在城门外修建的半圆形或方形的护门小城,属于中国古代城市城墙的一部分。当敌人攻入瓮城时,如将主城门和瓮城门关闭,守军即可对敌形成"瓮中捉鳖"之势。瓮城城门通常与所保护的城门不在同一直线上,以防攻城槌等武器的进攻。后世成熟的瓮城两侧与城墙连在一起建立,设有箭楼、门闸、雉堞等防御设施。

西山遗址不但在建筑方法,并且在人居理念、天人关系和军事理念上,对后世城市建设具有开创性和指导性的意义。由于时间久远、资料缺乏等原因,西山遗址身上的许多谜团仍不能解开,还有待于各领域专家精诚合作,在不远的将来,为读者细说西山城址的前世今生。

郑州地区重大考古发现发掘纪实之

古城寨遗址

时　　代：龙山时代晚期
地　　点：新密市曲梁乡
发掘时间：1997年
荣　　誉：2000年度全国十大考古新发现

一座奠定中国宫殿格局的城池

——新密古城寨龙山文化城池遗址考古发掘纪实

◆ 蔡全法

古城寨城址位置图

一夜鬼修城的传说，会对调查带来什么样的启发？
大隗山下，溱洧之间的古城，与黄帝和传说时代有着什么样的联系？
郐国——春秋时代的短命诸侯国，是这一次调查发现的最终结果吗？
这里的城墙与宫殿，将在多大程度上改写中国文明史？

寻觅郐城

密县老县城东南 30 公里的曲梁乡，有座古城，人们叫它古城寨，相传这座城是先秦时代的诸侯国郐国的都城，但没有人认真探究过它。

郐是一个多音字，从邑，会声，用作国名时，读作 kuài，用作姓时，念 guì。相传春秋末年被郑国灭国后，郐国国君流落他乡，虽然复国无望，但既不能忘了祖先故土，又要摆脱不必要的麻烦，于是把姓氏的音转念成了 guì。也有的郐氏后代，为了牢记祖先失国的痛苦，将郐字右边的邑去掉，示意郐氏子孙失掉了国家和封邑，只留左边的会字。

武王伐纣后封赏同姓异姓诸侯国，将祝融氏的后代封在了郐，位置就在溱洧之间。郐是荆楚的同姓，根据司马迁在《史记》中的考证，高阳氏的后代重黎，居火正之官，被赐姓祝融氏，后代有陆终生六子，第四子会人是郐的先祖，第六子季连是楚的先祖。郑玄在其著作《诗谱》中，提到郐国的位置时说"国在禹贡豫州外方之北、荥波之南、居溱洧之间"。用现在的行政区划表示就是巩义以东、郑州市区以西的冲积平原附近。《国语·郑语》中以郐国为小诸侯国的代表："子男之国，虢、郐为大"。

郐城立国时间颇为久远，但因为国家弱小，虽然《诗经》中收有郐地的民歌《桧风》四篇，但被后世认为文学贡献普通，有"自会以下者也"的说法，看起来是不值一提的文化小国。加之在平王东迁之后即被郑所灭，存在时间短暂，其时先秦史学的繁荣期尚未到来，导致郐国的事迹在史书中记载不多，并不为后人关注。

在新密还有一条以郐命名的河流叫郐水。《通典》载："密县有洧水、郐水。"洧水发源于登封大冶镇，而《通典》中的郐水，就是现在的溱水，发源于新密鸡洛坞，两水都属于淮河水系。在《诗经·郑风·溱洧》中，使用的是溱水的叫法。一条河流在不同的地区被称呼为不同的名字是很普遍的事，当然也不能排除郑国灭郐以后，为了将自己国境内的郐国文化彻底铲除，强制性地将郐水改了名字。

郐与春秋时的南方大国楚国的血缘关系很近，虽然郐国与楚同姓，属西周时中原诸侯国中的蛮夷，但却在当时的文化生活中占有一席之地。《桧风》共有四篇，分别是《隰有苌楚》、《匪风》、《素冠》、《羔裘》。《桧风·隰有苌楚》是为后人熟知度较高的一首诗，如果单从字面叙述的内容来分析，它的风格与后来的《郑风》、《卫风》相似。《隰有苌楚》写的是世俗生活的压力和无趣，《素冠》表达的是对失去亲者的同情。《桧风》四篇又全部可作政治式的解读，表达了政治上的忧伤无奈、国运黯淡、人才凋零。对先秦文献的政治性解读并不只出现在《诗经》中，同为六经的《易》本为卜筮用书，重新解释得到的是君子应如何趋利避害、治国兴邦的书，与《易》的原旨大异，但其中却表达了春秋战国时人的思想观念。即使被称为文化小国，总是跻身十五国风之内的。要知道，自周初以来册封的同姓异姓的分封国加起来超过了一百个，但被《诗经》收录的只有十五个国家的民歌。并且季札所言的"自郐以下者也"，是带有他个人的审美喜好和政治倾向，并结合当时的政治背景的评论，也极有可能加入了后世史家演绎的成分，为说明某一国的兴衰是早有注定，借以劝诫、警示国君和卿大夫，好让他们专心政事，不要太过骄纵放任，等到国破家亡的时候再想后悔就来不及了，不能说明《桧风》没有艺术价值。斗转星移转眼几千年，如今郐水与《桧风》尚在，唯有郐国自战国以后人们便不知它居于何处。

1997年夏季，河南省文物考古研究所的田野考古人员应新密市黄帝历史文化研究会的邀请，到新密双洎河（古洧水）两岸，溱水（古郐水）之滨进行古文化遗址调查，寻找与我国古代文明形成和国家起源有关的古代历史文化遗存，以促进当地历史文化的研究。在新密市黄帝历史文化研究会与新密市文物保护单位的积极配合下，考古调查人员穿梭于新密市的沟壑之间，踏遍岗岭沃野，从形状色彩各异的陶片中，去寻觅那远去的文明，在深埋的土层迹象中去释读被凝固的历史。确立古城寨是不是郐城也成为任务之一。

郐国都城的位置，一直以来争议颇多，但学者们都较认同郑密之间的这一说法，只是在具体的地点上略有不同意见。古城寨在新密东南，虽然大范围上仍属荥陂以南，溱洧之间，但与历来公认的郐城位置有出入，大家更倾向于郐国故城应在密县县城东北方向的某个地方。

1997年夏季的一天，风尘仆仆的调查小组一行人来到古城寨脚下。该城址位于新密市与新郑市的交界处，在新密曲梁乡大樊庄村古城寨村民组周围，双洎河（古洧水）支流溱水（古郐水）东岸的河旁台地上。经远距离目测，城址为东西长方形，现存南北东三面城墙和南北两个城门缺口，至今高大的城墙巍然耸立，尤其是北墙和东墙都无断缺的现象，面积应超过15万平方米。

绕着古城寨城墙走了一遍之后，调查小组的人们来到城墙内，城内零星还住着几户人家。考古工作的固定节目向老乡们了解情况的环节开始了。住在这儿的人即使是上了年纪的老人家，也说不清这几道城墙是哪朝哪代修成的，是谁修成的。听祖辈人讲，清朝年间，兵荒马乱，老百姓为了避灾祸，都跑进古城寨，并利用南北两缺口处修了砖砌的城门，又沿溱水东岸修筑了一道土寨墙，来的人多了，就形成了数条街道和一排排的村舍。后来战乱停止了，大家又陆续地迁出回到原来住的地方，古城寨里只剩下了不多的几户人家。

虽然时令已是夏季，庄户家的院子周围绿意盎然，但却让调查小组的人有了置身于一片桃花林中，来到了怡然于世外的桃花源的感觉。不过老人家们也说，他们从小听长辈们讲古的时候，总是说古城寨是"一夜鬼修城"，传说是在一个月黑风高的夜晚，由鬼修建的。考古学家都是唯物论者，肯定不会相信超自然力量与这座城之间有什么关系，

古城寨城池南城墙东段

古城寨城池北城墙

古城寨城池北城门

古城寨城池东城墙

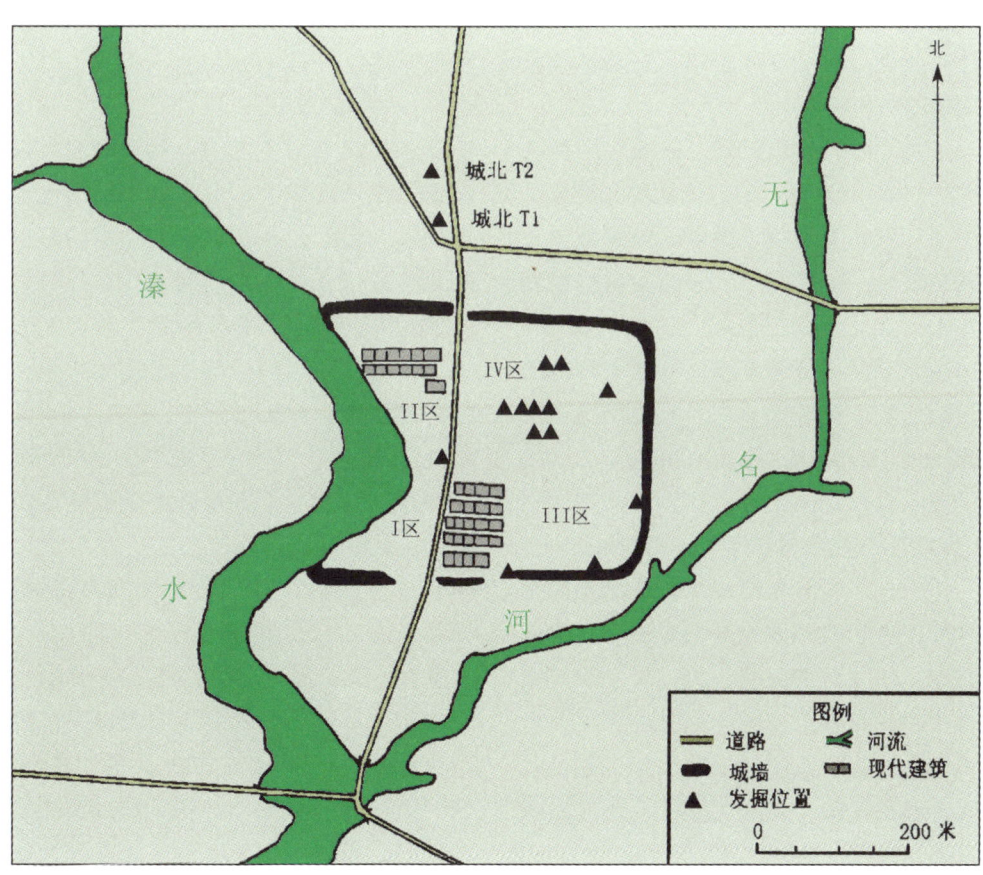

古城寨城池平面图

但传说往往并不是直白的历史，总要经过解读后才会还原出历史的真面目，所以大家并没有对"一夜鬼修城"的说法嗤之以鼻，而是将它悄悄地记在心里。

惊天发现

如果 1984 年文物普查时登记为曲梁遗址的古城寨真的是邻国故城，那么时代就应该在郑州商城与新郑的郑韩故城之间，属商周文化。但经初步发掘，调查小组在遗址中发现了龙山文化的陶片，有的陶片甚至半露在城墙的墙壁上。当时烈日当空，但大家仍为有所发现而兴奋不已。踏查后我们初步认为，所谓的"邻国故城"的时代可能更早，很有可能是一座龙山时代的城址。鉴于这一发现，第二天调查小组全体出动，开始了较大规模的钻探普查。

为节约时间和经费，钻探采用稀孔探法，即 10 米探一孔，如遇重要迹象，适当加孔密查。鉴于遗址时代跨度大，情况复杂，有些地方从仰韶文化时期到龙山、二里头、二里岗、殷墟、战国、汉各时期文化接连不断，将数千年的历史浓缩到了这些地层内。据此情况，探查采用重点确认，重点突破的方法，也就是以查找龙山文化遗存为主，其他文化遗存只要没有异常可以一带而过。

这一办法十分奏效，很快在城内东北部发现了大规模的龙山文化夯土建筑群址。还发现临近南、北、东三面城墙的两侧都有夯土基础。这种现象比较少见，为什么东城墙附近夯土特别深（北墙西段除外），是建筑基址，还是墙的基础？普探结束，经过整体分析才明白，原来这一带地形西高而东部低洼，设计者为把城址筑成长方形，以扩大城内使用面积，把东城墙设计到了宽广的洼地之中。南城墙东半部的基宽约达 60 米左右，东墙基宽约达百米以上。墙体都筑在这一基础的中部。这样的现状令人难以置信，龙山时代有没有这样的生产力水平，能不能去修筑这样工程浩大的防御设施？要回答这个问题，只有用试掘的方法来解决。

我们将城址内分为 4 个区，然后按区布探方。在南城墙的中部偏东，地面以上墙体已无存的缺口处，南北向开一探沟试掘（编号：ⅢTG1）。通过对城墙基础的解剖，验证钻探结果，解决南墙下部基础与墙体的关系、城墙内侧基础与上部墙体的关系、墙基的时代上下限和墙基的使用年代、基础的夯筑方法与技术等。又在南墙东部内侧夯土基础上开一探沟（编号：ⅢTG200），验证南墙东部以北地下的夯土基础情况，以及它与南墙的关系、夯筑方法和时代上下限等。我们还在东城墙内侧偏南部东西相连开二条探沟（编号：ⅢTG261、TG249），验证东墙以西地下是否为夯土，它的西部边沿，与上部墙体关系和夯打方法等。解剖过程中，ⅢTG1 南北长度达 36 米，才找出了北侧夯土基础的北部残边。南墙外部基础由于建国后搞平整土地，已挖掉两层夯土阶地，约 10 余米宽，就地填到护城河内。群众称挖掉部分谓"二道城"。从夯筑的层次看，这里在洼地以西，墙基是在仰韶遗址上略加平整后进行夯筑，下部是以黑色黏土作基础，厚 70 厘米左右，夯打非常坚密。再在这一基础上打若干层或直接起板版筑。每版墙都宽、高 1 米左右，长度则是随木板的长度而定。就这样一版

古城寨城址南城墙墙基剖面　　　　　　　　　古城寨城址南城墙木板挡板痕

靠一版，一版压一版构成了宽阔高大的墙体。我们在解剖版筑墙基时还发现了版筑时树立夹板的木柱柱洞，及版墙侧面和横面上留下的夹板痕迹，有的是用小木棍编排起来作横档头。在墙基北部我们发现了早晚叠压和打破的地层关系，展现了古城寨自仰韶晚期以来，经龙山、二里头、二里岗、殷墟、战国、汉各时期文化的历史演进过程。特别是第Ⅲ区南墙 TG1 第 9 层属龙山文化，直接叠压并打破夯土墙基础，在探沟南侧墙基下压有龙山文化早期灰坑，给我们提供了该城墙上限不过龙山文化早期，下限不晚于龙山文化晚期最后阶段的地层证据。ⅢTG200 的发掘进展非常顺利，其堆积大致与南墙 T1 探沟类似。该基础深达 9.8 米，叠压关系与ⅢTG1 一致，夯层的夯打情况与ⅢTG200 相近似，因夯土基础坚硬难挖，再加上太深，时间和经费的局限，我们重点下挖东部靠墙处的 5 米。1999 年元月终于清理到底，深度距现地面 10 米，墙基坐落于细沙土层上，地基似经平整，在上面用黏土掺小鹅卵石和料礓石，打出了厚 25～45 厘米的第一基础层，再用黑黏土（湖象沉积泥）打出极坚密，厚 2 米的第二基础层，然后用五花土层层夯打出地面，再起版筑墙体。

此三条探沟的相继完成，使我们对城墙的时代，修筑的上下限，及夯筑方法等都有了清晰的认识，使我们取得三重证据。我们为了保护城墙，没对北墙作横断解剖，只是将北城门缺口西侧墙体原有断面清除杂草和风化表层。清理后露出了墙的本来面目，其顶部发现有殷墟晚期的陶鬲残片和较大的夯窝，说明这段城墙的顶部在殷商时期曾修补过。再向下叠筑着 4 层龙山时代的版筑墙，残宽为 14 米，而地面以下的墙基是直接在褐色黏土上起版夯筑的。为了解夯筑方法，根据版筑夯打的墙体虚实不一的情况，我们对地下（上部已没有墙体）的版墙进行了解剖，结果发现北墙的版筑方法与南墙相同，也是在预筑版墙的两侧先树小木柱，一侧两根，然后夹木板填土夯打。这样多次反复，就会筑成

古城寨城池北城墙西剖面（东向西）

横向或竖向的墙体。我们还发现龙山墙体是一版坚实、一版略虚、多次反复、非常规律的情况。我们在发掘现场进行小型模拟试验，才明白了其中的实质所在。如果一版墙靠着另一版墙去打，每版墙都得立柱、夹板，如隔一版打一版，第一版完成后，再打隔而未打的空当就无需夹板，这样不但抽板方便，省工省料，还可减少树木柱和夹板的麻烦。当然，夯打稍虚一点，似乎是有意采用这种方法，蕴含有秦汉空心砖那样的力学原理。

城墙调查与试掘的同时，我们还对城外有无护城壕沟，与古城周围的古文化村落遗存和龙山时代的墓葬区展开了一场较大范围的勘察工作。查明这里的城墙外部与内部基础相呼应，都有较宽的基础，修造了古城寨城墙坚实永固的建设"平台"。护城河是利用来之西北的溱水，直抵入水口的便利，引水东流，至城东北角南折，流向城东南角，与无名河汇流，走西南入溱水。在城的西南部，我们探出仰韶文化遗址 10,664 平方米。城北是龙山文化遗址，在北护城河以北，村北路沟以西是遗址的中心区，文化层堆积较厚。其以东遗迹相对稀疏，城北遗址面积 30 余万平方米。城东的护城河以东，农田中的南北沟以西的台地上，也是龙山文化遗址，因早年平整土地的破坏，中心区仅存 13,800 平方米左右。城附近地面接二连三不间断地相继探完，只发现遗址，而没有发现相关的墓地，成为本次调查与发掘留下的悬念。

被传了多年的鄶国都城古城寨竟然与鄶国没有一丝一毫的关系，这一结果给人带来的不是懊恼，而是兴奋，古城寨的时代比鄶国早了一千多年啊，而且它还基本完好的矗立在地面之上，这在今天同时代城池中极其罕见。

廊庑之源

发掘工作自开南墙Ⅲ TG1 探沟以来，

由于带有试掘性质，每次发掘面积都不很大，除收种庄稼停工之外，无论是酷暑盛夏，还是严寒隆冬，始终都未停止过。特别是1999年，冬天虽姗姗来迟，一旦来临，一夜间地冻三尺，镢头抡到地上，溅起几点冰渣子，用力过猛，手虎口都被震裂。我们只好连夜运来稻草席和塑料地膜，每到傍晚，将工作面下铺上盖，才保证了工作的正常进行。城内的发掘，尽管有钻探资料作依据，我们并没有全面开花，而是根据掌握的基本情况，从遗址整体的学术研究出发，谨慎选择挖方位置，重点区域内开探沟，重点区以外，也适当开几条探沟或探方，以便对比验证，边发掘、边整理、边认识，循序渐进。

我们在城东北部的夯筑群址上开两条探沟，一条开在III区夯土房基的偏南部（编号IIITG89），为东西向。另一条开在距IIITG89东北约50余米处（编号IV区TG180），为南北向。这两条探沟验证钻探结果，是不是夯土和是否为龙山时代，又在城中部偏西开探方一个（编号IT88），城北部开探方两个（编号IVT81、IVT97）。另在城外护城河以北，南北路沟以西，开2米×5米探沟2条（编城外TG1、TG2）。这些探方着重了解城内外遗址的文化堆积与分布，提供与城墙、夯土建筑基址地层关系和时空界限。T1G80、TG89历时7天左右，都相继做到夯土上，以上都压有二里头、二里岗和殷墟文化的多层堆积，还在TG89夯土内发现了2个柱洞，其中一底部放置有基础石。在TG180探沟底部夯土上，发现一条排水的沟槽。夯土台基中包含物均是以绳纹、方格纹、蓝纹的灰、黑陶为主，且夯层较薄，夯窝较小，均是圆形圜底，都颇具龙山时代特征，故而认为，这些夯基都应是龙山时代房基的一部分。联想那高大城墙的存在，思考其潜在的学术价值，使人倍感兴奋。1998年元月，在发掘过程中，北部诸探沟与探方，遇到了堆积较厚而且包含物相对丰富和叠压的龙山文化地层、灰坑等遗存，出土有罐、豆、斝、甗、折腹盆、器盖、盘、碗等一批龙山文化陶器，成为后来验证城墙和F1、F4宫殿基址地层关系，进行陶器分期的重要依据。

通过以上诸项发掘，这座古城址的时代可以毫不怀疑地定为龙山时代晚期。到此，解决城址性质就成为下一步工作重点。众所周知，如果一座城址找不到大规模的宫庙建筑遗存，就可能是氏族部落的村寨。反之，就有可能是重要的

古城寨城址南城墙夯窝

古城寨城址北城墙竹木编挡板痕

都邑。城内东北部夯土群址上所开的两条探沟，成为我们解决这一问题的两把钥匙。同时去开，似感盲目，经反复斟酌，极为慎重地选择了一号房基。先开4个探方，共400平方米，做到底后，一座夯土房基的南半部清晰的显露出来。这是一座高台建筑，虽遭二里头、二里岗、殷墟各时期文化遗存的破坏，房基南、东、西三面边缘尚清，柱洞、礤墩、柱础石等也都有一定的保留。为弄清房基全貌，紧接着又向北扩200平方米，向西扩2米，向东扩3米。清理中由于探方面积大，南半部进度略为迟缓，先在北部发现一道南北向的边线，清理人员误以为是房基F1西部边沿向北的延续，估计房基可能更大，应该再扩方。在新扩的两个探方尚无到底的情况下，因找边心切，就又北扩5米。约半月过后，在IVT103二里头文化陶窑（Y3）的西侧出现了三道东西向的墙基槽，也为龙山时期。毫无疑问，这样的结构不会是F1的北边沿。F1北部边沿在哪里，这些墙基与F1是什么关系，它应是什么样的建筑？是排房，还是廊庑？它给我们带来一层层的思考和疑虑，也深感到这段时间找边，用去的时间太多太多。我们检讨了工作方法，要求大家仍据已有的边线追寻。这时已到中午下班时间，为减少干扰，我只留工地的技术人员背水一战。大家铲土层，打关键柱，约下午1点多钟，F1剩余的三道边都终于露出，不知是过响的饥饿，还是问题解决后的心情愉快，这顿迟到的午饭特别香。

房基F1位于城址中部偏东北，为南北长方形夯筑高台建筑。房基坐西朝东，南北东三面有回廊，南北长28.4、东西宽13.5米，面积383.4平方米。方向281°。房基虽经后期遗存的破坏，但仍能辨明其结构、布局与概貌。房基上南北排列着6排柱洞或礤墩，把房基分隔成面阔7间，进深6间。由于晚期的破坏，每排现存柱洞满5个的已不多，多是3至4个的。这些柱洞仅是在各排的中心柱柱洞内有柱础石或礤墩。在房基周边

古城寨古城南城墙与护城河

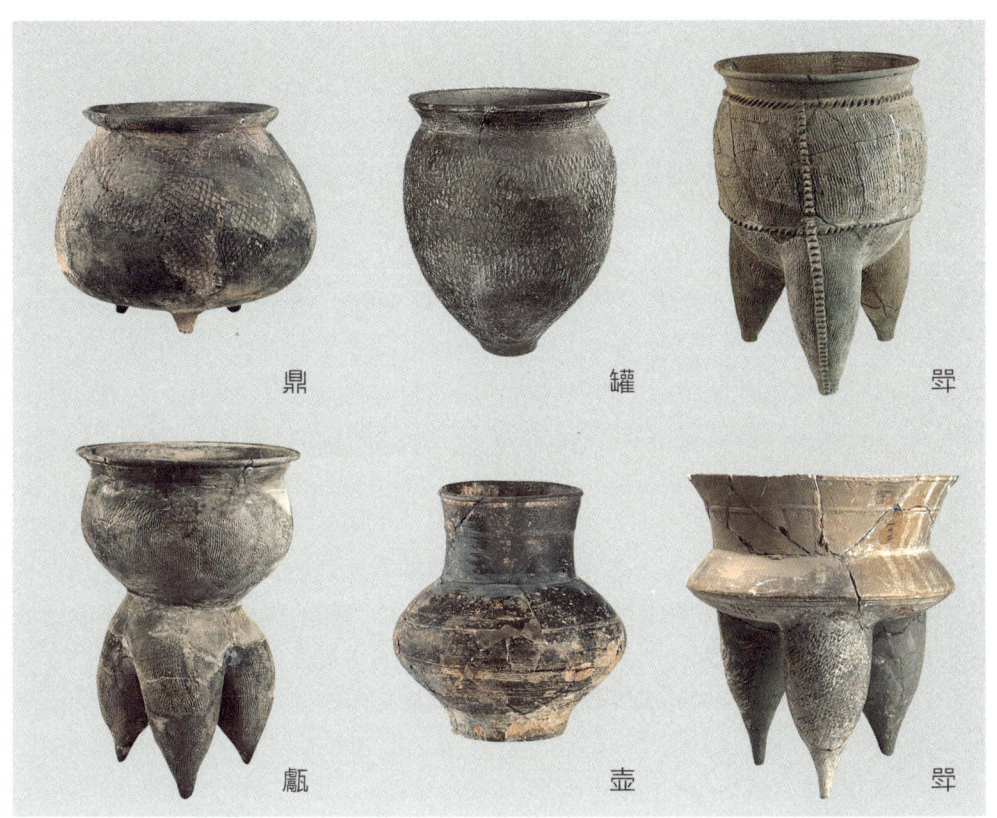

古城寨城址出土龙山陶器

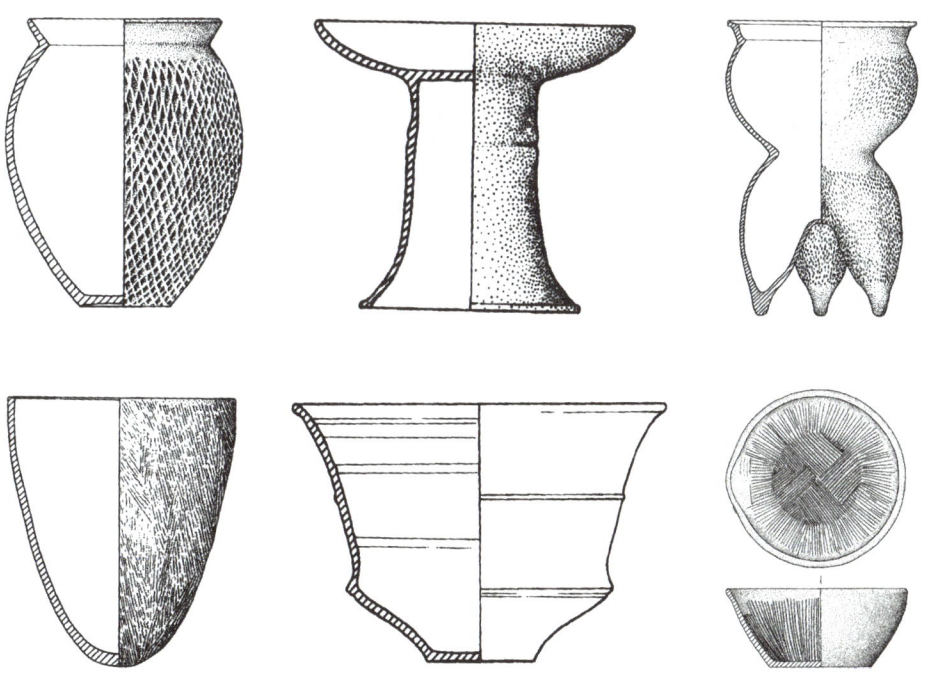

古城寨城址出土龙山陶器

还发现小型柱洞 41 个。另外在这些小柱洞之间，还发现有更小的柱洞，推测当是这座建筑木骨泥墙的主体立柱和辅助立柱。在房基南、北、东三面还发现有廊柱柱基或磉墩 19 个。南廊残存 2 个，北廊残存 5 个，东廊现存 12 个。南北两侧磉墩多为不规则圆形或长方形，且形状较大，最大的直径 0.8 米，最小的直径 0.6 米。南北两侧的廊柱柱基呈均匀分布，惟东廊为 3 个一组，柱间距 1 米左右，而组与组之间相距都在 2.5 米左右。在 F1 房基东边沿上有 4 处没发现木骨泥墙立柱柱洞，疑其是门道位置。

F1 房基做完后，又开始解决新的发掘问题。F1 以北的三道墙基槽，每道宽仅 30～50 厘米，基槽内有柱洞，而且断断续续遭到晚期地层或遗迹的破坏，分布在近 4 米宽的东西一线上，我们在东西 20 米的范围内，进行了的清理，因为是建筑遗存，我们将其编为房基 F4。

在最东部有一殷墟期灰坑将其打断，西端已深入到西部探方下，说明墙基槽仍在向西延伸，于是我们将发掘范围开始西扩，再西扩，到农田中的南北向水渠处仍不到边。这次扩方我们在距已挖出的墙基东端以西 19.2 米处首次发现门道和门卫房遗存。越过水渠，在其以西布一 2 米 ×6 米的探沟（IVTG38），以解决水渠以西是否还有墙基槽，相隔 25 米外另开一探沟 IVTG4 主要是了解墙基在西部的延伸位置。结果在探沟 IVTG38 内不仅仍发现墙基槽，而且中部墙基槽南拐接到南基槽上，再向西成为左右两道基槽向西延伸，并且在北基槽外出现了柱基。西部探沟，卡住了 F4 的西边，至 2000 年 8 月，终于在北廊庑向西 60 米处，也就是二号门的西侧发现了廊庑的西北拐角，一鼓作气向南又清理 16 米，又发现了第 3 号门和一座奠基坑及柱基、柱洞等。到 2002 年，古城寨城址被列入

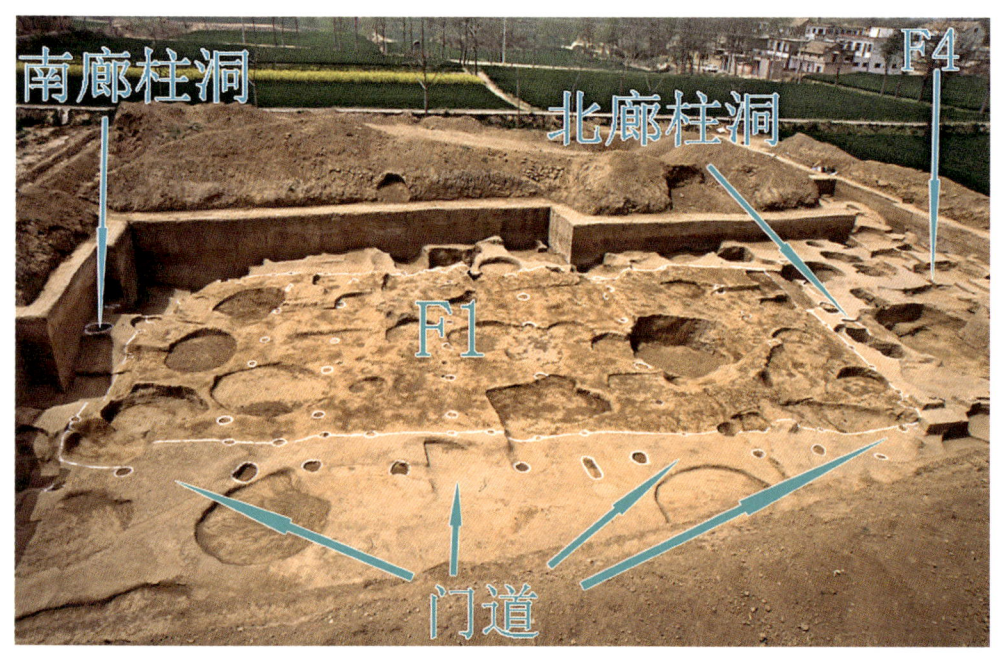

古城寨古城内 F1 宫殿基址

古城寨古城内宫殿基址北廊庑 F4 东段

中华文明探源预研究项目，对西廊庑又继续发掘，又使此基址向南延伸 11 米，其南廊庑残长达 27 米。F4 为廊庑建筑已可成立。它应该是围绕着 F1 建筑的，其建筑布局应是宫殿基址的有机组成部分，但其规模到底有多大，东面和南面保存如何？有待今后的发掘去解决。

另外还有一些晚期文化遗存，也颇具特色较为重要。如二里头文化的水井（IVT85J1），虽为竖穴土井，不仅在井底发现了椭圆形木框井圈腐朽的灰痕，还出土了一大批完整和残破的打水工具小口陶罐等遗物，它为古城寨一带约在 4000 年前后的水文情况提供了重要的信息。该井深仅 7 米，说明当时水位较高，现在的水位至少在 15 米以下。清理出的二里头文化陶窑，虽然窑室上部已无存，但窑室底（又称窑箅）和火膛、火门、窑道及工作坑大部分保存较好，对于二里头文化时期的烧窑技术，陶窑的复原研究都极为重要。在 F1 的东南部，殷墟文化时期，利用一废弃的土井，填埋众多死者的遗骸，有的做挣扎状，有的身首异处，层层叠压，白骨累累，惨不忍睹。这些死亡者多达 15 人，或为奴隶或是战俘、也有可能是"作奸犯科"之人，因为他们的被杀和埋葬都属非正常死亡，这一乱葬井是研究当时社会状况和性质的宝贵资料。

通过数年的调查与发掘，所发现的遗迹与遗物各种文化错纵复杂，但仍是以龙山文化晚期遗存为主。该城在中原地区龙山城址中面积较大，高墙壁垒，南北仅二个城门缺口，显示了它的封闭性和具有一定的军事色彩。约距今 5300 年前，中原大地上开始出现城的构筑。入龙山时代，城越来越多，至今仅河南境内就已发现 9 处，证明了龙山时代上千年间"万国"林立和兼并战争加剧的历史事实。因为城池关乎国与家的命运存亡，所以在人们心目中是至高无上的。这些早期的双重防御体系，是我国城防完备的母体，也是建筑艺术的恢宏杰作，因而延续数千年而不衰，成为我国历代筑城的重要防御体系模式，城是古代文明形成的重要因素之一。"'城'也是政治中心，它主要为国家统治集团服务。一个国家的建立首先是营建宫殿、宗庙，一个朝代的灭亡首先毁坏的也是这些东西。所以城是文明形成过程中最容易观察到的物化载体。"但是古代的"城"可以做防御性质的"城堡"，也可做卫护居民安全的"村寨"，而作为文明形

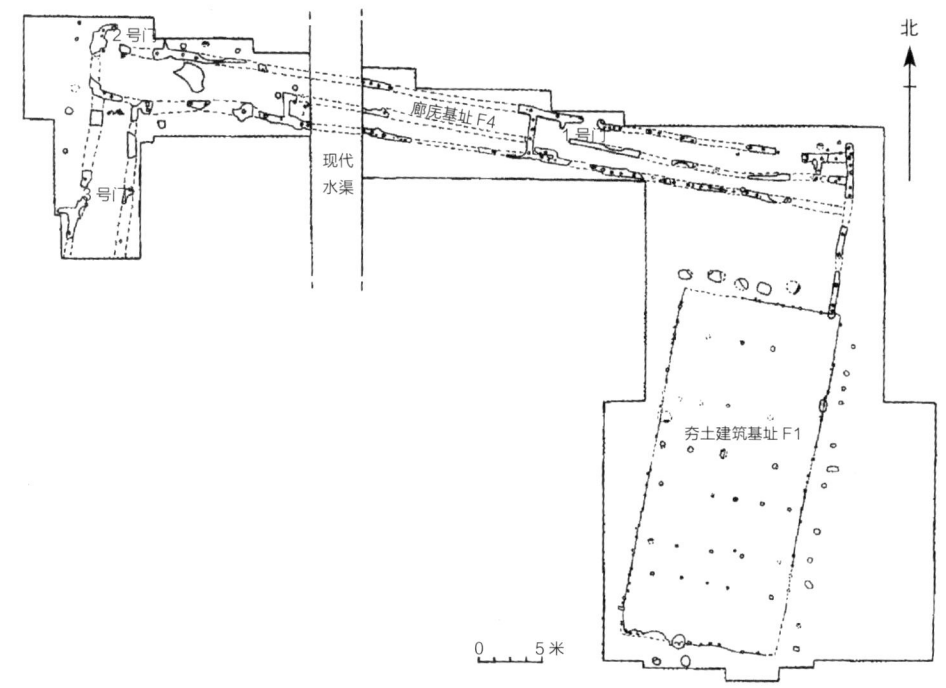

古城寨古城内龙山文化夯土建筑基址 F1 和廊庑基址 F4 平面图

成时期的城要有国家的物化载体——"宫庙建筑",城与寨的区别也就在这里。古城寨发现龙山时代晚期大型夯筑宫庙性质的房基和廊庑建筑基址,在已公布的考古资料中十分罕见。相类似的遗存唯有时代晚于它的二里头文化中发现2处。所以,古城寨的大型建筑基址亦当为宫庙之类的建筑,也是我国目前已知的最早的宫殿建筑,它为二里头文化宫殿基址的形成开了先河。

古城寨的龙山时代遗存考古学文化归属于河南龙山文化的王湾三期文化。据文献记载,嵩山周围地区是我国的第一个王朝夏的重点活动区域之一。古城寨地近嵩山,又处于龙山时代晚期,其遗存正是探讨夏文化的重要对象之一。所以该城的发现,不仅为探索夏文化,同时为研究我国文明起源与国家形成提供了重要的依据。这不仅是我们本次调查的主要收获,也是其重要的意义所在。由于其在资料上的新颖性和学术上的重要性,2000年被评入全国十大考古新发现。

谁人筑城

寂寂无闻的自然村大樊庄位于河南新密市和新郑市的交界处,西临溱水(古洧水支流),南面丘陵,从《诗·郑风·溱洧》中可以推测出这里自古就是川原秀丽、卉物滋阜之地。不过在为数众多的考古队员到来之前,世代而居的村民们并不曾想过,河旁台地上的"古城寨",竟是一处龙山夯筑宫殿建筑基址群。

没有人知道这座"古城"建于何年何月,也没有人知道它的筑造者是谁,当初调查小组刚一来到古城寨向老乡打听情况时听到的一句话却突然出现在了很多人的脑海,这就是"一夜鬼修城"。

中国人对"鬼"有传统的解释,即人死之后,精神升天,故谓之神,骸骨归土,故谓之鬼。《说文解字》、《礼记》、《尔雅》、《列子》等古籍中都是这么讲的。在民间的信仰中，鬼是与人不同的生命形式，它是人失去了物质性的身体只残留精神意识的形态。但是，自从清末发现甲骨卜辞以来，古文字学家们看到了比《说文解字》早一千多年的、更为原始的汉字资料。在卜辞中经常提到的"鬼"字，有的与梦事相关，例如"鬼梦"，有时是作为地名国名，写作"鬼方"，这就为《周易》中"高宗伐鬼方"的说法提供了坚实的证据。在上古时代，中国境内的少数民族西有"羌方"，东有"夷方"，南有"虎方"，而北有"鬼方"。经过王国维等学者的考证，终于弄明白了"鬼方"的真相：在远古时候，中国境内有一支强大的游牧民族，它的势力西起甘青草原，环绕在黄河流域以北广大地区，东至太行山一带。这一外族有时分化，有时汇合，经常凭借武力入侵中原地域。该族强悍善战，但文化水平远不如中原文明，尚没有文字。因此，中原的华夏族人对它的叫法也随时代而变化，商周之际叫"鬼方"或"鬼"、"混夷"，春秋以后叫"戎"或"狄"，战国以后叫"胡人"或"匈奴"。由于"非我族类，其心必异"的心理作用，古代的华夏民族总是把异族人视为丑陋的劣等人，惯用一些侮辱的称呼加在异族人身上，或者把它们原来并无贬义的名字加以曲解，像犬戎、夷狄、蛮等等，鬼亦是其中之一。按照这样的看法，鬼的原形不是死人，而是活着的异族人。出于自我中心的优

蔡全法向国家文物局局长单霁翔介绍古城寨古城发掘情况

越感和审美偏见，异族人总是丑恶的，用"鬼"来称呼，正体现了这种蔑视心理。更能说明问题的例子就是，直到今天的口语中，人们不是还把外国人戏称为"洋鬼子"吗。

据此我们做出了两种推测。一种可能是，鬼氏族大概在新石器时代的晚期，曾进入中原腹地的新密古城寨一带，为防卫安全，筑起高大的城垣。另一种可能是，当时中原地区的华夏部落在对鬼部落的战争中，俘获大量的战俘，使他们沦为奴隶，强制他们修筑了古城寨城垣。总之口耳相传得久了，史实逐渐淡忘，后来人们只记得鬼而不知其所指的乃是一个族群。

不论上述推测哪一种是正确的，古城寨筑城的劳动力来源都被锁定为北方游牧的鬼部落，那么古城寨城址的使用者或是说统治者又应该是哪个民族的呢？上文第一推测如果成立，古城寨就是鬼方南下时在中原地区修建的军事据点；如果是第二种推测成立，则古城寨的主人就另有其人了。

根据城垣和遗迹的地层关系及出土文物判断，古城寨城址为一座龙山文化晚期城址。有的学者认为，从其年代和地望来看，均与古史传说中祝融氏的活动范围相近或大体一致。今本《竹书纪年》载："夏道将兴，草木畅茂，青龙止于郊，祝融之神降于崇山。"禹的父亲鲧，号崇伯，据考证崇指的就是嵩山，即至少从禹的父亲时开始他的家族就在

古城寨古城航拍图

嵩山附近生活，并以山为自己的封号。《左传·昭公十七年》载："郑，祝融之虚也。"杜预注："祝融，高辛氏之火正，居郑。"此"郑"系指今河南新郑、新密一带而言，即先秦的郑国实际控制范围。清嘉庆七年（公元1802年）黑峪沟白衣观《创建火神庙碑记》云："密本古郐地，高辛氏之火正祝融旧墟也。"清道光九年（公元1829年）原密县老城南关《重修火神庙碑记》谓："密，故祝融墟也。"由此看来，古城寨城址似与祝融之间存在着较为密切的关系。从城内宫殿建筑遗迹的规模来看，其规格甚高，很有可能就是祝融都邑之所在。本文开头花了些篇幅来说郐国，说古城寨原本被人认为是郐国的都城，后来经过考古勘探，通过地层叠压关系及出土遗物推断，确认建城时代应为龙山，古城寨遗址要远远久于一直以来人们以为的郐城。但请大家不要忘了司马迁在《史记》中的记载，即郐与楚国同祖，都是祝融氏的子孙，郑密之间是祝融之墟，在此活动过的氏族或政权与祝融氏有关联的只有春秋时代的郐国，所以古城寨即使不是郐国都城，仍存在是郐国重要城市的可能性。

此外，人们对古城寨的居住者还有第三种猜测。

古城寨位于新郑新密交界处，新郑是黄帝故里，新密是传说时代的上古帝王伏羲氏、神农氏和轩辕氏的活动范围。新密位于嵩山东麓，三面群山围绕，分别为大隗山、梅山和径山。大隗山在中国传统文化中具有相当重要的地位，相传黄帝打败蚩尤后，曾来到这里，向大隗君请教长生术并在后来白日飞升，身登天界。于是有的学者推测，古城寨完全有可能是黄帝及其有熊部落生活的地方，发掘出土的大型宫殿建筑，自然就是黄帝的宫殿了。

溱水河边残存的这座废城，看来也绝不是郐地小国的故都这么简单。古城寨的主人，又从郐国国君变成了轩辕黄帝。

文明之光

城池是文明产生的标志之一，此时的人有了自我与他者的概念，并将抽象的概念转化为现实生活中的友与敌的关系。夯土建筑的出现，说明的是在同一群体内部有了身份的差别，出现了普通氏族成员和氏族领袖两个阶层。为了将

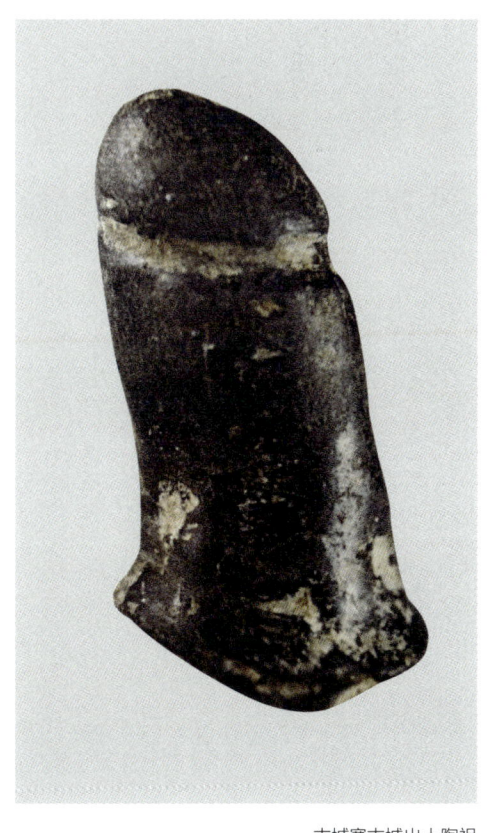

古城寨古城出土陶祖

古城寨古城出土玉刀

古城寨古城出土玉环

古城寨古城出土石凿

自身的权力具象化，氏族领袖指挥普通氏族成员们修建了大型高台建筑。

新密古城寨的发现，为我们探索中原早期文明提供了珍贵的资料。关于文明形成的标志及其文化载体，历来说法很多，但城的出现绝对是一个具有划时代意义的事件。《古代社会》的作者摩尔根认为，文明时代"始于标音字母的发明及文字的使用"；恩格斯主张，"由于文字的发明及其应用于文献记录而过渡到文明时代"；英国著名考古学家柴尔德认为，人类文明的出现是城市革命的结果，城市的出现是文明时代的开始；美国人类学家克拉克洪认为，不论任何文化，只要具备下列三项中的两项，就是一个古代文明，这三项标准是：①有高墙围绕的城市；②文字；③复杂的礼仪中心；张光直先生认为，初期文明的一般标志是：青铜冶金术、文字、城市、国家组织、宫殿建筑、庙宇文化以及巨型建筑；夏鼐先生认为，文明"具有都市、文字和青铜三个要素"；安志敏先生说："大抵以城市、文字、金属器和礼仪性建筑等要素的出现，作为文明的具体标志。"从考古发现来看，城址是文明形成最重要的标志。刘庆柱先生指出："'国家'是'古代文明形成的概括'，从考古学研究讲，最早'国家'的物化形式或载体学术界有多种多样的说法，如'城市'、'文字'、'金属器'、'礼器'、'王陵'等。上述种种物化形式或载体，如'文字'、'金属器'、'礼器'、'王陵'等很难界定，而最早国家机器的物化形式与载体以'城'最具代表性"，"它是国家政治统治中心,军事指挥中心、社会与经济管理中心。它们遗留下来的物质载体是宫殿、宗庙、官署及其相关遗物等"。

综上可见城与文明开端之间有着密切的联系,中原是华夏文明的诞生地,考察中原文明的形成与发展,应以五帝时代的城址为切入点。

这座古城址是目前发现的龙山文化时期面积最大、结构最复杂的并带有宫殿式建筑的古城,同时也是中原地区规模最大、也是全中国城墙保存最好的龙山时代晚期城址。专家认为该城的建造是事先经过统一规划和精心设计的,不仅反映出当时城建规划、夯筑技术和土木建筑技术的进步,也体现了使用者具有至高无上的地位和尊严。龙山时期的晚期遗存是探讨夏文化的重要对象,河南古城寨城址的发现为探索夏文化提供了新的线索,也为研究中国文明起源与国家形成增添了重要资料。

郑州地区重大考古发现发掘纪实之

郑州东赵夏商周城址

时　代：新寨期、二里岗期
地　点：郑州须水镇
发掘时间：2012年、2013年
荣　誉：2014年度全国十大考古新发现

沧海遗珠

——郑州东赵夏商周城池遗址考古发掘纪实

◆ 郝红星 张家强

东赵城位置示意图

夏商周三代在这里究竟演绎了什么故事？
一位考古泰斗在这里书写了怎样的人生传奇？

郑州西北20多公里处，坐落着几个与赵姓有关也无关的村落。说他们有关，因为都以赵姓命名，沟赵、东赵、赵村……；说他们无关，是因为一些赵姓村落竟然没有赵姓人家。五十多年前，东赵村出了一件大事，这个村的李姓人家的孩子考上了北京大学。别说那时，既是现在，穷乡僻壤人家的孩子能考上全国顶级的大学，也是凤毛麟角。消息迅速传遍十里八村，这位翩翩少年成为全乡的骄傲，他的故事更成为当地学子们的励志榜样。五十多年后，这位已成为国内外著名考古学家的考古大家又回到家乡，指导一帮人在自己年幼时嬉戏的土地上勘察寻找。两年努力，竟又寻出了震惊全国的考古大发现。

"养在深闺人未识"

在东赵村考古大发现前，郑州市文物考古研究院曾经在东赵村北6公里的大师姑发现夏代城池，被评为当年全国十大考古新发现。如果说大师姑夏代城池是郑州市文物考古研究院按图索骥得来的话，东赵大发现可以说是"数度被遗漏，险成沧海珠"的一个城址。郑州考古人曾经从这片既平坦又倾斜的土地上勘踏过许多回。

1985年春，郑州市文物考古研究院张松林先生对郑州西北郊进行了两个月的田野调查，新发现仰韶遗址3处，商周遗址10处，其中就有著名的西山遗址、东赵遗址。在其发表的简报中，将东赵

东赵遗址今日地貌

遗址记为赵村遗址，位于赵村西南，面积20万平方米。简报中还提及两件铜爵和一件铜斝，从线图看，爵为二里岗下层一期的商代爵，斝光素无纹，应为夏斝。

2002年春，在郑州西北郊进行的夏商周遗址专项调查中，郑州市文物考古研究院的调查人员对东赵遗址进行了测绘，依然未能发现城址。当他们走到大师姑村周围时，汪松枝、董树林、校庆义在大师姑村南地发现了一件残玉琮，感觉该遗址很重要，由此对遗址展开调查、勘探和发掘工作，发现了大师姑城址。

2004年冬，郝红星对郑州西南郊独自进行田野调查，新发现汉代以前各时代遗址32处。在复查关帝庙遗址后，返程经过东赵遗址，走马灯式的经过，自然不能发现东赵城。

2005年，河南省进行第四批文物保护单位申报，考古部主任刘彦锋带领技工到东赵遗址进行了复查钻探，在遗址东部发现一段夯土，南北长40多米，东西宽5米。由于资金问题，未能进一步深究下去。

2006年6月，东赵遗址升格为河南省第四批文物保护单位。在随后开展的全国第三次文物普查中，郑州市文物考古研究院又对遗址进行了复查，发现划定的保护范围偏小，村民在取土过程对遗址北部造成了破坏，复查人员在取土区采集不少二里头时期遗物。

"一朝入选君王侧"

2011年秋，多年来与郑州市文物考古研究院关系密切的北京大学考古文博学院再次发力，提出"中原腹心地区早期国家的形成与发展"研究课题，北京大学由文博学院博士生侯卫东负责，研

东赵遗址"U"形取土坑

东赵遗址 F1 夯土

究院方面由汪松枝出面协调，配以 2～3 名技工。为了省节时间，他们对三河流域内（枯河、索河、须水河）以往确认的遗址进行重点考查，辅以勘探、断面剖铲等技术手段。重复单调的工作持续了五十多天，直至 12 月底的平安夜。来年 2 月中旬复工，又坚持 30 多天。两阶段实地核查仰韶至西周遗址 98 处，其中不乏精品级遗址，东赵遗址是其一。

东赵遗址作为省保单位，自然不能放过，侯卫东带着决心而来。核查组首先在一条穿过遗址的生产用路南侧发现了夯土。原来这里是村民建宅的取土区，多年的使用，台地东端已经被取成一个

东赵遗址沟状堆集

顾万发刮铲东赵遗址取土坑西、南壁夯层

深长的"U"形坑。考古人最喜欢断崖了,可以利用断崖的直观性观察上边裸露的遗迹,这比自己挖方制造断面省老鼻子劲了。侯卫东心花怒发,几个人马不停蹄地在坑的南壁上刮出了夯土,探明这片夯土南北长36米,东西宽12米,方向12°。由于夯土不是太硬,它的外侧也没发现沟壕,暂编为F1,它被二里岗上层的H1打破。

在生产用路北130米有一东西向的断崖上。侯卫东在断崖的东部很轻松地发现了一深灰色沟状堆积,口宽5～7米,深5米,内含龙山晚期至二里头早期陶片,钻探发现这道北偏东12.5°的壕沟残长100多米。

在沟状堆积西10处又发现一沟,口宽10米,深5米,沟内填黄灰色似经夯过的花土,底部发现有二里头晚期和二里岗下层二期的陶片。钻探发现这个沟向南10米即不易寻找了,编为F2。

在这个最不起眼的断崖上刮出两种比较重要的迹象,联系到生产用路南侧的夯土,这里会不会出现一座城呢?

侯卫东觉得向顾万发院长汇报的时候到了。果不其然,顾院长听了非常讶异,觉得在毫无地形优势可言的东赵村发现疑似城圈遗存及沟状堆集出乎意料,那么多人走过了,都无重大发现,这次是真的吗?不会是空喜一场吧?

顾院长带上小汪急赴现场考察。首

东赵遗址北断崖发现城墙基槽

李伯谦在侯卫东陪同下考察东赵遗址

先在"U"形取土坑南壁不同区域刮铲，反复对比，觉得夯土确实有点软，不像是城墙夯土，有可能是房基。后到北边的断崖进行刮铲，在这里有了重大发现：在沟状堆积西1米余处刮出一城墙基槽，黄花夯土不够致密，层厚10厘米，内含少量龙山时期的陶片。根据考古惯例，在一个断面上发现少量陶片难以将城墙定为龙山时期，尚需多做工作，从多方面证实城墙的时代与性质。就目前来说，重要性已经超乎寻常。顾院指示小汪加派人手，要挑最好的技工入场，做好后期的勘探求证工作。

信心满满的侯卫东带领精兵强将驻扎在东赵村，开始对东赵遗址进行新一轮的详细调查和勘探追踪。这次复查长达一个月，不仅对遗址四至、不同地段的文化内涵有了深入了解，还对以往发现的壕沟、城墙和夯土建筑做了确定，尤其重要的是在遗址南部新发现一段长675米的东周夯土基槽，在遗址北部采集到一件残玉铲，这两样都无疑增加了东赵遗址的分量。

当侯卫东夜以继日奋战在东赵遗址工地时，内心的喜悦冲淡了身心疲惫，他忍不住把东赵遗址重大发现告知北大的恩师，次日北大考古文博学院的老师向老院长李伯谦先生恭喜，李先生才得知家乡出了惊天动地的考古发现。激动之余，一幕幕往事浮现眼前，遂掩卷南下，回东赵再做考察。

侯卫东怀着崇敬的心情采访了满脸春风的李先生。正如每个人都有不一样的童年，李先生儿时常和小伙伴到村北铁路旁看轰然而过的火车，幻想有一天能骑上这条绿色长龙到远方看看，更多的时候则是几个小伙伴打打闹闹穿过西边的赵村，再向南绕到山坡上，在翠草间追逐翻飞的蝴蝶，在雪野上踩着松软的麦苗扔雪球。雪融泥消，出露的陶片让他们觉得奇怪，可这和快乐的童年有什么相干呢？且拾起它们向远处投去，练练臂力吧。

李先生拿出日记，边翻边回忆，1957年他在北京大学攻读考古专业（这是否和儿时的经历有关？），想起家乡南山坡的陶片，就利用寒假对山坡进行了调查。那些日子，徘徊于村南的这个翩翩少年的身影成了村民热议的对象。李先生不几天便采集到两箩筐绳纹陶片，器形有陶瓮、陶罐、陶盆、陶豆、陶碗等，还有磨得非常光滑的石镰。这些东西后被送至刚成立的郑州市博物馆展出（即郑州文物考古研究院东西展厅）。原来李先生和郑州市文物考古研究院有如此深厚的渊源，侯卫东不由得感慨道。李先生接着告诉卫东，他的高中同学、郑州三十六中历史教师郭增福先生20世纪60年代在东赵遗址采集到一件二里岗时期的平底铜爵（非张松林先生简报中的铜爵），看来出铜器的遗址都非常非常地重要！李先生说着思考着什么，一丝不易察觉的笑意从脸上流过，是他想起郑州、荥阳诸多出铜器的遗址将大有可为，还是想起了别的什么？

李先生给侯卫东的建议是：先找出不同时代的城垣和城壕，大范围勘探，注意内外城垣的不同。这是高屋建瓴的建议。

侯卫东根据钻探了解到的情况，绘制了东赵小城的示意图。

"回眸一笑百媚生"

东赵遗址的出土物和遗迹都蔚为大观，城及建筑基址性质呼之欲出，但考古是一门实证科学，来不得半点虚假与马虎。顾院长和李先生都同意北大与郑州市文物考古研究院的联合发掘尽快开始，这一行动经报国家文物局批准，于2012年秋开始了。

考古领队：顾万发
执行领队：张家强
特别顾问：李伯谦　刘　绪　　雷兴山
发掘人员：郭中芳（一级技工）　　周明生（一级技工）等
修复人员：郭现军（一级技工）

阵容足够强大，堪称豪华。言归正传，行文至此，大家恐怕还知道东赵遗址的确切方位吧。

东赵遗址位于郑州市高新区沟赵乡东赵村南、中原区须水镇董岗村北的檀山北坡上，东距须水河2公里，北距陇海铁路0.4公里，西距关帝庙遗址1.5公里，南距郑上路1.7公里。遗址西北1公里有一条从檀山北坡延伸下来的冲沟，拐向东北，插入须水河。根据河水下切速率，这条季节性小河夏商时期是不存在的。

由于李伯谦先生声望卓著，东赵村的村民对考古队相当友好，多方予以积

东赵遗址东周夯土基槽

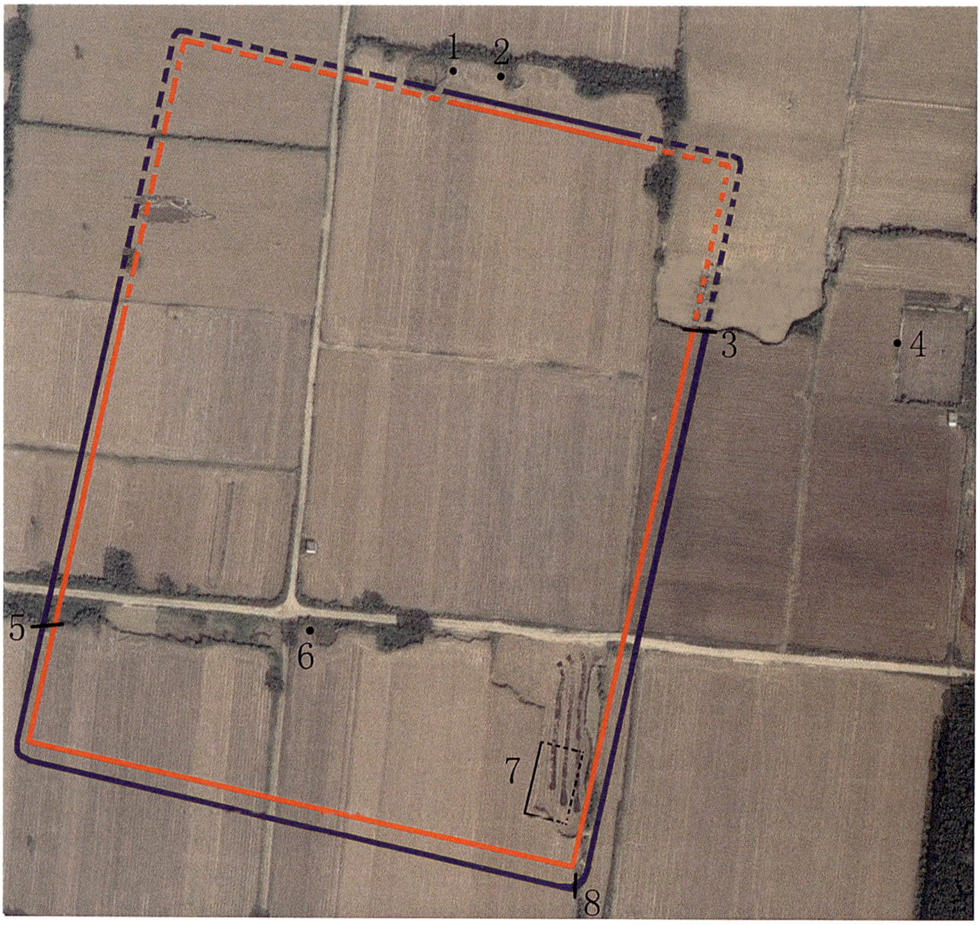

1. 玉器采集点　2. 二里岗遗址　3. 发现东城墙、东城壕处　4. 二里头早期灰坑　5. 西城墙、西城壕剖面
6. 二里岗期灰坑　7. 二里岗期房基　8. 南城壕剖面

东赵小城示意图（侯卫东制作的东赵小城即后来的东赵中城示意图）

东赵遗址北部发掘现场

极配合，考古发掘因而进行得十分顺利。自2012年10月至2015年12月，考古队累计发掘7000多平方米，勘探70万平方米，取得了一系列重大成果。在发掘期间，令人惊奇的事儿发生了，原来小城的东城墙夯土零乱而复杂，在北大老师指导下，经过仔细分辨，发现城墙与壕沟均不止不一道，后又将北断崖细致刮铲，两相结合，判断东城墙是两座城的东城墙混在了一起。接着，在城墙

东赵遗址北断崖剖面

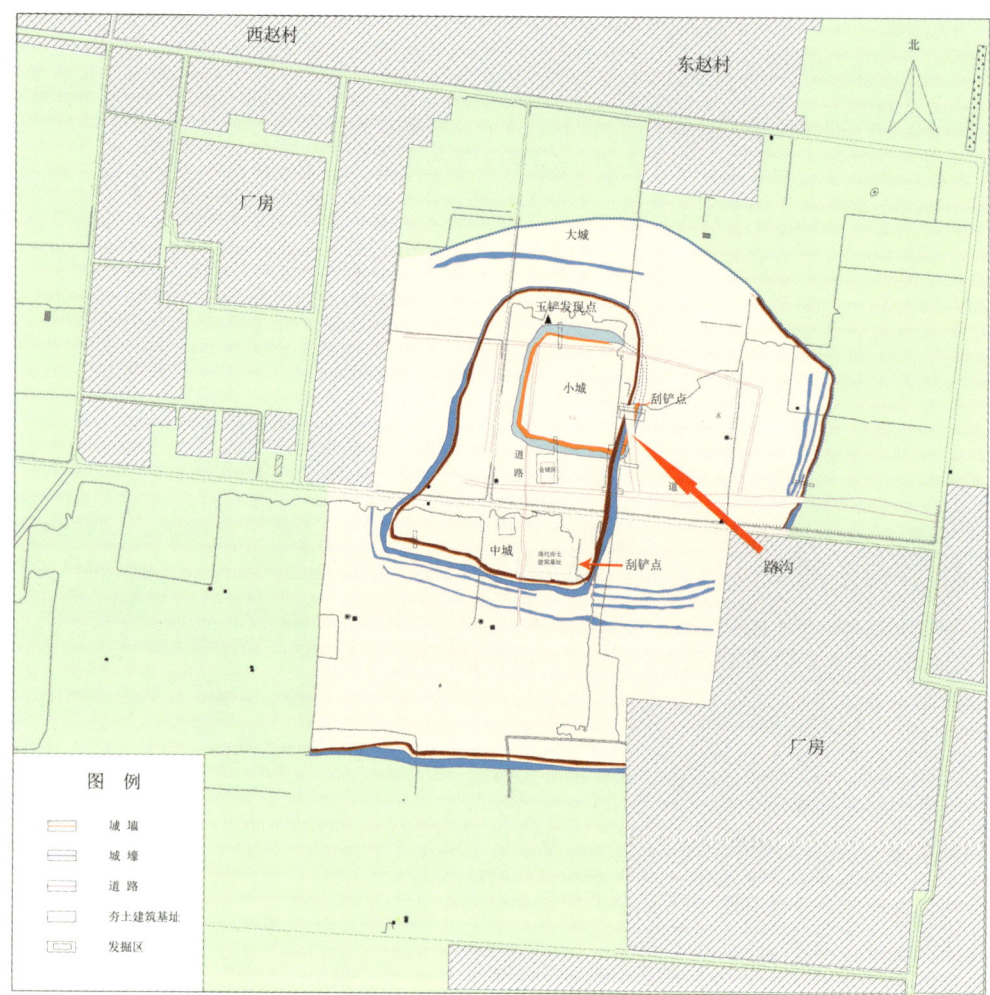

东赵三重城平面图

交叉区西侧,又发现了抹角的东西、南北向城墙与壕沟。至此,原来的东城小城变成了东赵中城与东赵小城,原来的东赵两重城变成东赵三重城,这首先归功于东赵考古队全体师生的明察秋毫以及他们实事求是的科学态度。

1. 小城

小城位于遗址东北部,平面呈方形,方向北偏东5°,边长150米,面积2.2万平方米。城墙墙体破坏殆尽,仅存基槽,槽宽4米,深1.5米,槽内有致密浅黄色夯土,夯层清晰,厚5~8厘米,但夯窝较为模糊。护城壕紧临基槽,宽5~6米,深3~5米,壕下部为淤土堆积。通过对东城墙、北城墙、南城墙三处横断解剖,发现城墙基槽均被二里头一期遗存打破,可知小城废弃于二里头一期。基槽夯层内的陶片有少量龙山晚期的,新砦期最多,再晚的则没有,护城壕内所有陶片均为新砦期,因此判定小城始建年代为新砦期。

2. 中城

中城位于遗址中部,大致呈梯形,方向北偏东10°,北城墙长150米,南城墙长256米,南北长350米,面积7.2万平方米。城墙墙体被破坏,仅存基槽,槽宽4~7米,槽内致密浅黄色夯土,夯层明晰,厚6~8厘米,局部可见清晰夯窝。护城壕宽3~6米,深2~3米,壕内均为淤土堆积。通过对南城墙、东城墙的横断解剖，发现槽基被二里头四期沟打破，可知中城废弃于二里头四期。基槽夯层内陶片均为二里头二期，护城壕底部陶片亦为二里头二期，因此判定中城始建于二里头二期。中城内外分布大量二里头二期晚段、三期早段的遗存，可知中城兴盛于二里头二期晚期三期早期。

中城内外遗迹分布如下：中城偏南一条东西向的东周路沟横穿中城，路沟宽2米，积土厚0.5米。路沟两边的城墙基槽内侧明显加宽，说明此处有附属建筑，判断为中城城门所在，东周路沟形成与此城门有关。中城中偏东区域分布大量地穴式遗存，部分遗存内发现有猪骨架、人骨架、龟壳等，因此判断为祭祀类遗存，也有学者认为系仓储区。中城北部发现有祭祀遗存，推测为主要建筑区。中城南部发现有小型房址与大量生活遗迹，应为一般居民区。

另外，在仓储区以北，还发现排列整齐的东周中小型墓葬62座，出土器物以陶器为主，有春秋晚期的鬲、罐、盂和战国时期的鼎、豆、壶、盘、匜、扣碗等，另有少量铜珩，总数250多件。

3. 大城

大城破坏严重，结合勘探确定大城整体呈横长方形，方向为北偏东15°，东西长约1000米，南北宽600米，面积60万平方米。城墙亦无存，基槽呈倒梯形，口宽1米，底宽0.4米，深1米，槽内夯土较硬，所含陶片为东周时期。护城壕宽3~6米，深2~3米，壕内包含物甚少。大城年代为战国时期。

4. 圆形地穴式遗存

遗存呈袋状，残存下部，现口径2~3.5米，底径2.5~4米，深0.5~2.5米。周壁、坑底较规整，坑底基本处于同一水平面上，填土为质密红黏土，年代为二里头二期晚段。

5. 祭祀坑

H342，圆形，打破小城北城墙基槽，坑内出土近20块牛肩胛卜骨，灼痕明显，年代为二里头二期。这是目前发现的二

东赵遗址中城护城壕

东赵遗址小城北城墙

东赵遗址仓储区

里头时期单个遗迹出土卜骨最多的单位，具有指标意义。

中城南墙基槽内发现一孩童骨骸，似与祭祀活动相关。

6. 商代大型建筑基址

位于中城东南角，长方形回廊式建筑，方向北偏东10°，仅存夯筑的基础。南北长40米，东西宽75米。东廊南北长40米，东西宽10米；南廊打破中城南墙，南北长10米，东西宽70米，基础厚1米，中部偏东位置有一近2米的缺口，应为门道；西廊揭露部分，南北长20米，东西宽10米；北廊东端保留，西部、中部上层被西周和二里岗上层遗存破坏，下层夯土尚在。基址夯层内包含二里岗下层一期的陶片，基址下叠压有二里头晚期文化层，故该建筑建于二里岗下层一期，使用至二里岗下层二期。建筑形式：中间为庭院，北为主殿，门道在南。

7. 其他遗迹

东赵遗址目前清理灰坑500多个，清理水井12个（勘探100个），另有墓葬、陶窑、水池等，年代横跨新砦、二里头、二里岗、西周几个时期，出土遗物以陶器为主，另有石器、骨器、蚌器、贝币。陶器以灰陶为主，有夹砂、泥质之分，器形可见深腹罐、花边罐、捏口罐、盆、甑、矮领瓮、小口高领罐、附加堆纹缸、瓠、鬲、大口尊、豆、斝、碗等。石器以生产工具为主，主要有铲、斧、刀、镰等。骨器有骨匕、骨簪等。蚌器有刀、镰等。因发掘面积有限，目前尚未发现铜器、玉器。

东赵遗址中城中部的东周墓

东赵遗址二里头时期卜骨祭祀坑

"六宫粉黛无颜色"

东赵城的发现颇为不易，从前述数次调查均错过就可知晓。是金子总会发光，只是没有北大考古文博学院与郑州市文物考古研究院的戮力同心，这"养在深闺人未识"的东赵城发光的时日肯定推后许久。东赵城闪闪发光源于它意义特别重大。

（1）东赵遗址涵盖龙山、新砦、二里头、二里岗、西周、东周六个时期，序列完整，为中原地区夏商谱系研究、郑荥区域聚落研究提供了新视角及新材料。

（2）小城是嵩山以北发现的第一座新砦期城址，对解决新砦期文化面貌、性质及归属问题有极大帮助。中城是为数不多的二里头二期城址，仓储区、卜骨坑以及墙基奠基遗存较为少见，城外有数条同期环壕尤为特别。

东赵遗址出土的龙山、新砦、西周时期器物

东赵遗址内商代大型基址

东赵遗址出土的二里头时期器物

（3）打破中城南城墙的商代建筑基址规模仅次于偃师商城同类基址，考虑到这里出过商代铜器，商代遗存丰富，东赵遗址无疑是郑州商城重要的附属聚落。

（4）遗址西部丰富的西周早期遗存，为研究郑州地区西周文化，探讨西周封国管国提供了新材料。

东赵城的发现，让我们想起三个问题：一是东赵城地理位置特殊，有山却无险可依，有水却无水可据，新砦期夏人为何将城建在这里？二是商代夏时，商人为何没继续使用此城？三是东周时期，为何人们再次来此建城？

根据目前的研究，可判定小城建于新砦期。新砦期的城址，中原地区除了新密新砦遗址那个面积逾百万平方米的新寨期城，再者就是此小城了。两者无法相比，前者是超级聚落或王都，后者不过是个据点，如果将其理解为新砦文化沿嵩山东麓北渐、西行过程中的一个重要节点，倒不失为一种考虑。可是，这个据点为什么不建在须水河岸而建在接近索须河平原的檀山北麓底部，是否

· 265 ·

东赵遗址出土的二里岗时期器物

和新砦时期的洪水有关呢？

中城建于二里头二期，而以北 6 公里的大师姑夏城也建于此期。中城面积 7 万余平方米，大师姑城面积 51 万平方米，两者不可同日而语。为什么一个不大的索须河流域出现两座同期的夏城呢？我们认为：二里头二期人口增多，需要扩城。同时气候转干，水患已无，广阔的索须河平原适宜粮食生产，那么在城防条件更好的大师姑一带建一座大城，不失为一种理想的选择。由于东赵城地势较高，平原生产的粮食储存于此，倒也合理。必须指出，东赵中城和大师姑夏城均为梯形，但方向不同，是建城理念发生转变，还是地形造就，有待研究。

商代夏后，商人定都郑州商城，大师姑城作为商代掌控索须平原的据点足够，东赵城已无存在必要。

至于战国东赵复建大城，要从当时郑州地区众多城址的位置来考量。战国时，郑州商城加固后继续使用，当然是区域政治中心。其西北邙山脚下的平咷城战略位置重要，城墙蛮好，沿用。西南的常庙故城建于春秋晚期，城高河险，同样沿用。二城之间距离过长，在中点附近的东赵遗址增建大城就不足为奇了，可以互为支援，而大师姑城离平咷城太近，无重建必要。但是，在平咷城与东赵城之间的中点偏西，增建了娘娘寨战国城，三城互为犄角之势，并与南 11 公里的京城遥为呼应，同时造成娘娘寨战国城、东赵大城、京城、常庙城之间又出现两组互为犄角之势。最后，在娘娘寨战国城的身后（西面）还有索城坐镇。如此看来，郑荥间战国城城防布局相当严谨，东赵大城正是妙棋一招！

李伯谦、王巍、刘绪、刘曙光等专家考察发掘现场，左上图右一为张家强

北大雷兴山教授为参观者讲解

郑州地区重大考古发现发掘纪实之

大师姑遗址

时　代：二里头文化时期
地　点：荥阳市广武镇
发掘时间：2002年
荣　誉：2003年度全国十大考古新发现

陨落的夏卫城
——荥阳大师姑夏代城池遗址考古发掘纪实

◆ 郝红星 丁兰坡

大师姑夏城位置图

按图索骥究竟能否寻到心中的理想？
一次考古经历为什么让他们久久难忘？

引 子

大师姑是荥阳广武镇东南缘的一个大村，由大师姑、杨拐、小湾三个自然村组成，横跨索河两岸，东、南与郑州高新区的榆林、岗崔接壤。这一带地处广武山（邙山一段）南麓与郑州低地之间，地势相对高亢，堪称沃野平原。2002年，郑州市文物考古研究所在大师姑村周围挖出一座古城，经研究认为是夏代中期建造，夏末废弃，商早期再度利用。这是我国首次发现二里头文化时期的古城，引起学术界巨大震动，并因此入选2003年全国十大考古发现。

十年过去了，索河边的花草枯了又荣，索河旁的庄稼收了又种，就像鸟儿也会飞走一样，大师姑当年发掘时的喧嚣与寂寥，也随着农村空巢化的加深，越发沉荡于那幽暗的土地。历史永远都是这样，大师姑夏城何尝不像这万年的河水，涓涓而过，逝者如斯！

我很想念十年前的每一天，那风，那树，那水，那天。

形胜之地

夏城当然不会只大师姑一座，但像大师姑这样天、地、气绝佳的，黄河流域找不出几处。在洛阳盆地的偃师，夏人把宫殿建在了二里头村，有宫城没城，让人费解。仅仅因为前伊后洛，就可以省去防护的根本吗？还是别开生面，采取人海战术，让来犯之敌消失于人民群众的汪洋大海之中？

大师姑西距二里头 75 公里，所处的环境和洛阳盆地非常相似。同是北邙与南嵩构成盆地，面积只是前者一半，西虎牢，东巨泽，开放式盆地似乎比洛阳更为凶险。域内索河与枯河自西向东，与伊洛河何其相似！同样的山环水绕，同样的黄土深厚，同样息息相通的气候，纵使成不了帝都，也不失为一个方国的绝妙去处。这样的方国，城防自不可少。

这个宝地，在仰韶、龙山时期已经积蓄了丰沛的能量，著名的遗址在盆地边缘、两河流域比比皆是，如秦王寨、青台、竖河、西山、楚湾、马庄、站马屯等。二里头时期，大小遗址更是星罗棋布，在这里出现一个夏的方国，或东进基地，再自然不过。

这个方国或者东进基地在哪儿呢？

会像西山古城那样，选择一个背靠邙山，前依枯河的狭窄之地吗？此一时彼一时，二里头时期人口非仰韶可比，狭地显然不太合适。那么，在东逝的索河与北去的须水之间找一处坦地又如何？

我们现在是按图索骥，当时的情况可不是这样。那时，考古工作者连这一带遗址的性质也搞不清楚，哪里会想到这里藏匿着一个夏城呢。

1984 年秋，郑州市文物工作队在对郑州西北郊进行全面的文物普查，在索河东岸与杨拐村西之间的高地上，发现不少陶片，命名为杨拐遗址。与之相对的索河西岸杨寨村南，也发现相同的陶片，称为杨寨遗址。当时的普查人员没有意识到辅车相依、内容相同的两个遗址原本是一个遗址，笼统地将这两个遗址并称为新石器时代遗址。

1999 年夏秋，郑州市文物考古研究所对荥阳、郑州西北郊的文物点进行复查，调查人员见这里林高草密，未做更深入的考察。

2002 年春，又一批郑州市文物考古研究所的调查人员来到这里。这次，他们还会空手而归吗？

来者不善

2002 年春，郑州大学新校区考古发掘与整理告一段落，身心疲惫的技工得以清闲下来。正值春暖花开，芽叶新绿，同志们来到郑大以西的原野春游。须水近在眼前，不宽的河道里满是换了新妆的矮草，倒也有点碧波荡漾天际流的样子，只是这碧波中夹着一股浊流，那是上游须水镇排出的生活污水。向西望去，对岸是剪发般的青青麦苗，一簇簇的村庄像白云一样飘浮，而蓝天又秀在其后。正是：

　　天地有新绿，
　　浊流汝自知。
　　东风久失色，
　　暮春信来迟。

正在大家春游兴浓之时，王文华副所长忽然对大家说："今天大家放开撒欢，明天开始西北郊田野调查开始。"大家一愣，才歇了一天，怎么突然想起野外调查呢？

原来，北方的春天是进行野外调查的大好时节，天旷地远，视野开阔，草本植物大部分没有起身，容易发现土里、断崖上的古代遗物。另外，郑州西北郊的田野调查虽已进行多次,除了复查原有遗址及新发现一些中小遗址外,没有大的发现,不进行深度调查,仍会死水一潭。王所长是搞商周考古的,长期以来特别关注郑州西北郊复杂的古文化生态系统。他指出:"这次调查的区域是须水、索河、枯河三河流域,重点调查夏商周三代遗存。"

转眼到了四月中旬,调查进行了将近两月,收获不大,只发现了一些很小的遗址,难道又要重蹈覆辙?我和王所长不免焦急起来,真他妈的不遂人愿啊!

四月下旬,我带着调查人员来到索河与须水交汇处,这个夹角台地东西宽,南北窄,面积1.5平方公里,建个古城绰绰有余。我们在偏东北的榆林村周围转悠一天,未见任何遗物,向村民打听,也未听到有什么价值的传说,不禁大失所望。我不死心,派人到索河北岸,还好,在岔河村发现有二里岗(早商)的东西,总算捞到芝麻点大的成绩。

第二天,我把人员分成两拨儿,沿索河两岸向西挺进。两路人马夹河而行,河窄处,对方鼻子眉毛都瞅得一清二楚。北路人马在湾寨未发现什么,继续前行至小湾村,村东、村南的台地上,发现不少商代陶片。我带的南路人马,行程相当轻松,一路是平坦的麦田,地面上什么也没有。来到大师姑村东,看到对岸的同事正忙着拣陶片,自己的脚下仍是一无所有。无奈,我们只好向大师姑村南走去。

在村东南,我们终于见到零星的商代陶片。这里地形明显不对,好像人为动过。经打听,原来大师姑之南,岗崔之北有一个大土岗,不然怎么会有岗崔这个名字呢?土岗南北长600米,东西宽700米,高出地面两三米,经过历代平整土地与20世纪末砖厂吃土,现土岗只剩岗顶,长宽各约200米,被一个炼铁厂占据。我们在岗东、岗北见到不少二里岗期的陶片,这个遗址原来的规模

今日大师姑

或有 10 万平方米。

这么大的遗址勾引了我的兴趣，我催促人员快点向西走，地表陶片逐渐多了起来。大约走了 500 米，来到索河边，原来东向的索河，在这儿拐了一个 90°度弯，向北流去。如此陡直地拐弯，让人莫名其妙。我们沿索河向北走，地势渐高，到杨拐村西达到最高，再北被大师姑通往南董的路沟打断，路沟以北地势渐低。这里说明一下：杨拐是大师姑大队的一个自然村，村很小，只有二十多户人家，隔居于大师姑西南角，与大师姑仅一路之隔。

我站在村西高地，看到北路人马正向河对岸的杨寨走去。杨寨村的中部较高，与我脚下的高地连成一线；村北是一条 50 多米宽的沟，斜着插入索河；村南地势较低，是开阔的索河北岸。我用手机通知他们到杨寨南地，看看那里有什么东西，我则带人在台地周围展开调查。

村西高地陶片俯拾皆是，周围断崖也有为数不少的灰坑，这里的遗迹、遗物确实比岗崔那个土岗丰富多了，我们几个心情大好。但是，遗址的面积不好确定，杨拐就在高地东坡上，不用说村子底下压有遗迹，但路东的大师姑就不好说了。这时，电话在腰上不耐烦地响了，说杨寨村南也有不少陶片发现，由于地形过于平整，未能发现灰坑之类的遗迹等。

我再一次来到高地，环顾四周，沉思起来。杨寨村北的宽沟，村中较高的部分，我脚下的高地，村南地势低洼，那该死的拐弯，为什么拐成直角？难道村北的宽沟是索河故道？那样的话，杨寨中部和我脚下的高地应该是一个高岗，杨寨、杨寨南地有可能和我们这边的遗址连为一体，这个已经不小的遗址和大师姑东北方向的小湾遗址、东南方向的岗崔遗址是什么关系？它们也是一体的吗？我不敢想了，遗址太大了。

第二天，我按捺不住兴奋，让调查人员沿着大师姑周围的地带再跑一遍，查看地表陶片的疏密程度，以此判断这几个遗址是否连为一体。我顺着杨寨村北的沟向西调查，穿过南董村中部，来到村西。村西有一片凹地，这块凹地的南端距索河仅 200 米，而 200 外的索河河道走势正是冲着凹地而来，穿过南董的这道沟真的有可能是索河故道。晚上，同志们汇报说，小湾、岗崔、大师姑、杨拐，有可能是一个遗址。

我拨通了王所长的电话。

语气故作平和，又像是无意，"王所长，我们在大师姑附近发现一个遗址，面积有一百万平方米。"

"什么？一百多万？太好了，什么时候的？"

"可能是夏或商，一时不好断定，等你来定夺。"

"好，我尽早赶过去。哎，不对吧小丁，这么大的遗址，《郑州市文物志》怎么没记载呀。"

"王所长，根据我的经验，这个遗址只大不小，一切等你来了再说。"

"这样吧，"王所长语气缓了下来，"其他调查先停下来，你马上组织几个经验丰富的技工，带上探铲，从遗址边缘开始，东西、南北各打几排探孔，看有没有壕沟、夯土之类的遗迹，一有情况，马上报告。"

技工中没有专职探工，但发掘与钻探的关系就像写字与研墨，哪有写字的

索河东岸剖面

不会研墨呀。我挑了几个老成稳重的技工，第二天来到大师姑，大队干部交代不要毁坏群众庄稼，我们连连称是。

我们的钻探在岗崔与大师姑之间的麦田里静悄悄展开，不时有村民过来问我们是干什么的，我们都耐心解释，以免村民阻挡我们的工作。当然，更重要的是我们自己要站稳，不能踩倒群众的麦子。这时的麦子已经从清汤挂面的小女生变成亭亭玉立的大姑娘，在微风中柔和地做着韵律操。我们蹑手蹑脚踩在麦垄上，小心谨慎地钻探，生怕碰到身边这些高贵的女性。

还别说，王所长预报得挺准。十几天后，我们在杨拐村南，索河拐弯处东边不远的地方发现了东西向的壕沟，壕沟内侧还有一段较硬的土，在大师姑村南发现了南北向的壕沟。我赶快把情况向王所长做了汇报，他兴高采烈地来到工地指导工作。

王所长到发现壕沟的地方看了看我们探出的土，确定是壕沟无疑，对壕沟内侧那段硬土没说什么，让我抽两个人到杨拐村西的高地上探探，看有没有北壕。说完话，撂下我们，独自一人转圈去了。

半个小时后，手机突然响了，一看，是王所长打来的。我以为他不小心掉河里或断崖下了，谁知道他语气怪异地说："你们几个快点过来，我在村北的路沟里。"

村北的路沟就是大师姑通向南董的那条破烂乡间柏油马路，出了南董村向北可以到广武镇。其实我和两个技工就在路沟南的高地上，离王所长也就二十多米。听到命令，我打电话让村南的几个技工跑步到村北路沟。

王所长笑眯眯地站在路沟中段，本来就长得雄浑的面庞在沟顶斜射下来的阳光照射下像雕塑一般，"你们看，"他指着路沟南壁，"这上边有许多灰坑，从落下来的陶片看，是二里头时期的，但是，"他潇洒地转身，指着路沟北壁，"这上边一个灰坑也没有，也没文化层，你们知道为什么吗？"

我们齐摇头，我们怎么知道呢？我

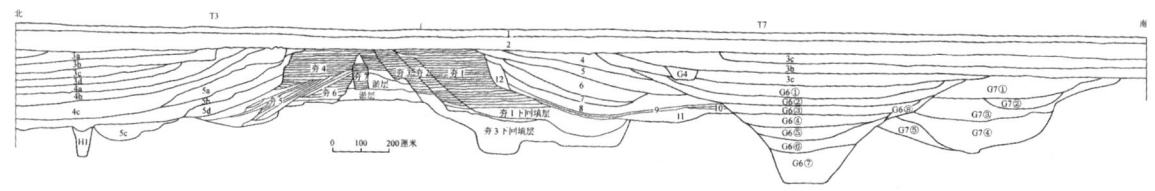

大师姑夏代城墙与城壕剖面图

们知道的话，前几天就向你报告了。

"这是因为，这个路沟可能就是我们要找的北壕沟，壕沟内有遗迹、遗物，壕沟外白茫茫大地一片真干净。"王所长喜欢诗，居然引用了《红楼梦》的说辞。

"还有一种可能，连我自己都不敢相信，"王所长顿一下，接着说，"我刚才在这儿激动了半天——这上边有城墙，城墙外才是壕沟。"王所长按压住语气，显然刚才的激动劲儿还没过去。他掏出一盒好烟，大家每人一根，点着，吸了一口，我们口中又呛又涩，但王所长吐出的烟，忽忽悠悠，好像飘上了城头。

我们几个傻乎乎站着，显然被王所长这样的想法惊呆了。探出壕沟以后，我们也想过壕沟内能发现大房子、墓葬之类的遗迹就不错了，从来没想过会出现城墙，要知道，二里头时期的城全国还没一座呢，这样的好事会落到我们头上？不会是在做梦吧？

看着我们发愣，王所长一语点醒梦中人，"只有这样，才能和我们村南探出的壕沟与壕沟北侧的硬土相一致。"

"是呀，是呀"，听到这儿，我们恍然大悟。

"走，喝酒去！"王所长大手一挥，我们收拾东西，到高新区路边小店庆祝去。不用到高地上验证了，不愧为北大高才生，有眼力啊，有逻辑。

接下来的几天，钻探工作进行得格外顺利：南壕向东延伸，南壕内侧硬土的长度也达到了150米；东壕向南延伸，看样子，要与南壕相会于大师姑村南，距索河拐弯处490米的地方。但是，新的情况出现了，原本含羞娇嫩的麦穗现在伸着爆炸头，满脸花粉，像个泼辣的老娘们，大大咧咧地埋怨我们沾走她的花粉，钻探进行不下去了。

大师姑二里头文化古城，已出露端倪，只需要我们再拉它一把，就能跃出地面。这拉它一把需要等到秋后进行。

初露端倪

回到单位，王所长把钻探情况向领导班子作了汇报，大家对大师姑可能出现二里头夏城感到不可思议，因为在座的老领导20世纪80年代就光顾过那里，1999年又派人复查，没有什么重大迹象，怎么会突然冒出一座古城呢？不信归不信，对钻出的壕沟和哥德巴赫式的路沟猜想表示尊重，同意王所长提出的进一步调查，并做试掘的要求。

2002秋收刚一结束，王所长便安排我带领王法成、郭清臣、赵洪法、董树林、郎富海等五名技工进驻大师姑。人进来了，却没驻地，急切间也找不到愿意赁给我们房子的住户，村干部把我们领到村小学，指着二楼教室说："面积足够大，就是门窗有些漏风，不要钱。"

只好如此了,好在大家都是农村来的,房子收拾收拾和自己家里没什么两样。两个小时后,六个人脸变黑了,整个大教室变干净了,我们的床铺都挤在墙角,中间摆上几张学生用桌,看起来有点像我小时候见到的知青下乡的情况。

第二天,王所长带着厨师和丰盛的物品来了,大家美美吃了顿午饭,还喝了点酒。王所长给大家鼓劲,一定要细致工作,早日确定壕沟与城墙,要和当地群众搞好关系,不能和年青女人搞好关系,以免影响工作。

下午来到村外布方,庄稼赔青的事昨天就谈好了,派来的民工闹哄哄全部到齐,都是些上了岁数的老头、老太太,年青的女人很少,漂亮的更是没有,我放下心来。

根据王所长的安排,我们在杨拐村南,开南北相连的探沟两个,目的是打通南壕与硬土,确定硬土是否为城墙以及二者的关系,探沟由董树林负责。在大师姑村南布探沟一条,确定壕沟的存在,由王法成负责。在遗址中部偏南布探方一个,了解遗址的文化内涵,由郎富海负责。在遗址东北部布探方一个,确定钻探到的人骨与朱砂是否为墓葬,由郭清臣负责。我负责后勤管理与协调。

工作安排得井井有条,发掘也相当顺利,但结果却差一点砸锅,出了什么纰漏呢?

我们如期在大师姑村南那个探方中发现了壕沟,从沟内出土的包含物和沟的形制看,这是二里头文化时期的壕沟。初战告捷。

在遗址东北部布的探方也有重大发现。首先清理出一座二里头时期 100 平方米的大房子,随后又清理出一批二里岗时期的灰坑。房子与灰坑不一个时代,房子早,灰坑晚,这对我们了解大师姑遗址的文化内涵十分有利。接着,我们又清理出四座墓葬。四座墓葬东西一字排开,间距 1.65 米左右,M1 最为重要,它被 H18、H19 打破,出土有陶鬲、陶盆各 1 件。M1 的年代是二里岗期,打破它的 H18、H19 却是二里头的东西,怎么会出现这样(早打破晚的)时空倒置的现象?原来,二里岗期的商人已经来到大师姑,而原来这里的二里头期夏

大师姑城内的墓葬

大师姑城内的墓葬

人还留在这里生活，商人用商人的东西，夏人用夏人的东西，这才发生了夏人的灰坑打破商人的墓葬的现象。只有一种事实会造成这种现象出现，那就是商人占领了大师姑。

出了差错的恰恰是我们最为重视，打算挖出城墙来的杨拐村南的两个探方。这两个探方南北相连，总长30米，宽3米。探方挖到底后，北浅南深，呈长长的缓坡状，看起来不像是护城的壕沟。探方南端有一块花土暂时没清理，我们要找的可能是城墙的硬土跑哪儿去了？难道还在北边？我望着空荡荡的探沟心里没了底，忐忑不安地把没有发现城墙的情况向王所长做了汇报。

王所长听后大吃一惊，事关他的哥德巴赫猜想，不一会便心急火燎地赶到工地，看了半天，想了半天，也是一脸

大师姑夏代城池南城墙夯层

的失落。他跳下探方，来到探方南端，用手铲对着那块花土机械地刮着，刮着，飞溅的土花像瀑布一样落在地上，有些土花不老实，跑到了所长眼角眉梢歇息。我们在探方上边只听见沙沙响，看着王所长一脸阴沉，谁也不敢吭声。忽然，王所长停下手来，往前凑了凑，笑了。

"你们下来，看这是什么！"

大家也顾不得腿老方深，纷纷从探方南端跳下，两三米呢。哈，只见王所长刮过的花土上，隐隐约约出现了层次，层次之间断断续续地夹着一道黑线，每层厚度都在10～12厘米之间。

"是夯土！"大家异口同声地说。

"对，这就是城墙！你们探的壕沟还在南边呢。"

"是呀，"我一拍大腿，"所长，咱们的探方偏北了，这真是城墙，沟还在南边呢。你们几个，快，上去探一下。"

车子入了正轨，就好走多了。我们很快确定了壕沟的位置和城墙的宽度，在探方南又布一个长30米的探方，最终完整地揭露了城墙和壕沟。我们挖偏的探方，出有大量的二里头遗物与叠压城墙的地层，成了证明壕沟、城墙年代的

大师姑夏代城池南城墙、壕沟（自南）

王文华陪同陈旭、李友谋等专家考察索河东岸断崖

最好证据。

城墙与壕沟确定了，大家的心情格外好，天似乎也明媚起来，初冬的太阳还有些温润，探方边的麦苗挺着紧俏的身体，我感觉像是微型的青翠竹园，我们也做一回田园散翁吧！

但是，谁会让你闲散下来呢？王所长很快布置了新的任务。

根据城墙、壕沟的走向，向西会一直抵达索河边。如果能在索河东岸的断崖上找到夯土与壕沟，就不用再开探方，这样可以减少对城墙造成的破坏。我们总不能像过生日那样，把城墙切成一块块蛋糕吧。

我们选的地方在索河拐弯处向北五六十米的地方，这儿崖高且陡，人在崖顶下不去，人到崖下上不来。我们找来一把小梯子，人蹬在上边，先铲除断崖上的杂草、酸枣树。这个活耗费我们不少正能量，因为这和踩着高跷干活差不多，弄不好就翻到沟里去了。

杂草祛除以后，需要刮的断面有30米宽，4米高。这个断崖被正午以后的太阳晒了千年，表层像铠甲一样坚硬。我们去买了喷雾器，一遍又一遍喷水，慢慢刮，大伙的手被手铲边磨破了，咬着牙，忍着疼，轮番上阵。一天下来，大伙脸上、身上全是泥星，禁不住哈哈大笑，因为有你，心中高兴，再累也是甜。一个星期过后，这个人迹罕至而且诡异的河湾深处，出现了一幅抽象画：北边的夯土线细密匀实，南边的淤土层线宽疏妖娆，它的版权无疑属于大师姑的大师们，装裱者总该是我们这些泥腿子吧？

嗅觉告诉我，索河西岸还有夯土。果不其然，我们在杨寨南地最南端，索河北岸也刮出了80米夯土。很可惜，夯土南侧的壕沟已经被索河卷走了。这证实了当初我的丁氏猜想：索河是从杨寨村北那条宽沟东北行的，古人建城不可能让这么宽的一条河穿城而过，古人尚无建造水城的能力。

在杨寨村西的平地上，我的眼睛有些冒火，急切地想在一两天内在这块静得可怕的平地上找出城与壕沟来。这块地有几个坟堆，中午空旷无人，白花花的阳光直冲你的眼帘，我甚至听见空气的声音。

大师姑城中发现的坍塌夯土墙体堆积

大师姑城中坍塌夯土墙体夯窝

大师姑城内的房基

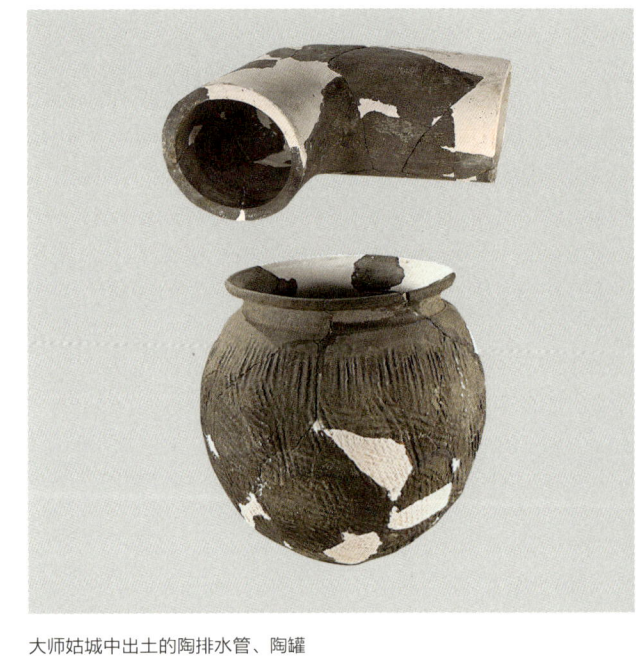

大师姑城中出土的陶排水管、陶罐

大师姑城内墓葬出土器物

大师姑城中出土的陶器器盖

我们从河岸向北钻探，三天过去了，没有任何迹象，我的头额开始冒汗，丁氏猜想要失效？第四天，在这块地的中部，距村100多米的地方，首先探出了城墙，没有护城壕，再往北，护城壕也出现了。继续向北探，在距杨寨北宽沟210米的地方，城墙与护城壕一道向东北方向拐去，消失于杨寨村索河边上那个小卖部的南边。

2003年，我们对杨寨村西、西南－东北向的城墙、壕沟做了解剖，其结构与杨拐村南的情况一样，证实它们是一个城圈。

2003年、2004年，我们还在杨拐村西、村西南进行了发掘，发现不少重要房基、宽厚的夯土墙体、陶制排水管等。其余时间，用在对大师姑城墙与壕沟的钻探上。

撩去面纱

经过三年的调查、钻探和发掘，这个在我们呵护中茁壮成长的大师姑夏城，终于可以带出来介绍给大家了。他有3700年的智慧，对我们来说又是新鲜的面孔。

大师姑城的形状像个放倒的汽水瓶，既修长，又敦实。西城墙短直，像瓶盖，位于杨寨村西，仅存北段80米，连接着西北城角；东城墙长且直，像瓶底，位于杨拐通往岗崔那条小路东140米的地方，从东北城角向南300米得以保存；南城墙东端缺失，向西逐段北缩，至索河东岸，长390米，索河西岸相当于脖颈那部分仅存80米；北城墙自东北城角向西，存100米，路沟南侧高地上有断断续续的150米的夯土，相当于脖子的那段主要存在于索河西，十分完整，长240米。根据解剖的数据，大部分城墙顶宽7米，存高1米，基槽宽12米，槽深1.5米。

城外9米左右有城壕，和城墙平行，北城壕、南城壕被索河冲毁一段，东城壕完整，西城壕南段缺失。城壕开口距现地表1.4～2.6米，城壕自深2～2.80米，而城墙大多距地表1米左右，说明城在被掩埋之前，仍高于地面。壕沟后来淤塞，商人来后加以疏浚。二里头城壕内侧被二里岗城壕打破，根据城壕断面曲度，二里头城壕宽约11米，圜底；二里岗城壕距城墙5～6米，壕宽12米，自深3～3.5米，壕的断面为斜壁圜平底。城壕外侧15米处发现了外壕，宽7～8米，深2～3米，主要分布在北城墙索河以东的地方，东城墙全部，南城墙东段，长度分别为560米、620米、210米。壕内填土出土物极少，无法判断准确年代，从其形状、填土色泽来看，似为二里头时期的城壕。

我们根据地形地势，将城墙加以复原：西城墙300米，东城墙600米，北城墙980米，南城墙950米。通过对城内局部的、重点的发掘与钻探，现在知道：杨拐村西、村西南地势较高，是二里头时期重要建筑分布区，这一区域可能西达杨寨村中部；建筑区东南部，发现有陶窑，可能是制陶区；城的东北部为商代墓葬区，村民讲那一带曾出土青铜礼器与玉器。

城主名谁

大师姑城西距夏都二里头遗址75公里，远隔崇山峻岭，按照古代百里为侯

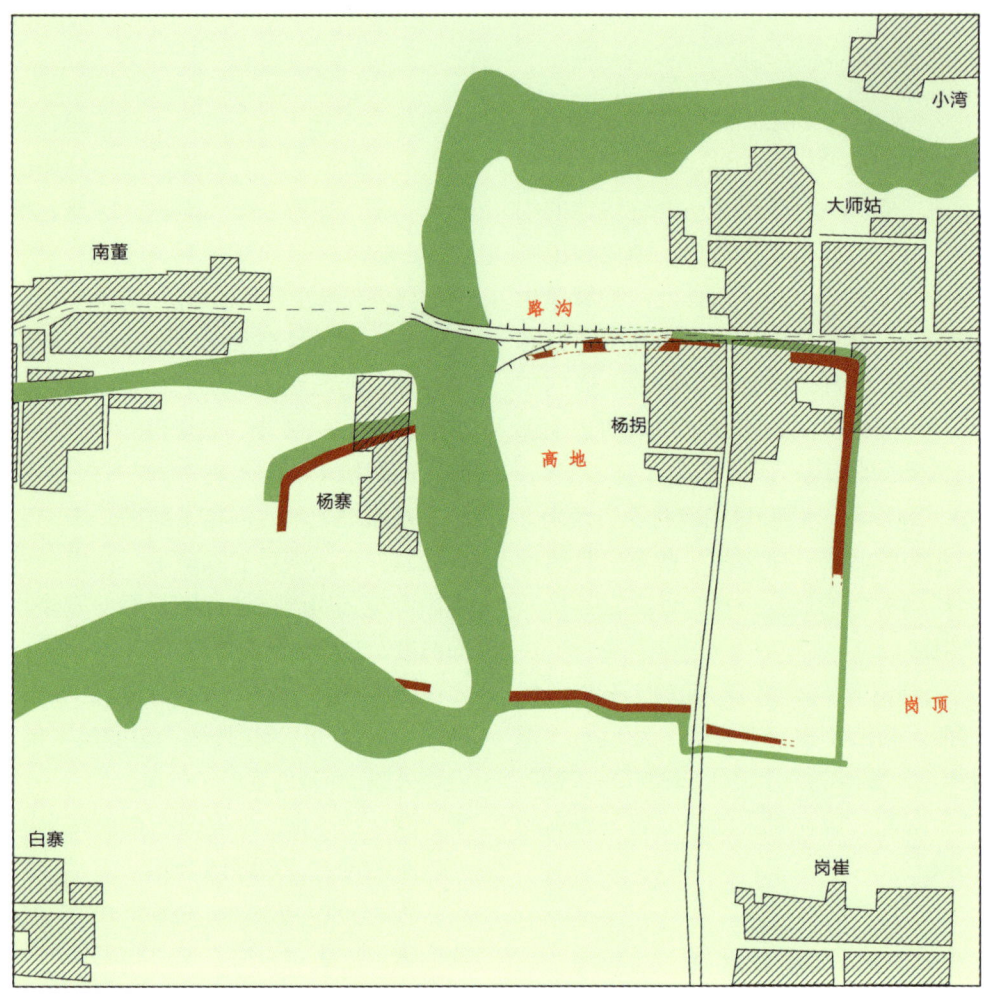

大师姑夏城平面图

的观点，这个相对独立的地理单元，完全可以成一方诸侯的所在。大师姑城面积达51万平方米，处在索河与须水的夹角台地西部，具有浓厚的军事性质。

既有夏都，大师姑就不可能再是夏都了。那么，它有可能是夏的陪都吗？就像偃师商城与郑州商城那样的关系？从城墙规模、城内遗迹以及出土器物来看，大师姑城级别有点低，不具备作为陪都的条件。

它有可能是夏王朝设在东境的军事重镇，或一个方国的首都。

关于夏王朝的东境，《史记·孙子吴起列传》记："夏桀之居，左河济，右泰华，伊阙在其南，羊肠在其北。"古人说话，坐北面南，左河济就是说东到黄河与济水。济水发源于济源王屋山，南流入黄河，古人迷信，说什么济水钻过黄河底下，在南岸古荥一带冒出，成为荥泽。这句话我们明白什么意思就行了，就是夏之东境，在今天郑州西，荥阳东一带。

如果我们以古荥镇以东的低地为古荥泽西缘，大师姑夏城东距荥泽7公里，几乎修在国门边上。大师姑城可以据黄河、邙山、荥泽三位一体的巨险来防守东北方向的商人。因此，大师姑夏城址有可能是夏王朝设在东境的军事重镇。

另外，文献材料和甲骨文记载夏有大量方国存在，在其东境方向有葛、韦、

· 280 ·

顾、昆吾以及有缗、有仍、戈、商等国。商指的是商的先人，那时还在太行山东麓，没来郑州呢。与大师姑接近的有葛、韦、顾、昆吾和戈，大概在今郑州京广线两侧一带。《诗·商颂》有"韦、顾既伐，昆吾、夏桀"的记载，这句话道出了商汤放桀的路线图：先伐韦、顾，然后伐昆吾，搞掉周围保镖，最后端老窝。

韦，邹衡先生考证在郑州市区内。昆吾之地，邹衡先生考证新郑、密县之间。2010年，郑州市文物考古研究院在新郑望京楼挖出一座夏城，马上有人高声赞叹邹先生的未卜先知。如此，只剩下顾这个方国无地可考了，难道说大师姑的姑就是顾的谐音？不管怎么说，韦、顾离大师姑最近，韦、顾其中的一个有可能是大师姑夏城的真身。

夏城商用

大师姑夏城是我国迄今为止唯一一座年代和文化性质都十分明确的夏代整装城址，填补了我国古代城市发展过程的阶段空白，也让考古界"夏代无城"的鬼话见了鬼。

古代城市作为当时的政治、经济、军事和文化中心，集中体现着社会高度文明的成果，是古代社会稳定的基石，因而具有极其珍贵的研究价值。我国龙山文化以前的古代城市已发现50多座，商周城市更是多得不计其数，但两者之间却无半座夏城，让人狐疑不已，有些考古人甚至说出"夏代无城"的气话。

大师姑城中出土的绿松石

铜凿　　玉杯　　玉琮

大师姑城中出土铜器、玉器

王文华陪同邹衡先生考察现场

在500年间的夏代，城市当然不会只此一座，大师姑夏城作为首座有科学的选址理念、合理的城内布局、完善的防护体系的城池，明显起着承上启下的作用，其历史地位自不待言。约略同时，郑州市文物考古研究所在新寨也发现了城壕，城壕内有夯土，可能是修补城墙时留下的，但这个圆城是否已经进了夏代还有争议。在偃师二里头夏都，社科院考古所的专家也发现了所谓的宫城，城基宽2米，这样的城，充其量只能算是有防护作用的围墙。

大师姑夏城南北长600多米，东西宽近1000米，是个横长方形，这一点继承了新密古城寨古城、登封王城岗古城的形制。但是，这个横长方形西部较窄，像个放倒的瓶子。从地形来看，绝不是从城西北流过的索河逼窄造成的，因为城向东挪一挪，向南退一点都海阔天空，其中包含着什么样的深层次理念，留待以后的研究。

大师姑夏城被西进的商人攻破后，商人对夏城重新修补利用，原来的护城河严重淤塞，商人加以疏浚，臣服的夏人看来与商人相处得还不错，这可能和商人已在大师姑周围居住了一段时间有关。大师姑东北的岔河、东南的牛寨、西北的南城都有丰富的早商遗存，大师姑地区可能较早就处于民族融合地区，只不过前后换了主人而已。因此，研究这一地区夏商遗址的时空转换，关系到夏商政权的更迭，大师姑夏城自然是这一研究的重要内容与界标。

岁月印记

大师姑夏城发掘始自2002年春的田野调查，到2004还有零星的发掘，发掘主要在春秋两季进行。为了将这一国宝级城址尽快向致力于三代研究的专家以及全国的观众予以介绍，我们在2003年春天，就开始了相关遗迹单位的整理。大师姑可能是全国少见的发掘完毕，整理完毕，出书完毕的遗址之一，这其中自然少不了几番辛苦。这里撷英几个片断，以飨读者。

大师姑工地的发掘主要人员有丁兰波、王法成、郭清臣、赵洪法、董树林、郎富海等六人，这几个人付出的劳动最多，吃得苦也最多。这些他们都习惯了，

李伯谦、刘绪等专家考察大师姑夏代城址出土遗物

本是平常事，天生苦命人，不再细说。

担任器物修复的是郭相军、冯福庆，这是两位经验丰富的老将，吃苦耐劳，没有他们长时间的低头哈腰，向古老的陶片表示敬意，陶片不会变成栩栩如生的器物，其后的研究更无从谈起。

担任绘图的是李杨与陈萍两位美丽的女士，作为城市长大的女孩，来到发掘工地长时间居住、绘图，面临一些从未想过的困难。比如，简陋的房间，闷热的空气，蝇飞蛆巡的厕所，心惊胆战的夜路等等。那一年，正是Sars病毒肆虐，这两个本来就很无辜的女孩更是被禁锢在狭小的院子里，天天对着完整的、破碎的陶片画啊，画啊。完了，还得让王所长过目，达不到要求的重新来过。

我想，如果她俩那时披发修行，必定有大的成功。

工地的发掘、研究由王所长掌舵。郑州地区发掘二里头的东西较少，大家对这一段都不熟悉，方向盘自然要握在带头大哥的手里。王所长孩子小，爱人常常下班很晚，他得当爹当妈又当大哥，这一点作为男人，很不容易。

2003年，郑州大师姑夏代城池遗址荣获当年全国时十大考古新发现。

2004年，《郑州大师姑》付梓出版，并荣获郑州市优秀社科成果一等奖和河南省优秀社科成果三等奖。

2006年，大师姑夏城成为第六批全国重点文物保护单位。

郑州地区重大考古发现发掘纪实之

望京楼城址

时　　代：夏商时期
地　　点：新郑市新村镇
发掘时间：2010年
荣　　誉：2010年度全国十大考古新发现

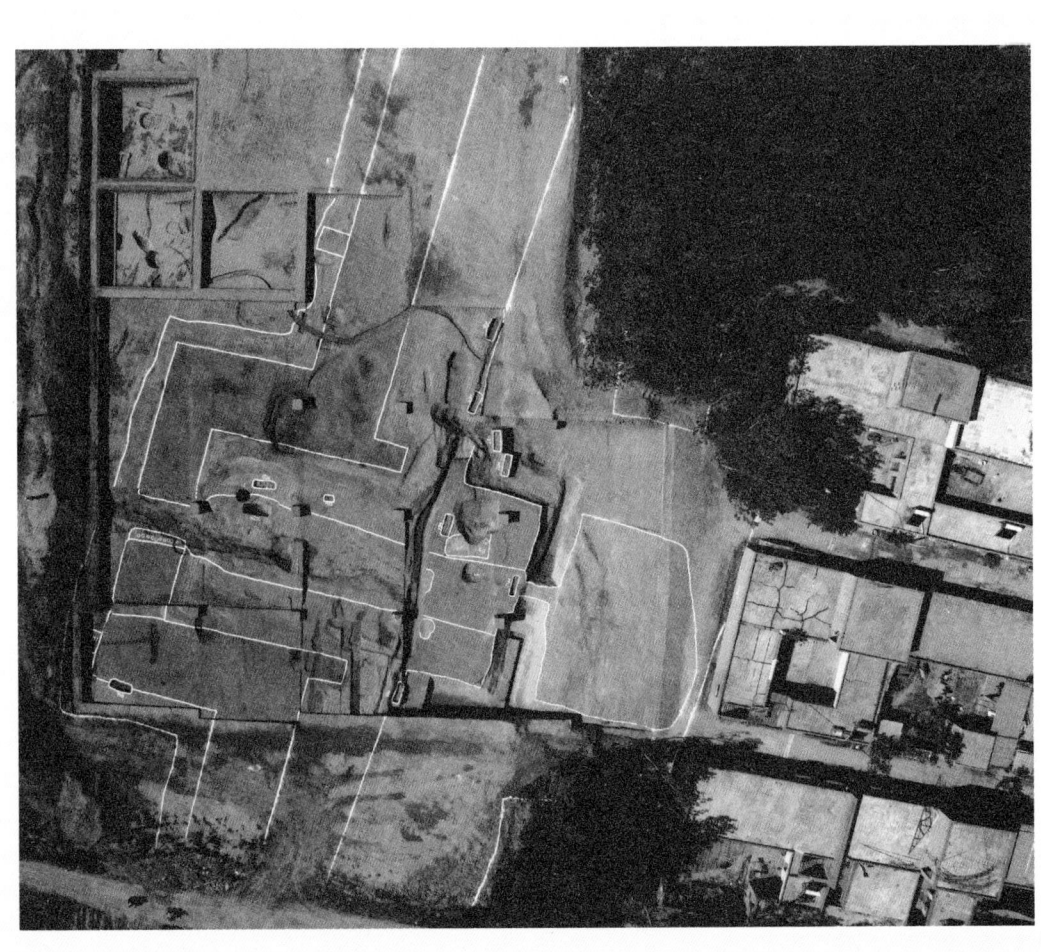

夏商城套城传奇
——新郑望京楼夏商城池遗址考古发掘纪实

◆ 吴倩

望京楼城址位置图

一次城市道路的改造为什么反复调线?
路基下的城池为何能吸引全国考古大家们的目光?

悠远千载有传说
故事美丽且凄凉

从郑州往新郑去,有一条古老道路叫郑新路,它弯弯曲曲,穿村过巷,路旁的杨树参天蔽日,夏天走在上边很是凉爽,有曲径通幽之感。快到新郑城区,横着一条古河道,今天当地人叫它黄水河。黄水河穿过新郑市的东部,与西来的双洎河汇合,这就是历史上主宰郑国命运的溱洧合流。想当年,溱与洧,方涣涣兮,流淌的不仅是爱情,还有历史的悲欢。

郑新路与黄水河交汇处的东北方,有个村叫孟家沟,孟家沟以西不远的平畴上,卧着一个卧蚕式的土丘,南北长400米,东西宽100多米。丘的中部有一座高出地面7米的夯土台子,从东侧人工刨出的小道攀上台顶,目测台子南北长50米,东西宽40米,西眺是一汪

望京楼遗址地貌（图中高台为夯土建筑基址）

清池的黄水河，南望是碧波荡漾的南水北调干渠。忆往昔，这里蓝天碧水，高楼飞凤，站在台上可以望见高耸入云的春秋郑国京城宫阙。所以人们把这个台子叫做望京楼。千百年来，这里流传着一个凄美的故事。

话说平王东迁，周天子的威望日渐衰微，天子周围的诸侯们乐于连年征战，处在诸侯之间的郑国一下子忙碌起来。原来，郑武公是周平王的老皇叔，在朝里担任司徒，大国打仗，处于轴心的郑国两边都能帮上忙，武公有时也想当个裁判，趁机树立威信，捞点实惠。

有一年，晋国劳师远征楚国，楚王请求郑国在屁股后边给晋国来一下子。武公觉得想法很好，地利人和的，便派青年将领金钟率军出击，果然在城溪把晋军打得大败，军械粮草缴获如山。郑武公一看，哈哈，不错嘛，以弱胜强，这下诸侯谁还敢小瞧我郑国！开会庆祝一下，赏赐了金钟，然后大摆筵宴，一连搞了二十多天，群臣们喝得天昏地暗，宫女们跳得腿麻脚软。金钟担忧晋国报复，进谏武公要枕戈待旦。武公对此嗤之以鼻，说："小孩子家家，知道什么。"将金钟轰下殿去。郑武公有个女儿叫碧霞的，很有眼力，听说这事后，觉得金钟这样的青年才俊方是国家的栋梁，恳请父亲把金钟招为驸马，辅佐朝政。武公一听大怒，竟敢私自怀情，下令将碧霞公主赶到城北函陵（今望京楼）囚禁起来，金钟下放到函陵北10里溱水岸边的一个兵营当了一名小卒，两人不许见面。

囚于函陵旁的碧霞公主，布衣荆钗，溱水为食，常登台而望华月，缓抚鬓却念情郎。第二年，武公病死，儿子庄公继了大位。姐弟俩感情不错，但庄公还没来得及放归公主，出了大事了。晋秦两国趁乱而入，战火向郑国推进。在一个素月长辉、清宇无尘的夜晚，碧霞公主一人来到溱水河边，但见水清沉月，波白浮鱼。"鱼儿啊鱼儿，你从北边来，还是往北边去？你可知道我钟哥哥的信儿？"鱼儿摇头摆尾，叹息着去了。碧霞正纳闷间，但见水花翻滚，钟哥哥一袭白衣从水中升起。公主大惊失色："哥哥，你怎么会在水里？"金钟望着公主那松散的云髻和憔悴的面庞，幽幽说到："去年国王去世，自思这辈再无相见可能，遂赴水而死。水神念我忠义，封我为溱水水伯。今晋秦来侵，郑国危在旦夕，我不能冲锋陷阵，故从水神处求来一件救国珍宝。"说着从袖中抽出一块三尺见方、上面绣着各种图案的白绫，双手托起："公主，这本是水神嫁女之物，你站在上面，面向京都，便能为国王指点迷津，挽救郑国了。"碧霞公主接过白绫，未及拜谢，金钟脚下的水面向两旁翻起，显出一条金光大道。金钟白影闪动，和金光一起消失在弥平的水波中。

碧霞公主来不及悲切，把白绫铺在岸边。刚一站上，只听耳旁呼呼风响，三尺白绫升高变大，变成了一个长、宽、高三十丈的土台，白绫上的图案化作巍峨壮观的亭台楼榭和容貌端庄的侍女，碧霞公主站在楼台窗前，眺望京都。说来奇怪，弟弟所做的一切她都能看到，弟弟想做的事也正是她想做的事，这下她放下心来。

于是，碧霞公主就在函陵研习兵书，教练侍女武艺，还将附近的农田都种上了黄豆。转眼秋天到了，公主领人将大豆收了个仓满囤圆。一天夜晚，公主想起死去的哥哥，好生烦闷，便登台北望，风中隐约传来一阵阵马蹄声。公主心想，夜深人静，何来的马蹄声声？派人打探，知是晋秦联军袭来。公主十分焦急，忽然溱水上空飘来一块白绫，她伸手接住，上书八字："烽火报警，撒豆成兵！"碧霞公主抬头再看，钟哥哥的模糊身影已被水汽掩住。碧霞公主擦去眼泪，下令点火报警，抛撒黄豆。真是神奇，撒出去的黄豆滚落一地，马上变成无数的士兵，手持刀枪，杀向敌营。联军从未见过黄豆变成的特种兵，一下子慌了神，纷纷败退，公主和侍女见状上马追击敌军，不幸在金钟哥哥赴水的地方中箭身亡。

庄公为了纪念他可怜的姐姐和忠义

李伯谦、郝本性先生在现场指导，照片中左一为吴倩，右一为张松林

的姐夫，把函陵楼台重新整修，赐名望京楼，把金钟赴水的兵营，称作金钟寨。

先人遗迹掩厚土
村民平地偶遇春

1965年春节过后不久，孟家沟村村民孟振声寻思自家地里那条水冲沟裂嘴一冬天了，现在天气回暖，地皮解冻，应该平整一下。一个人平整有点难度，看看天气不错，飘着丝丝白云，他拐到旁院，喊上本家三个兄弟一同来到村西的地里。水沟旁不远处有一块土地势稍高，可以去高就低，四个人说说笑笑开始干活。农活就是这样，想快快不了，想慢也慢不成，眼看太阳下山，四人打算收工。忽然，孟振立的铁锹收起，锹下的土陷了下去，一小股土烟冒起，漏出一个黑乎乎的洞口。"下边是空的，说不定是个古墓，里边没准有好东西呢。"孟振立精神一振，准备大干。孟振声摆手制止了他，说天快黑了，黑灯瞎火的，有东西也看不清，还是明天挖好。几人同意，将小洞用土块掩住，旁边又扔几锹土，除非一脚踩到上边，没人会发现。

第二天一早，四人悄没声响地来到地里，将昨天的洞口扩大，下挖起来。地里早有人发现他们举动异常，好奇地围拢过来，半看稀罕半参谋。在那个平整土地造田成风的岁月，挖个古墓太稀松平常，大家没觉得这是犯法。

"快，快，咱村西头挖见古墓了，快去看。"乡村的宁静好像除夕有人提前放了一个二踢脚，一下子被打破了。一传十，十传百，半天工夫，全村男女老少差不多都来了。四人吭吭哧哧奋战至中午，当啷一声，铁锹撞击金属的声音让周围唧唧喳喳的群众顿时安静下来，

望京楼夏商城遗址出土的铜器和玉器

正在挖掘的几人更是得意,看来还真有宝贝啊。很快,几件浑身发绿的东西在孟振声的手下露出面孔,几个人又扒拉一会,连人骨底下的土都摸遍了,看看再无遗漏,将所有东西装进纸箱,挤过闹哄哄的人群,嘴里嚷着,交公家去,交公家去。

当日,他们挖出的文物有铜鼎、铜钺、铜爵、铜戈、玉戈及一些骨器、石器等,其中几件精美绝伦,乃国之重器,绝非一般人所能拥有,尤其是铜钺,规格之大,非常罕见。

次日,孟振声、孟振立及孟振礼三人一起去了新郑县文化馆,他们使了个障眼法,只上交了一小部分。回到家里,参与挖掘的四人洋洋得意地将剩下的器物进行了分配:孟振声、孟振立分得铜钺及铜鼎,孟新照分得铜爵,孟同声分得两件铜戈、两件骨匕、一件铜镞。这些东西放在手里也是个问题,不如换成钞票来得实惠,因此被陆续卖掉了。孟振声长了个心眼,舍近求远,跑到开封市文物商店,谎称祖传,急着用钱。文物商店的人也是混账东西,祖传的东西怎么会和发掘品一样?1972年,这件堪称全国一号钺的铜钺被送至北京参加全国出土文物展览。

新郑文化馆馆长看到孟氏兄弟上交的文物,非常重视,马上派人到墓葬周围钻探,未有重大发现。

1973年,在郑韩故城主持发掘工作的郝本性了解到孟家沟出土过铜器、玉器,这些器物多数是商代,个别是夏代,隐隐约约觉得会有重大发现,带人对这块地进行了详细钻探,但钻探不如发掘直观,最后确认这是一处文化层很厚的商代遗址,并根据遗址西部的高台——望京楼,起名望京楼遗址。

1974年,孟家沟村在平整土地时,又出土一批青铜器、玉器。

孟家沟接二连三地出土青铜器,引起一个考古大家的注意,此人便是我国商周考古第一人邹衡先生。邹先生看到望京楼出土的鼎、钺、罍、戈、璋等高端文物,直言不讳指出:这里是夏王朝的一个方国,极有可能是昆吾所在。

有方国必有城墙。许多文物考古工作者都曾来此调查试掘,但未见城的踪迹。

滋降大任有所幸
天道酬勤终有归

2010年,为了缓解交通压力,郑州市政府决定依托郑新路建设郑新快速通道。快速通道在其他地段都很通畅,到了孟家沟村西,完全停滞不前,这是为什么呢?难道是村民昏了头进行阻拦了吗?非也,这次挡住去路的是文物部门。

《中华人民共和国文物保护法》规定,在进行大型建设项目之前,必须报请文物部门对建设用地进行考古勘探、发掘。原来的郑新路通过孟家沟村西的望京楼遗址,郑新路拓宽取直以后,很不幸没能隔过望京楼遗址,仍从原路一带经过,并且占用了文化层最为丰厚的遗址东部。鉴于河南省人民政府在2006年6月已经公布望京楼遗址为河南省文物保护单位,必要的考古勘探、考古发掘势在必行。幸运的是,这次发掘任务落到了郑州市文物考古研究院头上。

郑州市文物考古研究院也是有备而来。干考古的谁都不是傻子,哪些遗址重要,哪些遗址特重要,心中一清二楚。时任郑州市文物考古研究院院长的张松林非常重视这个千载难逢的机会，道路经过遗址的重要区域，且面积巨大，如果能全部发掘，或许有石破天惊的发现，或许能证实斯人已逝的邹衡先生的预言。为了搞好这次发掘，研究院将单位水平最高的技工全部调往望京楼工地，由副院长顾万发亲任发掘领队，我研究生读的是商周考古，有幸被任命为工地负责。兵强马壮的，这支打虎的队伍能否捉到藏身已久的老虎，告慰邹先生在天之灵呢？

在村干部的带领下，我来到了道路占压区查看地形。九月的天，还有些燥热，郁郁葱葱的玉米在太阳照射下，关节咯吱吱直响。村长说，这块地是村地的肥地，每年就数这里收成好。呵，眼前一片青纱帐，稠密得像一块成色极好的碧玉，曾经被无数诗人妙笔生花赞美过的青纱帐，曾经掩护过抗日军民的青纱帐，让人遐想无限。

诗是写的，景是描的，活是干的。在青纱帐里钻探，可没有诗情画意，里边密不透风，热气从四面八方拱进衣服，不一会便大汗淋漓。热便热了，玉米宽大的叶子像锯条一样拉在脸上、脖子上，汗一浸，钻心般疼痛。每天放工，钻探工人洗脸都不敢用香皂，那一道道凸起的伤口蜇得更疼。

看到这里，很多人以为当一个考古人多好，多神圣，有机会开启充满玄机的墓门，能够触摸积满光阴的宝贝，而不知道我们有时会像农民一样钻进地里，灰头土脸，徒唤奈何！

我们所做的工作，不过是一项普普通通的工作，普通得有时会被人误认为是拣破烂的，那些带着白手套一本正经端取文物不过是让大众养养眼，提提神，古墓十室九空，哪来那么多文物让你端来端去转播？更多的是我们这样足蒸暑土气，背灼炎天光，无聊地讨着每一天的营生。我们心中有一座圣城，历史像一盘长长的磁带，折叠在一起，我们要把它一层层揭开，连接起来，不管是大珠小珠落玉盘，还是呕哑嘲哳难为听，都让它恢复原来的音符。

就拿我们这次钻探来说，是发掘前必备的一项工作，许多人可能还不知道有这么一道工序。钻探要用一种特殊的工具才能搞清鬼神难测的地下迷局，这种工具叫洛阳铲，是盗墓人发明的弧面铲，可以钻进地下，利用弧面的挤压作用，将土带上来，辨土识物。实际上这是微型发掘，土与东西都带上来了，还有搞不明白的吗？洛阳铲是盗墓者别出心裁的产物，也是一千年来最伟大的发明，用发明人的名字命之显然在导淫倡邪，就以它的籍贯洛阳代之吧。洛阳铲的诞生不仅导致珍宝遍地的邙山几成净土，随着它走向全国，许多安卧千年的墓葬也在它的铲头下显了原形。洛阳铲的危害是巨大的，只有狠刹盗墓之风，它才能在考古工作者手中焕发青春。解放以来的事实是，洛阳铲在盗墓者和考古者手中均发挥了巨大作用，一个为私，一个为公，为私的有动力，将木质探杆改成先进的钢制套杆，足令考古者汗颜。

我们在深度钻探的同时，也开始地表的踏查。踏查可以发现地表文物。经过数千年的地形变迁，有些文物裸露在耕土里，有些文物挂在冲沟或断崖的壁上，观察这些文物，大体可以知晓这个遗址的后期内容。踏查主要靠腿、手、眼，腿是基础，腿老了，踏查的范围就小；手，并非徒手，而是指手持之铲，

望京楼夏商城遗址出土的铜器和玉器

最初是桃形的平面铲，20世纪90年代，首先在郑州市文物考古研究所改为平头窄面铲，主要用于刮、铲、划定界线，效果良好；眼，当然是指眼力了，刮出来的东西不认识，那是瞎眼，所以，眼后还要有脑子。

我们踏查主要围绕着黄水河两岸、孟家沟村东的黄沟水和郑新路两侧高高低低的土坎，每天天刚亮就踩着睡意来到田野，草叶轻佻地抚摸我们的腰身，露水忘情地喷洒着我们的裤管，我们可顾不了这么多，两眼紧盯着脚下、断崖，刮刨敲打，不放过一丁点蛛丝马迹。可惜得很，由于秋天草木旺盛，断崖上并没有发现什么重大的遗迹，而地表随处可见的商周遗物只不过证实了这里曾经的浮华烟云。这时，钻探也传来了喜忧参半的消息，文化层含灰烬很多，厚达三米，灰坑也不少，只能说明那是一块很重要的居住区。

难道我们又要重蹈覆辙？那些国之重器农民的锄头都能撞上，我们手中钻天入地的洛阳铲反而成了无能之辈，望着蓝天袅娜而过的白云，实在是心有不甘，我们需要的东西什么时候才能昙花一现？难道是什么神秘的力量捆住了你的手脚，不让你破土而出吗？

秋叶零乱方渡河，大地金秋丰收多。我站在望京楼台上，前后左右的玉米地在收割机的狼吞虎咽中由一排排粗野汉子变成了瘫软在地的秫杆。拖拉机过来了，又把它们当做肥料埋进了地里，满目又是泛着油光的黄土地。世道变幻真快，刚来时还是浓情蜜意的青翠，天狭地窄，转瞬便是土香四溢的天地，空旷辽阔。为什么不扩大一下钻探范围呢？

三天之后，钻探队负责技术的马胜利嘴角澎湃着笑意，拽上正在商量发掘事宜的我和周明生就往外走，说刚刚探出的土很特别，和以往探出的土大大地不同。三人像发现了丢失的孩子一样，急步来到村北高清林家北边的农田里，这里西距郑新路路基 70 米。探工们正在忙碌，地上已经打了不少孔洞，洞旁堆着黄刺刺颗粒样硬土，确度和村西探出的灰土不一样。抓起一把细细审视：质硬，含有料礓及细小的炭粒，就像把揉碎的花生饼。莫非是夯土？经过和附近探土反复比较，确认这就是苦苦寻觅了四十年之久的夯土！焦虑与不安像青烟一样逃走，心胸如天空一样晴朗。

在我们的祖先发明砖瓦之前，城墙、房基都是用土夯筑的。夯土这种纯天然材料，坚硬、防湿、保暖，历朝历代都用到它，即使到了唐代，国宴大厅麟德殿殿基和部分殿墙仍用夯土，所以当考古工作者见到夯土时，第一意识就是房基，如果成条状，有可能就是廊基或城基。现在我们是二者必居其一，任何一种都行啊。

由于夯土面积有限，我们只能抑制住兴奋的心情，令探工加大钻探范围，向西向东，没有夯土，向南向北，夯土成条状不断延伸，并且在邓万公路南侧的树林里拐向西，这是城墙的东北城角！在城外还发现有淤沙、淤泥，不是护城河又是什么？三十功名尘与土，八千里路云与月，借用尊敬的岳武穆这两句词表达一下激动的心情，也感谢研究院全体同仁，两代甚至三代考古人望眼欲穿的望京楼城址出现在我的面前。我马上将这一天大的发现向院领导做了汇报，得到指示：做好保密工作，跟踪追击，尽快将城圈确定下来。

望京楼夏商城东城墙及护城壕

望京楼夏商城北城墙及护城壕

捷报频传，在邓万公路南 20 米，望京楼水库东 80 米，以及张家村公墓西北角的两处剖面上发现夯土，这样，望京楼城址的东墙、北墙、南墙均已发现，城圈也基本确定下来它埋藏于地表之下 1 米处，南北长 590 米，东西宽 630 米，面积 37 万平方米，保存最好的城墙地段宽近 20 米，厚 1.5 米。虽已残破不全，但四个城角的夯土居然奇迹般存在，也许它不甘心被历史无痕地抹平，挺拔的四肢即便深陷历史的泥潭，仍顽强支撑着瘦骨嶙峋的脊背，等待有心人的最后一晤吧。

恰在这时，在北城墙之北 300 米处又发现一条淤土沟，内含夏商时期的陶片，这又是一个新的问号，距离这么远，怎么又出一条护城河？很快，我们发现这条淤土沟向东、向西延伸，贯通了黄沟水与黄水河，且它与北城墙的距离和黄水河东拐那一段与南城墙的距离差不多，原来人造一条护城河，追求的是对称美啊！

选择城址，中国人历来讲究。《管子·乘马》记载："凡立国都，非於大山之下，必於广川之上；高毋近阜，而水用足；下毋近水，而沟防省；……"说得就是要善用天然河道做护城河，便利用水的道理。望京楼城址恰恰印证了这个道理：黄水河在其西，在城的西南角折向东，黄沟水在其东，南接东拐的黄水河，只有北面为开阔平地，沟防已省其三，最后只造一条护城河，就完成了望京楼外围的防护工程。

为了廓清城墙与淤土沟的结构，我们采用探沟发掘法来揭露城墙与沟的内部细节。我们在城墙东南角、东城墙北端、北城墙东端及淤土沟处开挖了四条探沟。

望京楼商城北城墙夯层局部

发掘表明，城墙由主城墙、护墙墩及护城坡三部分组成：主城墙为城墙的中坚部分，用版筑法分段分层夯筑；护墙墩类似今天砌墙每隔一段就加厚的墙垛，作用为稳固城墙；护城坡是倾斜夯筑于主城墙的两腰，起到加固城墙的作用。主城墙夯土用的是红褐色黏土，护城坡用的是黄土和少量灰土的混合物，内含碎陶片、料礓石等添加剂，每层厚度 6~8 厘米。

无论是从城墙的夯筑方法还是夯层包含物以及地层关系等都有力地佐证了城墙属于商代。这是我国迄今发现的第七座商代城址，为玄鸟奋飞的商王朝又增添了一副美丽的翅膀。

在城墙护坡底部发现一具人骨架。《左传》记载："国之大事，在祀与戎"，说白了，就是祭祀与征伐。商人非常迷信，有事没事，到一定时候就要祭祀，不仅祭礼自己的祖宗，也祭祀上帝自然神，那么，修筑一座顶天立地的城，关乎一方的安康，更要诚用重牲，就是人牲来祭拜上苍。商王在殷墟动辄杀人数百祭祀的恶行我们已经知道，望京楼城址比殷墟早，虽不至杀戮那么多，这一座城址底下会有多少嚎哭不已的冤魂呢？我们不可能将城基全部挖出来展览，就让我们猜想人牲像护墙墩那样等距间隔，

望京楼夏商城二里岗文化大型夯土基址

每面五人，一周二十个吧。

眼前似乎出现这样的画面：3600年前，郑州商城的南大门，军队整装出发，战马嘶鸣，旌旗猎猎，强大的商军轻而易举攻占了夏人这个破败不堪的远方鄙国。为了彻底消除此地对商都的威胁，指挥官打算在此草肥水美的地方再建一座新城，二十个宁死不屈的俘虏被杀死，用作建城的人牲，其余的俘虏被编为奴工，和商军一起修筑城墙。不久，一座中型堡垒赫然矗立在黄水河畔，夏人在商人矛戈交颈下成了顺民，挺有秩序地生活着，而城头彩旗如画，城外碧水如带，别致的城墙在春风轻拂下愈显挺拔秀丽。如果不是城基下边人牲的发现，又有谁知道这一切呢？

当年征房城威在
井然有序别样妆

这座商城，必定是郑州商城建好后，为拱围首都而修建的一座军事城防，那么城内的最高军事首长相应地有处理军务的地方。他的办公楼安在哪儿呢？

经过密集的钻探，我们在城内南部基本是正中的地方发现了南北长29米，东西宽30米的近方形夯土带，编为F10。经过发掘，发现F10保留有数十层夯土，每层6~8厘米，夯土上的柱洞、柱础井然有序，呈回字形布列，说明这是个具有防护性质的四合院：北面为正殿，其余为东庑、西庑、南庑。无疑，这是个典型的将军衙门了，南庑驻警卫，东西庑为僚属人员办公用，北殿是中军大帐。这个军事首脑的脑袋不简单,很懂建筑学。他选的城址清波荡漾,他建的城墙旖旎风光,他的住所(可能是寝办合一)四平八稳,说明他很晓得大道为中的道理。那么,这座牢固的办公楼有没有进行隆重的祭祀呢?

技工在清理西部夯土时,发现一座长方形灰坑内有6具人骨,5具为壮年,1具为孩童,6人均被枭首,身首异处。显然,它们与城墙底部发现的人骨性质一样,是用来祭祀天地的,这也反证了只有最高军事首长才住得起这座四合院。这个人是"国之大事,在祀与戎"的化身,他祈愿他治下的人民生活如意健康。

这个军事首长我以为是个勤政的人,这从他注重城的选址及办公环境就能看出。他怎么样来治理他的这个小小的王国呢?

从偃师商城的发掘我们知道,商代已经有了牛车,这个军事首长会不会坐着牛车出城巡视百姓呢?极有可能。

通过钻探,我们在他的办公楼东西两侧各发现一条南北向的路,分别通向南北城墙的四个城门,又有两条东西向的路,分别对应着东西城墙的四个城门,这样,四条横平竖直的道路网把城内分割得井井有条,办公楼位于井心南缘稍偏西一点。我们对东边那条南北向的道路进行了局部揭示,发现四组清晰的双轮车车辙。这条路显然经常跑车,路土坚硬,中间微鼓,两边稍低,车轮滚滚的地方,还铺有小石子及料礓石,完全是战备公路了。

明代忠臣于谦写过两句诗:清风两袖朝天去,免得闾阎话短长。诗中的朝天去,意思到京都朝见天子。朝见天子,

望京楼夏商城发掘现场

望京楼商城东一城门航拍

望京楼商城东一城门复原图

总得有城门可进。因此,城门在古代是很重要的事情,怎么设,每面设几门,很有学问。

望京楼商城不是首都,充其量不过是个军事堡垒。按常理,弹丸小城,每面设一门更有利于防卫。事实上它设了八门,成就了门道相通的便利,这样也很利于城内不同功能区发挥作用。

这八个门,情况有别,试做以下具体分析。

东城墙的两个门保存最好,北边的门钻探过,南边的门进行了重点发掘,后文详细介绍。

对应东城门的两个西城门,由于这段城墙了无残迹,城门是什么样也成了迷。西城墙离黄水河特近,河西为高岗的东坡,如果要驾车西去,必定要有很高的架桥技术,不然,出了门就要南拐北拐,这样的话,城门就没必要造得像东门那样豪华,弄成景观门就可以了。甚而,南边城门的被土丘挡住,不要亦可。

北城墙离外护城河300米,南城墙离黄水河近400米,地域宽阔,利于敌我双方决战,因此,这四个城门必定和东城门一样,建成森严壁垒似的半瓮城城门。可惜三门杳杳,南墙之东门也仅剩蛛丝马迹了。

东城墙之南城门形制如下:

城门平面呈"凹"字形,口朝外,口外紧挨护城河;护城河不是一道直线,而建成"凸"字形,凸榫朝外;凹与凸间的空地形成瓮城,半为壁垒半为岸;城门前后两道,设于城墙的内外两侧,城门之间的门洞,靠墙立有10根柱子,上承巍峨的城楼,外城门之东左首有一哨兵室;护城河有两道水槽,外侧水槽

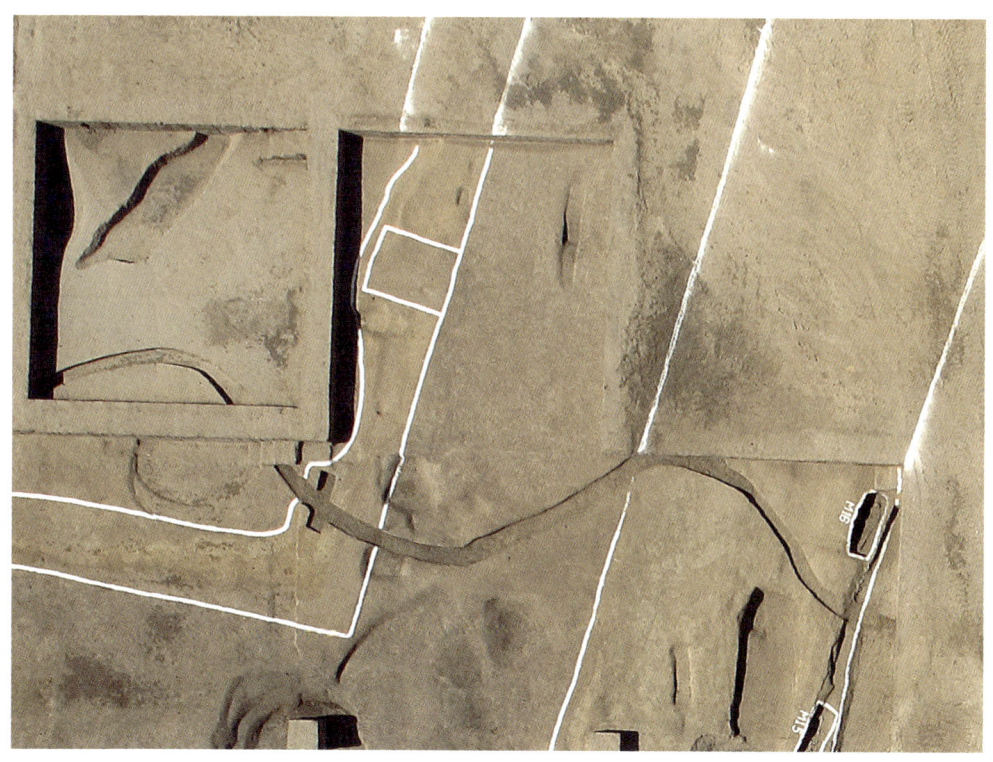

望京楼商城城墙墩

贯通，使用吊桥，内侧水槽被一道窄窄的小路间断。

整个城门占地 2000 平方米，构思之巧，制作之精，堪称殚精竭虑之作。一句话，可将来犯之敌置之死地难以生存。

这种城门是我国目前时代最早、规模最大、形制最完备的城门，是后期瓮城的雏形。

典型的瓮城是在城门外另建半圆或半方的城圈，与大城连为一体，设偏门，瓮城外更有护城河。当敌人突破护城河，攻入瓮城时，由于空间狭小，四面箭如雨下，几无生路。瓮城的作用就是圈地为牢，使敌丧失机动能力，被动挨打，以致覆灭。瓮城在五代开始流行，宋代名臣曾公亮在《武经总要》中记述了瓮城的形制："其城外瓮城，或圆或方，视地形为之，高厚与城等，唯偏开一门，左右各随其便。"

望京楼城墙内外均设有护墙墩，相当于起加固作用的垛墙，具体做法是：先夯筑主城墙，然后夯筑护墙墩，最后在主城墙及护墙墩的外围夯筑护坡。理论上讲，护墙墩下部被封在护坡内，上部应该裸露在主城墙外，除了加固作用，装饰效果也不错。护墙墩呈规律性分布，长 3 米，宽 2 米，间距 17 米。

这样一个内有钢筋铁骨，外有重重沟壑的城池，怎能不固若金汤？

除却商城又见城
夏台残破带河深

钻探商代望京楼城址时，在商代护城河之外又发现一道夯土墙与护城河，它们紧紧裹携着商代的城墙与护城河，密不可分，并且在商城的东北角、东南

望京楼夏商城遗址内商代墓葬打破夏代护城河

角亦拐向西，东北角向西 80 米钻入邓万公路下，东南角向西 50 米钻入郑新路，往西不见。这又是一道城墙及城壕。

一般来讲，夏商时期城址会有内外两道城墙，内城为贵族、平民居住区，外城为大型手工业作坊、贫民窟甚而墓葬分布区，内外两城之间要有足够的距离方能安排下这些内容。郑州商城就是这种典型的例子。望京楼内外两城间不容发，这下我们糊涂了，难道这是一座带夹墙的商城？20 世纪 80 年代在山西垣曲发掘的商城，西墙、南墙外还有夹墙，可人家的夹墙离主墙还有 4 米呢！这儿城挨城，河挨河，究竟想干什么？难道一道城墙不够用，搞两道？这样有用吗？

在东城墙之南门发掘取得丰硕成果以后，我们腾出手来，对外城墙与护城河进行了解剖，发现内城墙的护城河是挖掉外城墙的一部修成的，剩下的外城墙南部残宽 3.5 米，北部只有 1 米，而外城墙以外的护城河基本保持原样。通过对外城墙及护城河包含物的分析，竟然属于夏代。

望京楼夏商城二里头文化房基 F7

掘的那一段是夏城，因为城墙里的包含物本身就少，有很强的偶然性，万一你们没有发掘的地段包含有商代的遗物呢？

这样的发问很好，我们考古人也常常这样扪心自问，窥一斑不能知全豹，我们能不能把飘若雨丝的外城墙全部挖了，来个摸遍豹身才知晓呢？那样更不行，把后人研究的机会给彻底端掉了，偌大一个商城哪儿还有夏的遗迹呢？

望京楼楼台！

文章一开始就吆喝了半天望京楼，怎么把它给忘了呢？这个高大威严的土台现如今默默无语地站在商城内的西南角，它果真是碧霞公主使用的望京楼台？

行文至此，细心的观众可能问了，你所说的内城护城河挖破外城墙，只能说明外城墙比内城墙早，就你们发掘的那么丁点面积，能出多少遗物来证明其为夏城呢？即使是能证明，也只能证明发

我们将望京楼台西侧比较陡峻的斜坡进行了清刮，发现上部夯层厚而平，几乎看不到夯窝。这样的夯层时代一般为战国，向前延伸到春秋也有可能，看来碧霞公主的事也不是空穴来风，或许

望京楼台解剖面

真有其事呢。不然,黄水河边怎么冒出个金钟寨来?那可是个文化层很厚的龙山遗址啊。

下部的夯层薄而匀,夯窝小而密,这是夏商时期夯土的特征。这个大名鼎鼎的夯土台没有国家文物局的批文是不能发掘的,我们只能通过钻探来了解其形状。又是一番辛劳,发现早期夯土范围远远大于战国夯土范围,南北长95米,东西宽87米,占地8265平方米,最厚1.7米,是一处蔚为壮观的建筑基址,推测这里原来是大型祭祀台。

在夯土台北50米钻探到一处面积挺大的淤土坑,南北长16米,东西宽20

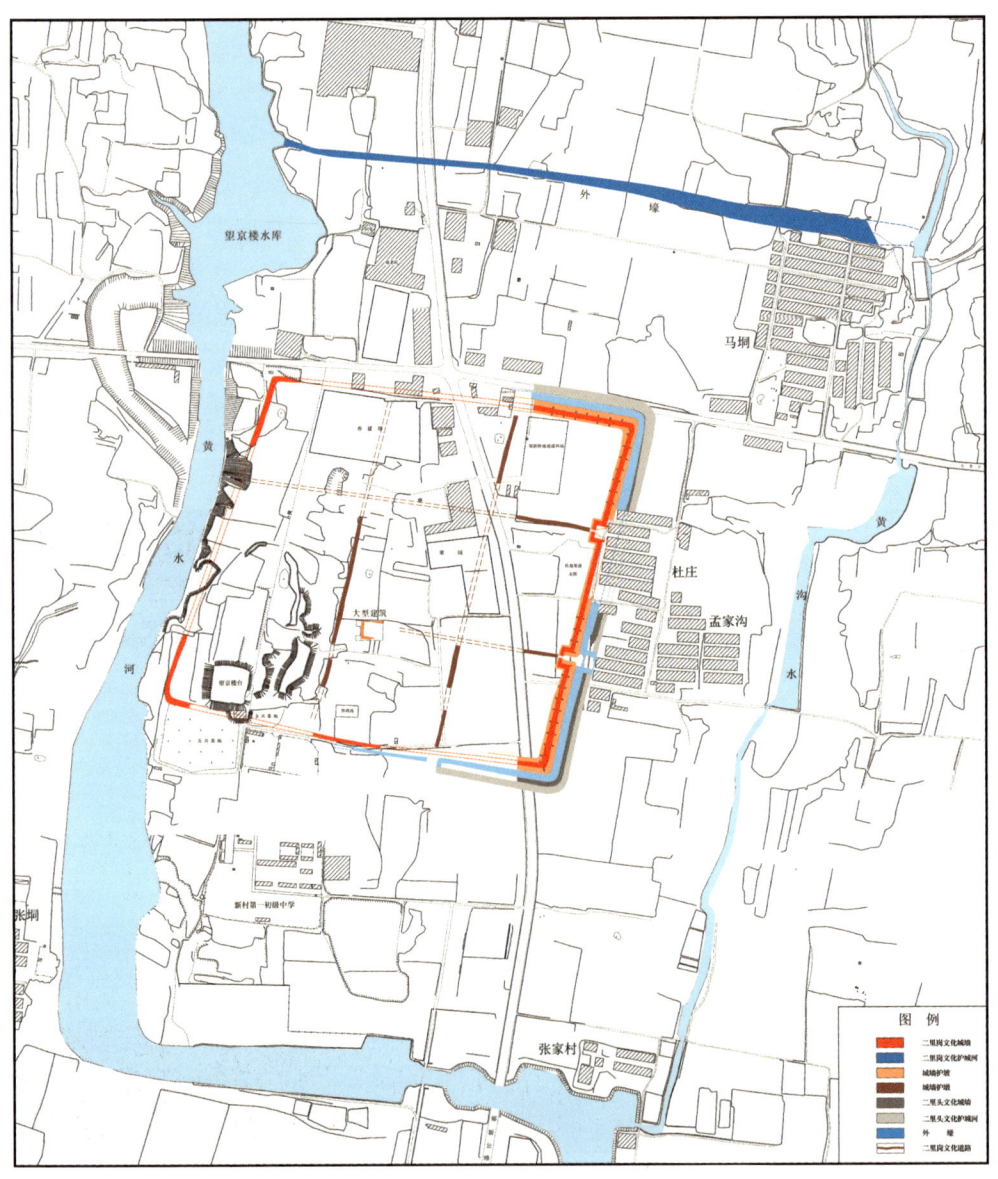

望京楼城平面图

望京楼夏商城出土卜骨

望京楼夏商城出土动物角骨

望京楼夏商城出土骨针

望京楼夏商城出土商代陶器

米，深2.7米，发掘了其中一部分。它的平面形状呈椭圆形，坑壁及底经过加工，涂抹着青膏泥，坑底有很厚的淤泥，坑的西端有一条通向黄水河的沟。显然，这是一座蓄水池。池内出土有汲水用的陶罐和完整牛骨架等，看来不只是人在水边走，哪能不湿鞋，牛也会失足落水，只是这位牛老兄不会游泳，够倒霉的。

根据出土文物我们可判断水池属于夏代。水池应该是夯土台的配套设施，用于生活用水或消防用水，由此则证早期夯土时代为夏。

望京楼夏城的出现让人大吃一惊，夏城、商城城套城更为望京楼遗址书写灿烂一笔。

双城过往如烟事
引得今人费猜想

望京楼双城的出现，犹如双石击起千层浪，不少考古先生纷纷撰文，有些继承邹衡先生的昆吾说，有些另辟蹊径，我们且撇下不管，从考古资料的基本属性谈一谈它。

此城择地优良，城门构造别致，城内有高台，可谓城防严密。城内出土较多的铜箭头，墓中有肢体不全的人，种种迹象表明望京楼商城是一座军事堡垒，镇守着郑州商城的南大门。

望京楼商城的始建年代约与郑州商城相当。郑州商城是开国君王汤建立的

望京楼夏商城出土商代器物

望京楼夏商城出土夏代陶器

国都,此时,王朝甫定,外患未除,在一定程度上还威胁着商的统治。所以,在郑州外围或原夏之方国构筑管理系统,用以维护王朝稳定成为必要。望京楼商城便是毁弃原来豆腐渣般的外城,最大限度利用这块地皮所建立起来的精品工程,它的作用当然是抚夏固商。

夏代城址被精干算计的商代最高军事首长毁灭了,那么商代城址又是如何湮灭的呢?钻探及发掘结果说了,如今绿油油、碧青青的农田下暗藏数几十条宽20～30米、深3～4米的沟,这是洪水猛兽的杰作,所以这座堪抵精兵强将的城池在一场或连续数场洪水肆虐下,城坍房倒,转头成空。

人算不如天算,望京楼商城处于黄水河下游,地势低平,如果流域内发生特大洪水,黄水河是这一带的主要河流,三面环水的城墙很容易被淹,逃脱不了覆灭的命运。"下毋近水,而沟防省",说的就是不能离水太近啊。

曾经美丽的双城在考古人的探铲与手铲中与现代人邂逅了,作为亲历者,我闭眼能感受到它的脉搏,睁眼能放飞它的倩影,双城的人物故事也都历历在目,又觉得虚无缥缈。历史就是这样,因为不能事事记录而多了神秘莫测,因为不能件件临摹而增了想象空间,它们像天边的云霞,飘扬,流淌,融和,绽放。

夏商文明在我国历史上具有特殊的地位,那是一个波澜壮阔,文明而又野蛮的时代,虽然在岁月的西风中很多东西消失得无影无踪,但作为文明载体的城墙始终顽强地挺立着,不管是在地上还是地下。这承载着人类智慧的墙体,正随着奔腾不息的历史长河与我们渐行渐远。

历史是宁静的,也是喧嚣的;历史是清奇的,也是混浊的;历史往复盘旋,又快马加鞭。我们,古人,或者陪伴我们先人的植物,兽类,最终都粉解于这无私的土地上。

郑州地区重大考古发现发掘纪实之

小双桥遗址

时　代：商代中期
地　点：郑州市石佛镇
发掘时间：1990年
荣　誉：1995年度全国十大考古新发现

神秘商王都的猜想

——郑州小双桥商代城池遗址考古发掘纪实

◆ 宋国定

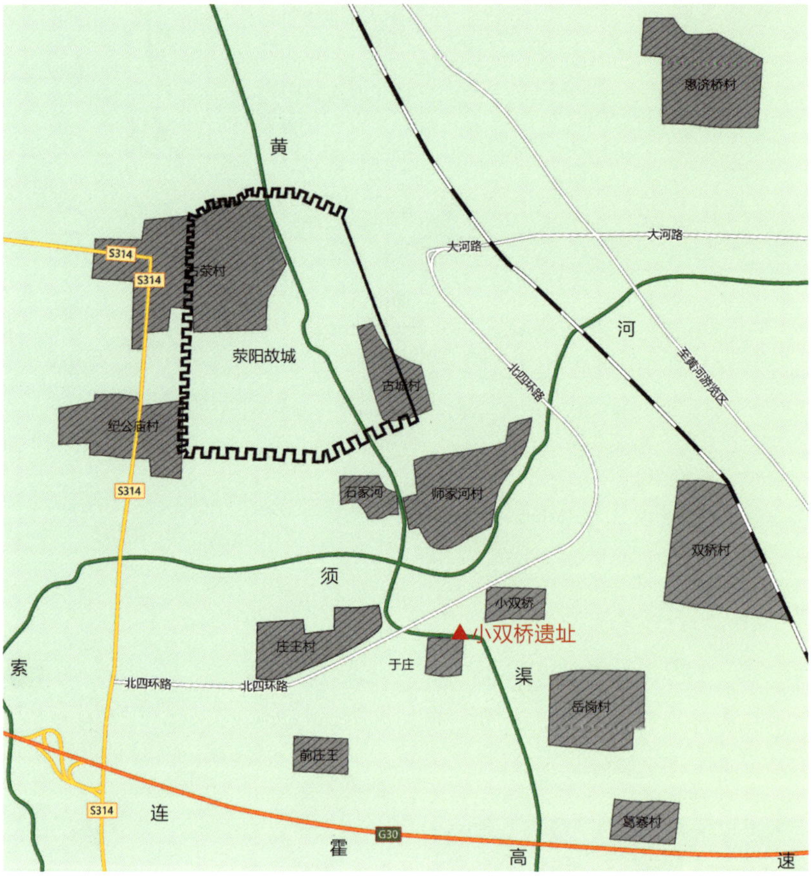

小双桥遗址位置图

一件奇异青铜器的发现，能够填补商文化之间的文化缺环吗？
宁静祥和的小村庄，曾经是一座庄严神圣的都城吗？

一件造型奇特的青铜器

1989年冬日的一个下午，一件造型奇特、装饰诡异的青铜器摆在了河南省文物考古研究所原所长郝本性研究员的面前，立即引起了人们的关注：它究竟来自历史上的哪个朝代？是干什么用的？又是在哪里、怎么被发现的呢？事情还得从几天前说起——

中国北方乡下的冬天，家家户户都有烧煤取暖的习惯，郑州市西北郊小双桥村西南土岗上的黏土层是上好的原煤掺和料。那天下午，天空阴沉沉的，村民王铁奎来到村西田边断崖处挖煤土。说来也巧，仅仅数镢，他就在距地表深两米左右的土层中发现了一件青绿色的东西。在好奇心的驱使下，他没费多少周折就把那件东西掏了出来，托在手中感觉沉甸甸的，剥去表面的浮土仔细看时，只见上面密密麻麻布满花纹，正面还有一只虎头状的装饰。"马蹄金"的念头在他脑子里一闪而过。为了验证自己的想法，他把这东西放在地上，拿起镢头在表面砸了几下，居然纹丝未裂，只是在被击打处留有几个金黄色斑点。他暗忖道：也许这玩意还真有些来头呢！于是决定将其带回去仔细"研究研究"。这一过程，恰好被河渠上一位干部模样的路人看在眼里，他赶忙从自行车上下来，凑近王铁奎，说他有收藏古董的爱好，想让把这件东西送给他，并表示他可以出500元人民币表示感谢。王见他一张口就如此大方，觉得事情蹊跷，就拒绝了这位路人的要求。他骑上三轮车径直往家赶，那人竟也骑着车子一直跟着他进了村子，酬谢的价钱也一度涨到了1000元，无奈王铁奎态度坚决，他只好扫兴而去。回到家里将其刷洗干净，摆在屋里，王铁奎越看越觉得这是一件古物，加上出土地点又在"周勃墓"附近，说不定这件古物的背后隐藏着一个惊天秘密呢！于是，他小心翼翼地把它收了起来，准备回头找人帮着鉴定一下。真是无巧不成书，他同族中族兄王润杰就在河南省文物考古研究所工作，找到他一定知道该怎么办。想到这里，他立即拿来编织袋，装上青铜器，捆绑在自行车后货架上，骑车来到了20公里以外的省会郑州。在研究所书记王润杰的办公室拿出东西让他看时，王书记激动不已，当即表示："这东西是一件古代的青铜器，有很高的研究价值，""走，让郝本性所长看看，他是青铜器方面的专家。"于是就出现了本文开始时的一幕。

小双桥遗址全景

小双桥遗址出土青铜建筑构件

郝所长把这件器物捧在手里足足审视了十分钟,还不时用放大镜观察细部特征,最后他轻轻地把青铜器放在办公桌上,一一解答了人们的疑惑:这是商朝的一种建筑构件,它安装在宫殿建筑的梁头或者门枕木前端比较显著的位置,以代表宫殿的规格并起到装饰的效果。由此推断,这件青铜器出土地点附近肯定有大型商代建筑遗存。正是这件青铜器的发现,才最终拉开了小双桥遗址考古研究的序幕。

一座规模宏大的商代城址

依据青铜构件这条弥足珍贵的线索,河南省文物考古研究所郑州工作站于1990年上半年对青铜器出土地点附近展开调查。小双桥村是郑州西北郊一个极其普通的现代小村落,村东北3公里有一个双桥村,当地也叫大双桥。小双桥村即是从这里分离出去的一个村子,因村小故名。双桥村周围地势低洼,溪流纵横,为便于村民出行,曾修有两座石桥。随时光流逝,桥梁早已损毁,只是村名犹在。该遗址文化堆积主要分布于小双桥、岳岗、葛寨、于庄等几个自然村之间,索须河南岸的河旁台地上。西北隔河与石河故城相望,再向北一公里为古荥阳城遗址;向西为后庄王新石器时代遗址;东南有关庄遗址及

小双桥遗址出土的建筑柱础石

小双桥遗址出土的石磬

小双桥遗址内的建筑基址

小双桥遗址内的建筑基址

小双桥遗址发掘现场

小双桥遗址发现的商代道路和车辙

郑州商代遗址。从钻探资料和今天的地势分析，结合古荥阳城的位置推断，古代荥泽的位置约相当于遗址东北部一带。

对遗址进行的专题性区域调查先后组织了三次，调查的范围逐渐扩大，每次的调查重点也各有不同：第一次的调查重点是寻找遗址周围的城墙遗迹，在调查的过程中，先后又从村民手里收集到了制作精美的石磬、石祖、柱础石等重要遗物，进一步证实了该遗址的重要价值；第二次调查确认了小双桥附近几个同时期遗存点的内在联系，将遗址的面积确定在140万平方米以上；第三次在寻找墓葬区的同时，进一步确定了小双桥遗址的分布范围。通过大量艰辛的工作，重要的文化遗存不断被发现：遗迹除发现一道宫城墙基槽外，还发现有规模宏大的夯土建筑基址、居住址、祭坛和各类祭祀坑等重要遗迹，逐渐显示出都邑遗址的端倪，重要遗物除青铜建筑构件外，还发现有丰富的石质礼器、金箔、卜骨、绿松石装饰品、蚌器、陶质礼器等和商代祭祀相关的各类器物。

为了寻找作为城址的基本特征——城墙或壕沟，虽付出了大量艰苦而细致的劳动，仍然没有发现明确的线索或标志，只是在遗址核心区的北侧发现了一段近东西向的宫城墙基槽，这也给我们划定遗址边线造成了一定困难。难道该城邑没有城墙，还是我们尚未找到呢？连同墓葬区的位置和方位一起构成了小双桥考古的难解之谜。

为了解开这一个个谜团，小双桥的考古始终就没有停歇。2010年初，郑州市文物考古研究院近年通过多次对小双桥遗址的调查和发掘，又有了许多惊人发现：遗址周围发现了与索须河相连的壕沟遗迹；在遗址南部还发现了一条南北向干道，道路路面清理出数十道车辙痕迹。这不仅对我们探讨遗址布局，了解商代城市繁华的景象，同时对推定遗址的年代和性质都提供了重要的实物资料；同时，对于遗址的面积，郑州市的考古人更是给出了一个全新的数据，六百万平方米。至于对遗址最新范围的界定，我相信一定有他们的标准和理由。

一处让人震撼的祭祀遗存

祭祀遗存是小双桥遗址考古的最大收获之一，包括遗迹和遗物两个方面的内容。这里发现的文化遗迹如高台型夯土祭坛、宫殿宗庙建筑基址、祭祀坑群、奠基坑以及丰富的各类礼器都与祭祀活动有着密切的关系，显示出了鲜明的文化特点和浓重的宗教色彩。祭祀类遗物是指用各种质料加工成的礼器，如青铜

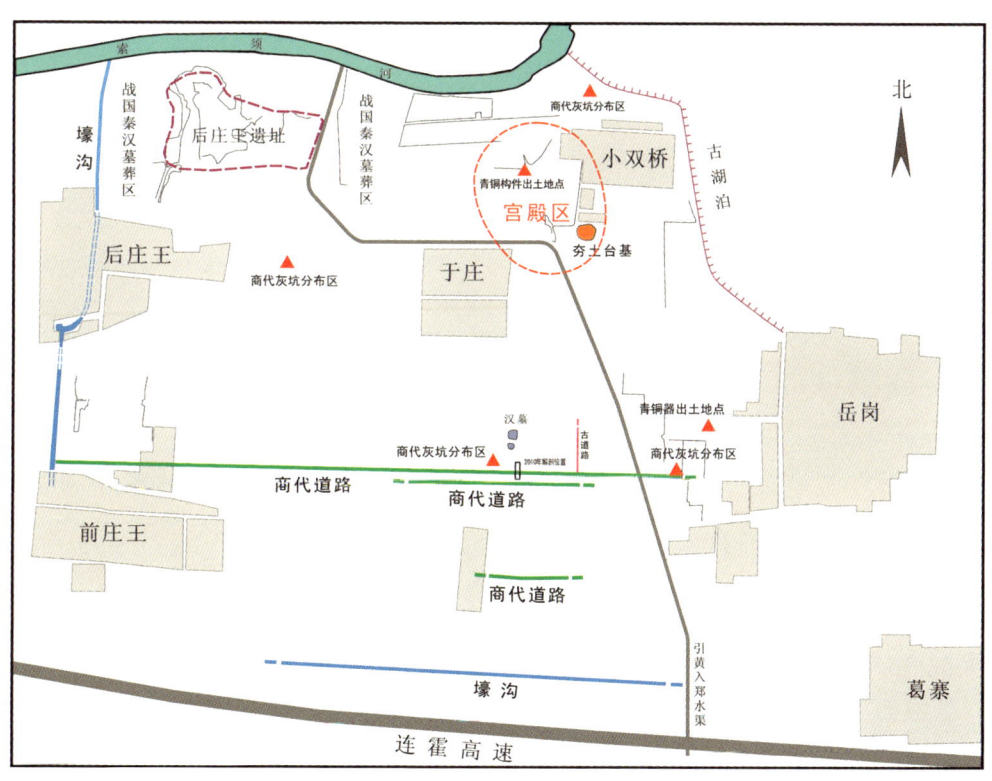

小双桥遗址主要遗迹分布图

小双桥遗址商代宫殿建筑夯土基址

小双桥遗址商代宫殿建筑夯土台基剖面

器、玉器、石器、陶器、原始瓷器、蚌器、金箔、卜骨等。

遗址核心区内的四个区均发现有大规模的祭祀遗迹：如Ⅳ区的祭祀场，"多牲坑"，牛头、牛角坑等；Ⅴ区的人牲丛葬坑、人祭坑、牛头坑、器物坑；Ⅷ区的骨肉器物坑、人牲丛葬坑、燎祭遗迹；Ⅸ区的大型人牲祭祀坑等。这些遗存大都是杀牲祭祀的产物，反映了商代贵族阶层精神礼仪生活的一个侧面。文献记载中所提到的商代祭祀礼仪，在小双桥遗址的发掘中有相当一部分都得到了体现。这些祭祀遗迹可分为宗庙建筑、祭坛、燎祭坑、瘗埋坑等。燎祭，古代祭祀仪式之一，把玉帛和牺牲放在柴堆上，焚烧以祭天。瘗祭，埋物祭地。其中瘗埋祭祀遗存发现的数量最多，可能是在祭祀天神、祖先神或土地神之后将祭品在祭祀现场附近掩埋而形成的遗存。

从祭祀坑内涵的不同，可将瘗埋类祭祀坑分为以下三种。一是以人为牺牲的祭祀坑：小双桥遗址发现的人牲遗存十分复杂，可分为丛葬坑、人头骨坑、多人祭祀坑、双人祭祀坑、单人祭祀坑、人兽合葬坑、灰坑葬及灰层葬等。二是牺牲祭祀坑：以牛、羊、狗、猪、鹿等牲畜作为牺牲，有牛头坑、牛角坑、牛角器物坑、殉狗坑、殉猪坑、殉鹿坑等。三是"多牲坑"，又称为综合类祭祀坑，数量较少，位于主体宫殿建筑的南侧，坑口形状不规则，坑内包含物十分丰富：除牛头骨和牛角外，发现有陶缸、原始

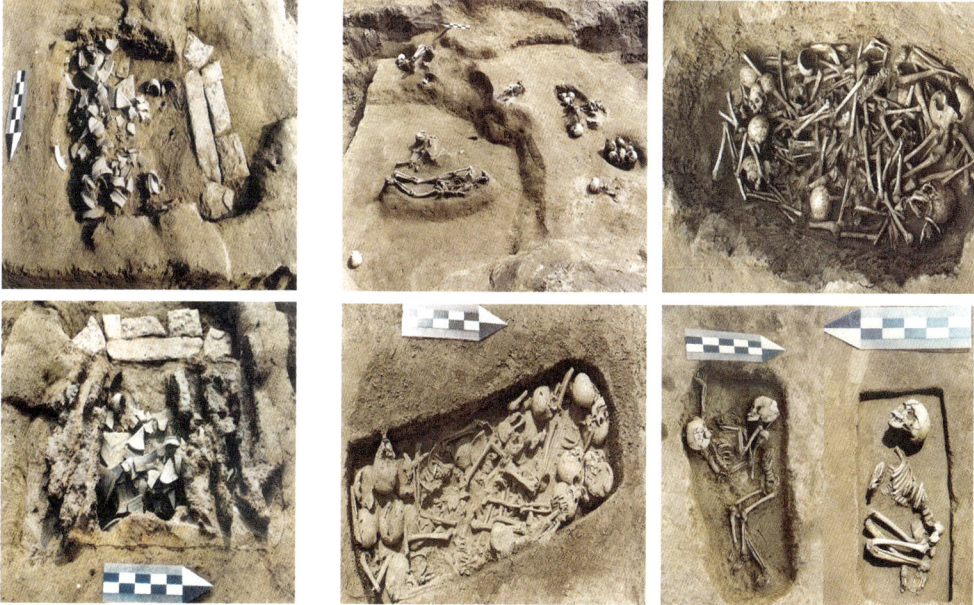

小双桥遗址出土器物

小双桥遗址燎祭坑　　　　　　　　　　小双桥遗址人牲祭祀坑

小双桥遗址牺牲祭祀坑

瓷尊等器物残片，还有铜器、玉石片、骨器、孔雀石块、石刀、石镰、长方形穿孔石器和其他动物骨骼，如象头骨、象牙、猪、鹿、狗、鸡、鹤，等等。祭祀坑中包含物种类繁多，反映了祭祀的复杂过程。

相信很多人不能区分瓷器和陶器。瓷器是由瓷石、高岭土为原料经高温烧制得到的器皿，烧制温度大致在1200～1400℃之间，原料中含铁量不到3%，胎体吸水率不足1%，表面施玻璃质釉或彩绘。陶器以黏土为胎，以800～1000℃的温度烧造而成，气孔率高，渗水性依原料不同而有区别。

原始瓷器质地较陶器细腻坚硬，胎色以灰和白居多，烧造温度超过一千度，器物表面施有一层石灰釉，与瓷器并不完全相同，属青瓷系统。烧成后器物胎面气孔较大，胎料中杂质较多，釉色也还不够稳定。

祭祀活动在商代社会中占有十分重要的地位，从小双桥遗址的祭祀遗存可以看出当时的祭祀活动已有明确的分类：在宗庙区从事的祭祀活动实际上已经包含了当时祭祀活动的方方面面，祭坛用来祭祀天神（或社神）；燎祭和瘗埋用来祭祀土地神；人牲和兽牲用于祭祀祖先神；用人和犬等牺牲进行奠基，等等。其祭祀活动规模之宏大，尤其是使用人牲的现象，应非商王莫属，从而显示了该遗址的规格。

一抹朱砂留下的红色文字

现在国内信仰方面仍以唯物主义和无神论为主流，有一些保守的人仍把宗教视作封建迷信，拒绝承认其中也存在的积极作用。在商代的时候，宗教不仅是当时人们的精神支柱，还是自然科学和哲学知识的思想宝库。

商代是宗教思想浓厚的时代，宗教的主持者巫师，甚至在政治生活中也具有举足轻重的地位。商代早期就曾有以巫咸为代表的多名巫师，跻身国家最高权力中心，一边代神昭告天命，一边治理国家并制定许多庄严肃穆的祭祀礼仪。另外，出于占卜预测和政策解读的需要，巫师们记录了天象和发生在国内的重大灾害，为受鬼怪侵扰的人治疗，认真记载每年朝野发生的大事。后世的天文学家、数学家、医生、史学家、音乐家等技术含量非常高的职业都发源于巫师。

我国已知最早的文字记录来自商代晚期，就是人们非常熟悉的甲骨文。甲骨文是一种非常成熟的文字，不但有大量表意单字，也有相当成熟的语法，负责记录工作的史官按照固定的工作流程记载和保存了当时的重大历史事件。

记录在龟甲和兽骨上的文字只是商代文献记录中的一小部分，是众多文献中与祭祀有关的内容。史书中提到的商代负责文献记录和保存的官员有大史、小史、左史、右史、外史和内史等等称号，各自负责不同类型的文献记录和保存工作。

史学家们通过解读殷墟甲骨，并排出了甲骨文文献记录中的商王世系后发现，其与司马迁在《史记》中的记载基本一致。殷墟发掘之前，人们只相信商是一个传说中的朝代；殷墟发现之后，不但成功地为自己正名，也让史学家们对中国古代史家的记录产生了更大的信心，既然商的存在毋庸置疑，关于商之前的夏的记载或许也不是完全没有根据的。

同样是中国古代的文字，因书写原料和保存材料的不同，被后人取了众多形象的名字。甲骨文是刻在龟甲和兽骨上的文字，朱书文字是用朱砂写在陶器两面的文字，钟鼎文是铸造在青铜礼乐器或武器上的文字，石鼓文是刻在石制圆鼓上的文字，简帛文是书写在竹简、木简或纺织品上的文字。除此之外，文字还曾经出现在玉器和漆器上。

朱砂又称辰砂、丹砂、汞砂，是氧化汞的天然矿石，呈红色，有解毒防腐

小双桥遗址出土朱书文字陶片

的作用，外用可抑制或杀灭皮肤细菌和寄生虫。中医认为有镇静安神作用。

后来还出现过一种涂朱甲骨，将朱砂磨成粉末，填涂在甲骨文的刻划痕中。在宗教仪式中以朱砂为书写原料的传统直到现在仍被传承，道教的符箓即是很好的例子。

朱书文字是小双桥遗址考古的又一重大发现，这是目前发现的一批早于商代甲骨文和商周时期铜器铭文的书写文字，它的发现对研究我国古文字的起源和早期发展有重要意义。该类文字主要写于陶质礼器缸的器表或口沿内侧，初步推测应是用软笔蘸朱砂等颜料书写而成。这些陶缸多发现于祭祀区的地层和遗迹中，很可能与当时祭祀有关，也许是记录祭祀活动的部分内容。文字保存较好，笔画清晰，走势比较流畅，字体结构合理，说明文字已经是相当成熟地在使用。尽管只发现二十余个个体，但在文字发展的早期也已代表了一定数量。根据其内容可归结为三类：数目字类、徽号类文字和象形文字类以及其他类等。数目字类共发现四处，代表三个数目字，分别为"二"，"三"和"七"。这些数字多位于缸的口沿部位，字体与缸体方向相互垂直。徽号类文字和象形文字占有较大的比例，其中比较多的是人体象形字，另外还有鸟象形，事物的象形，动作的象形等。这些文字构成了商代中期早段朱书中以象形文字为主的特色，其中有些象形文字显然又具有徽号的意义。其他类文字，虽无法归类，但其结构明显具有一定的含义。

如果以河南安阳殷墟发现的商代后期甲骨文作为目前能够确认的中国最早的汉字，那么小双桥朱书文字的发现，至少将汉字使用的历史前推一百年左右，即从商代后期提早到商代中期早段。依据"夏商周断代工程"测年数据显示，小双桥遗址的绝对年代相当于公元前1435～1412年，距今3400余年。小双桥发现的朱书文字与商代后期的甲骨文相比，两者均出自宗庙祭祀区内，记载的内容应与祭祀活动密切相关；文字从形态到结构都明确表示，二者属于同一系统，象形文字较多，证明其前后发展是一脉相承的关系；它又具有一定的原始性，以单体字为主，少见多字组合而成的词组或句子，即使有两字或三个字的组合，也与甲骨文中能表达完整意思的句子有明显的不同。二者最主要的区别还在于，不同的文字载体。小双桥朱书文字主要书写在陶缸类器物的表面与内壁，而甲骨文则以书刻于龟甲和牛、羊、鹿等动物的肩胛骨为主，少数也书刻于牛的肋骨或其他部位；朱书文字是只写不刻，甲骨文则是先写后刻等。我们推测，相当于商代中期早段的小双桥

小双桥遗址出土石铲

安金槐、郝本性、杨育彬等专家考察现场

时期，陶器可能是文字的主要载体。从目前掌握的资料看，甲骨文、金文多与祭祀活动有关，小双桥朱书文字也应是祭祀活动的产物。尽管还不能从文字的内容得到证明，但其出土位置与书写的载体，均从侧面反映了它与祭祀活动的关系。

一个使人浮想联翩的商代王都

小双桥遗址的青铜器以两件采集来的青铜建筑构件最为精美，且有重要的学术价值，就是本文开头引得那干部模样的人要用一千块去换的"马蹄金"。其中一件平面为"凹"字形，高18.5厘米，正面宽18.8厘米，侧面宽16.5厘米，两侧各有一个6厘米×4.2厘米的长方形孔，壁厚0.6厘米，重6公斤。正面纹饰为饕餮纹，侧面方孔四周绘饰龙虎斗象图。该铜构件应为建筑物中枕木前端的装饰性构件，由其规格推测，此建筑物规模很大，地位也应很高，应是商代重要的国家级政治性或宗教性建筑。这种青铜饰件为国内首次发现，造型独特、纹饰繁多，对研究商代青铜铸造技术和建筑发展水平具有重要意义。

小双桥遗址中还出土了不少方孔石器。用途不明的方孔石器最早发现于岳石文化遗址，描述性的称呼可被叫做长方形穿孔石器，有的认为它是用于农业生产的农具石锸，但其两端并没有明显的锋刃。小双桥遗址的发掘共计三次，跨度十多年，共获此种方孔石器近80件，有的两边还涂饰有红色带状纹。结合小双桥遗址的宗教中心和政治中心地位来考虑，方孔石器应有礼乐制度方面的作用。有的学者认为该类以灰绿色或灰色岩石为主要原料，形状、颜色、大小又相对一致的石器应为古代乐器石磬的一种。

小双桥的考古发现引起了学术界的热烈讨论，根据小双桥遗址的考古学遗存,结合文献记载,有学者认为小双桥遗址应为商王仲丁所迁之"隞"都。

古代文献中,仲丁自亳迁隞的记载是十分清楚的。但关于隞都的地望,历史上却有不同的说法,学者多主"河南敖仓说";在此基础上,有学者进一步认定,仲丁迁隞"其地在黄河南岸的敖山附近",并认定"此地不在郑州,而应在河南荥阳以北的敖山,即今邙山地区"。邙山即古之敖山,敖山周围地区即属敖地,而小双桥遗址的地理位置正处在敖地之内。

小双桥遗址的规模、文化内涵和堆积年代也基本与仲丁之隞都相合。从调查和发掘情况看,小双桥遗址的中心区域已发现的宫城墙基槽和数座夯土建筑基址,虽遭严重破坏,但从其残留情况也能看出其非一般的民居,应为宫殿基址。宫殿区内发现的人牲祭祀坑、牛头坑、壕沟和丰富的礼器等都反映了其祭祀活动的规格及级别。再者,小双桥遗址的主体文化堆积延续时间短,也恰好与隞都存在的历史相对应。仲丁所迁之隞都,仅居仲丁、外壬兄弟二王,不到一代,年代最多也不过二三十年,小双桥遗址的延续时间应与隞都这一时段大致相当。

小双桥遗址的年代合于仲丁之时,年代大体相当于郑州商城的末期白家庄期。大量的考古资料表明郑州商城在白家庄期已经开始衰落,这时的郑州只是一个大型聚落,已不再具有都邑功能,而小双桥却开始迅速繁荣,两者之间一废一兴的关系,恰好与仲丁自亳迁隞的历史相合。

也有学者认为,小双桥遗址是流放太甲的桐宫。还有学者认为,小双桥遗址有可能是盘庚迁殷之所。

小双桥遗址的发现,填补了商代中

邹衡先生考察现场,图中右二为宋国定

小双桥遗址发掘人员

期考古研究的空白，数量丰富、类别齐全的祭祀遗存，使我们从多角度了解商代社会精神生活的相关内容，探讨商代祭祀礼仪的繁缛和惨烈程度成为可能。遗址出土的数量丰富、门类齐全的文化遗物为研究商代中期前后的文化面貌，推断小双桥遗址的年代与分期提供了珍贵的实物资料。同时，对遗址分布范围的确认和中心区的分区研究也为研究商代都邑遗址的平面布局和中心区域的设计规划提供了很好的借鉴作用。1996年，该遗址被列为国家"九五"重点科技攻关项目——"夏商周断代工程"的一个专题，也从一个侧面反映出郑州小双桥商代遗址具有重大的历史和科学价值。

小双桥遗址的发掘早已结束，对遗址发掘资料系统整理仍在持续进行。随着科学技术的不断进步，越来越多的科技手段正在应用于对考古资料的专门化研究中，相信在不久的将来，涉及郑州小双桥遗址出土物中青铜器的铸造加工工艺、玉石器等文物的制作技术、朱书文字的书写颜料和书法艺术、原始瓷器的烧造产地、陶质文物的成分分析等不同领域的科技考古研究一定会取得骄人的成绩。遗址发掘资料的整理过程长达数年，虽历经波折，最终在河南省文物考古研究所和中国科学院研究生院的大力支持和积极协助下，资料整理和科技考古研究仍得了显著进展，近期将以《郑州小双桥考古发掘报告》学术专著的形式呈现给大家，对考古资料进行科学研究，继承中华民族优秀文化遗产，弘扬中华民族优秀传统文化，是我们考古人的神圣职责和使命；很好地保护文化遗产，让民众了解我们的历史，更好地为现实服务更是我们的骄傲和自豪。

郑州地区重大考古发现发掘纪实之

关帝庙遗址

时　代：商代晚期
地　点：荥阳市豫龙镇
发掘时间：2006年
荣　誉：2007年度全国十大考古新发现

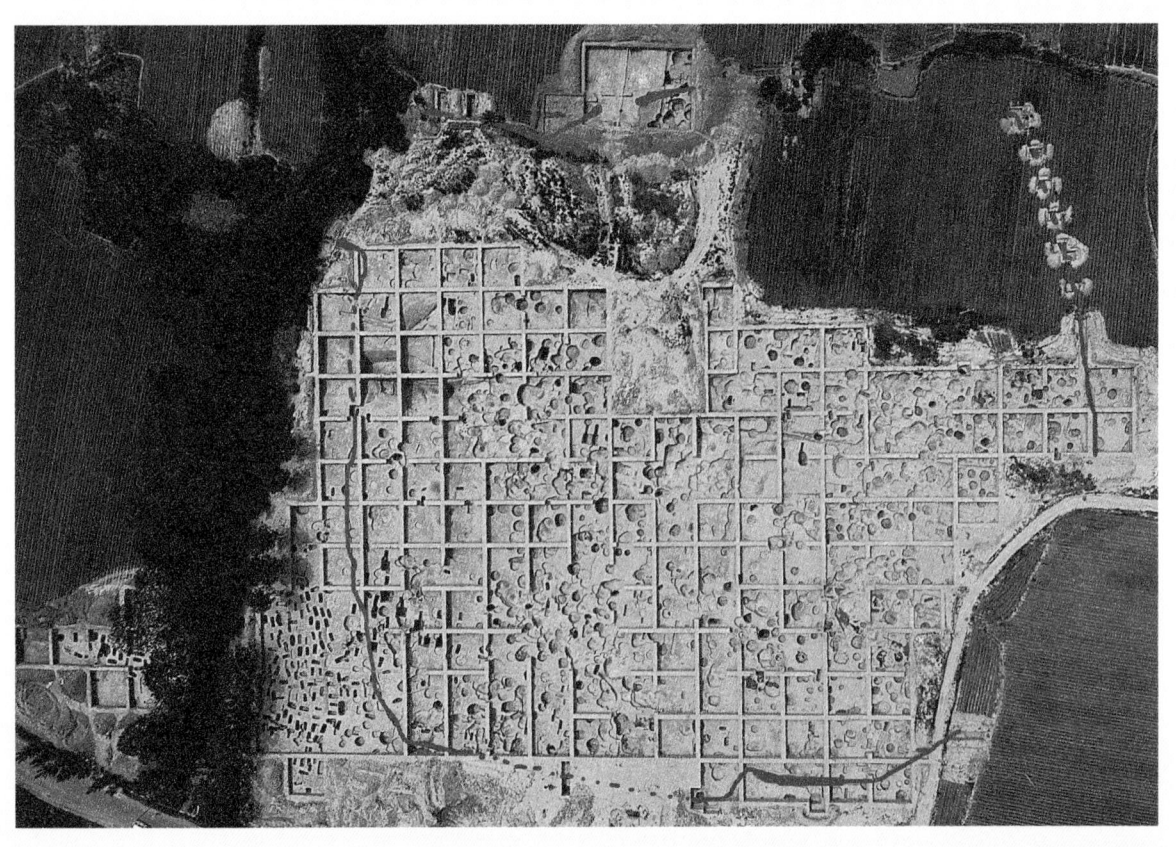

商代王都郊墅的漫步
——荥阳关帝庙商代遗址考古发掘纪实

◆ 李素婷

关帝庙遗址位置图

盛大商王朝都城的郊外是一个怎样的世界?
芸芸众生如何经营他们普通的生活?

引 子

当今学术界一般认为,商汤灭夏后,废了夏的都城二里头的首都地位,在它东边5公里的洛河北岸,修建一座新的都城,这就是偃师商城。不知道为什么,商汤在这里住得浑身不舒服,又回到郑州几条河流缠绕的坡地,建了一个更大的都城,就是郑州商城,正式命名为亳。亳的意思就是家,京城,这里以后就是家,就是首都了。

为了首都的安全,商汤把郑州西边的大师姑夏城利用起来,以防西边来的流寇,把郑州南边新郑望京楼的夏城拆了,原地起建一座新城,防止南边来的流寇。这是郑州商城的哼哈二将,它们管着周围许多大大小小的村镇,一时天兴地顺,风水流年,于是郁郁乎文哉,郁郁乎武哉,商朝在此坚持了二百多年。后来,不知道是何种原因,估计就是水患、瘟疫或者内耗争斗之类的原因吧,郑州破败了,商王河亶甲就把都城迁到河北的相去。

这一迁,动静很大,必定要带走很多人。王公贵族自不用说,大臣卿士之类都得跟着走,军队也要走,没保镖不行。给王室服务的各种工匠也得走,不然到新地方没吃的,没喝的,没玩的怎么行?

今日关帝庙村

还要带走血缘比较近的本族群众,血缘远的,原来就是当地人,还留在当地吧,全跟着,给养难补。

考古发掘证明:郑州商城在迁都后,城外白家庄一带还住着不少人,稍后,人民公园一带也有不少人。这是考古的证明,没有考古的地方还多呢,比如新郑、新密、荥阳、巩义、偃师等地,山河襟带,土地丰饶,这里的人民尚在原地安居乐业。这不,河南省文物考古研究所就在郑州商城西二十多公里的今荥阳豫龙镇关帝庙村发掘出一处商代的村落,让我们看到了城郊商人是怎么生活的。

商,从部落到职业

与甲骨文中威严神圣的商王和祭祀活动不同,历史中的商人充满了生活气息。

《诗经》里有"天命玄鸟,降而生商"的句子,说的是简狄吞了玄鸟之卵,生下了商部落的始祖契的故事。契协助禹治水有功,《史记·殷本纪》中记载,被封在商地。到他的孙子相土时,带领部落民众向东迁徙,来到了今天的河南居住。《诗经》中描写相土的句子是"相土烈烈,海外有截"。今本《竹书纪年·夏纪·帝相》中说,夏君帝相在位十五年的时候,"商侯相土作乘马"。驯养马匹正是商部落得以远涉的条件之一。纵向比较可以看出,之前的夏和之后的周都城都比较固定,只有略显非主流的商,乐此不疲地在中原大地上迁徙不断。

中国自古以来就是农业国家,包括大禹治水的目的,除了减少洪水对人民生命财产的威胁外,也有疏通河道设置灌溉设施的意图。所以用社稷来指代国家和政权,社是土地神,稷是谷神,社稷合称,表明中国古代土地和农业是国家得以存续的基础。商人虽然也继承了农业传统,但在畜牧业上的成绩也很出色。

商部落的第七任首领王亥在位时,为了解决各地之间转运物资的困难,制作了服牛这一交通工具,就是后世所说的牛车。为了解决部落内部牛羊过剩的问题,王亥亲自带着随从从殷来到了有易国,欲与有易国的国君进行物物交换,可以说是史上最早的一个由元首亲自带队的贸易使团了。因为王亥在畜牧和贸易领域的开创性功绩，后代尊其庙号为高祖，对他的祭典盛大而隆重。《周易·系辞下》中"服牛乘马，引重致远，以利天下"说的就是商代的两位先王相土和王亥对古代商业、交通运输业和畜牧业的巨大功绩。盘庚迁殷之后，商的都城才固定下来，之前商部落一直在中原流转。因为到过很多地方，认识很多的部族，商部落的人就用牛马与他们交换生活用品和奢侈品，等到了一个新的地方，商部落的人又会拿出牛马和从之前部落处交换得来的物品与新的主顾进行交换。久而久之，别的部落知道商人有丰富的物品可供交换，人们于是索性把从事交换的人也叫做了商人。

像西部牛仔一样，商人也喜爱在各地迁徙，迁徙过程中留下了许多商代的遗址，等待我们去发现。

关帝庙，一个商代的城郊村落

在大地坐标北纬34°47′042″、东经113°28′027″的檀山脚下，有一个古老的村落——关帝庙村，村内曾有纪念关公的庙而得名，行政隶属河南省荥阳市豫龙镇。虽然村内庙宇早已被毁，但村子每年还有固定的集会。是日，周围十里八村的人们聚集在庙址前进行商品交易。人们很难想象，在他们生活、耕种的最熟悉、最亲切的土地下竟然神秘地埋藏着三千多年前的村落——荥阳关帝庙遗址。

为配合南水北调中线工程建设，河南省文物局统一安排部署河南省境内工程沿线的文物保护和发掘工作先期进行。2004年，在配合南水北调中线工程建设沿干渠进行的文物普查中，发现关帝庙村西南地为一古代文化遗址。经上报国家文物局批准，河南省文物考古研究所

关帝庙遗址全体发掘人员

关帝庙遗址商代房址

组成关帝庙遗址考古工作队，开始对遗址进行复查和发掘。2006年7月10日，河南省文物考古研究所关帝庙遗址考古工作队进驻工地，从此开始了长逾2年的关帝庙遗址的发掘工作。虽然是炎炎酷暑，但进驻工地后，考古队马不停蹄，利用几天时间边采购工地必需品，边和关帝庙村村干部协调耕地占压赔偿和参加发掘民工工资问题。通过技工钻探，了解遗址的大致范围和遗址内的堆积概况。

由于关帝庙村为荥阳市最东的一个村子，和郑州相邻，各种关系复杂，工作很难开展。进驻工地后，为了青苗赔偿、民工用工等问题，我们往返奔波在地方政府、村干部和村民间，不厌其烦地宣传文物法和文物工作的重要性，说服村干部配合考古发掘工作。几天时间马不停蹄，累得浑身散架，满嘴燎泡，嗓子都哑了发不出声来，最终谈好赔青问题，并发动了附近几个村子的部分村民参加发掘，使得关帝庙遗址的发掘工作得以开展起来。

工地开始发掘时规模较小，随着技工的逐步到来，需要的民工大幅增加，最多时用工200个，这在考古工地算是天文数字了。这么多的民工很难管理，而考古又是一个竹签剔土的细致活儿，负责探方的技工不仅要刮出各种遗迹，还要亲自上手给农民表演如何挖出遗迹内的土，有时督促民工快点挖，有时却要制止快点挖，不能把重要遗迹挖丢了，有时空闲下来还要给农民讲点考古知识、考古趣事，有时也听听农民的陈谷子烂芝麻的俗事。渐渐地，我们的技工与民工和谐起来，工地看上去闹中有静，乱中有序。

由于村民对考古发掘工作劳动量不了解，第一天仅有十几个民工出现在考古工地上。我们只布10×10探方两个。为了赶工作进度，在民工下班后，我们率领技工亲自转运虚土，开挖探方。虽然我们个个大汗淋漓，但我们的队伍中间不时爆发着朗朗的笑声，每张脸上都洋溢着开心的笑容。工地距郑州较近,节假日我们的孩子到工地探望,孩子感动于工作人员的敬业,加入了我们的发掘队伍,在工地操起铁锹做起了"义工"。

考古,寻觅商代郊墅的风光

虽然甲骨文为后人留下了认识商代的丰富的文献记录,但这些文字所记载的内容如朝廷的政策、宗教仪式和程序占卜情况、随葬品的描述、对属下的封赏和惩罚、某一家族的世系或某人一英雄事迹等等,都是政治或宗教领域的内容,不但与平民无关,并且不涉及经济和商业活动,导致后人对这段时期的历史了解,只局限于一隅。关帝庙遗址打开了一扇了解这一领域的窗口。

在发掘中,我们对关帝庙商代晚期聚落遗址的认识是有一个过程的。在2006年下半年的发掘中,我们发现遗址的地层堆积分4层。第1层现代耕土层;第2层,近代扰土层;第3层,汉代文化层;第4层,商代文化层。根据发掘的遗物看,遗址历时较长,历仰韶文化晚期、晚商、西周、东周、汉、唐、宋、清代等,通过参考商代器物分期标准,我们认为关帝庙遗址应是以商代晚期遗存为主的一个遗址。但此时由于发掘面积较少,遗迹还比较零散,我们对遗迹间的布局规律认识还比较模糊。

2007年上半年,发掘面积由2006年的5500平方米扩大到10000平方米,商代晚期的陶窑、房子、墓葬、祭祀坑、水井、灰坑进一步增多,关帝庙遗址商代晚期的村落布局渐次清晰,这对于探明遗址的性质和内涵提供了依据。我们意识到这个商代晚期聚落的完整性和重要价值。

到2007年年底,关帝庙遗址发掘面积扩大到18500平方米,发掘灰坑1650余座、墓葬230余座、灰沟12条、房址21座、水井26眼、陶窑22座、灶坑3座、祭祀坑12座。至此,商代晚期的文化堆

关帝庙遗址商代灰坑

关帝庙遗址商代陶窑

关帝庙遗址房址

关帝庙遗址出土器物

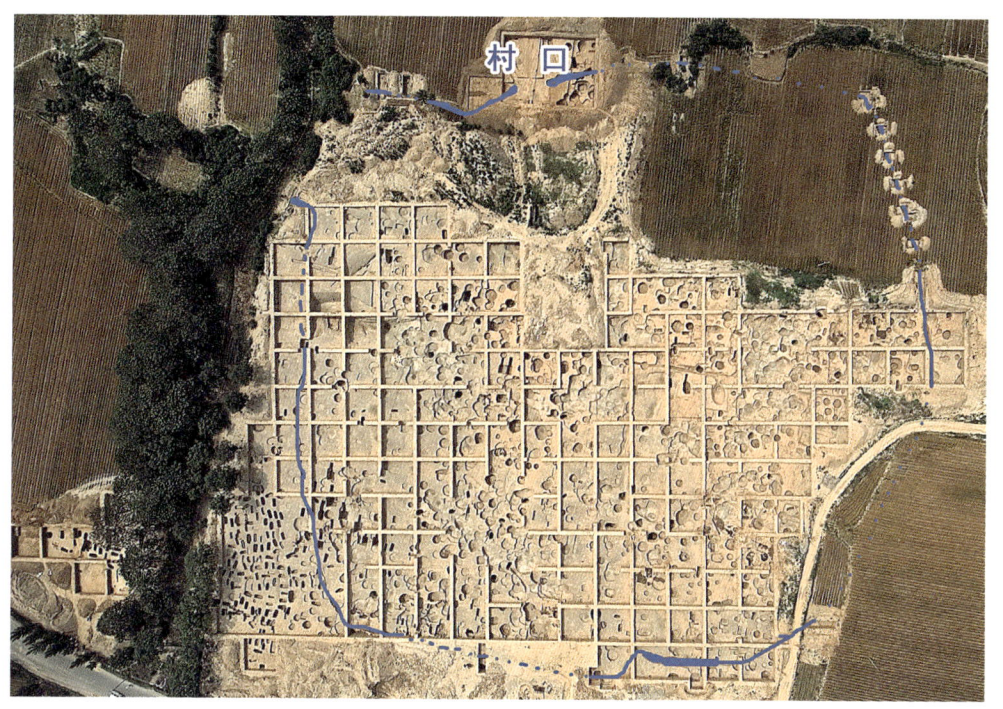

关帝庙遗址发掘全景（自北向南）

积范围及各种文化遗存的分布已经显露出规律，使我们对关帝庙聚落的内涵有了一个清晰的认识：商代晚期文化遗存主体分布在一条环状围沟之内。聚落西部房址分布比较集中；聚落中、南部是当时地势最高的区域，有较大型的祭祀场，这里的祭祀遗存似乎是祭祀的中心点；各种坑和附近墓葬的分布，似乎也有一定的规律；陶窑散布聚落各处；围沟外围东北部商代晚期遗迹比较少，是专门规划用来作为墓葬区的。该聚落主体外有围沟，兼具居住区、祭祀区、墓葬区及多座零散分布的陶窑作坊，功能完备，这对于研究商代晚期聚落的功能分区、布局及当时人们的生活状况、宗教习俗、村社组织及管理、当时人们依托当地地理环境对村社的规划思维、房屋建筑结构、陶窑结构及陶器烧造过程、手工业的分工及形式、墓葬制度等都具有重要的意义。

2008年上半年，我们继续对关帝庙遗址进行发掘。发掘主要集中在遗址东北角墓葬区的边缘和位于南水北调干渠以南的区域。由于该项发掘工作为配合南水北调工程进行，发掘主要集中在干渠占压范围内。在干渠占压范围外的区域，我们进行了钻探，同时开了数条探沟以了解各处的文化堆积及各个时期的文化堆积范围。在遗址东部，有一条现代冲沟，冲沟东部基本不见商代文化堆积，但在墓地东北角干渠经过的边缘地带，我们在冲沟东部钻探出略呈东南—西北向排列的墓葬。顺墓葬分布的方向，我们又开800平方米进行揭露，把聚落的墓葬区完整地揭露出来。同时，为了完整找出聚落围沟的范围、过道等情况，我们在干渠渠线以南的区域内顺围沟的方向开数条探沟追索围沟。在遗址的南部稍偏东发现围沟两侧自行封闭形成一个8米宽的过道，过道中间有路土，在过道西部的围沟内侧，发现门朝向过道的"门卫房"。关帝庙遗址围沟终于合拢了，进村的道路找着了，围沟外的墓葬区也完整发掘了，至此关帝庙遗址的发掘大致可以结束。

至2008年7月底，关帝庙遗址共计发掘面积达到20000多平方米，发掘灰坑1721个、墓葬270座、水井33个、陶窑23座、房基22座、沟15条、灶坑3座。出土包括青铜、陶、石、骨、蚌、角、铁、瓷等质地在内的文化遗物上千件。

关帝庙遗址的各种遗迹总归到平面图以后，一个精巧别致的商代村落出现在我们面前：村子被一圈围沟包围，但这条围沟似乎没有强大到具有防御功能；围沟内西部房址较多，房址周围有较多的水井、灰坑、陶窑等；中部、南部是村中地势最高的区域，有大型祭祀场，附近的坑和墓葬应与祭祀有对应关系；围沟外围东北部规划为墓区。这样的村落和仰韶时期姜寨遗址、半坡遗址相比，已经有了很大的不同，体现出商人重视祭祀的一贯作风。

我们，在田野辛苦并快乐着

考古是项艰苦的工作，且不说它田野一年四季的雨雪寒暑，也不说深陷其中者必需的耐心和枯燥，仅抢救性发掘的工期要求便让很多人难以承受。由于关帝庙遗址考古发掘事关南水北调工程，工期相当紧张，技工们白天在工地累了一天，夜里还要继续战斗。当然，这种战斗不像白天那样高强度，让人肌肉紧张，而是紧张过后松弛的，酸困的，又情深意长的一种战斗。到底是什么样的战斗？

技工中年轻人多，晚饭后大家凑在一个大屋里，各干各的活，这就有了集体主义的气氛。整理资料的手拿钢笔，边写边想；修复陶器的，不住地试着黏合长相差不多的每一片陶片，一块黏上，都会高兴得大叫一声；有些资料整理完的，躺在床上看专业书籍；也有个别的抱着女朋友的照片，在惆怅地发呆。屋里唯一不变的，是站在墙角的电风扇，像个身材修长的侍女，永远唱着那首嗯嗯的歌，或者是冬日里屋中间火炉上那个冒着丝丝热气的铝水壶，像个不知疲倦的小伙子，给我们送来润喉的水汽，一高兴，还会来上几嗓子，或者啪啪掀着壶盖，像敲鼓一样。这样温馨的场景我很小的时候在知青房间看过，现在恐怕也只有存在考古的角落吧？

2008年4月7日，《光明日报》刊登了关帝庙工地发掘者的一份工地日志，谈到了关帝庙发掘者背后的生活、工作和精神情操。文章如下：

一份日志：2006年8月8日

星期二　晴

早上5：30起床。单人钢板床虽然

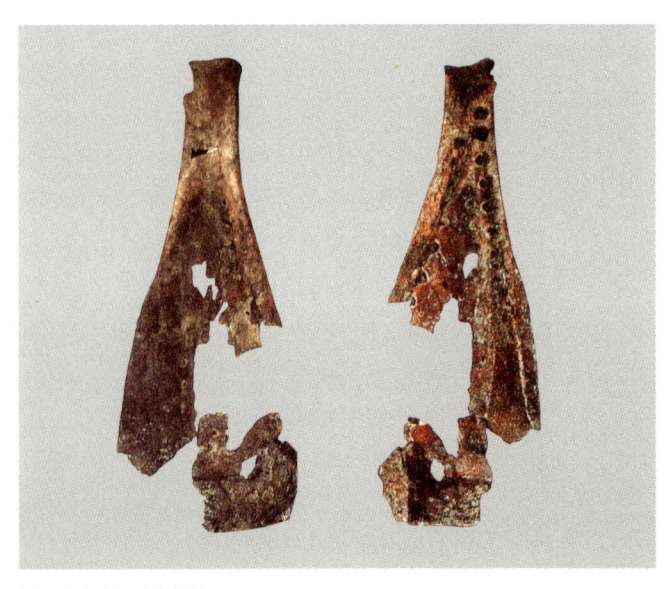

关帝庙遗址发现的卜骨

整取关帝庙遗址商代人骨

很不舒服,但在工地,能睡觉本身就是一种奢侈。十分钟内刷牙、洗脸,催促一下起来慢的技工。

早餐是一锅玉米糁稀饭和馒头。库师傅在工地上做饭多年,煮饭很有特点:夏天做饭偏稀——补充水分,解渴;冬天做饭偏稠——防饿,保暖。工地要求每天上班工作人员必须提前5~10分钟到达工地,所以大家都是一边走一边吃馒头夹咸菜,驻地到工地有五分钟路程,走到了,馒头也吃完了。

今天完成的工作有几项:一、重点清理T3415中南部的M3。二、清理M3的间隙,对H1、H19及T3416西北角的人骨进行拍照。三、与关帝庙一队队长马长岭协调工地民工工资发放及考古发掘占地问题。四、晚上7~9点加班粘对陶片,整理资料,准备明天早上上班需用的工具。五、深夜12点后到工地查看工地值班情况及安全状况。

考虑到同期南水北调工程的推进,工期很紧,一天下来大家相当于跑六七十里路,真有些吃不消。但一看到我们的领队李素婷老师每天都要到各方去仔细地检查工作进度,我告诉自己:我们年轻人更应该多吃点苦!

以上摘录的,是刚刚参加工作的郑州大学考古系硕士生李一丕在关帝庙遗址挖掘期间的一篇日志。文中提到的李素婷,是荥阳关帝庙遗址挖掘领队。本来,这位秀外慧中的女硕士可以在办公室根据现成资料撰写论文,她却选择了野外考古,每天的野外工作时间都远远超过8小时,回到家里时往往是满身泥浆,疲惫不堪。但她却用诗意的语言描述自己的工作感受:"手铲和毛刷下,一幅幅历史画卷从纵深呈现出来时,那种对文物发现的喜悦感和由此产生的责任感,真是无法替代。"

随着工作的开展,民工最多时可以

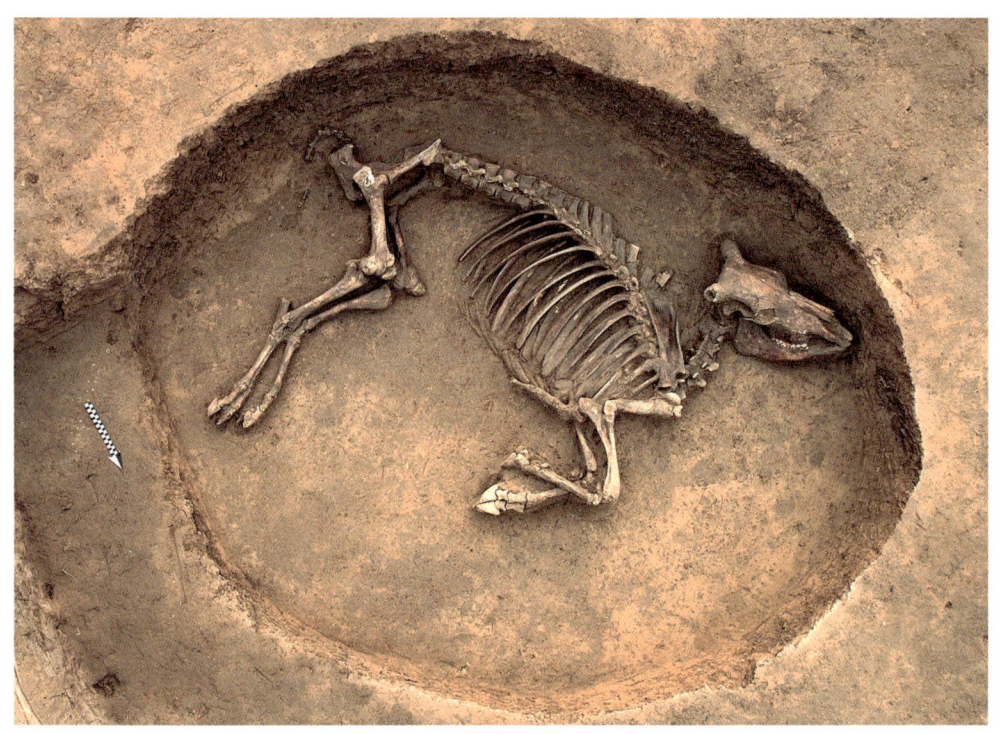

关帝庙遗址祭祀坑

达到 200 多人，技工最多时达到 20 多位。发掘面积也由开始时几百平方米，扩大到一万多平方米。考古队各方面的工作更加繁重起来。一个考古队就是一个生产队。从发掘工作人员的安全到民工安全，从驻地、出土文物的安全到工地、出土遗迹现象的安全，从技工的团结到工地民工的管理，从技工的考勤和工资发放到民工的考勤和工资发放，从对考古内部的生活管理到涉外事务处理，从后勤到新遗迹的判断和处理，从生活到下一步的工作开展，每个环节都必须详细到位，不能有差错。因为夜里三点钟以前很少睡过觉，领队被大家戏称为工作狂。无论冬夏，带班的李一丕每夜凌晨以后必去工地检查工地值班及安全情况。

考古发掘是一门严谨的科学工作，不仅需要考古工作者不怕吃苦耐得寂寞，还需要按照严格的要求科学地进行。在工作过程中，我们严格执行《田野考古工作规程》，认真履行领队负责制。工地管理严格，制定了必要的措施和各项制度，如《工地责任分配制度》、《安全保卫制度》、《工地发掘及资料质量检查要求》、《民工管理制度》、《后勤管理制度》等，确保了工地各项工作科学、合理、有序地进行。对驻地和工地安排专人 24 小时值班，同时辅之以值班巡逻制度，值班及带班人认真如实做好值班记录。工地配备了帐篷、探照灯、手电筒、对讲机等，保证值班和代班之间、驻地和工地之间的信息畅通。工地成立了临时库房，建立严格的临时库房管理制度，专人保管出土文物，管理库房。工作过程中紧紧围绕确保生命安全和出土文物安全两个关键，严密细致地排查漏洞，不放过任何一个不确定因素。

发掘时所有遗迹采取先发掘二分之一或四分之一的方法以更好地控制剖面，掌握遗迹堆积情况。为了更好地控制地层，我们在布设的 10×10 平方米探方内以 5×5 平方米的探方形式进行发掘，个别重要的迹象采用 1 米网格发掘；重要灰坑填土网筛，重要遗迹线格网框大比例测绘，工地总平面图利用全站仪测绘。遗物分类全面采集，包括浮选、植硅石、孢粉、土壤磁化和酸碱度、树种、砾石石料、^{13}C 与 ^{14}C 等资料。文字、表格、绘图记录规范齐全，全部遗迹摄影，全景高空摄影，重要遗迹录像，确保资料记录的科学性、准确性、完整性。对各类遗迹的划分、标本的采集及各种记录进行定期检查，发现问题及时纠正，确保发掘的每一项环节科学操作。易碎陶器等遗物采取化学加固方法采集，人骨、动物骨骼全部整取，个别保存完整的重要遗迹如陶窑等进行加固处理，拟整体搬迁保护进行博物馆展示。

工作过程中我们还采取边发掘边整理的工作模式，压缩报告编写周期。2006 年、2007 年度发掘报道已由《中国文物报》、《2007 中国重要考古发现》刊出，简报于《考古》2008 年 7 期发表。

在发掘过程中我们始终强调课题意识，大面积揭露遗址，尝试聚落考古研究。发掘工作围绕聚落单位布局、聚落单位的基本生计形式、聚落与周围自然环境的关系、对资源的利用情况等几个方面进行，以期通过这些工作研究当时人们的行为方式、亲属结构、社会组织结构和管理机制。发掘前我们已经收集关帝庙遗址的各种图片、图纸、文字资料，了解到遗址在最近几十年的变迁脉络，而且注意到遗址地貌特点，为探索该遗址布局等提供了直观的背景资料。我们利用现有的影像、文字资料，借助相关的计算机技术，迅速、准确地制作遗址大比例尺的地形图。为核实遗址范围，我们以有无文化堆积为依据，采用观察现有剖面和钻探相结合的方法，确认了

关帝庙遗址出土器物

张忠培、徐光冀、李伯谦等专家考察现场，左下图左起第一人为李素婷

遗址的范围和地层堆积特点。在发掘过程中，采取大面积揭露遗址的方法，地层、遗迹统一编号，注意聚落考古研究中遗迹单元本体、遗迹单元之间布局关系问题的分析确认，注意聚落考古研究中区域功能的分析确认，并注重聚落的历时性和共时性的关系确认，把遗址内不同时期的遗存和同一时期不同阶段的文化遗存区分开来进行分析。

在发掘的同时，在前人工作的基础上，我们对关帝庙遗址周围数十平方公里范围内进行了考古调查，对该区域内原来发现或已发掘的古文化遗址进行了复查，对文化内涵、文化年代等方面进行梳理及重新认定，并新发现了部分古文化遗址。这些工作，对关帝庙遗址商代晚期文化聚落的定位及研究当时的聚居特点、形式、结构等亦有重要意义。

我们的发掘也注重多学科结合，注意进行年代测定、环境考古学、体质人类学、动物考古学、植物考古学、成分和结构分析等多项研究。和中国科学院研究生院科技考古教研室合作，分析遗址不同时期人们采集植物和栽培农作物的种类和数量，以进行环境考古学的研究。采集柱状土样，和中国科技大学科技考古系合作，进行孢粉学和植硅石分析，以期通过不同层位或不同部位在植硅石成分和百分比频度上的变化，了解聚落各部分的具体功用等。发掘的动物骨骼，请本单位动物考古实验室专家，进行分析。所有墓葬的骨骼，全部保存或起取，请中国社会科学院相关工作人员，进行性别和年龄鉴定、骨骼形态、骨折及骨病理的鉴定、古代人骨的种族类型学研究或种族判断定等体质人类学的研究。和加拿大英属哥伦比亚大学人类学系合作，对出土的人体骨骼及牙齿锶同位素含量进行分析，以确定遗址内人群来源及与周围人群的联系。对发掘出土的石质、骨质生产工具，请中国科学院研究生院科技考古教研室工作人员，进行微痕分析，以了解当时的生产方式等。对出土的陶质生活用品内的残留物等的分析，亦同时进行。出土的重要遗迹由本单位科技考古室土遗址保护专家进行加固处理。

另外，在发掘过程中尝试新的方法和技术在考古中的运用。我们和上海龙安互动科技有限公司合作，使用三维科技，进行考古发掘现场三维重建。通过数字化处理，把在一个平面无法表现的遗迹用三维或多维的方法表现出来，并把遗址内的不同堆积单位及其关系在多维空间里从多个层面清晰直观地展示出来，克服了传统的摄影、摄像资料不能在单个文件内全面展现的不足，弥补了文字资料难以完整准确表述的缺憾。这是数字化考古有益的尝试。

正是由于我们在发掘过程中通盘考虑具体操作，我们的发掘工作得以顺利进行并取得了较大的收获。

尾　声

关帝庙遗址的发掘早已结束，对遗址发掘资料的全面整理正在有序进行《关帝庙遗址晚商聚落研究》已被列为国家哲学社会科学基金项目，而关帝庙遗址最终将以《荥阳关帝庙》考古专著的形式呈现给大家。在让大家翘首以盼的当间，我们还想说一点题外也是题内的话：关帝庙商人是从哪来的？又到了哪里去？

按照现有的资料，关帝庙遗址可分为三期，分别相当于殷墟一期、二期、三期，以二期为主，就是说，这个村子在盘庚迁殷的时候已经有人住了，二期的时候进入兴盛期，三期可能又衰落了。

郑州市文物考古研究院在关帝庙东两公里的东赵村发现一座夏城，资料还没公布。根据领队提供的信息，此城为新砦期城，一直使用到早商二里岗下层时期，可以做如下的理解：在夏都迁往偃师二里头的时候，东赵的夏人开始建城，来经营索须河这片肥沃的土地；后来商人攻灭大夏，东赵城不必说也被占领，经过近三百年的教化，原来的夏人早归化成商人；然而，当商王将都城从小双桥迁往河北时，距小双桥仅8公里的东赵商人也全部离开故土。他们是跟着商王去了河北？还是只去死心塌地的那部分？按照一般的社会规律，只有精英、上层才跟着走，一般老百姓故土难离，可是东赵的老百姓也离开了，他们会不会去西边的关帝庙开垦新的资源？一个地方住了数百年，资源有老化的可能。

就在关帝庙遗址发掘结束后不久，郑州市文物考古研究院在其西两公里的蒋寨村发掘了蒋寨遗址。蒋寨遗址以西周遗存为主，但也有不少殷墟晚期的东西，其殷墟东西正好续接关帝庙。难道历史如此巧合？关帝庙的商人在檀山脚下住着住着，地力又不济，移到西边的蒋寨去了？

历史就是这么爱重复，他们离不开厚道的檀山，离不开河间放牧、平地耕作的故土，有何不可呢？

中华民族的思乡情节真是根深蒂固！

郑州地区重大考古发现发掘纪实之

娘娘寨遗址

时　代：西周
地　点：荥阳市豫龙镇
发掘时间：2005年
荣　誉：2008年度全国十大考古新发现

诸侯争霸的预演
——荥阳娘娘寨两周城池遗址考古发掘纪实

◆ 张家强

娘娘寨城址位置图

风景如画的娘娘寨里流传着怎样的动人故事？
这里的发现还原了哪一段波澜壮阔的历史？

奇怪的村名

2004年8月，河南省文物局给郑州市文物考古研究院分配了一项任务：对郑州境内南水北调中线工程干渠文物点进行调查、复核、试掘，为文物保护做好前期工作。8月中旬，调查小组在豫龙镇北边的檀山脚下接连发现关帝庙晚商遗址与蒋寨西周遗址，大伙的情绪像被汽蒸一样，一下子饱满起来。有人提出，向北一马平川，玉米接近成熟，干渠经过的地方地表难以发现文物，应当等秋收以后再做细致调查，而多数人员觉得钻玉米地不算什么，无非手脸受伤而已，我们应该乘胜追击。

于是，大家在热带雨林般闷热的玉米地里来回穿梭，不是被玉米缨扫了眼，就是让玉米叶拉伤了脸，一不小心，沉甸甸的玉米棒子会咚地捶在脑门上。大家弯腰弓背，手搭凉棚，好像八路军在青纱帐里搜寻"鬼子"，足足折腾了一星期，前进了八里路，当然一个"鬼子"也没捉到，一个遗址也没发现，没准这里是西周人的牧马场，才如此干净。这一场辛苦，大家衣衫湿透透，内心空荡荡。

这天我们来到一个叫寨杨的村子，好奇怪的村名，一般的村子都是姓在前，这个村子怎么把寨放到前边去了呢？莫名其妙。向群众打听:"这附近有什么古迹呀?"群众异口同声地说:"村西南沟对岸有个龙泉寺,是荥阳很有名的寺院,"文革"中毁掉了,只剩下破墙与残砖烂瓦,还有不少残碑呢,你们去看看吧。"

调查人员打开地图,那个寺院离干渠700米远,不在调查范围。

"还有别的吗?"调查人员随口添一句。

"有,村子西北的地里,有一个娘娘寨,开春的时候,好像有公家的人在那儿打桩呢。你们不用往地里钻了,村北头有一条沟,顺沟向西200米,能看到一个高台子,那就是娘娘寨。"

娘娘寨,这名更奇怪,难道皇帝老婆来此住过?不然为什么不叫姑姑寨或奶奶寨?奇怪的名字引起大家的兴趣,大家招呼着朝村西北奔去。果然村北有一条路沟,两壁陡直,底宽四五米,沟顶立着粗壮的泡桐树,走在里边幽深幽静。西行200米出了沟口,北侧玉米顶稍冒出一高台来,高台的南壁、东壁斜长着酸枣树与杂草,透过黄如金币的酸枣树叶,似乎高台里边也长着玉米。

我们径直穿过田间小路,来到台下。一看,心里边像射进一束斜阳,亮堂多了。为什么呢?原来这条田间小路,走到台前一分为二,一条顺着高台南壁向西去了,一条顺着东壁向北去了。因为是生产用路,人走车行的,路被辗得光滑细腻,断崖上部草木茂盛,下边却光秃秃,地层一目了然。走在软软的灰褐色的小路上,仰视碧草蓝天,简直就是一场享受,与前几天相比,味道大有不同。

根据省文物局南调办提供的地图,

娘娘寨遗址远景

娘娘寨城池内城南城墙剖面

干渠要通过这个方形高台的西南部,寨子能不能保住,就看它的重要性如何了。为此,我们对其进行了详尽细致的考察。

高台南壁较高,下部陡直,裸露的黄土有四米多高,全部是生土,生土以上略微内收,长着酸枣树与乱草,那白生生、红殷殷的酸枣看上去就像一串串珍珠玛瑙,让人垂涎欲滴。

高台东壁与北壁都有小路经过,下边陡壁较低,上部草木因背光时间长,反而更加茂盛,荆条、枣树长得密密麻麻,我们放弃了攀登的念头。

高台西壁没有小路经过,少了人为干扰,在风雨侵蚀下呈自然斜坡状。这面坡草和树经烈日灼烤显得无精打采,长年累月的腐殖质积累很厚了,在此搞地层解剖的想法因土没地方倾倒而泡汤。

无奈,我们从台子东南角的小路登上高台,扑入眼帘的是密不透风的玉米。奇怪,这里的玉米青翠欲滴,玉米棒的包皮依然紧凑,从包皮里挤出的玉米缨像青涩的少女,微微泛红了脸,是玉米种得晚,还是土壤太过肥沃?往地面瞅瞅,土壤比台下的土壤灰多了,是一种很单纯看上去也很舒服的灰褐色,田边有不少灰、红色的陶片,多数是战国时期的盆、鬲口沿。这个高台有战国文化层是肯定的了。

高台周围是一圈1米多高的围墙,用手铲捣一捣,松松垮垮的,刮一下,也没见明显的夯层。调查人员在玉米的前呼后拥下,深一脚浅一脚绕着围墙走一圈,确定这是明清时期人们堆起来的寨墙。如此,叫娘娘寨还是可以的,毕竟充过防匪的寨子。可是,地面又哪来这么多战国陶片呢?

我们决定在高台南壁偏东比较陡直的地方清刮出一个剖面,看能否找到战国灰坑之类的遗迹,也许还能发现战国的夯层。和村干部打过招呼以后,四五个调查人员开始忙碌。两个年轻的跑到寨子内部,从寨墙上跨过去,小心翼翼地用铁锹从上往下铲除杂草,遇上枣村则用斧砍。下边两个岁数稍大的直喊,小心小心,土太虚了,别掉下来。喊着喊着,扑面而来的灰尘很不地道地钻进他们的肺里,吭嘎声随之而起。在这六七米高的断崖上做蜘蛛侠工作真不是闹着玩的,胆大还要心细,要靠敏锐的判断和手尖脚跟的配合,身手敏捷才能猱进鸷击。厚厚的草沫与腐殖土去除后,又运来井水,一番洒泼,几番清刮,一个漂亮的剖面出来了:上部较虚,是明清时期的寨墙堆积;下部结实,是一层层的战国夯土层,人们心头掠起一阵兴奋。灰头土脸一天多,调查人员这才想起,在微风中含笑、在尘土中踉跄的酸枣居然没拣一颗尝尝,枉费了舌底泉涌的口水。

城是战国时期的,好像与娘娘关系不大,该问问村民娘娘寨到底是怎么来的。

娘娘寨城池内城北城墙剖面

娘娘寨的传说

公元383年，貌似强大的前秦经淝水一战，好像一张煎饼被东晋这把利刃剁得粉碎，从前被征服的少数民族纷纷拥兵自立，北方再次陷入战乱。又过三十多年，黄河以北的土地总算站出来一个说话算数的，这就是鲜卑拓跋氏建立的北魏，而东晋也被刘宋替代，兵锋直指河洛，郑洛间许多夕阳下高高矗立的古城内都挤满了欢呼胜利的宋兵。

河洛是东晋的京畿之地，宋兵虽是南人，但来到祖辈生活过的地方，未免有回家的感觉，轻手轻脚，对当地百姓很好。老百姓也快百年没见过汉兵了，对这些长相清奇、操着柔软细语的宋兵也相当友好，就像多年不见的孩子回家一样，看着喜欢，军民就这么友好地相处着。

公元422年，刘宋开国皇帝刘裕病故，魏明元帝觉得可以过河捞一把，遂发兵连克洛阳、虎牢，驻防开封、郑州的宋兵蜂拥而至，在荥阳西部与魏军形成对峙局面。

冬天到了，忽一日，大雪纷纷，黄河一改往日的咆哮横肆，像个内敛的少年静静挂剑躺在邙山脚下，雪花在北风吹拂下，犹如一排排冲锋陷阵的士兵，恶狠狠向邙山扑来，大部分栽倒在河水里化为无形，而那些越过黄河的雪花在重力作用下，变成邙山层层的铠甲。驻守郑州的将军连发两道命令：虎牢前线严防敌人利用雪色进行偷袭；驻守郑韩故城、古城寨、常庙城、京襄城、索城、娘娘寨、平咷城的将领要抽出一部分兵力，向邙山一线机动，防止黄河结冰资敌。

驻守娘娘寨的是一位青年将领，他的祖上也是河洛郎，新娶的夫人却是地道的南方闺秀。她很想看看北方壮丽的河山，今年夏天克服千难万险来到丈夫驻军的地方，伟岸如蟒的邙山、九曲迂回的黄河、雄浑壮美的嵩山都让她流连忘返，而这对青年男女乘马出游的背影，更让一路的百姓、兵士喝彩不止。她身材中等，凸凹有致，薄施脂粉的脸上闪烁着青春的光芒，眉宇言谈间流露着对百姓的关爱；百姓喜欢看她明媚善变的双眼，乐于听她潺潺泉水般的语声，在他们眼里，她就是温文尔雅、姿态柔顺的宫中嫦娥，她就是浮袂流裾、踏波而来的水上洛神。可这位美丽的夫人患有轻微的哮喘病，入冬以来很少外出，这场满天飞雪一树琼的美景她只能待在屋里透过门缝观赏。

年青的将军接到命令，实在放心不下娇美的妻子，再三叮咛不可外出，以免受寒，他要带领一部分士兵赶到黄河岸边安营扎寨。临别，他用宽厚的臂膀抱了抱妻子，妻子深情地说："我等你回来。"

大雪连下了三天，丛岭与原野变成了雪的海洋，人迹罕见，鸟兽不行，数座白皑皑的兵城像被抛在谷底浪尖的战船，刹那间凝固了。这本是一幅空灵充满人生意境的山水画,敌我双方都应该好好想想人类的前途,偏偏有那么一个不识时务的敌将,想在这唯美如画的年头弄出点事来。他带领手下一千多号兵士,白盔白甲,离开虎牢大营,越过汜水,攀上断崖,利用地形掩护,悄悄向索河东岸的娘娘寨进发。

一路路舛雪厚,摔到沟里的不计其数。傍晚时分,这些摔得鼻青脸肿的将士们总算来到娘娘寨城外,早有守望的士兵报告给守城副将。

副将登城一望,远处白花花的雪地忽然厚了一层,这厚出的一层不断向前蠕动,知道敌兵无数,准备弃城而走。慌乱中吵闹惊动了后院的夫人,平时柔顺的夫人马上呵止了副将,指挥大家多扎草人,套上鲜明的盔甲放在城头上冒充士兵,又点起狼烟,城南10里的索城闻警而动,援兵大张旗鼓,鼓噪而行。魏兵怕被夹击,仓皇中又跌跌撞撞回撤。

夫人身披软甲,伫立城头,一直望着溃散的敌兵跌出眼界以外。

当晚,夫人受了风寒,一下子病得很重。将军得报,飞马赶回,迎接他的却是体温尚存再也呼唤不返的娇躯。

为纪念夫人用性命换得一城安平,当地老百姓出钱在城中修了一座小庙,供奉将军夫人,但是神像却被塑成了观音的模样。大伙儿都说,观音有三十二相,可以变成各种模样解救世人,夫人就是观音娘娘的化身,来帮助当地人守护和平的。久而久之,这个地方就叫了娘娘寨了。

起底娘娘寨

娘娘寨是南水北调中线工程郑州段唯一一处被干渠占用的城址,寨杨、寨河、前袁垌三村好似花瓣,娘娘寨是个方形花心,真的躲不开。设计方费了不小的劲,

娘娘寨遗址发掘现场

李伯谦先生考察外城南城墙

干渠还是撞衫而过。这样，被干渠占压的部分都要发掘，面积10000平方米左右。娘娘寨虽被割去衣角，却给考古人一个难得的解剖娘娘寨的机会。郑州这么多战国城，或者说战国仍在使用的城，城的始建年代往往偏早，没准娘娘寨也可往前提上那么一段呢，这一提说不好会牵出更多的故事。

2005年5月，娘娘寨遗址的发掘工作全面铺开。考古工作就像一首有固定旋律的歌，开头起多高的调，中间使用什么样的旋律，结尾怎么收场，都掌握在领队手里。同样的旋律可以重复使用，可以反复吟唱。当然，有调起高的时候，有旋律弄错的时候，也有难以收场的时候，总是在重复中补救，在重复中改善，最后达到完美的统一，和谐的统一。娘娘寨的发掘就是这样的一个过程，春夏秋冬，吹拉弹唱，我们一直唱到2009年底，直到唱出一座西周晚期的城。

下面，我们用平实的语言来报告娘娘寨里到底发生了什么样的事。

四年半里，共发掘面积15000平方米，清理各类遗迹1900多个。遗迹主要有城墙、城门、房址、夯土基址、墓葬、道路、排水设施、陶窑、灰坑、水井、灰沟、灶等，出土遗物多为陶器，另有石器、

娘娘寨城址外城壕

骨器、蚌器、小型铜玉器以及鹿角等动物骨骸。

遗 迹

（1）外城、护城河

娘娘寨发掘伊始，我们便认为存在外城，但一直忙于内城发掘，未能抽出必要的人手去寻找。2008年6月，我们对娘娘寨进行了大范围的勘探，发现娘娘寨确有外城墙。外城只有东墙和南墙，因为索河在娘娘寨西是南北向，在娘娘寨北是东西向，古人搞了个矩尺形的外城接通索河，省去两道城墙，真是聪明。

外城东城墙在内城东600米处，南北长800米。经解剖，城墙宽7～9米，墙下挖有梯形基槽，基槽宽5米，深1米。东城墙外有护城河，可惜被一近现代冲沟破坏殆尽。

外城南城墙在内城南320米处，东西长1200米。经解剖，保存宽度2～8米，墙下基槽同东城墙。南城墙外的护城河宽20米，深6米。

解剖发现：外城分两次修建，始建年代为春秋时期，战国时期对城墙进行了加宽。

（2）内城、护城河、城门

娘娘寨就是内城，现为一独立的高

娘娘寨遗址内城全景

娘娘寨城池西南角发掘现场（自东向西）

台，高于地面 4 ~ 7 米（包含寨墙）。高台东边的地势略高，南边、西边、北边略低，这是龙泉寺沟的夏季洪水冲击造成的。龙泉寺沟大约形成于汉代，从外城墙中部冲入内城（龙泉寺沟末端可能就是贯通外城南门的大路），遇到内城城墙的抵挡，折向西，又向北，将内城与索河间的墓地冲了个七零八落。

高台由于数千年生产活动的侵扰，应比原来的小，也就是说，内城的城墙遭到人们的不断掘进，肯定不是原来的宽度了。从高台的外缘量起，娘娘寨南北长 222 米，东西宽 233 米，面积 5 万余平方米。

内城也有护城河，距离城墙很近，围绕内城一周。我们对西护城河、南护城河进行了解剖，发现护城河口宽 48 米，深 12 米。护城河上部坡度较缓，下部为一宽 4 米、深 3 米陡直的沟槽，似为有意而为。护城河底部淤土中包含物较少，见西周晚期器物残片及动物骨骼，上部淤土中见东周遗物，说明护城河在东周时期仍在使用。

通过对南北城墙进行解剖，发现两者底部夯层结构相同，但不在同一个水平面上，南高北低。这说明筑城时北部因接近索河岸边而地势较低，必定先将低地夯填起来，再行筑墙。因历年的生产活动破坏、雨水冲击，城墙有无基槽、城墙的宽度都无法搞清。

南城墙：夯层厚 0.08 ~ 0.1 米，夯窝圜底。

北城墙：下部夯层厚 0.08 ~ 0.1 米，夯窝圜底。上部夯层稍厚，东周时期夯筑。

北城墙下部夯层被春秋早期的灰坑打破，墙内包含物均不晚于西周晚期，同时北城墙叠压有西周中晚期的遗迹。因此，内城的始建年代应为西周晚期。

内城四面城墙中部均有缺口。我们对南、北、西三面进行了解剖，在东城墙缺口处也做了一个刮面，可以确认缺口为城门所在，城门与城内十字道路相通。

北城门被一唐宋时期的大灰坑破坏。西城门保存较好，唐宋时期被夯土封堵。城门宽4米，有两层路土，上层路土为东西向的道路，下层路土散见西周晚期陶片，是城始建时的用路。西城门下压有西周中晚期一条灰沟。在西城门内侧，有一直径10米，深4米的圆形祭祀坑。东城门的结构和西城门结构相同。

（3）夯土基址

娘娘寨共发现8处夯土基址：F2、F3、F4、F5、F7、F8位于内城中部，组成一组庞大的建筑群体；F6位于西城门内侧北部；F9位于内城东南部。夯土基址均遭严重破坏，残存台基部分，墙体无存，部分建筑还有柱洞残迹。夯土基址一般分为上下两层，上层建筑时代多为春秋晚期至战国早期，下层建筑破坏严重，时代为西周晚期至春秋早期。

（4）道路

内城发现道路3条：南北向道路1条，连通南北城门，宽3~4米，时代为西周晚至春秋早期；东西向道路2条，这两条路大部重叠，皆通向东西城门，宽3~5米，上边一条是战国时期的路，下边一条为西周晚至春秋早期的路。

（5）灰坑

娘娘寨发掘灰坑1900多个，灰坑形状不一，有圆形、椭圆形、方形、不规则形等，按用途分为生活垃圾坑、窖藏坑、祭祀坑、粮仓。

H808为一祭祀坑，位于西城门内侧，

娘娘寨内城9号夯土基址（战国时期）

娘娘寨城池战国祭祀坑

圆形，直径10米，深4米，壁近直略内收。坑内有5具完整的马骨架、4个人骨架以及1具猪骨架，分两层埋葬，上层3马3人，下层2马1人。在祭祀坑东、北部，发现有建筑迹象（很多奠基石和大面积夯土面），应为建筑祭祀坑，时代为战国早期。

在中部夯土基址的北部，发现并排3个直径5米、深4米的直壁平底深坑，底部加固，坑壁有加工痕迹，底部出有粮食颗粒，当为粮仓，时代为战国早期。

（6）墓葬

内城发现10余座小型土坑墓，均压在中部夯土基址下边，打破生土，故其时代应为西周晚期。墓葬多为一棺一椁或单棺，墓底有殉狗的腰坑，个别墓出土陶鬲、陶豆、陶壶、陶盂等，M13未见任何陶器，却随葬10余件西周小型玉器。这些墓可能是商遗民的墓葬。

经勘探，在娘娘寨内城西南方向，也即内城西城墙与索河之间没被龙泉寺沟冲毁的台地上有密集的墓葬分布，这里应该是娘娘寨城址的另一处墓地。根据钻探图纸，有选择地清理10多座大中型墓葬，从出土的鼎、豆、壶、盘、匜器物特征来看，他们是战国早期的墓葬。个别墓器形庄重典雅，有仿铜器的意味，可能为贵族使用。

（7）水井

娘娘寨遗址发现的水井较多，一般为圆形和方形，个别长方形，井壁有对称的脚窝，底部为淤土，部分井内出有汲水罐及溺水动物骨骸，井深一般10米，反映了当时人们先进的凿井技术。

（8）陶窑

娘娘寨发现陶窑较少，集中分布于内城东北部，有西周和战国之分。推测此处应为城址制陶区。

娘娘寨遗址战国墓葬

娘娘寨遗址西周晚期陶窑

娘娘寨遗址出土青铜刀和布币

娘娘寨遗址出土玉器

遗 物

娘娘寨城址清理遗迹众多,出土物自然丰富,从质地来看有陶、石、骨、蚌、铜、玉器等,陶器为大宗,其余器物较少。

陶器分泥质和夹砂两种,以灰陶为主,有少量红褐陶,纹饰有绳纹、旋纹、弦纹、附加堆纹等,也有相当数量的素面陶,器型有鬲、豆、罐、盂、碗、甑、簋等。石器主要有石铲、石刀等。骨器较多,器形有骨针、骨簪、骨凿、骨镞等,另有卜骨、鹿角以及用鹿角加工的角锤。蚌器种类有蚌刀、蚌镰、蚌锯等。铜器、玉器较少,铜器主要为小型的铜刀、铜箭镞,玉器主要有玉璧、玉鱼、玉圭等。

根据器物特征,娘娘寨城址文化遗

娘娘寨遗址出土陶器

娘娘寨遗址出土骨器

娘娘寨遗址出土玛瑙珠

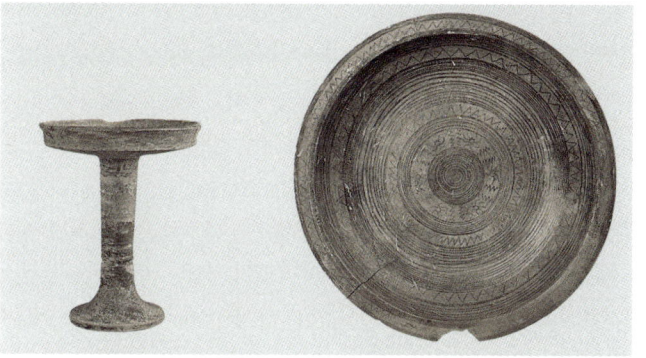

娘娘寨遗址战国墓出土器物

存可分为五期,即河南龙山文化晚期、二里头文化、西周、春秋、战国。当然,前两期属于零星级别,后三期是城址的重要遗存项目。城址西周文化层被春秋战国时期的遗存破坏殆尽,多以灰坑、墓葬形式出现,时代以西周中晚期为主,出土器物有鬲、豆、罐、盆、簋、瓮等。春秋战国时期的遗迹单位中发现有较多的西周时期遗物,说明春秋战国时期人们在此的活动达到鼎盛,将西周时期文化遗存扰乱。根据器物特征,可细分为春秋早、中、晚和战国早、中、晚几个时期。

娘娘寨勾起的千秋往事

自从古人把家安到郑州——这个黄河之滨最肥沃的一块土地上,人类便再也离不开它了。这里成了他们的家,成了他们世代集体演出的舞台。这里有花开花落,有秋兴秋杀,有春意融融,有血雨腥风。太阳与月亮以两种不同风格的时光供人们度过,而脚下的这块黄土与冲刷它的溪河只有考古人才能解说。

仰韶时期,这里气候温暖,空气湿润,在邙山之巅与大泽之畔开出了最繁茂的彩陶之花,西山古城就是那花都,大河村就是那后花园,人们河流岸边,黄土之上,种瓜得瓜,种豆得豆,生活得好不惬意,他们对生活的梦想与酷爱都描绘在亲手制出来的陶器口唇间、胸膛上、肚子里,那真是个生动活泼、思想飞翔

· 347 ·

的时代。

龙山时期，气温骤降，大雨滂沱，丰富多彩的陶器烧不成了，人们走向实惠，有饭吃，有水喝就行。这时候，他们最棒的炊具就是罐形鼎，烧一罐热腾腾的稀饭，杀一口养了一千天的母猪，整个村子都洋溢在米香与肉香里。村子比以前变小了，变稀了，但人们对生活的期冀变强了，更懂得团结与友爱。在荥阳盆地外围，新密古城寨、登封王城岗，先后出现两个区域性都会，它们带领这个历经劫难的社会继续向前跋涉。

进入夏代，社会有了专门管理者，那便是高高在上的夏王。他还配备了领导班子，班子与社会都学会了分工协作，社会逐步走上发展的快车道。当都城迁往最富庶的伊洛平原后，郑州，他们身后难以忘怀的故地，设立了二个遥控的城市——新郑望京楼夏城、荥阳东赵城、荥阳大师姑城，既作征伐的码头，也作退防的滩头堡，郑州地区进入复兴模式。

商汤革命，夏桀放逐。商汤觉得挺富裕的洛阳盆地有点施展不开手脚，不如郑州可以信马由缰，就在圃水之滨建起了一座由外郭城、内城、宫城三座城池组成的宏伟都城。这里有黄河的鲤鱼，嵩山的野兽，河网在阳光下波光粼粼，旌旗在城头上哗哗作响。商王在此君临天下风生水起，四面出击，把手伸到长江里，指向泰山东，后来干脆把都城搬到安阳，向北发展去了。郑州是商人守了三百岁的基业，旧业难舍，郑州商城

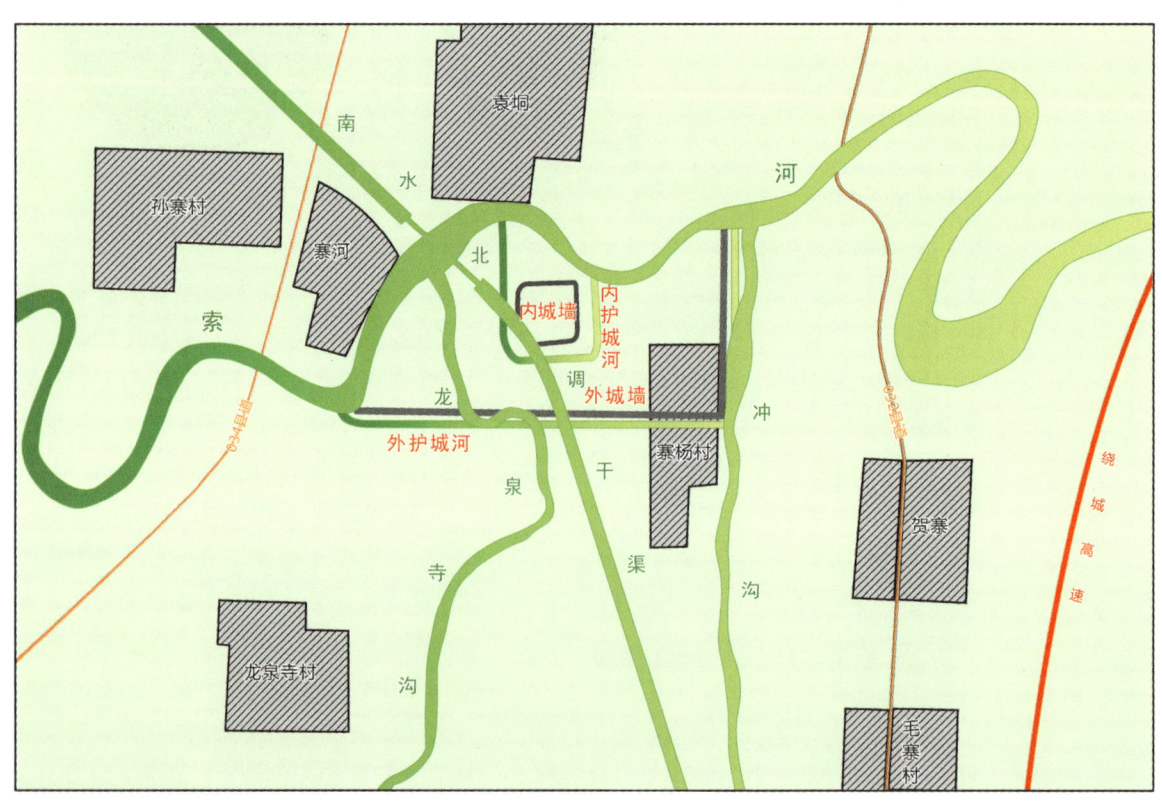

娘娘寨内外城平面图

张忠培、李伯谦、严文明、徐光冀等专家指导工地发掘，右下图右一为张家强

也不是全部搬空，以商城为中心，在荥阳、新密、登封、新郑等地，仍有许多商人在坚持自己的梦想。虽然是鸡犬之声相闻，老死不相往的状态，小国寡民有小国寡民的好处，官少税少，平安无事了。

谁想纣王学了夏桀，把前程断送。郑州地区原住民迎来了西部边陲的周族，人家来收拾旧山河了。文王的弟弟分到广武山西端，那里山高谷深，是个能攻易守的地方，就叫制吧。周公旦的哥哥管叔鲜，有两把刷子，分在郑州商代旧都亳都一带，又从殷都迁来一些遗民，让管叔管着，防止他们袭了成周。周公旦的老五孩子挺乖，分在郑州东边的祭城，跟着管叔学管理。祝融氏原在新密大騩山一带活动，他的后代被封在了郐，管理溱洧间的大片土地。后来，在郐国西边更穷的地方，又迁来了密国，称新密。

郑州，这七八千平方公里的地方，安排了四五个国家，密度相当可以，但成熟度不够。管叔鲜在武王死后，认为周公旦会干涉成王当政，就和另一个弟弟蔡叔度、纣王的儿子武庚一块造反，被周公毫不客气杀死，封国收回。封国给了谁？除了自己的儿子祭伯，能给的还有自己的叔叔，于是，把这些地方分给了自己的叔叔，称东虢国。从后来的历史来看，管国还真是被这两个家瓜分了。这是郑州第一次上演骨肉相残的场面。

二百多年过去了，一眨眼到西周末年，周幽王的叔叔郑桓公看到西周命悬一线，想把自己的封国迁到东方，幽王爽快地答应。郑桓公就把自己的家人、财产寄放到东虢国、郐国国君那里。桓公是朝中司徒，又是当今皇上的亲叔，两国国君乐于巴结，并奉送十邑，权作礼物。后来平王东迁，桓公的儿子武公，也就是平王的叔叔，毫不客气灭了东虢国、郐国，把宝物连本带利拿回。这是郑州地面第二次上演骨肉相残的大戏。

郑武公结婚较晚，生的孩子不多，这不多也够麻烦。他有两个孩子，大的叫寤生，小的叫叔段，后来大的继了王位，是为庄公。庄公母亲说，老大呀，把制封给你弟弟吧。庄公说不行，那地方太险，谁也不给。母亲大方地说，那就把京给弟弟吧。庄公无奈，京是"豪华大巴"，不是一般"小汽车"，忍痛封给了叔段，从此，叔段也叫京城大叔。

叔段到了京城一看，水绕物丰，沃野良田，心花怒放，于是，突破礼制，筑高墙挖深池，囤积粮草，修缮兵甲，时刻准备进攻郑都，于哥哥分庭抗礼。有人报告给庄公，庄公胸有成竹地说，多行不义必自毙，任凭叔段胡作非为。叔段终于造反，哥哥果断发兵迎击。由于国人不支持叔段犯上作乱，很快失败，逃往共。庄公追兵至，叔段只好自杀，果然应了哥哥所说的自毙。弟弟敢反，哥哥敢杀，哥俩都不含糊，这是郑州地区最惨烈的骨肉大战。

以后，郑国被韩国攻灭，韩国被强秦攻灭。秦亡后，邙山头上又上演楚汉相争，一幕幕血雨腥风，此不赘说。

往事中的娘娘寨城址

诚如前述，郑州地区历史上出现过数个西周时期的封国。这些封国太小了，以至于它们像黄土地上的蚂蚱，一蹦就没了踪影，到现在它们的都城在哪儿都不知道。经过郑州市文物考古研究院多年的努力，2005年在郑东新区的祭城村底下找到了面积50多万平方米的祭伯城。它当然是周公旦第五子的始封城，可这个城城头离地面还有2米，想搞清城的结构与内部布局，因地下水的缘故，看来是不可能了。娘娘寨城址当然不是国都，它只有祭伯城的十分之一，但突兀于索河岸边两千八百多年，没被风雨抹了去，这可真是个奇迹。这个新发现的西周晚期小城是干什么用的？

目前，国内西周城址发现较少，西周城址的研究材料比较匮乏，而娘娘寨城址的发掘，为西周时期的筑城理念、筑城方法、城墙结构、防卫措施、功能布局尤其是宫殿基址的结构等研究提供了重要材料。

这个弹丸小城是谁最先居住在这里的？根据城内中部基址底下的墓葬特征，殷遗民是这里最早的主人，换句话说，这个小城是殷遗民建造的。这是很有可能的事。史载商亡后，武王为了防止殷遗叛乱，把殷族中最有名望的六族迁到鲁国去，让周公长子伯禽治理他们。索氏是其中的一族，但索氏有一部分被迁到管地，受管叔鲜监管。他们在荥阳县城北边的张楼村建立了索城，到西周后期，或因人口增长，或因发展的需要，他们沿索河向北，在索河南岸的娘娘寨又建立了一个据点。这个据点，北距平咷城只有4.5公里，如果平咷城真的是东虢国国都的话（东虢国有制邑，指荥阳汜水以西的险地。如果将国都建在制，不利于生产、出行，而平咷城距离汜水20公里，位于枯河与索河之间，面积60多万平方米，是荥阳盆地西北部最大古城。20世纪90年代，河南省考古所在平咷城试掘，发现有早商、西周、春秋战国的东西。这个城存在着是东虢国国都的可能性），那么，索氏与东虢国统治者姬氏的分界可能就是索河。

西周末年，周王室发生了一件大事，就是周幽王的叔叔郑桓公看到幽王昏庸无道，问计于史伯，遂将妻子、奴隶、宝货送到河济间的东虢国、郐国存放，这就是历史上有名的桓公寄孥。但是郑桓公把妻孥宝货放在哪儿呢？史载两国国君各献五邑。邑是小城池，像东虢国、郐国这样的小国，它们的邑大约相当于今日公社、乡、镇之类的行政区划。娘娘寨面积5万平方米，时代又在西周晚期，堪堪可就。只是，郑桓公为什么把妻孥放得离东虢国都如此之近呢？如果放在这里，是表示让东虢国君放心的话，那还不如放在娘娘寨南11公里的京邑，这样，东虢国国君放心，郑桓公更放心。这也牵出了另外一种存放方式，不是寄放一地，娘娘寨只是最北的一处。

寄孥在娘娘寨以后不久，公元前779年郑武公把都城从陕西棫林迁到了新郑（一说先迁到京邑），然后开始铲除异己的征战过程。至于郑桓公放在虢、郐各处的奴隶、族人是如何里应外合打败这两个小国军队的，我认为，武公以师徒之尊，先赢了气势，再略施小计，虢郐两国国君又不得人心，因此消灭虢郐不说易如反掌也差不多。不然，以武公劳师远征，虢郐皆有地利之险，若君臣一心，民师合力，武公会不会赔了夫人又折兵尚在两可。

可见，桓公寄孥，是中国历史上最大的阴谋之一，把定时炸弹埋到别人家里，娘娘寨是埋得最深的一颗，这个阴谋这么阳，被埋炸弹的房东居然不察，教训实在深刻。

娘娘寨大概是在郑国吞并东虢国这段时间增筑外城的，成为镇守一方的重要城池。

根据娘娘寨城址的发掘情况，我们对郑州乃至中原地区为何西周城址发现不多有了新的认识。一方面，郑州地区远离宗周，商遗民势力庞大，商文化因素浓厚，西周文化特征不典型，一些城址在年代判断上有误。另一方面，郑州地区东周时期文化遗存丰富且战事较多，一些西周城址破坏严重或多次利用，往往被东周城址叠压而没有从东周城址中区分出来（平咷城就是这样的情况）。总之，娘娘寨城址的发掘，对西周考古研究具有重大的突破意义。鉴于娘娘寨城址的发现十分重要，娘娘寨城址全票入选2008年度全国十大考古新发现。

郑州地区重大考古发现发掘纪实之

郑国祭祀遗址

时　代：春秋
地　点：新郑市
发掘时间：1997年
荣　誉：1997年度全国十大考古新发现

再现钟鸣鼎食的庄严与繁华
——新郑郑韩故城郑国祭祀遗址发掘纪实
◆ 蔡全法

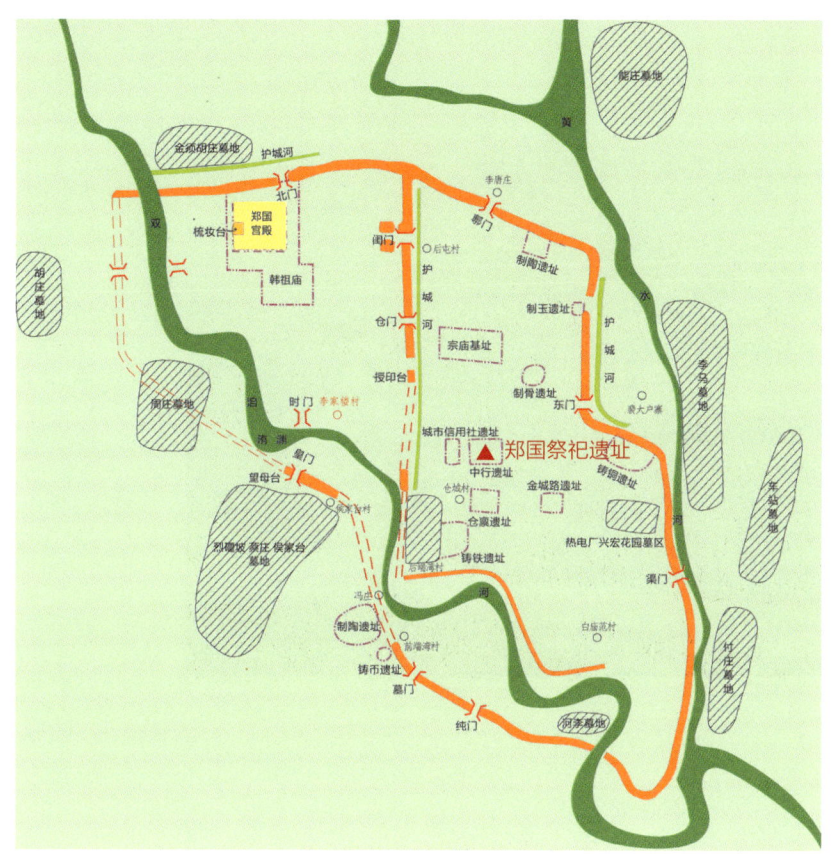

郑国祭祀遗址位置图

至今人声鼎沸的郑韩故城内还有哪些秘密仍旧埋藏在地下?
无意中发现的青铜宝鼎会逃脱被贩卖的命运吗?
青铜器坑和殉马坑会向我们讲述怎样的故事?

郑韩故城,位于今河南省新郑市,是春秋战国时期郑国和韩国的旧都,全国第一批重点文物保护单位。城中先秦时代的建筑尽管在秦灭六国后便遭毁弃,但仍有大量的珍贵文物埋藏在地下。出于保护文物古迹、促进经济建设与文物保护和谐统一共同发展的考虑,原河南省文化局文物工作队(河南省文物考古研究所的前身)于1963年3月,在郑韩故城正式设立文物工作站,长期以来一直负责郑韩故城内的勘探调查、考古发掘与研究工作。数十年来,重要发现接连不断,其中就有1997年入选全国十大考古新发现的郑韩故城郑国祭祀遗址的发掘。

"空城"惊魂记

郑国祭祀遗址的发现源于一次基建考古,故事的开头,不如先从基建考古的定义说起。我国出土的一切文物,均为国家财产。考古发掘是保护国家财产的行为。基建考古是考古发掘的一种,为清除项目建设方选定地点的地下隐患,排除因遗迹遗物未及时清理,而造成的

郑韩故城东北城垣

建筑物日后的使用风险,同时也防止对文物财产的破坏。

许多震惊世界的大发现都是源于基建考古,新郑望京楼夏商古城的发现与快速公路建设有关,陕西汉阳陵的发现是因为咸阳机场配套设施建设,长沙马王堆的发现始于军事工程。郑国祭祀遗址的发掘是近20年前的事,它的发现也是源于一次基建考古项目。

在讲述郑国祭祀遗址的故事之前,先说一个同是基建考古的城市信用社的故事。

就在本次故事的主角中国银行新郑支行基建考古区域的马路斜对面不到一公里的地方,是一个1994年10月开始施工的城市信用社大楼项目,同是郑韩故城保护范围内的建筑施工,自然也要经过基建考古。几十天的忙碌下来,经郑韩故城文物工作站的勘探,并没有发现古代遗迹现象。考古工作人员撤出后,现场交由建设方清理。

虽然文物勘探已经结束,环保、地质等其他单位的审批工作仍在继续进行,工地内各兄弟单位的工作人员免不了出出进进。这一天,新郑市房管所的几位同志在施工区域内作例行检查,其中有一位刚刚参加工作的大学毕业生,他发现身边建设方的人举止鬼鬼祟祟,好像有什么不可告人的秘密,交头接耳之后都躲到僻静的地方去了。于是他跟着那几个人偷偷转到一个简易房的后面,一眼就看见三五个民工正要把一样好像很沉的东西搬到卡车里拉走。呃,他们七手八脚正搬着的东西,不是一个青铜鼎么?房管所的这位年轻干部脑袋嗡的一声。即使是像郑州这样历史积淀深厚的地方,鼎也不是说出就出的。古代中国人以鼎为国宝重器,无论是定鼎还是问鼎说的都不是鼎而是政权和国家。这样近距离且没有玻璃罩的情况下看到一只青铜鼎的经历可不是人人都会有的。慢着,这可是文物、国宝啊,他们要把这

金城路出土铜鼎

件鼎拉到什么地方去？

　　房管所的这位干部转身回到施工作业区，叫来自己的同事让他火速去文管所通知主管领导，自己的眼睛还死死地盯着那栋简易房的后面，注意着那里的风吹草动。距今将近二十年前的1994年10月，可不像现在这样人人都有手机，想赶快把消息传出去只能靠腿了。好在当时新郑的城市规模还没有现在这样大，车也没有现在这么多，从新华路到文管所的距离也不远，传话的人一口气就跑到了。文管所的几位专家听到消息后，立即放下手中的工作，飞奔赶往城市信用社的工地现场。先一个人跑过去，一会又是一群人跑过去，路边的摊贩都投来好奇的眼光，心想着，不知道这是哪个单位在搞长跑活动呢。

　　同一时间的新华路城市信用社院内，房管所的干部拦住了已经装好了货，正要开走的卡车，并义正词严地同司机和周围的工人讲起了我国的文物法规。建设方和他的争执让周围的人越聚越多，眼看偷运无望，只好指挥工人又把鼎从车里搬了出来。赶来的文管所领导立即接管了现场和已出土的青铜器，并仔细向建设方询问详情。原来这件青铜器埋藏位置隐秘，之前郑韩故城文物工作站的同志们并没有发现它的存在，于是乎成了一条漏网之鱼，并险些被装上卡车，不知道要拉到什么地方去。

　　经过询问，人们了解了事情的大概。青铜鼎被挖出以后，民工赶忙报告了负责现场土方清理的小头目，这人想起自己远房表弟自从加入盗墓团伙之后出手日益阔绰，连媳妇都穿金戴银起来了，见财起意，心想着不如也卖上一个，过几天有钱人的日子，至于偷盗国家文物犯法的这个事，早被他忘到脑后去了。

　　独立寒秋，溱洧南去，郑韩城头。

　　秋色包裹的新郑市新华路中段北侧城市信用社建设用地围墙之内，新郑文管所的抢救性发掘一直在悄悄地进行着。早在拦车截鼎的当天，文管所的考古发掘小队就已进驻城市信用社工地，经过对青铜鼎出土现场的勘察，专家们断定这是一处青铜器窖藏坑。

　　按照规定，重大发现要在两个小时之内报告上级主管部门，如果没有省市主管部门政策和技术上的支持，小小县城级别的业务素质和安全保卫能力都不足以承担这样重要的发掘项目。

　　发掘开始的同时，考古工作者们首先想到的是如何保证文物的安全，如果汇报了上级领导呢，省市专家的车一来，埋伏在城里的文物贩子肯定就发觉了，他们平时就十里八村的到处转悠，打听哪儿有古墓，要是文物被这几只狼惦记上了，就得加派人手，严密安保才行。

　　除此之外，文管所的同志们最担心的事是既然已有一件青铜器被挖出，并

城市信用社出土铜豆

且技术手段极不专业,势必会对埋藏处的土层甚至是其他重要遗物造成破坏。常年埋于地下的文物一旦被挖出,外界的温度、湿度、紫外线及空气中的氧气和灰尘,都是破坏文物寿命和价值的大敌。精美的纺织品在阳光下会瞬间腐朽,栩栩如生的壁画暴露在空气中只需数秒便会龟裂、退色、剥落。如城市信用社工地内也有类似的情况正在发生,那将是文物工作者们毕生的遗憾。出于争分夺秒抢救文物的目的,有人提议不如先以文管所之力清理出这一坑青铜器,为大家赢得时间,再通知上级领导和文物工作站,让他们做进一步的深入发掘。文管所的领导们达成一致意见之后,抢救性的发掘便在这天夜里悄无声息地展开了。

鉴于新郑特殊的历史地位,历朝历代的盗墓份子都把郑韩故城作为自己寻找生意的下手处,郑韩故城无奈成了盗墓的重灾区。为了避免打草惊蛇引起文物贩子们的注意,大家封锁了消息,对外仍宣称是例行调查,但却暗中加快了清理和绘图工作的速度。

其间经过了好几个让人提心吊胆的月黑风高之夜,幸运的是,保密工作做得非常好,没有丝毫风声透露出去。负责抢救发掘的工作人员业务熟练、技术全面,也为大家节省了很多宝贵的时间。等到青铜器搬回文管所人院时,大家才长出了一口气,点了点是9鼎、9鬲、8簋、2方壶、1圆壶、1鉴、1豆,共31件。新郑文管所一共只有四间库房,根本放不下31件青铜器,只好在库房外的走廊上一字排开。

搬回文管所大院里的文物自然都安全了,这时终于可以打电话向上级领导汇报了。

接到电话的省市两级文物部门领导火速赶来新郑,没等车停稳就直奔后院的库房,郑韩故城文物工作队的领导也来了。大家蹲在地上与这三十一件青铜器逐一对视,久久不愿起身。

自从新郑文管所建所以来领导和专家们就没有见到过数量这么多、质量这么高的青铜礼器。就像武侠小说中一个平淡无奇的小人物忽然得到了一本足以号令天下的武功秘籍一样,这么重要的一组器物,竟然被一个小小的县文管所发现了,不得不让人感叹机缘巧合的神妙。同时也不得不承认,守着郑韩故城这座文物金山,新郑文管所近水楼台先得月也是必然。

因新郑市博物馆已于当年10月建成,考虑到之后的陈列布展需要,新郑市政府的领导和文管所表示希望可以把由文管所抢救发掘出的这一套礼器拨给新郑市,得到了省文物局的同意。

第二天一早,郑韩故城文物工作站的人们整装出发,又将城市信用社用地范围周边的地块再次进行了考古发掘。就在31件青铜器出土地点附近,又发现了几座青铜器窖藏坑和殉马坑。

冬去春来转眼就是1995年3月,新郑城市信用社基建区域内遗迹现象清理完毕、数据收集完毕,工夫不负有心人,努力自然得到了回报。仔细清理后的新郑市城市信用社基建考古工地共发现青铜礼乐器坑6座、殉马坑56座,出土青铜礼乐器共57件。除其中的一个礼器坑里出土了九鼎八簋在内的共31件青铜器外,一座乐器坑中发现编钟24件,其余四座礼乐器坑均遭盗掘,只有一座坑中尚留存了两件铜鬲。1963年河南省文化

郑韩故城出土青铜鉴

城市信用社出土青铜器

局文物工作队在郑韩故城建站以来从未有过这样重要的发现，工作队上下兴奋的心情溢于言表。

这次出土的青铜器价值在哪里呢？1923年的时候，新郑李家楼的农民挖菜窖时曾无意中挖到了一座郑公大墓，里面出土了数百件精美的青铜器，其中礼乐器就有一百多件，著名的莫过于那一对莲鹤方壶了。这是新郑文物史上的骄傲，也是新郑文化地位的无言丰碑。但可惜的是，20世纪上半叶的河南战乱频繁，李家楼郑公大墓中出土的这些青铜重宝如今散落在海峡两岸的五个博物馆中，想再次聚齐也已成了不可能的事。新郑城市信用社遗址的这处青铜窖藏坑，是1923年以后最重要的考古发现。

新华路空城计的故事到此告一段落，后来这次发掘出土的九鼎和编钟两组器物之间还发生过一个破镜重圆、千年原配再聚首的故事。简单地说就是2000年新郑市博物馆为了更好地完成馆中郑韩故城专题陈列，在展厅里还原新郑新华路城市信用社青铜礼乐器坑出土时的情况，曾向省文物局申请借用一套编钟。

不多时日，编钟运到，因为时间紧迫，大家打开包装后便七手八脚忙把编钟上架。正在搬运的过程中，一个眼尖的喊道："这不就是当年新华路城市信用社发掘出的那套编钟么？"人们听到这话立即围成一圈辨认起来，果然正是城市信用社出土后运到郑州的那一套编钟。也不知是省文物局领导们的有意撮合还是实属无心之举，新华路城市信用社出土的钟鼎重器，现在又可以站在一起向参观者讲述当年的郑国故事了。

充满期待的"迷魂阵"

说完了城市信用社，再来讲讲本文的主角中国银行新郑支行（以下简称中行）郑国祭祀遗址发掘的故事。

城市信用社基建工地开始没有器物出土，是空城计，后来出了有重要价值的器物，却天天担惊受怕，怕被贼惦记，是惊魂记，中行基建工地发掘之初，算是唱了一出"迷魂阵"。

1993年春，为安排郑州考古干部专科学校学员实习，对郑韩故城东城西南部的郑韩故城郑国祭祀遗址曾进行试掘。1996年9月24日，为配合中行的基建工程，发掘正式开始。

因为之前曾经有过试验性的发掘，又有与中国银行新郑支行基建考古工地一路之隔的城市信用社发掘在先，考古工作开始之前，人们便对这里即将面世的考古发现期待不已，队员们个个也都以为这次一定要大干一场了。但是时间一天天地过去，发掘面积从600平方米成800平方米，又增至1200平方米，最后变成了1600平方米，只有殉马坑的出土，并且数量不断增加，数一数都快到40座了，除此之外的遗迹现象却什么也没有。

殉马坑的出土数量一天比一天多，大伙心里的期待也一天比一天高，午休和晚上收工后，三五成群的都在猜测，在殉马坑之后又会有什么出土。

有的说，先秦贵族死后都有用马殉葬的传统，这个地方出了这么多的殉马坑，八成附近有一个郑国国君或者韩国国君的大墓群，里面的大墓个个都像当年的李家楼一样，随葬品多得数不清。反驳的声音说，殉马哪有殉这么多的，就算是国君大墓，怎么只有牲殉没有人殉哪？有的说，这个是不是像秦始皇兵马俑那样的军阵呢？虽然也是国君大墓陪葬坑的一部分，但已经被视为一个半独立的区域，表现的是春秋战国礼崩乐坏的诸侯相侵伐时对军事力量的重视。此话一出，立刻有人表示不同意。战争的主力应该是人，如果这么多殉马坑取的是以战车兵卫护亡灵的意思，何以坑中没有士兵，也没有兵器呢？光是马拉车就能打仗吗？有人提出，这里会不会是当年郑韩故城的祭祀区域，这么多殉马坑都是历年陆续埋入地下的祭品呢？反驳的人立刻说，古代祭祀天地山川用的是太牢、少牢，即使到了后世也是一样，只不过名称更通俗了，改叫猪牛羊三牲，你自己点一点，这里面哪有马呀？

郑韩故城殉马坑

郑国祭祀遗址3号铜器坑

也有那能沉得住气的说，对面城市信用社那块地56座殉马坑，6个礼乐器坑，我才不管之后发现的是埋青铜器的还是埋郑国国君的，总之这地儿肯定有东西，与其没见到实物之前想破头，不如赶快把它们都找到。

时间进入了12月，中行基建工地的建设用地面积已勘探发掘完毕，该收工了，可是除了殉马坑之外，还是没有其他的发现。即使没有发现其他重要文物，四十多座殉马坑也是很壮观的，在报告省文物研究所的领导，经过专家论证之后，决定将殉马坑加固后异地保护。

拿到了保护方案和工程结束的通知，中行基建工地上的人们默默地收拾起自己的物品，准备明天撤离，大家谁也想不明白的是，为什么这里出土了这么多座殉马坑，并且只出土了殉马坑，难道这一次的发掘就这样结束了么？

尽管大家都觉得殉马坑不可能单独出现，在它的周围一定还有高规格的墓葬、祭祀遗址或是青铜器窖藏坑，但考古发掘是要用事实说话的，一千个直觉或是推论的说服力都不及一件遗物或一个遗迹现象，尽管因此人们要多投入数倍乃至数十倍的精力，但这或许也就是这门学科的魅力所在吧。

"划拉"中的惊人之喜

12月8日是郑韩故城工作站的队员们在中行基建发掘工地上待的最后一天。

这天下午，一个叫牛花敏的技术工人在收拾工具的间隙拿着小耙子在空探方壁上无意中划了这么一下，边划还边说，"忙了这么多天，结果竟然出了

黄景略与杨焕成、郝本性等专家考察发掘现场，图中右起第七人为蔡全法

四十多座殉马坑，也不出别的，古代人也是，吃饱了撑的没事殉这么多马干嘛，害得我们也跟着辛苦，还以为有重大发现呢。"这一耙下去，深度大概有三五厘米，一个带着锈色的青铜器边缘出现在了将沉未沉的夜色中。如果说得诗意点的话，这一刻，牛花敏听到了花开的声音。

负责该方的牛花敏将这一发现，悄悄地汇报给了领队蔡全法。收工这一天的晚上竟然又有了重大发现，这个消息不免让人有些一头雾水，但随即便被喜悦代替了。挖了这么多座的殉马坑之后，正主儿终于肯露面了，蔡全法长吁了一口气。

这天夜里，原本还在收拾物品给工具打包的工地各方面负责人在探方边开了密会，大家低声筹划了一番后，各自回到岗位，赶快布置起下一阶段的任务来。首先要向上级领导汇报重大发现的情况，并紧急申请延长发掘时间。虽然青铜器尚未完全清理出土，对之后还会有怎样的发现并不得而知，但根据工地的位置及周围的考古发掘情况判断，这处工地一定不简单。

为保证文物安全，大家并没有声张，中行基建工地围墙内的夜晚仍然宁静如昔，只是晚上值班看护工地人员从原来的2人增加到5人，通宵守护，并且整夜都在不停地巡逻。

得到领导的批准，经过精心的准备，1997年元月后，发掘重新开始。首先开始清理的就是牛花敏所在探方中的3号坑，经辨认，牛花敏无意中揭露的，是一个盗洞，发掘于是先从盗洞入手进行，该坑出土31件礼器，鼎、簋、鬲、壶、鉴、豆一件不少。

其他探方和窖藏坑的发掘在此就不一一细述，值得一提的发现如：凡编钟坑中，均配有小陶埙一件，用于演奏前的调音。一座钟架上还系有敲击铜钟用的钟锤一柄，并存悬挂编铜用的骨椎。一座坑中的编钟丝绸裹身，上下皆有竹席铺盖，可见古人对它的重视程度。出土的几座钟架个个不同，有的钟架如蝶形，内撑有的像长蛇探水，有的似花朵怒放。有的依稀可见浮雕状云纹，并残留有朱砂痕迹。有的悬钟横梁痕上，还发现有龙的浮雕图案，这些蛇、龙的装饰题材，与《考工记》中"赢类、羽类、鳞类"的记载相符。把钟上的龙纹与横梁上的龙、钟架上的蛇等等装饰物相联系，从"敲击悬钟"到"声音来似"的音乐与造型艺术的角度考虑，以鳞类作钟架和钟体装饰，配合声音宏大的钟，即可使装饰所体现的形象美与乐器演奏所体现的声音美相对应，造成"击其所悬而由其虡鸣"的联想。既使装饰更富有生气，又可使钟声更加形象化。这一巧妙的构思，形成异曲同工之妙，能使视觉欣赏和听觉欣赏互为补充，增加了整个造型的艺术感染力。用龙、蛇形象装饰钟和钟架，就是这种美学思想的具体体现。

至此中行遗址的发掘已达 2400 平方米，共清理青铜礼乐器坑 10 座，其中礼器坑 4 座，乐器坑 6 座，出土各种礼器 111 件，出土编钟 6 架 18 套共 144 件，并有数套木质钟架和屏风（已腐朽成灰）。

郑韩故城文物工作站将上述数据上报至省文物局和国家文物局后，国家文物局旋即委派国家考古专家组组长黄景

郑国祭祀遗址 k8 西钟架

略先生来工地视察。黄景略先生亲临中行工地现场视察指导发掘工作,在看了出土的殉马坑和礼乐器坑之后表示,中行郑国祭祀遗址具有非常重要的历史价值和科研价值,一定要把握住这个千载难逢的好机会,把遗址中包含的信息全部收集完毕。因为就现阶段的发掘资料来看,仍有一些问题没有搞清楚,这就需要现场全体人员的继续努力。为了避免遗漏、清晰思路、扩大战果,除了要把已发掘探方仔细梳理外,不妨再多开几个探方,扩大一下发掘的面积,以中行基建工地为中心,来一次地毯式的发掘。至于发掘过程中所需的经费也请工作人员不要发愁,这么重要的遗址,国家文物局决定负担之后的全部发掘费用。

黄老一番话,让在场的人倍感振奋。首先是对中行工地出土器物价值的肯定,同时也是对大家这许多天来工作肯定,其次免去了经济方面的后顾之忧。最初中行考古基建做预算时,工作站只向基建方要了5万元的发掘经费。这些钱在发现青铜器窖藏坑之前就已经用光了。发现乐器坑之后人工和物料的费用,都是从工作队和省考古所的账户上挪来的,为了保证发掘的正常进行,如果再做新的探方、扩大发掘面积,恐怕就算科研人员劲头再足,单位的钱袋也要吃不消了,之前紧急情况下挪用的发掘经费也总不能不还吧。

黄景略先生的这几点意见言简意赅,不但解决了大家的后顾之忧,发掘的目的和要求也更加明确,成为工作人员下阶段发掘工作遵循的基本原则。

伴随着如火如荼的发掘,对出土器物的争论一直都没有停过。春秋时代的青铜器以合范法铸造,简单地说就是把一件器物分为若干个部分分别铸造好了之后,再通过浇铸,将其合而为一,打磨修整合范处的瑕疵后,就可以使用了。郑国祭祀遗址出土的青铜礼器上,铸造痕迹明显,让人不能理解的是,合范接缝处并没有修整过的痕迹,毛边都在。专家们对着这些半成品开动脑筋、唇枪舌剑。有的说这是还没使用过的礼器,所以就没来得及打磨光滑。也有的认为,祭祀时使用的青铜礼器与生活用器的功用不同,因而导致铸造工艺不同,没有蒸煮的任务,只需做出样子即可,后世人亡故时用到的冥器,或体积微小、或全用纸制,都是这一理念具体而微的表现。但祭祀用礼器说立即遭到了反驳,理由是,附近并没有发现同时代的大规模祭祀建筑,难道郑国的祭祀活动,寒酸到只能在露天地儿里进行么?

郑国祭祀遗址墙墙(自北)

1997年7月23日,负责T623的沈春荣报告,探方中出现了一道夯土墙基,这才解开了遗址性质之谜。夯土墙基残存高度30余厘米,有基础槽,层次清晰,基宽1米左右,南北向,尚存36米。为弄清时代,专家们对墙基局部作了解剖,清出的夯窝、陶片都是春秋早中期的特征。从遗迹的分布情况看,所有祭祀遗存均分布在墙基以西,没有出墙基的范围,而且墙基与多数礼乐器坑的方向相一致,说明墙基的时代不仅与祭祀遗址同时,而且应是遗址的组成部分。

据记载,周代的大型祭祀活动,较常见的分外祀和内祀两种。祭天在南郊,祭地在北郊,由于都在城外,称"外祀"。而祭祀宗庙、社稷在城内,称"内祀"。这处祭祀遗址在城内,首先可以排除外祀的可能性。内祀因遗址中没有宫庙建筑,亦可排除是宗庙遗存。在周代,社稷与宗庙都具有同等重要的地位,是国家与政权的象征,所以各级贵族都把祭祀当做国家的头等大事来办。就方位讲,据《考工记》宗庙与社稷都在王宫的前方,所谓"左宗庙,右社稷"。春秋时期郑城是坐西朝东,祭祀遗址正处于西城(宫城)前方偏右的位置。社的重要标志是社坛和社壝(音唯,坛周围的矮墙),虽然这里没有发现祭坛,但围墙是存在的。墙基槽宽1米,这样宽的墙应该是矮墙。社坛和社壝是大地的象征,故以天为穹庐,所以不设宫庙之类的建筑。"社祭土而主阴气也。……大社必受霜露风雨,以达天地之气"。这大概就是此遗址没有建筑的根本原因。

郑韩故城郑国祭祀遗址的发现在我国周代考古中尚是首次,300余件青铜

郑国祭祀遗址铜器坑、乐器坑

郑国祭祀遗址出土的一组九个蟠螭纹铜鼎

郑国祭祀遗址出土的一组八个窃曲纹铜簋

郑国祭祀遗址出土的一组九个夔龙纹铜鬲

礼乐器的发现也十分罕见，对于周代礼仪、社祭制度、郑城布局、郑国音乐、编钟发展史、科学技术等研究都具有重要的意义，此次考古发掘也因此被评为"1997年全国十大考古新发现"之一。

礼乐森严的冷艳青铜

青铜是先秦具有特殊意义的贵金属，质地冷艳、花纹狰狞，以其傲世的庄严与沉重完美诠释了先秦时代贵族审美情结中的凝练与繁复。

西方的古希腊奥林匹克运动会的获胜者得到的奖励除了成为城市英雄和少女们的梦中情人外，比较实惠的就得说是大会组委会奖励的一块铁了。古希腊时代的铁，其高科技程度相当于现在的太空材料，不论用来制造农具还是兵器，都会大大提高使用效率。先秦时的青铜也是一种荣誉感与实用性相结合的金属。许多存世的青铜器上铸造的铭文说的就是周天子为了表彰器物主人的功绩赐下铸造原料，器物的主人用它做成庄严华美的器皿，同时还不忘喜滋滋地把事情原委铸在器物身上，好让后世子孙一同见证自己的荣耀。

无论是开头提到的新华路城市信用社还是后来的中行基建工地里发现的青铜礼乐器，都是宗庙祭祀时会使用到的物品。

以鼎为代表的青铜盛放器既是食器、又是炊器，也是礼器，无论以何种身份出现，鼎总是要与其他器物加以组合方能使用。从本文一开头新华路城市信用社开始就反复出现过好几次9鼎、9鬲、8簋、2方壶、1圆壶、1鉴、1豆，共三十一件青铜器的说法，就是春秋时诸侯国祭祀用青铜器组合的顶级配置。

鼎，古代烹煮用的器物，一般三足两耳，古代视为立国的重器，是政权的象征。鼎的数量区别了贵族级别的高低，同时鼎里装了什么东西也很有说道，牛羊、鱼、雁都是高级贵族才能享用的食物种类。鼎是烹饪食物的炊器，鼎的数量越多，表明贵族可以食用的食物种类越多，最低等的士阶层只有一鼎。《论语》中孔子说："自行束脩以上，吾未尝无诲焉。"其中的脩是肉干的意思，是孔子所属的士阶层可以食用的，同时也是贵族阶层中级别最低的食物。

鬲，古代煮饭用的炊器，一般为侈口，有三个中空的足，便于炊煮加热，既可做粥，也可蒸饭。

簋，盛放煮熟饭食的器皿。传统中国以农业立国，先秦时代便已有了五谷的概念。"社稷"一词中的社指土地神，稷指谷神，"社稷"合称指代国家和政权，可见谷物对于国家的重要性。

鉴，大型盛水器皿，古代用来盛水或冰的青铜大盆。通常有三种用途：一是盛水做镜子用，后来铜镜出现后，也借用了鉴的这一名称；二是盛冰在夏天消暑降温用；三是沐浴用。

豆，古代盛肉或其他食品的器皿，形状像高足盘，或有盖。除青铜外，材料也可以是陶、木或竹子。

以上都是在说作为食器和炊器的青铜器的用法，作为祭祀用礼器的青铜器主要功能是陈列，以青铜器本身具有的森然凝重，加以有序的排列方法，昭示不同等级贵族的级别差。

编钟，古老的打击乐器，青铜铸成，它由大小不同的扁圆钟按照音调高低的次序排列起来，悬挂在一个巨大的钟架

郑国祭祀遗址出土的各类铜器

上。用丁字形的木槌敲打铜钟的正面和侧面，能发出不同的乐音。因为每个钟的音调不同，按照音谱敲打，即可以演奏出美妙的乐曲。

歌舞表演时的主体伴奏乐器是管乐和弦乐，但这并不能撼动编钟在乐器中的地位。管乐器和弦乐器的质地多为竹木，虽然可以演奏情节复杂的音乐，可是音质单薄，与"人音希声，大巧若拙"的境界相去甚远，技法过于繁复更显得乐音轻佻，完全不适合让祖先来听。编钟则质地纯粹、声音悠远，最适合表现庄重音乐的凝重和高远，所以是适合演奏给祖先听的音乐。

根据周代的礼制规定，周天子欣赏音乐时，可以使用四架排列成口字形的

郑国祭祀遗址铜器坑

编钟，诸侯三架、卿两架、大夫一架。铜架上雕龙画凤，加之青铜又是当时首屈一指的贵金属，一架架的编钟，无疑是在无声的宣告：我是有钱人。

任何时代的娱乐活动无非弹弹琴、唱唱歌、跳跳舞。若是说到郑国，可能还会有人想到《国风》中的《郑风》，被孔子批评不够严肃，太过生活化。《郑风》虽然是郑地的民歌，在本地传唱度很高，但在宗庙祭祀和贵族集会这种正式活动中是不作为主要音乐出现的。

"《诗》三百，一言以蔽之，曰思无邪。"《墨子》中说："颂诗三百，弦诗三百，歌诗三百，舞诗三百。"意即《诗》既是诗集、又是歌曲集、也是乐谱、还是舞蹈的伴奏音乐。《诗经》因其内容丰富、表现方式多样，在两周时代的高级聚会中具有不可替代的样板戏一样的地位。《诗经》三百零五篇，根据使用场合和使用阶层的不同，可分

郑国祭祀遗址乐器坑

郑国祭祀遗址出土的埙

中行基建工地郑国祭祀遗址考古发掘现场全景

为《风》、《雅》、《颂》三种。《风》是世俗唱和，《雅》用于贵族集会，《颂》则是宗庙祭祀时的神圣音乐。郑国国君与周天子同为姬姓，但王侯有别，并不是所有《诗经》中的音乐都可以让人演奏。当时天下可以演奏《颂》的地方只有三个：洛邑是周天子的国都，祭祀时使用《周颂》；为了嘉奖周公旦制礼作乐对周朝作出的巨大贡献，周公的后代鲁国国君可以使用《鲁颂》；宋国是商代王子微子的封地，祭祀时被允许使用《商颂》。

国之大事的祀与戎

说了这么多数字和生僻的礼乐器名称，现在来讲讲它们背后反映出的两周礼乐制度。

《左传·成公十三年》有"国之大事，在祀与戎"的记载。春秋战国时代的诸侯国最为关注的大事一共有两件，简单地说就是祖先祭祀与战争，这也是为什么两处郑国祭礼遗址中礼乐器坑和殉马坑总是一同出现并且大量出现的原因。

周部落以西方小国的身份，东进灭亡了在文化上优于自身的商。周天子取代商王成为天下共主之后，采用了与商代不同的方法保持领土内的稳定。

宗法制的分封制度体现在继承制度上就是"立子以嫡不以长，立嫡以长不以贤"的嫡长子继承制。周天子按照宗族内的亲疏远近将姬姓子弟分封到全国各地广建诸侯国，将王都与异姓诸侯国之间分隔开来。

周天子与姬姓诸侯国之间是叔侄关系，同时与异姓诸侯国间结成婚姻关系。

天下所有的诸侯国君全部与周天子有血缘联系，也就全部被纳入了姬姓宗法体系。

祭祀活动追忆先祖创业的艰难，提醒各国侯伯自己与周天子之间的血缘关系，以血缘关系缓和矛盾，增强诸侯国间的凝聚力。这时前文中提到的钟和鼎就有了用武之地，祭祀仪式要在编钟的伴奏下进行，宗庙祭祀时演奏的背景音乐皆从《诗经》中选取，回想先公先祖创业的不易，为仪式增添庄严肃穆的色彩。鼎则用以区分不同诸侯国身份等级的高低不同、先祖维护姬姓氏族共同体付出的大小及在血缘上与周天子的远近。

祭祀是对血亲集团内稳定秩序的维护，一旦有外来的势力干扰周王朝的统治秩序，就要使用军事力量。兴周灭商的武王伐纣就是周氏族对外使用武力的一个实例。史载牧野之战时周武王出动的军事力量为"戎车三百乘、虎贲三千人、甲士四万五千人"。

姬姓诸侯国军事优势对全国政局稳定具有巨大作用。武王伐纣之后，周天子将同姓分封到全国各地，在人口和经济实力上相对异姓诸侯国有绝对优势。两周时代的军事实力与诸侯国人口和经济实力间有非常密切的对应关系，国家的规模也可以军事实力衡量。根据可以提供的战车数量不同，有百乘之国、千乘之国、万乘之国的说法，方便各国以军威宣示不同等级诸侯的特权。

乘指的是四匹马拉的战车。西周时，每辆车上有驾车手一人，称"御者"；持戈兵士一人，称"戎右"和弓箭手一人，称"多射"。每辆战车后又配备七名重装披甲步兵和二十名轻装步兵，即一乘的作战单位等于既可远攻又可近战的四匹马和三十个人。春秋时各国国力提升，战争也连年升级，战车后的步兵数量增至七十二人，如果是万乘规模的国家，它的军力将是七十五万。

一个比较有趣的现象是，春秋战国的诸侯甚至是卿大夫，在礼乐领域常有僭越。比如郑国祭祀遗址中出土的九鼎、论语中的"八佾舞于庭"。但同是郑国祭祀遗址，其中的殉马却仍然有节制地控制在四匹，完全没有参照"天子驾六"的标准增加两匹马。

这是因为春秋战国时战车机动性差的弊端已渐渐显露，特别是赵武灵王胡服骑射之后，战车已不适应当时的战争需要，所以没有必要升级马车的配置。此外，随着春秋战国战争的升级，出现了专职军事职务的官员。他们的出现，将诸侯国君从战争现场指挥者的位置解放，不必每战亲临，专门配备给君主战争时使用的马车也自然不需要进化了。至于单纯的仪仗方面的考虑，当时的诸侯们好像也不积极，就连一统天下之后，秦始皇陵铜车马都仍然是四马拉车，可见春秋战国的诸侯们都是现实主义者，更加重视土地和人口的拥有量，并不热衷于追求马车方面与周天子的一致。

往事并不如烟

中国新郑，史书记载的轩辕黄帝的出生地，中华民族的发源地之一，春秋战国时代，这时先后曾有两个诸侯国建都。

全国第一批重点文物保护单位新郑郑韩故城，位于河南新郑，春秋战国时先后曾为郑国和韩国的都城，双洎河与黄水河环抱，有着天然的地理优势。民

郑国祭祀遗址出土的龙纹铜方壶

间称其为四十五里牛角城。

公元前771年，犬戎攻破西周都城镐京，周幽王被杀，西周灭亡，幽王嫡长子宜臼在秦襄公、郑武公等诸侯国君的保护下，东迁洛邑，是为东周。

为了应对政治中心东移的大事件，不在今后的政治生活中因交通不便和信息闭塞处于下风，前769年及之后的两年间，郑武公先后灭郐、虢，在西望周秦、北及燕赵、东扼齐鲁、南达荆楚的溱洧二水交流处建郑国新都，并迅速将宗室贵族迁移至此。应对迅速的郑国在春秋初年是中原的霸主，权力直逼周天子，甚至发生过周郑资质这种超越制度的事件。

为了与远在陕西的旧都城相区分，史称新郑。新郑的名字沿用至今，一叫叫了将近两千八百年。395年间这里上演过郑庄公黄泉见母、周郑交质和烛之武退秦师等中国古代史上的著名事件。

郑韩故城的始建者也考虑到了前期规划在城市功能发挥方面的巨大作用，根据两周时期贵族的生活习惯和国家级大型活动特点，把宫殿建在西城，东城的主体建筑是祖庙和社稷。前文出现的城市信用社和中国银行新郑支行的项目选址都在郑韩故城的东城。

公元前375年，韩灭郑国，为了缓解西北边境秦国带来的军事压力，巩固前线来之不易的战果，韩国国都从阳翟迁至新郑，至公元前230年灭亡于秦统一全国的战争。韩国以新郑为国都的时间共145年。

540年作为国都存在、《郑风》传世、又有孔子敬佩不已的东里子产和法家的集大成者公子韩非等著名人物的涌现，奠定了新郑春秋战国时代文化高地的不朽地位。郑韩故城同时又是战国时代杰出商人的故乡，春秋时郑国商人弦高妙计退秦师，替国君分忧，不费一兵一卒便保卫了家园又阻止了秦穆公的挥戈东向的意图。战国时原籍韩国的商人吕不韦，凭借敏锐的政治嗅觉踞秦国相位，为中国的统一作出了不可磨灭的贡献。

郑韩两国被灭之时，宗庙宫殿即被毁弃，城中的礼制建筑从此不存于世。秦统一六国后的公元前215年，为防止六国东山再起，曾将六国都城和主要城市的防御工程毁坏。"戮人者必为人所戮"，国与国之间的关系也充满了冤冤相报的屡试不爽。不久后的公元前206年，项羽火烧秦宫室，火三月不息。

时隔几千年，雄伟的宫殿建筑群和宗庙都已不复存在，埋在地下的废墟、墓葬和窖藏仍能让后人窥见当时城中的繁华和庄严。

感谢以河南省考古所郑韩故城文物工作站和新郑文管所工作人员为代表的文物工作者们，是他们数十年如一日的守护和一丝不苟的工作态度，最终使深埋于地下两千多年的青铜重器得以重见天日，又避免了它们流落民间，辗转易手的命运，如今安然端坐于新郑市博物馆的展厅内，接受人们的赞叹和景仰，让后人得以一窥郑国昔日的风采。

郑州地区重大考古发现发掘纪实之

胡庄墓地

时　代：战国晚期
地　点：新郑胡庄
发掘时间：2006年
荣　誉：2008年度全国十大考古新发现

封土下的诸侯 王陵中的非主流
——新郑胡庄战国韩王陵考古发掘纪实

◆ 马俊才

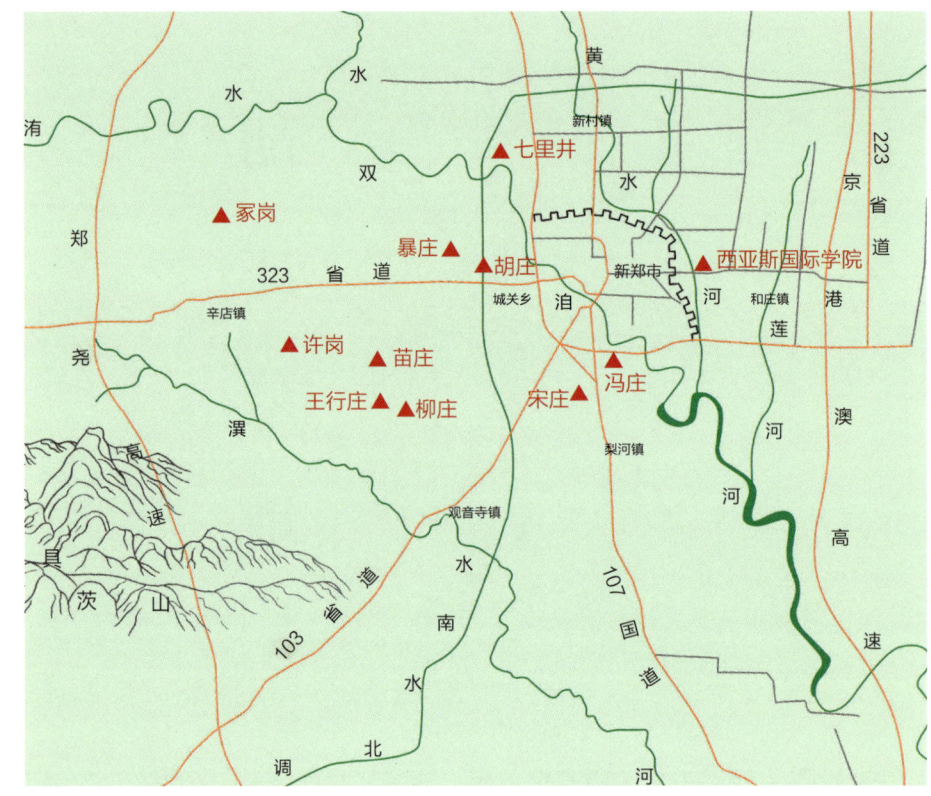

韩王陵分布示意图

明明是两座坟头,为什么只有一条墓道?
既然是两座大墓,何必造得如此亲密?
七零八落的陵墓又能恢复历史的几分容颜?

引子

在快车道里奔跑数百年,这车老了,老得不行,快散架了;在黄土地上流淌数千年,这河淤了,淤得不行,成了一望无际的沃野。如今,同样的命运落到郑国头上,这个曾经青春年少,意气风发的小伙,经过431年的沧桑岁月,已成蹒跚老人,被身后赶来的韩——又是一个青春年少、意气风发的小伙儿,一脚踹翻在地。

其实,韩也是个老户主了。春秋初年,晋公室一支得封韩原,韩姓诞生。经过二百多年的发展,韩赵魏三家分晋,韩占一杯羹,算是延续了姬姓的血脉。这个韩很有意思,站在太行山上往南一望,五百里大好河山已让郑糟蹋得不成样子。自从子产去世,郑就天天走下坡路,王族不和,兄弟争位,这一片沃土不要可惜了。郑和韩只是远得不着边际的叔伯兄弟,用不着害臊,于是两家姬姓动起手来,拳来脚往,互有胜负,终是郑老迈昏庸,手脚不灵,不敌年轻气盛的韩,公元 375 年被韩灭亡。

韩得了郑，百感交集，瘦死的骆驼比马大，这宽广的街道，标致的美女，醉人的音乐，怎么走在路上脚底发软呢？路边是珠环翠绕的商店，郑国的宝贝真多，难得郑国的第三产业一直这么发达。

还是把首都搬到这里为上策。这郑都够气派，城墙高可拦住飞鸟，池水深能困住蛟龙。如果说这儿是天上宫阙的话，韩国的都城只配称作草窝。但现在进到郑都的韩人，以胜利者的姿态昂首阔步，腿下郑国的小鸟都害羞得想哭。

韩灭了郑，接收了大批资产，又出了几任有作为的国君，韩国成了战国七雄之一。经济发展，人口增多，国王的陵墓不能像郑君那样憋屈在城内了。始祖山雄浑漫长，溱洧水欢快喧畅，在这山为屏风、水为席的黄土中开挖自己的陵寝，足以达成自己和这块土地生死相依的心愿。如此这般，一百多年过去了，在始祖山下的溱水、洧水间，蘑菇般腾起了家岗、许岗、苗庄、王行庄、柳庄、暴庄、胡庄、宋庄、冯庄、七里井等10处高高大大的韩国陵冢。

不知道韩从山西出发，一路扫荡到河南算不算武力移民，这些大槐树底下来的人给河南带来了巍峨壮观的坟丘，一改过去"不封不树"的平淡，有些大墓顶上还建有花哨的亭堂楼榭，周围挖出深峻的壕沟，俨然成为观光胜地。

不起眼的"不封不树"的陵墓，失了面子得了里子，国王可以在里边多睡几年安稳觉；耸入天际的陵冢，面子够足，除了引起人们的追思敬仰，还勾起盗贼的无限欲望。韩国迁郑之前的郑国陵墓尚未发现，在始祖山下的这些陵冢，一个个却成了盗墓贼的观光乐园。

1992年12月24日子夜，一伙盗墓贼正在苗庄韩国陵冢盗掘，接到报警，派出所的同志飞马赶到，结结实实将盗墓贼堵在盗洞里。公安同志对着洞内喊话："下边的人听着，你们已经被包围了，赶快出来！"连喊七八次，洞内没有一点动静。原来盗墓贼正在下边后悔不迭，忘了在上边放个望风的人，现在怎么办？只有屏气吞声装着没人。大家肩膀一溜儿靠在洞壁上，脑袋一动不动，像一群木雕，口中气若游丝，胸口却起伏得像赖蛤蟆肚子。只听上边一名领导说："看来盗墓贼跑了，小张，你去车上把咱们的军用锹拿来，把洞填上。"绝望，这才是真正的绝望，盗墓贼感到胸口发闷，原来只顾思前想后，忘了吸气。随着吭咔喘气声，盗墓贼合力发出最后的呼喊："下边有人！"五个人蓬头垢面，如乌鸡一般一个接一个从洞口爬出，谁也不敢不上来，怕被活埋。墓与看守所相比，终究看守所好点。这次公安同志擒获五贼并一批文物，最珍贵的当属石磬。

1993年12月，新郑县文物保护管理所安保人员巡逻到胡庄韩王陵，发现东冢东边有一个4米多深的盗洞。这个洞是新鲜的，盗墓贼可能刚在这儿活动过。安保人员和当地公安协商后，决心守株待兔，结果连蹲三个晚上，连个鬼影也没见。看来，盗墓贼的嗅觉真灵敏，他们怎么就知道公安在此守候呢？难道是胡庄走漏了风声？这一次斗智，盗墓贼小胜。

1994年10月底，新郑县文管所接群众举报：胡庄韩陵东冢的中央发现一个圆形盗洞。文管所与公安察看现场后，认为手法与上次不一样，应该是新手上阵。老手打洞，一般洞径较小，上下一般粗，而眼前这个洞，开口直径1米多，

国家文物局局长单霁翔考察胡庄墓地发掘现场并与队员合影

越往下越细,这是不得要领的挖法。他们决心逮住这几个愣头愣脑的盗墓贼,连续蹲守三个晚上,和去年一样交了白卷。

没抓住盗贼,总要看看盗洞底部是什么情况。望着黑乎乎的无底洞,时任新郑县文物钻探队队长的杜平安自告奋勇,两个年轻小伙跃跃欲试。由于洞壁光滑,无处落脚,他们找来一根粗绳,把杜同志系了下去,两小同志随后。洞有6米多深,杜同志蹲在洞底,侧着身子,借着手电的光勉强向前望去。洞很细了,斜着向下钻去,前边看不太清。他把手电交给身后的两个小伙,自己向前爬去。杜同志当过武警,匍匐技术不错,正勇猛前行,咚的一声,肩膀被窄小的盗洞卡住,进退不得。经过唵声唵气的呼喊,身后两个小伙爬过来支援,总算拽足而出。

杜同志也算死里逃生,大家问肩膀怎么卡住了?他说,洞有点窄还不怎么碍事,关键头部遇到一块巨大的圆石,挡住去路,自己没看到就把头伸进石旁的间隙里了,头与肩膀无法动弹,腰上的劲儿也递不过去,亏了屁股后边有人,时间长了非窒息不可。

墓的填土中夹有圆石,这种墓考古专业称为积石墓。好端端的墓为什么填埋这些大大小小,或圆或方的石头呢?原来是聪明的古人用来防盗的。盗墓者掘洞时,遇上大石块必须另觅出路,费工费时,遇上一堆小石块,盗洞扰动石块,上方的石块因松动会如山崩落,让盗墓贼遭受灭顶之灾。如果石块是边角锐石,

· 378 ·

那就万剑穿心了。不过,这一幕没能上演,因为这块圆石,盗墓贼直接放弃了。

1995年元月2日,胡庄韩王陵半夜两声巨响震醒了村民,贼胆包天的盗墓贼竟然动起炸药来……当地公安与文物部门抓获4个本地人、3个外地人。果然是里应外合,股份作案。公审后,盗墓之风被刹住,胡庄韩王陵夜深人静时,又可听到昆虫们自由欢快的叫声了。

潇洒雁阵韩王陵

前边说过,在郑韩故城西、南两个方向的溱水与洧水(现名双洎河)之间,有10余处高大的土冢群。这些土冢群的土冢数量1~5个不等,土冢有高有低。他们都是韩王陵吗?当然不是,因为韩灭郑后,又过145年就灭亡了。这145年间经历了3代侯、5代王,最后一任韩王安不知所终,所以少则七陵,多则八陵。那么如何来分辨这11处土冢哪些是王陵,哪些不是呢?且看河南省文物考古研究所新郑工作站是如何来做此项工作的。

为了寻找韩王陵,早在20世纪80年代末,新郑工作站站长蔡全法先生带着北大毕业生宋国定,对郑韩故城周围这些庞然大物进行了调查与钻探,发现这些墓平面多为"舟"形或"中"字形,少数为"甲"字形,多数墓旁还有车马坑、陪葬坑。从墓葬表面和局部夯土中发现的陶片来看,它们的年代应为战国。墓长数十米至上百米,宽15~20米。它们中有几处可能就是考古工作者苦苦寻觅的韩王陵。尤其2002~2003年我主持发掘了许岗韩王陵,对韩王陵的特点有了更深入的了解。故此,我们将以往的调查、钻探资料与许岗大墓进行比对,发现以下几处有可能为韩王陵。

(1)辛店镇冢岗大墓 单冢,高12米,直径30米。平面呈"舟"形,南北向(以下墓葬均为南北向,省略不述),长60余米,宽7~14米。

(2)辛店镇许岗大墓 四墓东西并列,三冢不存。平面为"舟"形,长110米以上,北侧有车马坑、陪葬坑。省考古所对其发掘表明:墓为战国中期,一墓是侯陵,其余是夫人陵,墓葬具有墓道几乎与墓室等宽、积石积炭、墓壁涂朱涂白、墓内有临时建筑、墓道底与

李伯谦先生工地指导

马俊才(左二)陪同严文明、徐光冀、刘绪等先生工地指导

墓室近平等特点。

（3）城关镇苗庄大墓 双冢东西并立，冢高6～10米，直径20～32米。平面均为"舟"形，长62～97米，宽7.5～12.5米。冢北侧有四个长方形陪葬坑。确定是韩王陵。

（4）观音寺镇王行庄大墓 四冢东西并立，冢高5米。平面均为"舟"形，长121～163.5米，宽8.5～21.5米。确定是韩王陵。

（5）观音寺镇柳庄大墓 三墓东西并立，最东一座已无封土。西冢平面呈"中"字形，南墓道长51米，北墓道长24米。中冢平面呈"舟"形，墓室和墓道总长60米。东冢为长方形竖穴土坑墓。确定是韩王陵。

以上五处冢群沿溱水河左岸分布，距离溱水河2公里左右，一字排开，规整得很。这里是始祖山麓最好的风脉，这五处除最西端冢岗没有夫人墓外，其余四处甚至可以猜测它们就是韩迁郑后的几任侯陵。

6.城关镇暴庄大墓 分成南北两排，北排三冢东西并立，南排两冢东西并立。北排东冢平面"舟"形，长55.5米，墓室最宽处12米；中冢平面"甲"字形，墓道长21米，宽7米，墓室南北长15米，东西宽10米；西冢平面呈"甲"字形，墓道长21米，宽8米，墓室南北长8米，东西宽12米。南排东冢，平面"中"字形，长94.5米，墓室边长13.4米；西冢高12米，直径38米，封土下压两个方形墓葬，其中一座南北长6米，东西宽4米，另一座边长5米。可以确定是韩王陵。

（7）城关乡胡庄大墓 双冢连为一体，顶部分离。经发掘，为战国晚期韩王陵（详后）。

（8）梨河镇宋庄大墓 两墓南北排列，北冢高10米，周长110米；南冢高12米，周长130米。但"甲"字形北墓南北总长10米，墓室长宽均为4米；"舟"形南墓南北总长40米，墓室最宽5.5米。这两墓墓形偏小，可能是韩国高级贵族墓。

（9）梨河镇冯庄大墓 单冢，高6米，直径20米。平面呈"中"字形，总长98米，墓室南北长32.5米，东西宽30.5米。墓周围发现一个陪葬坑及大量的中小型土坑墓。可能是韩王陵。

这四处墓冢一字排开，分布在双洎河（古洧水）右岸，正好与前述的五处墓冢相对，相距6公里左右，像翩飞的雁阵，组成了两河间最壮丽的冢群。四处中宋庄冢大墓小，似可排除，其余三处有可能都是韩王陵。这样，判断抑或猜测的陵数正好与韩迁郑的王数相合，是历史的真实，还是人为的狂想？

疑窦丛生王侯墓

2004年，南水北调中线工程郑州段文物点调查、复核工作启动，调查人员发现设计的干渠不仅要把胡庄墓群剖膛开肚，还要把胡庄村西北的那个貌一实二的大冢连根拔起。根据《中华人民共和国文物保护法》的相关政策，王陵一般不允发掘。胡庄这座大墓处境相当尴尬，说它是韩王陵吧，旁边没有夫人墓，只钻探到一条墓道，说它不是韩王陵吧，墓冢有两个峰，分明告诉人们这里有两个墓，在附近的调查又发现许多汉代空心砖残片，这更增加了它的不确定性。鉴于南水北调中线干渠工期紧张，如果

胡庄大墓封土

往东改线，胡庄、徐庄要拆，往西改线，暴庄要拆一部分，劳民伤财更多。2006年9月，国家文物局考虑再三，批准发掘胡庄大墓。

2006年10月上旬，发掘前我们对大墓及大墓南北干渠占用的地段进行了详细钻探，发现了密密麻麻的中小型土坑墓外，大墓仍是一座，南北各有一条宽大墓道。询问胡庄村民，他们言大墓二冢原来是连在一起的，中间只能过一张犁，天长日久缝隙越来越宽，变成两个冢了，还传说这里埋的是两个人。

到底是一冢还是二冢？仔细观看，封土确实西高东低，西冢高8米左右，东冢高5米左右，冢尖相距8米。两冢上灌木覆顶，杂草丛生，在北风中跳着各种舞姿，有几片金黄的树叶卡在灌木的枝条间，风一紧便发出吱吱的叫声，颇似让人心绪澎湃的风笛声。

找来探铲，分别在两冢的正北面打了几个孔，夯土微有区别，不足以断定就是两个墓，考古发掘两米之内土色有异太正常了。怎么才能区分是两个墓呢？只剩一个办法，就是在一条横线上打穿夯土层，看夯土的厚度是否一样，不一样的话，就是两个墓。果然，西冢夯土较厚，东冢夯土略浅，我心头突然像有只兔子狂奔，看看地面，又傻了眼，这么多汉代的东西哪来的？就算有两个大墓，如果是汉墓又怎样？还不是空欢喜一场！那只兔子顿时泄了气，瘫倒在地。

10月中旬，钻探已不可能再有什么大的突破，轮到抽丝剥茧，去伪存真的发掘上阵了。我们首先要清除两冢表面的杂草野树以及它们赖以生存的腐殖土，与此同时，冢北侧开始布方发掘。

11月中旬，冢北发现大面积墓道夯土，有二十几座中小型土坑墓和空心砖墓被夯土叠压。空心砖墓最早出现在战国晚期，大墓压在空心砖墓之上，必定要比空心砖墓晚上一段时间。为什么这样说呢？战国晚期这里是个墓地，以中小型墓葬为主，如果再有别的墓进来，一般会按序埋在旁边，不会大规模破坏先人的墓葬。有一种情况，这个墓地荒芜很久，后死的人不知道这里的具体墓位，把大墓建了进来，发现下边有许多中小型墓，也顾不了那么多了。屈指一算，大墓真的可能是汉墓了，我的心渐趋冰凉。

发掘仍在继续，经仔细辨认，东西冢间的夯土上，一条南北向分界线赫然在目，就是两座大墓！考古就是这么奇妙，探铲无法分别颜色相近的夯土，通过手铲的刮铲，即使夯土颜色十分接近，只要有打破关系，平面上就能看到两者之间的那根线，这就是土的呈色现象。这两墓西墓先建，东墓后来，打破了西墓墓道的东部，不用说，西冢也会被削掉一小部分。

12月10日，中小型土坑墓和空心砖墓清理完毕，墓冢上的附着物也清除干净，大墓终于露出百孔千疮的躯体，好似一个衣衫褴褛的叫花子，我眼泪差点掉出来。太惨了，冢上、墓道旁，到处是盗洞，西冢上有4个，东冢上有5个，盗洞里还有大量的石块、陶片、漆片。漆片告诉我们，盗贼已经光顾墓的核心部位，这是考古人最不愿看到的事情，因为一个盗洞就会把偌大的古墓东西拿空，并摧毁墓内有用的信息，搞得发掘者连墓主人是谁都不知道。想到又是一座空空如也的汉墓，我的心差不多已经死掉。

失望间，我的眼睛注意到一个现象，犹如一道闪电刺入心中，心骤复活。什么现象呢？围着两个冢转了几圈后，忽然发现西冢呈"中"字形，东冢过于残破，南部也有"中"字形的残迹，重要的是，这两冢的边缘只比墓室宽1米，显示的夯层厚10厘米，夯窝圆形平底，而这几样都是韩王陵封土的特征。

更兴奋的事在后头，西冢距地面3米高的半腰上发现了"中"字形冢上建筑，这在国内可是首次发现。建筑由保存较好的散水、壁洞、柱石和部分屋顶瓦砾层组成。散水由料礓石和石子掺和夯打而成，表面呈青白色，虽经2300多年风蚀仍异常坚硬。从残存的部分柱灰上的红漆痕分析，柱子髹有红漆。冢上建筑涵盖的封土表面发现有涂白涂朱现象，白层在下，朱层在上，说明建筑的主要功能可能是用来保护装饰过的封土。由白色散水、红色柱子、青色瓦顶构成的冢上宫殿式建筑笼罩着高大的红色封土，巍峨壮观，是此墓惊世骇俗的建筑特色。这种形态的建筑是此前商周时期高级贵族墓上平地建筑转变到秦始皇陵封土以外设便殿之间的过渡形态，目前只在河北灵寿中山国王的坟冢上发现过，但中山王陵的冢上建筑为多层台阶回廊式，胡庄西冢为单层式，南北墓道上还建有斜坡状通道，使建筑平面呈"中"字形，将上部土冢完全覆盖。

无疑，胡庄大墓为韩王陵！

这个特别的陵墓还有个特别的特点："中"字形墓穴、"中"字形封土、"中"字形冢上建筑，三者层累地构成了形制上独一无二的"三中全会"模式。这"中，中，中"河南的口语难道在战国时期便付之实施了？不管怎么说，干渠改道已经来不及了，我们只有把这个浑身窟窿，"中，中，中"的陵墓挖下去。

古怪建筑接连出现。12月11日，西冢的南侧、西侧出现一个曲尺形夯土坑，南北长35米左右，东西宽9.5米，

胡庄韩王陵的散水与屋顶瓦砾

北半部压有大量的现代坟致使坑的确切长度与形状未知，而东冢的对应位置并没有这样的设置。它有什么用意？是车马坑还是器物坑？许岗韩王陵的车马坑、陪葬坑位于墓室的南北两侧，东西向，像卫队似的，这个坑与它们大相径庭。按照一般思维，先秦大墓墓侧出现的坑车马坑概率大些，但胡庄大墓考察的可不是专家们对概率的掌握程度，而是他们对新事物的接受能力。

12月24日，忐忑不安的心情再也经不住寒冷的刺激，决定对这个曲尺坑的南部进行清理。为防万一，我按最复杂的迹象——车马坑来清理，要求技工们只许用竹签、毛刷，辅助手铲干活，以免即将出现的车痕被毁。这种横挑鼻子竖挑眼的干活方式，进度可想而知，直到2007年元月2日发掘区始见底。坑深2米，上壁规整，下部不规则，底东高西低，填土中未见车马痕迹，有少量板瓦、筒瓦。这坑既非车马坑，也非器物坑，我一拍大腿，这是大型夯基！是陵旁的大房子。墓旁立房是周代以来绝无仅有的现象，堪称离奇之发现，只是这弯拐得太急，让人一愣一愣的。还好，遗憾之余是欣喜，没挖到宝贝，挖出房子让我们有新的思考角度。

当人们的眼光紧紧盯着千层饼似的夯土堆时，外围的发掘又让我吃惊得张开了嘴巴，随后是乐呵呵的傻笑。2006年11月10日，我们抽出人力发掘冢西北和西南的平整地块，共清理200多座东周墓。就像两冢墓道破坏了一些东周墓的上部，发现三周相互连通的方形环壕冲断了不少土坑墓与空心砖墓，应该是大墓的围沟。围沟的发掘经历整个工期，直到2011年6月才草草结束。

最外一道围沟南北长237米、东西宽165米，沟内面积近4万平方米。沟呈倒梯形，口宽4米，底宽0.3米，深5米。中围沟内缩20米，内围沟再内缩20米，外沟与中沟在西北角有沟槽连通，

· 383 ·

中沟与内沟在西南角连通,三沟南部正中为门道。从沟底深度来看,三沟的水在多余的时候能从外沟东北角的沟槽排泄出去,这种集景观与防御于一体的系统在国内同期墓葬中尚属首见。从空中看,两冢在上,大致呈圆形,三沟在下,为方形,是否遵循天圆地方的理念不得而知,但可以肯定的是,三沟显然象征着墓主人生前居住的城郭。由此,其身份非国王莫属。

宏伟奢华的地下世界

地面下的发掘同样荆棘丛生,寸步难行。

本以为许岗韩王陵发掘之后,已掌握了韩王陵的一般规律,谁知胡庄大墓这个韩王陵中的非主流,还要别出心裁地展示它与众不同的特点。

在两座墓的墓道近口部都发现了高低不同的奇特版台。东墓版台高1米,西墓版台高3米,面上有明显的木板痕和绳子洞,西墓版台下还发现一排立柱洞,是古代单面版筑夯土的绝好见证。它们早于墓室的封填,到底有什么用途?总不会是古人故意向后人炫耀版筑技法吧。

在东墓一个盗洞里,清出了一个宋代盗墓贼的白骨,呈四脚朝天被砸死状。

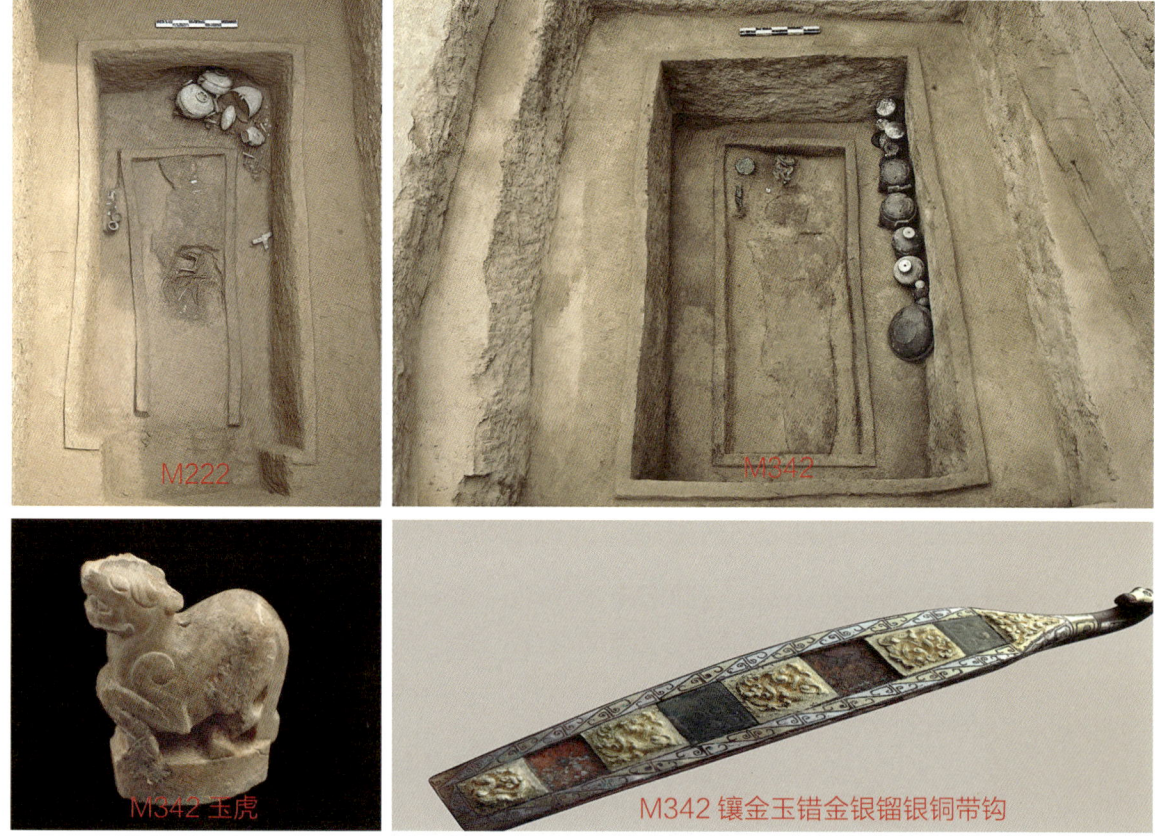

胡庄墓地东周墓与出土文物

胡庄韩王陵陵园西南打破墓葬之环壕

胡庄韩王陵陵园南环壕

在他头上的夯土中清出了一层圆木灰痕，直径0.1～0.3米，残长3米多，圆木灰的上下都是夯土，这又是什么结构呢？

2008年2月28日，东墓呈口字形的石头墙出现了。石墙由大小不同的各色卵石和不规则石片垒成，里面夹杂些许木炭，这就是周代诸侯以上贵族才能用的积石积炭墓，兼有防潮和防盗的双重功用。

在积石积炭顶面以上的墓壁上，发

· 385 ·

M1 椁脊西顶出露的椽痕、檩痕

M1 雨柱柱洞与椁脊檩痕

胡庄韩王陵 M1 椁顶结构

现了涂白涂朱精美的装修。白色物质主要成分是氧化钙，与石灰成分近似，用作墓壁底色。《周礼·地官·掌蜃》里有王侯墓用蚌壳烧灰防湿消毒装饰的记载，故推测白色涂料为蚌壳灰。近底部高约 0.8 米的涂白上再涂朱红颜料，类似现代的墙裙，非常美观。墓道底经过夯打处理。

2008 年 5 月 21 日，东墓发现了前庭的局部，前庭地面上还有两道深深的车辙，整个墓室如同墓主生前的豪华院落。

2008 年 6 月 7 日，东墓墓室里发现了下榻的椁顶，椁顶非一般贵族墓的平板式，而呈两面坡式屋顶样，由涂泥层、橡木层、檩木层、脊内夯土、椁顶板层五部分组成，与椁壁组成世所罕见的屋形椁，活脱脱就是把墓主生前的房间搬到地下来了。

在东墓椁口东西两侧各有 3 个很大的柱洞，难道这里还进行过拆迁？经过仔细观察，发现东柱洞距墓壁很近，大墓建造绝非短时之功，按照"诸侯五日而殡，五月而葬"的礼仪规定，诸侯大墓建造时间为五个月，期间不可避免要下雨，排水设施不能少，这六个大柱洞就是防雨大棚的柱洞。建造椁室极为复杂，先放入重棺，再封椁顶，事先支起高高的雨棚很有必要。因西冢高立，雨水自然不能向西，向南北方向排水又不划算，墓道太长了。所以，大棚应做成西高东低的一面坡式。至此版筑台的设置也有了答案，乃为防雨水灌入墓道而建，版台既可挡水，也可做支柱。

西墓椁室同东墓椁室一样，只是更加复杂坚固，除了涂泥层、橡木层、檩木层外，椁脊夯土内竟然夹了四层大圆木加固防盗。最上层圆木之下出现了大片的烧土，这又玩什么名堂？难道墓内发生过大火？

发掘人员对胡庄大墓层出不穷的新鲜事物和古怪发现已经有点麻木，但内部着火是个重要事件，一定要搞清楚谁点的。后来想起西冢没揭掉时，东散水上有一个汉代大盗洞，向下挖穿了橡木、檩木、第一层大圆木后，盗墓贼可能觉得又是夯土，又是圆木，这圆木也太坚硬，干脆放火烧得了，还可以随便取暖。如此明火执仗，汉代的治安也够差了，要知道这里离县府不过3公里。

所幸，烧也没解决问题，这次盗掘无功而返。

西侧墓的墓室更宽更深，防雨任务更重，可是我们找来找去，也没有找到一个柱洞的影子。2009年8月底，我们把两座墓间残存的夯土挖到底后，才发现西墓东部有一个罕见的大蓄水池，原来西墓椁室上边也搭建过一面坡式大棚，但墓室太深，没那么高的柱子来支撑高出墓坑的大棚，只好因地制宜，在墓口搭建一个1米多高的单面坡式大棚，让水直接流到东边的水池里。为防止积水倒流入墓，大棚东檐设有高1米的夯土挡水墙。

登堂入室　访古人

棺椁是墓葬的核心，是盛放主人遗体和随葬品的地方，在"事死如生"的古代，这里是主人的内宅，大部分生前用物和死后定制的"明器"都存在这里。

2008年11月10日，开始清理东墓的椁室。椁室由边长30厘米的方木构建，南北长7.25米，东西宽5.2米，残高2.2米。椁内还有重椁，同外椁一样，已朽成灰。椁内中央放置两棺，髹红漆。外棺形体较大，位于椁室正中，与内椁壁形成较宽的"回"字形空间，用于存放礼器、乐器、车马器、杂器等随葬品。内棺放在外棺内，西南北三壁与外棺相连，东壁有近50厘米的空间。按往常经验，这么厉害的墓，即使盗贼经常光顾，总有看不上眼的东西，譬如陶器，或因为黑暗，有些玉饰、小铜器也会让没戴夜视镜的盗贼漏手。结果令人难以置信，玉饰没有，小铜器没有，陶器也没有，难道是薄葬，或者根本没放？不可能，重椁重棺，级别在这儿摆着。大家无不垂头丧气，一个个像被霜打了的茄子，要知道发掘到现在，已经花了几十万，如何向上级交差？如何对得自己的良心？如何写发掘报告？难道要写上疑似韩王陵的字样吗？

东墓的发掘情况堪称绝望，我们只好把今生的希望寄托于封土更高，墓穴更深的西墓上。希望还没开始，脑子已经闪过西墓也是空荡荡的场景。虽说胡庄大墓到目前已占有多项全国第一，但如果墓中空无一物或不知墓主人是谁，那就像看了一本没有主人公的侦探小说，感觉故事情节都是瞎编的。

在西墓的西散水上，有一个长方形的西汉盗洞。盗洞幽长，顺着墓壁弯曲而下，每隔不远就在盗洞壁掏一个小壁龛，其中一龛还放着汉代的陶灯。奶奶，看来还真有鬼吹灯这回事儿。长长盗洞

胡庄韩王陵M2椁室底部

胡庄韩王陵 M2 墓底鼎与铜构件

胡庄韩王陵 M2 墓底西北角鼎与银箍

中不断见到遗漏的小件铜器，主要是车马器，甚至还有一个抬跑用的大铜钩。清理这些遗物，没有一个人兴奋，大家知道，不仅大鼎被抬跑，小件也被摸得差不多了。看来，西汉时期这两座大墓棺椁还都完整结实，盗贼凿椁而入，就像进了没人看守的仓库，可尽情地拿，如果贼人中有精明细心的，完全有可能进行大扫除，像东墓那样。

2009 年 1 月 9 日，我们怀着复杂的心情，冒着零下 7℃ 的低温，开始清理西墓棺椁。为了保护文物不在低温天气下冻坏，也顺便让参与发掘的工作人员取取暖，现场打起了碘钨灯。墓内被照得一片通明，好像好莱坞的剧组在拍片一样。两棺两椁自汉代以后就慢慢朽成灰状。外椁南北长 7.5 米，东西宽 7 米，残高 3.5 米，内外棺的里外均髹红漆，棺内严重被盗。快近椁底了，发现文物的希望眼看就要泡汤，碘钨灯的温存驱走不了大家心头的寒意。

突然，技工程永刚的铲下绿光一闪，"青铜器！"他尖叫一声。群情振奋，空气立马解冻，大家好似水里的悬鱼条地欢快游动。这一声好彩头喊过不久，一件件文物开始露头，连举着碘钨灯昏昏欲睡的民工们也都像打了一针兴奋剂。最后劫后余生的各种文物星星点点竟布满了椁底，棺内竟然还有几件青铜器和玉器。苍天啊，幸不负我！

经过统计，西墓共出土铜器、玉石器、陶器、骨器等质地文物 380 多件，是韩国考古史上一次重要发现。

铜器中礼器有小圆鼎 1 件、高柄豆 1 件，乐器有钮钟 2 件、大铜铃 4 件以及较多的小铜铃，兵器有戈 3 件和成捆的箭镞，车马器有车軎、马衔、节约、马镳等。

以上是贵族墓中常见的青铜器，要知道胡庄大墓是王侯级别，椁底一般考古人员难以见到，让大家眼花缭乱的青铜杂器，以样式繁多、性能各异的构件为大宗，数量在 150 件以上，许多类型为国内首见，既有器形厚重的组合式柱头件，又有带转轴的双盖弓帽，形态雅致，设计奥妙，体现了韩国高超的铸造技术和机械设计水平。说实在话，韩国不灭亡的话，照此发展下去，没准二百年后就能

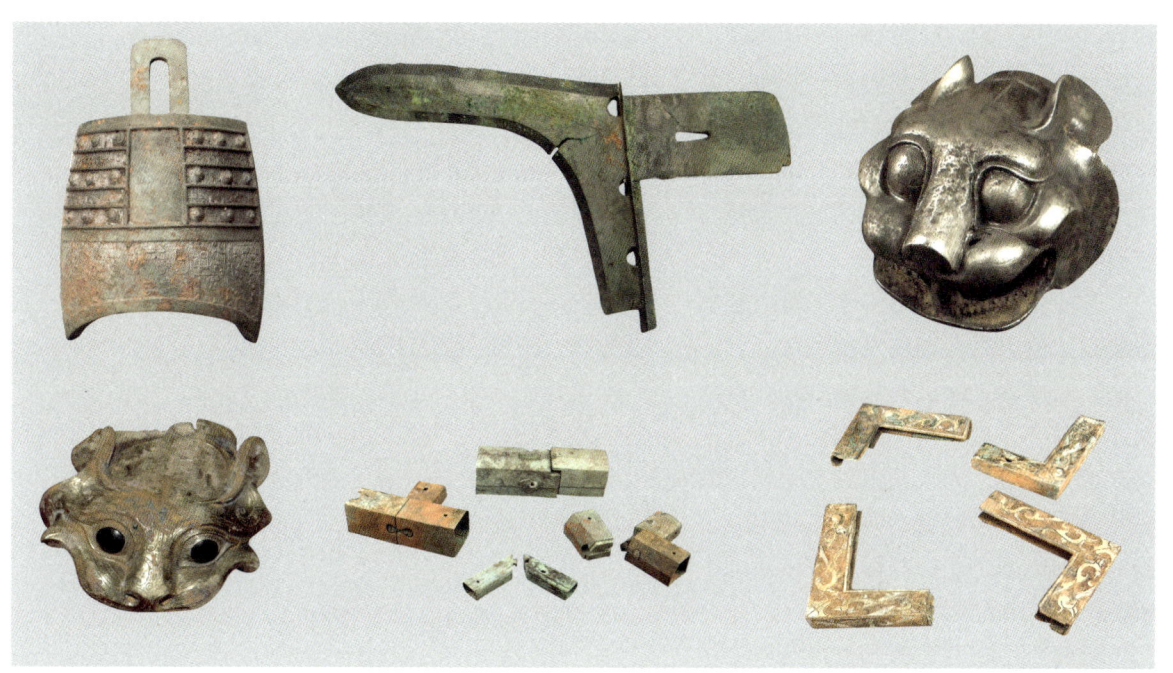

胡庄韩王陵 M2 出土铜礼器及铜构件

实现冷兵器时代的机械化呢。

杂器中还有形态生动的鸭爪、小立兽、钟磬架、大帐座等，柄形器上还有绚丽的错金花纹，体现了韩国杰出的雕塑与装饰工艺。

玉石器主要有精美的璧、圭、璜、珠以及玛瑙环、水晶环等，另有石磬10余件。

亦见到精致银器。

丘垅必巨的陵寝制度

先秦陵寝制度中，坟丘经历了从无到有的过程，最终成为中国传统丧葬习俗中的定式。

初时，墓葬上方没有坟丘。《易·系辞传下》："古之葬者，厚衣之以薪，臧之中野，不封不树。"考古证实，商代的墓葬，如武官村大墓和妇好墓之上都是没有坟丘的，当时的墓葬等级是依据墓道多少、墓穴面积、随葬品和人殉牲殉数量来定的。

与北方同时期墓葬出于礼制方面的考量不同，长江以南气候湿润，地下水位高，向下挖容易出水，当时防潮工艺差，只能采用平地积土堆筑坟丘的办法。

春秋时提到埋葬死人的地方时，多用墓来表示。战国时出现了丘墓、坟墓和冢墓的说法，这里的丘、坟和冢，就是高高隆起的土堆，可见当时突出地表的墓上封土已被大家广泛接受。

坟丘式的墓葬肇始于春秋晚期的黄河中下游地区，孔子就是这一潮流的践行者之一。《礼记·檀弓上》记载，孔子因为常在列国旅游，为了方便回家认出父母墓位，在墓上堆了四尺高的土丘。据说当时土丘堆法有四种，各依土堆外形有一名字。河北易县燕下都16号墓上有夯筑封土,筑于战国初期,方中略圆。战国中期以后,坟丘墓葬流行开来,以至于《墨子·节葬下》中批评贵族"棺椁必重,葬埋必厚,衣衾必多,丘垄必巨。"这里不但指出了高大封土,多重椁棺,还指出衾被的奢靡。

这种坟丘式墓葬不仅便于墓主亲属识别,也便于后人和盗墓贼识别。另一方面,西周建立起来的礼乐制度在春秋时遭到破坏,礼制是以宗族约束个人,以亲疏别远近。周代礼乐制度中祭祀的主角是大宗子,祭祀的方式是庙祭,宗族约束力的减弱,必然导致宗族墓地中嫡庶长幼有序的排列被打破。

随着封建制度在各国的逐渐确立,墓葬制度方面的规定也越来越多、越来越细。商鞅变法中也有对墓葬制度的规范,《商君书·境内》中说,官员的等级通过坟上所植树木的多少来表示,此外在战国时代棺椁的厚薄、衣裳的简繁、封土的大小、高低都能体现出等级的高低。

另外,封土的出现也考虑到出土的处置问题。高等级的大墓除了要放入墓主本身外,还有数层木制的棺椁,大量精美的陪葬品,牲殉和人殉的遗体,用以防腐、防潮、防盗的木炭、沙土、石料和白膏泥,这些东西往墓里一放,土就无处回归,为了免去运走的麻烦,直接堆积在墓葬上方形成了高大的坟丘。当然这并不是坟丘形成的主要原因。

事死如生的殡葬理念

《左传·哀公十五年》:"事死如事生,礼也。"

古代中国人认同事死如生的观念,认为埋葬亡人的时候,应将他生前所用

胡庄韩王陵 M2 出土杂器

的物品全部带到坟墓中，以备死后在地下生活时继续运用。儒家学派的荀子说过，礼制的目的就是要小心谨慎地对待生死问题。丧礼是生者对死者的表态，要像对待活人一样尊严地对待死者。

丧葬制度是先秦诸子高谈阔论的问题之一。墨子主张节葬节用，他从小生产者角度出发，认为要节约每一分钱，将有限的人力和资源留给生者。孔子代表士阶层的利益，较墨子略显保守，虽然反对减少丧葬程序和器物数量，但也不得不承认物质上的东西都要是次要的，对父母祖先真正的思念，要从情感上表现，不能依靠器物。孔子去世后，弟子们在墓旁广植林木，守孝三年方才离去，所植树木，就是现在的世界文化遗产孔林的雏形。可见，孔子行不如弟子。《吕氏春秋·安死篇》也抨击过奢侈的风气："世之为丘垄也，其高大若山，其树之若林，其设阙庭，为宫室，造宾阼也，若都邑，以此观世。示富则可矣，以此为死，则不可也。"

配置完整的君主陵墓应包括陵和寝两部分，朝是办公和会客区，寝则是休息和生活区。因为按照灵魂不死的观点，死后的帝王还会在阴间继续过夫妻生活，继续统治他死去的臣民。

最初的寝是与庙并称的建筑，是宗庙的一部分，在《诗经》、《周礼》和《礼记》中，就有庙和寝的记载。将寝正式从宗庙中迁至陵墓附近，是秦始皇时才开始的。

朝和寝是君主在世时的工作和生活区，宗庙中与之对应的称庙和寝，事死如生不但要为死去的君主准备工作和休息的地方，还要定期去宗庙中看望故去的君主，向其汇报工作。庙中有木制的祖先神主，要定期祭祀，表示恭敬。后面的寝则每月都要送上新鲜的时令食品，保证君主与在世时吃到同样的食物，毕竟带入墓里好吃的太少了。国家大事也要专门派人到宗庙中向祖先禀报。宗庙是一个无比庄严神圣的地方，君主成年时，要在宗庙举行冠礼，之后方能亲政。按当时人的理解，宗庙是先祖灵魂居住的地方，在先祖的注视下举行冠礼，才是合礼合法的。

因为要像生前一样细致入微地服侍死去的国君，在其陵寝周边还要修建供守墓者和寝内服务人员居住的房子。这类建筑的遗迹在胡庄墓地找到了。

墓侧设寝的制度，远比墓上起陵要早得多，安阳的妇好墓和大司空村几座墓的墓圹位置，都发现过建筑遗迹。这时的寝，只是宗庙中寝的复制品，与后期的享殿功能不同，不是祭拜的正式地点，只是出于事死如生的考虑，方便对祖先的追思祭拜而设立的建筑，无法挑战具有政治性和宗教性双重意义的宗庙建筑。

《左传·庄公二十八年》："凡邑有宗庙先君之主者曰都，无之曰邑。"先秦的政治中心，必须首先是宗教中心。战国后期，宗族的影响力让位于家族，诸侯蜕变为封建主，已故先祖的影响力减弱，封建王权加强，国内政治中心由宗庙转移到朝堂。

这一祭祀方式的变化在考古发掘中也可以找到实物支持，河南辉县战国魏王陵共有三墓，三座墓上均有方形的建筑遗址，战国中山王陵出土的《兆域图》中也显示有墓上建筑。秦始皇陵附近还曾出土过两辆铜车马，是给始皇帝的灵魂兜风用的。

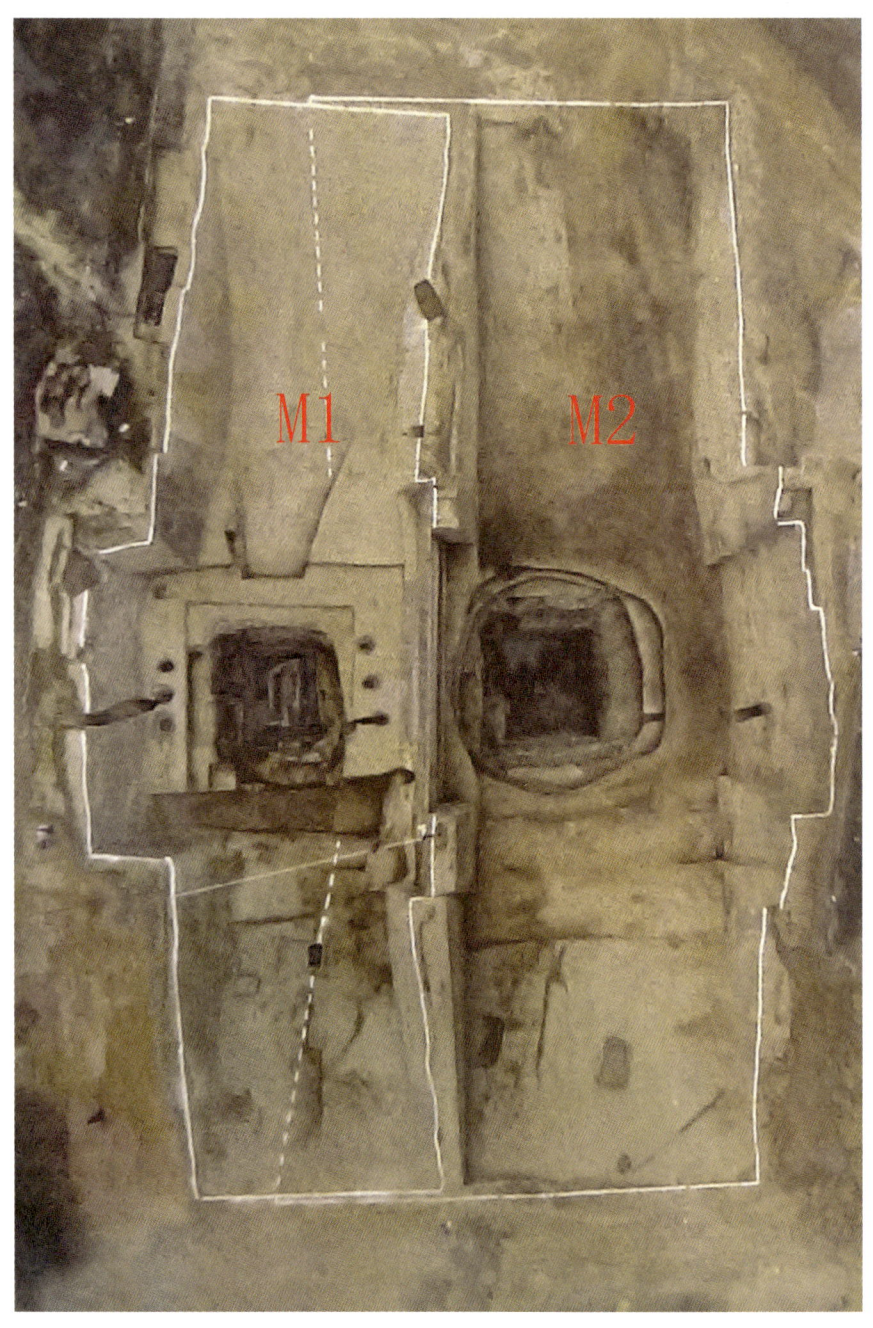

胡庄韩王陵发掘现场航拍

《史记·孔子世家》记载，鲁国世代相传在每年岁时节日到孔子陵墓进行祭拜的礼俗。

王陵区的概念最晚在商代便已形成，安阳的侯家庄和武官村均是商代的王陵区。战国时的各个诸侯国都有自己的王陵区，齐国的威王、宣王、湣王和哀王的陵墓葬都在今临淄东南的淄河村，赵国的王陵有五座集中在今邯郸县郊外，楚国的陵区位于楚都纪南城周围的纪山、

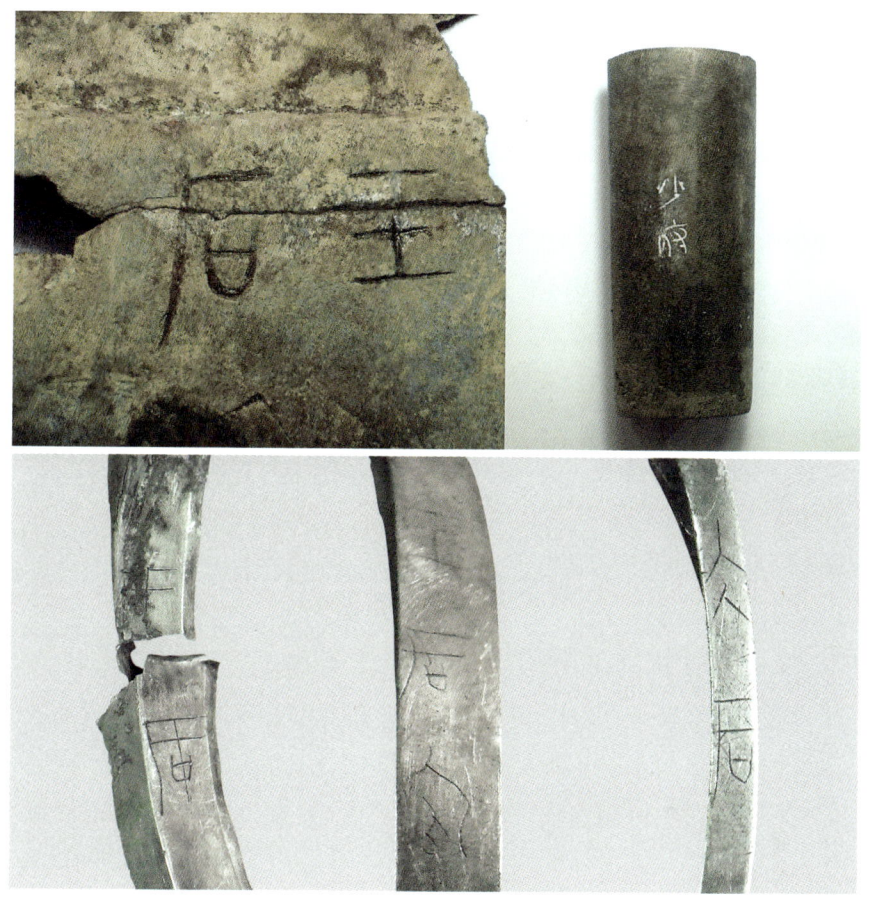

胡庄韩王陵 M2 出土王铭

八岭山、雨台山和马山上,被秦将白起烧毁的夷陵,也是楚国的一个王陵区。新郑郊外郑国和韩国的王陵区虽然在史书中不见记载,但经过考古发掘,它们的存在也是不争的事实。

新郑胡庄东周墓地,共发掘春秋战国中小型墓葬三百多座,而最重要的莫过于这组战国晚期韩王及王后陵墓的完整揭露,从而再现了当时王陵从选址、挖掘墓穴、置棺、构建椁室、积石积炭、夯筑封土、兴建墓上建筑到开挖环壕规制陵园的全过程。两面坡屋形椁室、中字形封土及墓上建筑、三重环壕等均为战国王陵考古首次发现。

这两座带封土的战国晚期韩国王陵级大墓是夫妻并穴合葬墓,东边的是夫人墓,西侧的是韩王墓,两墓均发现了由整层草泥、椽木、檩木、棚木和夯土组成屋顶形的椁顶结构,证实了《左传·成公二年》"椁有四阿,棺有翰桧"的记载,意义重大。两墓葬具均为木质"工"字形双椁双棺,是韩国王侯级大墓棺椁完整形态的首次发现。

王陵虽被多次盗掘,但余下的青铜构件、青铜兵器、金器、银器、琉璃器、玉器以及一些錾刻文字仍是研究该墓墓主身份、战国晚期金属工艺等课题的第一手资料。

经过初步去锈，已在铜鼎、削、盖弓帽、车辖、鞋底形铜足等100余件铜器上发现刻铭，内容多为方向序号，其中在铜鼎和银箍扣上发现有"王后"、"王后官"、"太后"刻铭，在盖弓帽上发现"少府"、在铜戈上发现"左库"等韩国官署名称，可以确定这是一组战国晚期韩国王陵。

在冢上建筑东部屋顶塌陷区的筒瓦内侧发现了钤刻姓氏图章文样，筒瓦的形制和印章痕与郑韩故城内能人大道大型官营建材厂同类产品相同，揭示了两者的内在关系，说明专门生产筒瓦、板瓦、脊瓦、长方形砖、凹槽砖、米格纹空心砖的这处建材厂起码部分产品是供陵墓使用的。

因刻有韩王名讳的重器悉数被盗，是哪座韩王陵成了疑问。从出土文物的形制、纹饰，和陵墓所在位置分析，应是韩国的倒数第二代国王桓惠王之陵。

后记

组织编写出版这部集子,源自郑州接二连三考古大发现的震撼,源自考古人对考古事业默默无闻坚守与奉献的感动,源自社会各界对考古事业和文化遗产保护的关注和热情。

郑州先人的创造,奠定了中华文明的基石,郑州先人的奋斗,让一个诞生在这里并以这里上古时代人们的古老宇宙观命名为"中国"的国家从这里起步迈向世界。这等让人倍感骄傲的豪迈史诗多么值得我们讴歌与传扬啊!而把这些久远的恢宏创造和奋斗重新发掘展现出来的,是一代又一代考古人的努力与艰辛,这些考古人和他们经历的故事也多么值得我们敬重和书写啊!

在过去的时光里,由于种种的原因,这些史诗和故事多深藏于文物库房中,深藏于博物馆中,深藏于考古报告中,深藏于考古工地的回填中,深藏于考古学家们的心中,考古界以外的人们知之甚少,也很难读到读懂,这不能不影响到历史文明的传播和弘扬。有感于此,编者产生了请当年亲身经历郑州考古大发现的考古专家们用通俗的方式和通俗的语言回忆讲述当年那些考古大发现、让更多的人了解和读懂看懂考古大发现的想法。非常感动的是,接到邀请的考古专家们都没有拒绝,他们在繁忙的工作间歇,热情地为我们留下了那些考古大发现过程中珍贵瞬间的印记。汇集在这本书中的文章,主要是由考古工作者撰写的,没有用专业考古报告的写作模式,而是以文学的语言和讲故事的方式生动形象的记述了他们所经历的有关考古大发现的过程,讲述了围绕考古大发现所发生的在正式考古报告中所难以讲到的许多精彩动人故事。透过这些文字,我们可以了解历史文化遗产保护中那些惊心动魄的瞬间和曲折传奇的经历,我们可以分享考古过程中那些让考古人喜怒哀乐的故事如何妙趣横生,我们可以看到地层深处的历史文明如何在考古人的手下重放异彩,我们可以感受风餐露宿于酷暑严寒中的考古人怎样实践对事业的忠诚,我们可以重读郑州在中国历史发展进程中的作用和地位,我们可以领略郑州先人的奋斗与创造以及他们怎样演绎谱写了中华早期文明。让考古人用文学的语言和讲故事的方式讲解考古,让外界了解考古,理解考古,从而更好地支持和参与历史文化遗产的保护,这是一次尝试,但我相信这只是开端,更多的考古专家会以这种方式把他们的考古成果和经历讲述给读者,因为,这是社会各界的期盼,也是社会发展的需要。深深感谢赐稿的先生们。

组织编写这部书稿,得到许多同志的帮助和支持。顾万发同志不仅对书稿的编纂提出指导意见,还协调有关同志提供各方面的帮助。郝红星同志不辞辛劳对文稿进行了一遍遍的补充和完善，对数百幅照片进行了一次次甄别和筛选。汪松枝同志制作了精美图表。杜新同志、张巧燕同志操持了编务工作。特别是寇玉海同志，不但邀请和联络考古专家们撰写文稿，还亲自写作了部分篇章。作为本书出版的责任编辑，张亚娜、吴书雷同志在拿到书稿后迅速审读并安排出版，使本书能在较短时间内与读者见面，在此一并深深感谢！

作为重大考古事件的个人回忆文章，编者充分尊重原作。在编辑过程中，只从技术角度对文字、文采、文风稍作统一，对部分考古大发现需要舒展的历史背景稍作延描。对于作者所讲述的考古大发现中的事项、过程、人物、心得、评述等部分原则上不做添删妄议。文中照片大多为作者本人提供，编者也选添了一些未能查到署名的一些历史资料照片作为补充，在此一并说明和感谢。

阎铁成

2016年3月